デューイ実験学校における統合的カリキュラム開発の研究

中野真志著

風間書房

目　次

凡例 ……………………………………………………………………………… iv

序章　本研究の課題と方法 …………………………………………………… 1
　第1節　研究課題 …………………………………………………………… 1
　第2節　先行研究の特徴と問題点 ………………………………………… 4
　第3節　本研究の方法と構成 ……………………………………………… 20

第1章　20世紀への転換期におけるカリキュラム諸改革運動 …………… 31
　第1節　カリキュラム諸改革運動の社会・経済的な背景 ……………… 32
　第2節　精神的鍛錬重視のカリキュラム ………………………………… 35
　第3節　児童研究運動によるカリキュラム ……………………………… 43
　第4節　人文主義カリキュラムの抵抗 …………………………………… 56
　第5節　社会効率主義のカリキュラム …………………………………… 62
　第6節　社会改良主義のカリキュラム …………………………………… 68

第2章　デューイのカリキュラム理論
　　　　――アメリカ・ヘルバルト主義の影響―― ……………………… 79
　第1節　シカゴ大学以前
　　　　――ヴァーモント大学卒業からミシガン大学の教員時代まで―― …… 80
　第2節　アメリカ・ヘルバルト主義とデューイ ………………………… 88
　第3節　C.C. ヴァンリューの文化史段階説とデューイの文化史段階説
　　　　批判 ………………………………………………………………… 92
　第4節　アメリカ・ヘルバルト主義の相関論とデューイの相関論 …… 104

第5節　デューイの提案したカリキュラムを構成する諸学科の類別 …113

第3章　デューイ実験学校のカリキュラム構想と授業実践
　　　　──心理的諸要因と社会的諸要因の同等の調和── …………………131
　第1節　デューイ実験学校を取り巻くシカゴ大学の状況 ………………132
　第2節　デューイ実験学校のカリキュラム構想 …………………………140
　第3節　デューイ実験学校の1896年における授業実践 …………………150
　第4節　デューイ実験学校の1897年における授業実践 …………………172
　第5節　一貫した主題、心理的諸要因と社会的諸要因の同等の調和 …186

第4章　オキュペーションによるカリキュラムの統合と授業実践 …197
　第1節　「大学附属初等学校の組織計画」における典型的な活動 ………198
　第2節　カリキュラムにおけるオキュペーションの本質と意味 ………202
　第3節　カリキュラムの主要領域、「手工」、「理科」、「歴史と文学」 …207
　第4節　『大学記録』と「実験学校の実践報告」における
　　　　　「社会的オキュペーション」 ………………………………………215
　第5節　オキュペーションと社会的オキュペーション …………………236

第5章　デューイ実験学校のカリキュラム開発における協同と
　　　　連携 ………………………………………………………………………251
　第1節　デューイ実験学校の教員と教員組織の変化 ……………………253
　第2節　シカゴの公立初等学校の授業実践と教員への厳密な
　　　　　管理システム …………………………………………………………259
　第3節　デューイ実験学校の教員組織における監督と管理の特質
　　　　　──教師の知的自由、知的責任、そして協同── ………………269
　第4節　教師の実践報告に基づく教師会議 ………………………………278
　第5節　デューイ実験学校とシカゴ大学との連携 ………………………294

第6節　デューイ実験学校における保護者会の目的と役割 ……………309

終章　本研究の総括と今後の課題 ……………………………………327
　第1節　本研究の総括 ……………………………………………327
　第2節　今後の課題と展望 ………………………………………338

参考・引用文献 …………………………………………………………341
あとがき …………………………………………………………………355
索引 ………………………………………………………………………359

凡　例

1．人名の敬称は、欧文の引用文中以外はすべて省略した。
2．本文中の欧文人名は、原則的に初出に限り、わかる範囲でフルネームで表記し、文脈上必要と考えられる人物には生没年を併記した。
3．引用文中の原文における強調は、原文通りに表記し（　　）書きで示した。
4．引用文中における引用者の強調は下線を付し、そのことを明記した。
5．註は各章の最後に付した。
6．本研究の執筆に用いた主要文献を、註で引用した文献も含めて、巻末に欧文はアルファベット順、邦文はあいうえお順で列挙した。

序章　本研究の課題と方法

第1節　研究課題

　平成10年の学習指導要領において、総合的な学習の時間が特設され、2年間の移行期を経て平成14年度から全面実施された。これを契機として、各学校が独自の特色あるカリキュラムを創造することがますます求められるようになった。それは社会的な要請であり、多様な子どものニーズに応えることでもある。しかし、総合的な学習の時間に関しては、周知の通り、全面実施される前から、学力低下の問題がとりざたされ非難された。さらに、従来の授業観、学習観へ回帰する主張さえ見受けられた。

　そして、平成15年12月には学習指導要領の一部が改正され、各教科、道徳、特別活動で身に付けた知識や技能等を関連付け、学習や生活に活かし総合的に働くようにすること、各学校において総合的な学習の時間の目標及び内容を定めるとともにこの時間の全体計画を作成する必要があること、教師が適切な指導を行うとともに学校内外の教育資源の積極的な活用等を工夫する必要があることが学習指導要領で明確に位置付けられた[1]。

　その後、総合的な学習の時間への批判は少し弱まったものの、教育改革の重点が基礎的・基本的な知識の習得、思考力・判断力・表現力の育成、学習意欲の向上や学習習慣の確立等へと置き換わった。そして、今日に至るまで、総合的な学習の時間は、理念として賛同を得られても多くの学校において実践的に大きな成果を達成しているとは言い難い。それは、平成20年1月の中央教育審議会の答申において、総合的な学習の時間の課題として以下のことが指摘されたことからも明らかであろう。

- 総合的な学習の時間の実施状況を見ると、大きな成果を上げている学校がある一方、当初の趣旨・理念が必ずしも十分に達成されていない状況も見られる。また、小学校と中学校とで同様の学習活動を行うなど、学校種間の取組の重複も見られる
- こうした状況を改善するため、総合的な学習の時間のねらいを明確化するとともに、子どもたちに育てたい力（身に付けさせたい力）や学習活動の示し方について検討する必要がある
- 総合的な学習の時間においては、補充学習のような専ら特定の教科の知識・技能の習得を図る教育が行われたり、運動会の準備などと混同された実践が行われたりしている例も見られる。そこで、関連する教科内容との関係の整理、中学校の選択教科との関係の整理、特別活動との関係の整理を行う必要がある[2]

　このような課題を克服するために改善の基本方針が示され、今回の学習指導要領の改訂において改善の具体的事項が整理され明示された[3]。また、総合的な学習の時間が学習指導要領の中で一つの章となり、解説書も作成されたが、その時間数は削減されることとなった。今後、新しい学習指導要領のもとで、総合的な学習の時間に関する実施状況を分析し考察するまで明確に言えることではないが、未だ、総合的な学習の時間の理論と実践が揺れ動いていることは事実である。

　総合的な学習の時間が教科でないことは明らかである。では、総合的な学習の時間および教科とは一体何であるのか、また何であるべきなのか。それらの本質と在り方を問うことなしに、またそれらの相互関係と相互関連を問うことなしに、今後の教育学研究と教育改革ならびに教育実践を押し進めるならば、またもや過去の失敗を繰り返すだけである。歴史的教訓を学ぶことは至急に要請されている事柄である。今日の子どもを取り巻く歴史的・文化的・社会的諸条件の変容を考察するとともに、総合的な学習の時間と教科に関わって、それらのカリキュラム理論および実践の歴史研究を、さらに深めることが必要であろう。

教科は唯一の組織形態ではないが、カリキュラムと授業における典型的な組織形態であり続けた。すべての児童生徒の個性的で調和的な人格発達という目的を果たす他の組織形態を考えても良いし、また考える必要はあるが、教科に代わる組織形態が構成し難いことも、今日の教育改革の展開とその実態からも明らかであろう。かといって、これまでの伝統的な教科とその授業によって構成されたカリキュラムが、今の時代および将来の要求に応えて、すべての児童生徒の全面的な人格発達を保障し達成しているとは断言できないであろう。

　なぜ、これまで幾度となく統合的なカリキュラムが、日本のみならず世界の国々で注目され実践されてきたのか。あえて言うまでもなく、それは教科別に組織された伝統的なカリキュラム構成への反省から生じている。教科内容の細分化、専門化に伴い、教科はますます分立し、それぞれの系統性を強め、別々に指導されるようになる。その結果、カリキュラムは分断され、子どもの生活や経験から離れていく。そのため、子どもたちの学習への興味や関心が薄れてしまい、彼らは学ぶ意欲を失ってしまう。

　学校での学習は、家庭や地域での子どもの実生活と結びつき、そのことを子どもが実感できなければならない。おおよそ100年も前、デューイ実験学校でも同じことが求められたのであった。それゆえ、デューイ実験学校では、さまざまな問題に取り組む方法が適切に教えられ、子どもたちは勇気と自信をもって満足のいく学校生活へと導かれた。そして、その学校で学んだ問題解決のスキルと態度によって、彼らは一生を通して直接的な個人的成果だけではなく、社会的成果を得ることができた。そのことは、キャサリン・C・メイヒュー（Katherine C. Mayhew）とアンナ・C・エドワーズ（Anna C. Edwards）の『デューイ・スクール』（*The Dewey School*）に述べられている卒業生のコメントからも明らかである[4]。このような学校は、管理と統制によって引き起こされる絶え間のない緊張や不安に満ちた学校生活とは対照的であったと思われる。

そらゆえ、ローレル・N・タナー（Laurel N. Tanner）は、デューイ実験学校には今日、我々が実践しようとしている着想、すなわちカリキュラムの統合、批判的な思考と問題解決の指導や支援、創造的な思考の刺激、学校のスタッフによる協同的な意思決定において学ぶべき多くの教訓があると主張しているのである[5]。

このような観点から、本研究において、統合的なカリキュラムの源流の一つと考えられるデューイ実験学校におけるカリキュラム開発と授業実践の実態について考究することは、重要な現代的意義をもつと考える。

第2節 先行研究の特徴と問題点

1 史・資料について

ここでは、本研究で中心的に扱う史・資料について述べる。

（1）一次資料

本研究では、一次資料として1898年から1901年の「実験学校の実践報告」[6]（Laboratory Schools Work Reports）を用いた。デューイ実験学校の教師によるこの実践記録は、現在、シカゴ大学のレーゲンシュタイン（Regenstein）図書館の特別所蔵資料（special collections）として、1898年～1899年（Box1）、1899年～1900年（Box2）、1900年～1901年（Box3）の3年度分が保管されている。

デューイ実験学校における「毎週の教師会議では、前の週の活動が一般的な計画に照らして検討され、教師がそれを実行する上での諸困難について報告」[7]されたのであった。その報告書は、おそらくこの教師会議のために作成されたのであろう。ジョン・デューイ（John Dewey, 1859-1953）は、「タイプ打ちされた週ごとの報告書が、より正式なゼミやより大きな教育学クラブ

の会議だけでなく、教師の非公式の週会議における研究や討議のための諸問題のデータを提供した」8)と述べている。期間は1896年から1902年にわたっている。1896年は実験学校の開設の年であり、1902年は、デューイ実験学校がシカゴ大学教育学部のもう一つの附属初等学校であるパーカー・スクールに統合された年である。

　アーサー・G・ワース（Arthur G. Wirth）は、参考文献一覧表において、未刊の『大学附属初等学校の教師報告』（Teacher's [sic] Reports of the University Elementary School）(1898-1901) と記述し、「この資料はシカゴ大学実験学校の書庫で入手でき、また教科ごとに組織された、その『報告書』からの広範囲にわたるスクラップブックは、コロンビア大学の教育学部のファイルで見つけられるであろう」9)と述べている。コロンビア大学にあるという、その資料はキャサリン・キャンプ・メイヒュー・ペイパーズ（Katherine Camp Mayhew Papers）（以下、メイヒュー・ペイパーズと称す）であると思われる。ジェラルド・A・キャッチ（Jerald A. Katch）は、不幸にも、シカゴ大学の資料はこの研究が完成するまで再発見されなかったと述べている10)。それゆえ、キャッチはメイヒュー・ペイパーズしか引用していない。メイヒュー・ペイパーズは、著者が2003年3月、資料収集のためにコロンビア大学教育学部ミルバンク（Milbank）図書館を訪れた時、すでに所在が不明になっていた。しかし、どういう理由か、現在、コーネル大学のクロック（Krock）図書館に保管されている。

（2）一次資料

　本研究の二次資料としては、メイヒューとエドワーズの『デューイ・スクール』以外に、デューイのブリガム・ヤング・アカデミーの教育講義（Educational Lectures before: Brigham Young Academy）11)、シカゴ大学の『大学記録』12)（University Record）、『初等学校記録』13)（The Elementary School Record）を用いる。

『デューイ・スクール』は、元教師であったメイヒューとエドワーズによって執筆されたデューイ実験学校に関する包括的な解説書である。メイヒューは、実験学校の理科部門の主任であり、また副校長（vice-principal）として、カリキュラム開発を統括していた。エドワーズは、初期の実験期には歴史の教師であったが、後に特別指導教師（special tutor）として、年長の子どもたちの他のすべての課業を担当していた[14]。デューイは、この本の「はじめに」において、ここに含まれている実験学校の報告書は、「私がその起源や目的、方法について何かを付け加える必要のないほど適切である。」[15]と述べている。この本は、我が国においては、先行研究で「実験学校の実践報告」、シカゴ大学の『大学記録』等の資料が利用される前まで、実験学校のカリキュラムや実践に関する情報が得られる貴重な資料であった。その抄訳がすでに出版されている[16]。

　デューイは、1901年6月17日から21日にかけてブリガム・ヤング・アカデミーで10の教育講義を行った[17]。その内容は、第1「人はどのように学ぶか」、第2「教育の社会的アスペクト」、第3「想像力」、第4「成長の時期」、第5「注意」、第6「技術の時期」、第7「習慣」、第8「課程（course）の社会的価値」、第9「記憶と判断」、および、第10「品性のいくつかの要素」であった。これらの教育講義は日本ではほとんど知られていないが、デューイがアメリカ・ヘルバルト主義からどのように影響を受け、それらをどのように再解釈し再構築したのかを知ることのできる貴重な資料である。

　シカゴ大学の『大学記録』には、1896年11月から1899年9月までほぼ3年間のデューイ実験学校の実践が掲載されている。それらは、①1896年10月16日から1897年6月23日まで、約8ヶ月、30回にわたって実践が掲載された「学校の記録、要旨、計画」（School Record, Note, and Plan）、②実践報告の日付はないが、1897年11月から1898年5月まで、約7ヶ月、9回にわたって実践が掲載された「大学附属初等学校の報告」（Report of the University Elementary School）、③実践の日付はないが、1898年10月から1899年9月まで、約

11ヶ月、33回にわたって実践が掲載された「大学附属初等学校」(The University Elementary School) である。

『初等学校記録』は、デューイと実験学校の歴史の教師であるローラ・L・ラニアン (Laura L. Runyon) が編集した1900年におけるデューイ実験学校の実践記録集である。1900年2月から12月にかけて、シカゴ大学出版から9分冊で刊行されたものが1冊にまとめられている。各分冊は、「芸術 (Art)」、「音楽 (Music)」、「織物 (Textile)」、「植物 (Botany)」、「幼稚園 (Kindergarten)」、「理科 (Science)」、「手工訓練 (Manual Training)」、「歴史 (History)」、「カリキュラム (Curriculum)」であり、これらの中に実験学校の各グループの報告が含まれている。

2　先行研究の特徴

ここでは主要な先行研究の特徴について述べる。だが、デューイ実験学校に関する先行研究の範囲は広く、また非常に多数にのぼるので、本研究の主題であるカリキュラムの理論と実践に関する諸研究及び本研究で活用した史・資料を用いている諸研究に限定した。以下、まず、公表された年代順にしたがって、アメリカと日本における先行研究の特徴を検討し、その後、次項でそれら先行研究の問題点について述べる。

(1) アメリカ合衆国

ネリー・L・グリフィス (Nellie L. Griffiths) は、シカゴ大学の修士論文「シカゴ大学附属実験学校の組織の歴史」[18] (A History of the Organization of the Laboratory School of the University of Chicago) で、フランシス・W・パーカー (Francis W. Parker, 1837-1902) のパーカー・スクールとデューイのデューイ・スクールを比較し考察している。

グリフィスの研究の目的は、19世紀末から20世紀初めにかけての両者の実験学校における主要な教育的原則と教育実践について簡潔に述べ、その類似

性と相違点を指摘し、シカゴ大学教育学部の初等学校としての最終的な両校の合併に至る主要な段階について論じることであった。

グリフィスはパーカーの理論に関しては『教育学講義』(*Talks on Pedagogics*) と『教授講義』(*Talks on Teaching*) を、実践に関しては『シカゴ師範学校の概要』(*Chicago Normal School Outlines*)、『シカゴ学院の学科課程』(*The Course of Study for the Chicago Institute*) を用いている[19]。そして、デューイの教育理論に関して、1903年以前に書かれた諸理論[20]のみを、デューイ実験学校の時代における彼の見解を判断する目的のために参考にしている。デューイ実験学校の実践に関しては、公表されていない記録として、エモンズ・ブレイン・ホール（Emmons Blaine Hall）の実験学校記録事務所にある「大学附属初等学校の教師報告」(*University Elementary School Teacher's Reports*) [21]を用いている。さらに、グリフィスは、初等教育における実験を行っていた時にデューイやパーカーを知っていた人々、彼らの学校の教職員として働いていた人々に対するインタビューを補足資料として利用していることが特徴と言えよう。

ワースは、『教育者としてのジョン・デューイ―教育における研究のための彼のデザイン―（1894-1904）』[22]（*John Dewey as Educator : His Design for Work in Education（1894-1904）*）において、デューイが哲学・心理学・教育学を合わせた学科の主任教授、デューイ実験学校の創設者・理事長としてシカゴ大学に在職した10年間に焦点化し、彼の教育理論と実験学校の実践について考察している。

ワースは、このようにデューイが実践的な教育学者であった時代に焦点化する中で、彼が実験学校で後援した実践と彼の着想を検討することにより、デューイの教育理論の単なる言い換えに陥ることを避けようとした。そして、そのような研究方法が、デューイ自身の研究とその後の進歩主義教育運動の特徴とを比較する視点を確立するのに役立つかもしれないとワースは主張している[23]。

しかし、ワースは、実験学校の実践の分析と考察において、デューイの哲学を排除していない。なぜなら、デューイは、教育における実験に対する関心が彼の器具主義的な見解を作り上げる上で不可欠であったことを明らかにしていたからだ。着想は行為において試される場を必要とし、理論と実践は継続的な相互作用の中で前進する。それゆえ、ワースは、デューイ実験学校の実践をデューイの一般的な哲学の文脈から切り離して理解することは不可能であると考えた[24]。

　このような研究の視点から、ワースは、まずデューイの教育的な思考に影響を及ぼした中枢となる哲学的諸概念の出現、アメリカの教育を改善するために必要とされる試みについてのデューイの展望について論じている。次にシカゴ大学附属初等学校のカリキュラムや方法論について、具体的には「オキュペーション」、「歴史」、「理科」、「コミュニケーションと表現（言語、数学、芸術）」を考察し、実際の教育実践に関する一般的な理論の影響をたどっている[25]。

　キャッチは、シカゴ大学の博士論文「デューイ・スクールの不一致―その理想と比較した実際的な実験について―」[26]（Discord at Dewey's School : on the Actual Experiment Compared to the Ideal）において、デューイ・スクールにおける教育実践の実態とこの学校について幅広く抱かれている印象（それは最初、理想的な学校に関するデューイの計画から、後には特定の教師たちによって出版された回想録から導かれている印象）との間に明らかな不一致があることを考察すべき問題として設定している。

　従って、キャッチの研究の目的は、第1にその学校のプログラムの広く行き渡っている解釈と一次資料がそれについて明示することの相違を明確にすること、第2にデューイの文書と教師たちの文書で誤解されやすい印象を与えたかもしれないことは何かを探究すること、第3にその学校の出来事は、デューイが世界的な名声を享受した原則、つまり活動に方向づけられたカリキュラム、もしくは進歩主義的なカリキュラムという原則の実現可能性に関

する矛盾によって特徴づけられていることを明らかにすることであった[27]。

　キャッチは、①この学校についてのデューイの文書（それらは、1896年から1904年の間にデューイ自身が書いた文書だけでなく編集した文書も含み、また、実験学校の目的や機能について書いたものと、より幅広い教育的な問題と実験学校の関係について書いたものに焦点化されている）、②実験学校の教師によるタイプ打ちされた週報（キャッチは、一次資料としてコロンビア大学教育学部のミルバンク図書館のメイヒュー・ペイパーズ[28]を用いている）、③他の教育者たちによる実験学校の記述や評価という3種類の史・資料を用いている。彼による研究の最大の特徴は、これら3種類の史・資料を比較することによって、実験学校の教師報告を批判的に考察したことである。そして、実験学校の教師たちが本質的にデューイが構想したようなカリキュラムを実践したというかなりの証拠がある一方で、カリキュラムのプログラムが必ずしも円滑に進まなかったこと、子どもたちが学ぶ方法、何を学ぶか、子どもの発達においてそれをいつ学ぶかについて多くの不一致が存在したことを明らかにしたことである。

　タナーは、『デューイ実験学校―今日への教訓―』[29]（*Dewey's Laboratory School : Lessons for Today*）において、デューイ実験学校の理論と実践が現在でも通用し、今日の教訓、すなわち、子どもの発達と学習、学校の管理と監督、カリキュラム開発、品性教育についての教訓があることを実証している。

　タナーは、実験学校の背後にある理論、すなわちどんな発達段階の子どもたちでも問題を解決できる小さな協同的社会（cooperative society）としての学校という着想は、現在の我々が子どもたちのために望むすべてのことを包含していると主張する[30]。そして、デューイ実験学校では、この理論に適合する一つの連続的なカリキュラムを開発するために、7年間という短い期間で非常に多くのことが達成されたというのである。たとえば、デューイ実験学校では、最初の組織計画はうまくいかなった。そして、教員組織の部門制へと移行していったが、カリキュラムは区分されていなかった。それは、いったいどのようにして達成されたのか。タナーは、デューイが1世紀も前に

学校の管理とカリキュラム開発は有機的に関連した活動であり、そのように取り組まれるべきだと主張していたと述べている[31]。そこには今日、学ぶべき教訓がある。すなわち、デューイと教師たちは、まさに、今日、我々が実践しようとしている着想、カリキュラムの統合、批判的な思考と問題解決的な教授、創造的な思考の刺激、学校の教職員による協同的な意思決定を実践していたというのである[32]。

　タナーの研究の特徴は、デューイ自身の文書及びメイヒューとエドワーズの『デューイ・スクール』だけでなく『大学紀要』、「実験学校の実践報告」、『初等学校記録』を中心に分析し、デューイ実験学校の現代的な意義を主眼にして、その理論と実践を解明していることである。それゆえ、タナーは、この著書の最後において、今日学ぶべき教訓としてのデューイ・スクールの25の特徴を挙げている[33]。

　ジョセフ・J・シャンブリス（Joseph J. Chambliss）は、『一つの社会的な実験としてのジョン・デューイの実験学校』[34]（*John Dewey's Laboratory School as a Social Experiment*）において、デューイが教育理論の観点から、教育的変化のための特定の計画を明確に述べるのに失敗したことを指摘し、なぜデューイがそのような計画を示さなかったのかという問題を設定している。それゆえ、シャンブリスは、第1に実験学校が特定の着想を検証するのを試みる一つの社会的な実験であったことを示すこと、第2にまさに観念と行為の諸関係に関するデューイの説明がその観念の作成者にその観念を検証するという特定の行為に参加することを要求するために、デューイは諸観念が必然的にその観念の作成者から離れて存在する諸状況への「一般的な適応」をもつとは考えなかったと指摘することにより、その問題に応えようとしている[35]。そして、シャンブリスは、その問題が社会的な実験の本質というデューイの構想、一つの社会的な実験としての実験学校の観点から再考察される必要があると主張する[36]。

　シャンブリスは、デューイの実験学校を社会改革のための計画、つまり検

証される具体的なプログラムを成し遂げる学校と見なし、その学校は、デューイが「具体的」で「実践的に意義のある」ものが追究される社会的なプログラムを提供した一つの実例として研究され得ると述べている[37]。彼は、このような視点からデューイ実験学校の実験的な特徴に焦点化し、まず、デューイの主張する社会的実験の意味、理論と行為の統一について論じ、次に題材の作成と方法のための実験室としての学校について述べ、子どもたちの特定のグループ（グループⅣ）が理論と行為の統一を実現することに関わった方法の実例を明らかにしている。最後に、なぜ、デューイの実験的思考は社会的なプログラムが一般的な適応可能性をもつことを期待して、社会的なプログラムを提案することを拒絶しなければならないのかを説明している[38]。

（2）日本

　小柳正司は、「シカゴ大学実験学校の実践記録：1896-1899」[39]においてシカゴ大学の『大学記録』を詳細に分析し、実験学校の1896年から1899年までの実践を時系列的に逐一追跡しながら、実験学校の教科課程（a corse of study）がどのようにして形づくられたかを明らかにしている[40]。

　小柳によれば、『大学記録』は毎週金曜日に発行され、実践報告は1896年11月から1899年9月までのほぼ3年間にわたって合計74本、掲載されたという[41]。この時期は、実験学校が移転を繰り返しつつ規模を拡大し、様々な試行を重ねながら、やがて独自の教科課程を完成させた時期にあたる。小柳は「実験学校では最初の2年間（1896年～1898年）は教育実践の試行期にあたり、3年目の1898-99年度に入って、いわゆる『社会的オキュペーション』（social occupation）を核とする教科課程が一応の完成をみるに至り、その後はこの教科課程にもとづいてさらに精度の高い実践が展開されていったと理解することができよう。」[42]と述べている。それゆえ、『大学記録』に掲載された実践報告を研究対象としたのであった。

　小柳の研究の特徴は、日本では入手できない資料を用いて、デューイ実験

学校で1896年から1899年までに展開された実践の全体像を明らかにしたことである。そして、我が国において以下のような新たな史・資料を活用した諸研究の先鞭をつけたと言える。

　森久佳は、大阪市立大学の博士論文「デューイ・スクール（Dewey School）のカリキュラム形態に関する研究―『仕事（occupation）』の成立過程とその位置づけを分析視角として―」[43]において、デューイスクールにおける「仕事（オキュペーション）」活動の成立過程を明らかすることによって、スクールのカリキュラム形態を解明し、その現代的意義を検討することを主題としている。

　森は、先行研究では時系列的な視点に立った研究が行われていなかったために、デューイ・スクールにおける「仕事（オキュペーション）」活動の実態とカリキュラムにおけるその位置づけが不明確な状態であること、「仕事（オキュペーション）」と諸教科の領域及び各部門の活動領域との具体的な関わりが不明瞭なままとされていたこと、さらにはスクールのカリキュラムの形態が解明されていなかったことを問題点として指摘している[44]。

　そして、森は、前期におけるデューイ・スクールの特徴を踏まえた上で、発展期へと進むデューイ・スクールの展開過程を分析するという視点から、デューイ・スクールの鍵概念である「仕事（オキュペーション）」の実態を明らかにするだけでなく、デューイ・スクール全般のカリキュラム形態の解明が可能であると考えた[45]。

　従って、森が研究対象とする時期は、デューイ・スクール開校前の1895年から『学校と社会』（The School and Society）の初版が刊行された1899年頃までである。前期を分析の視野に入れたのは、これまでは後期の実践のみが研究対象とされ、前期の実践に光が当てられなかったからである。また、1899年頃までに限定する理由は、デューイ・スクールの実践を初めて世に広めたとも言えるデューイの『学校と社会』は1899年に初版が出版され、ここで述べられているスクールに関する内容は1898年度（1898-99年）の実践を基にし

ていると推察されること、さらに、この1898年度の時期がスクールの「発展期（1898-1903年）」の初期にあたり、その後のスクールにおける活動の基盤を築いたと考えられるからである[46]。

以上のように、森は、デューイ・スクールのカリキュラムにおける「仕事（オキュペーション）」の成立過程とその位置づけを明らかにすることを研究の中核としている。そのために、「仕事（オキュペーション）」と「社会的な仕事（オキュペーション）」との類似性及び相違点を解明すること、各「部門」と諸教科との関連を明らかにし、それらがどのように「相関（correlation）」ないし「分化（differentiation）」していたのかという実情を解明すること、「成長（growth）」の概念との関わりの中で「仕事（オキュペーション）」や「部門」、「教科」、「相関」、「分化」といった諸概念を分析・考察することを分析の枠組みとしている。

森の研究の特徴は、『大学記録』、「実験学校の実践報告」、『初等学校記録』を丹念に読み解き、具体的な授業実践の実態を明らかにしながら、デューイ・スクールのカリキュラムの形態について考察していることである。

千賀愛は、『デューイ教育学と特別な教育的配慮のパラダイム―実験学校と子どもの多様な困難・ニーズへの教育実践―』[47]において、19世紀末当時の子どもの学習困難や多様なニーズの視点からデューイの教育学と実験学校について、特に実験学校における「特別な教育的配慮」の実践とその意義を再検討している。

千賀による研究の分析視点は、第１に実験学校設立の前提条件である19世紀末シカゴの児童・教育問題を検討し、その問題解決に向けてデューイが実験学校にひきとった教育的課題は何であるかを明らかにすること、第２にデューイ実験学校の教育実践を、子どもの多様な困難・ニーズに対する特別な教育的配慮の観点から検討することである[48]。そして、①19世紀末のシカゴの児童・教育問題とデューイ、②デューイとハル・ハウスのソーシャル・セツルメント、③デューイ実験学校と教育実践の展開、④実験学校におけるカ

リキュラム編成の方法と展開、⑤実験学校における児童研究と健康・保健に関するニーズへの取り組み、⑥実験学校における算数学習（Number Work）と特別な教育的配慮の実践、⑦実験学校における読み書き学習（Reading and Writing）と特別な教育的配慮の実践、⑧デューイ教育学と特別な教育的配慮の構想という8つの作業課題を通して具体的に検討するという分析の方法をとっている[49]。

　千賀は、その中で『初等学校記録』、「実験学校の実践報告」、『メイヒュー・ペイパーズ』、『初等学校教師』（*The Elementary School Teacher*）の史料を中心に、デューイ実験学校の設立（1896年1月）から閉校（1904年春）までの教育実践の展開過程を、初年度から3年度目を含む前期（1896-1898）と、4年度目以降の後期（1898-1904）に区分し、それぞれの時期を①学校の基本的組織（子ども・教職員の人数、校舎・教室配置等の基本的な教育条件）、②学校の運営・財政（教員・アシスタントや親の組織、学校の経営・財政）、③カリキュラム・教育方法・集団編成の三つの観点から検討している。さらに、デューイと実験学校の教師がカリキュラムを編成する上で、多様な子どもの発達的ニーズをどのように把握し、そのニーズに対して具体的にどのような集団編成や教師の配置を含む基本的環境の設定を行い、また教育内や教育方法・教材の選択を行って対応したのかという観点から、デューイ実験学校のカリキュラム編成の実際を明らかにしている。

　千賀の研究の焦点は「特別な教育的配慮」という視点からのデューイ実験学校のカリキュラムと教育実践についての考察であるが、「実験学校の実践報告」、『メイヒュー・ペイパーズ』、『初等学校教師』の史料を活用し、デューイ実験学校におけるカリキュラム編成の方法と展開、教育実践の具体的な展開の実態、特に児童研究、子どもの保健・健康の問題、算数の学習、読み書きの学習の実態を明らかにすることに成功している。

　高浦勝義は、『デューイの実験学校カリキュラムの研究』[50]において、デューイがシカゴ大学に附属の実験学校を開設した1896年1月から、彼がシカ

ゴ大学を去る1904年6月までの8ヵ年あまりの間を視野に入れ、そこでのカリキュラムの実際的な特質やその編成原理を解明することを研究の目的にしている。まず、「実験学校」というときの「実験」の意味、実験しようとした内容、そして実験学校の歩みを検討し、次に「実験学校のカリキュラムを支える要因」として、子どもの集団編成の問題、オール・ラウンド型からスペシャル型の教師へと変更した問題、実験学校の時間割編成の特質を検討している。

その次に『初等学校記録』で報告された4・5歳から13歳までの各グループのカリキュラムの実際的特質を全訳しながら紹介・解説している。この資料に掲載されている実践報告は、デューイ実験学校における1899年以降の「完成後期」[51]の実践であるため、この学校の典型的な実践報告と考えられ、また我が国では各巻にみられるデューイの論文を除けば、どんな記録かについて未だ紹介されたこともない[52]。このような理由により、高浦は『初等学校記録』の実践報告を詳細に検討することによって、その研究の独創性を出そうとしている。そして、この実践報告の検討を踏まえて、①「小型の社会としての学校のカリキュラムの編成」、②「心理化されたカリキュラムの編成」、③「生長の過程に沿ったカリキュラムの編成」、④「オキュペイションを中心とするカリキュラムの編成」、⑤「カリキュラム編成における『相関』の原理」、⑥「初等教育カリキュラムにおける歴史及び理科の意義」、⑦「反省的思考を育てるカリキュラムの編成」、⑧「カリキュラム編成における3R'sの処遇」[53]というデューイ実験学校カリキュラムの原理的特質が明らかにされている。

最後に、我が国の学校教育への示唆として「『心理化されたカリキュラムの編成』の必要性」、「オキュペイションと生活科→総合的な学習の時間との関係」について考察されているが、高浦の研究のもう一つの特徴はデューイ実験学校の中等教育のカリキュラムを検討していることである。14・15歳児のカリキュラムが『初等学校記録』には掲載されていないので、『デュー

イ・スクール』の実践報告を検討し、実験学校にいる中等教育期の子どもの在校期間が短かったことに加え、大学入試の準備等もあり、デューイ実験学校には中等教育カリキュラムと銘打つようなものは認められず、むしろ初等の延長という色彩が強かったことを明らかにしている。そして、高浦は、我が国におけるデューイの中等教育カリキュラム研究の再検討が必要だと指摘している[54]。

　伊藤敦美は、『デューイ実験学校におけるカリキュラムと学校運営』[55]の第１部において、実験学校に関する諸資料を、その性質上、デューイ自身の構想した授業計画である「大学附属初等学校の組織案」、実験学校の教員たちによる実践記録である「実験学校ワークリポート」、デューイによる授業実践の解釈である『学校と社会』に区別した上で、デューイの構想した授業計画が、実験学校の教員による授業実践でどのように具体化され、デューイがそれをどのように解釈したのかを検討することによって、デューイ実験学校における一連の授業実践の全体像を把握し、その教育的価値を読みとることを試みている。

　具体的には、「木工」（Wood-Work）、「食」（Foods）、「衣」（Clothing）、「家事」（House-keeping）の各授業実践に加え、「歴史」（History）の授業実践について、「計画」―「授業実践」―「解釈」という一連の過程を検討し、デューイ実験学校におけるカリキュラムの構成原理を明らかにすることを第１の目的としている[56]。伊藤は、ここでは、デューイの学習観及びカリキュラム観の変化や深化を促えるために、「大学附属初等学校の組織案」（1895）、「実験学校ワークリポート」（1898-1899）、『学校と社会』（1900）に時期を区切って分析し対照する研究方法を用いている[57]。

　伊藤による研究の第２の目的は、デューイ実験学校におけるカリキュラム構成原理の検討を行うことによって、その授業実践の全体像を把握し、その教育的価値を読みとることである[58]。そして、各授業実践の「計画」「授業実践」「解釈」の分析と検討には、従来の諸研究のように文章の形で記録を

たどる方法、表にする方法に加えて、全体の構造が見て取りやすいカリキュラム系統図を作成する方法を用いている。この研究方法を導入することによって、従来の諸研究では明確化されていなかった課題間のつながりや、授業実践の全体像を把握することが可能であるという[59]。

伊藤の研究の特徴は、授業計画と授業実践を比較することにより、計画を授業実践に移す際の変更点を探り、理論を実践化する際の困難を推測すること、さらに、その後のデューイの解釈と比較することから、一連の授業実践後のデューイの学習観やカリキュラム観の変化や深化をとらえようとしていることである。

3　先行研究の問題点

以上、デューイ実験学校に関する先行研究の特徴について述べてきたが、これら諸研究の第1の問題点は、デューイ実験学校が存在した当時のアメリカにおけるカリキュラム諸理論の歴史的な文脈が看過されていることである。当時のカリキュラム諸理論の歴史的な文脈を踏まえない限り、デューイ実験学校の統合的なカリキュラム、授業実践の実態、および、その歴史的な意義を理解し把握できないであろう。ハーバート・M・クリバード（Herbert H. Kliebard）は、『アメリカ・カリキュラム論争　1893-1958』[60]（*The Struggle for the American Curriculum 1893-1958*）において、このような観点から、デューイ実験学校について考察している。しかし、クリバードは「実験学校の実践報告」、『初等学校記録』等の資料を用いていないため、彼の研究においてはデューイ実験学校のカリキュラム開発、授業実践の実態、および、時間的な経過による、それらの発展が明らかにされていない。

第2の問題点は、デューイ実験学校のカリキュラム理論について、アメリカ・ヘルバルト主義との関連から考察されていないことである。当時、アメリカ・ヘルバルト主義者たちは、学校教育の系列を「文明」の発展の系列に調和させる「文化史段階説」を軸に分離した教科の「相互関係」を追究して

いた。したがって、たとえば、幼い子どもたちが学ぶ様々な教科は、初期の歴史を軸に関連づけられた。すなわち、子どもの個人的な発達と人類の文化的な発展が同型と見なされ、この原理に基づいて教授素材の選択と配列が行われたのである。この発達論は疑わしいかもしれないが、断片化され、脱文脈化されたカリキュラムを批判する者たちにとっては魅力的であった。デューイもこの一人であった。しかし、デューイは、それらを批判的に解釈し再構築していったのである。

デューイとアメリカ・ヘルバルト主義教授理論との関係については、すでに大浦猛『實験主義教育思想の成立過程』、庄司他人男『ヘルバルト主義教授理論の展開』において研究されている[61]。ただ、これらの先行研究においては、本研究で用いたブリガム・ヤング・アカデミーの教育講義[62]が用いられず、またカリキュラム理論の観点から論じられていない。

第3の問題点は、「典型的な活動」、「オキュペーション」、「社会的オキュペーション」の相違とそれらの関連が考察されていないこと、そして当時のアメリカにおけるカリキュラム理論の歴史的な文脈という観点から、カリキュラムにおけるオキュペーションの本質と意味が詳細に考察されていないことである。周知のように、デューイ実験学校の重要な特質の一つはオキュペーションを基軸とするカリキュラムであり、この問題点を克服しないかぎり、デューイ実験学校の統合的なカリキュラムの開発過程とその授業実践の実態を明らかにすることはできないと思われる。

第4の問題点は、先行研究のほとんどが、教師たちのコミュニケーションと協同という観点でデューイ実験学校のカリキュラム開発を考察していないこと、デューイ実験学校とシカゴ大学との連携、デューイ実験学校における保護者会の目的と役割が考察されていないことである[63]。タナーの研究では、デューイ実験学校のカリキュラム開発に関して、このような観点から考察されているが、その主眼が今日の教訓にあるので、当時のカリキュラムの歴史的な文脈における意義が明確にされていない。デューイ実験学校のカリキュ

ラム開発における協同と連携の実態を具体的に明らかにするためには、当時の公立学校における教員への厳密な管理システム、シカゴ大学を総合大学として組織し、本格的な大学院大学にするというハーパー学長の経営戦略等を踏まえ、デューイ実験学校のカリキュラム開発、シカゴ大学との連携、さらに教育的な目的をもつ保護者会がなぜ必要であったかを検討する必要がある。

第3節　本研究の方法と構成

1　研究方法

　先行研究の検討を踏まえた上で、本研究では、(1)デューイ実験学校が存在した時期、19世紀末から20世紀初頭のアメリカにおけるカリキュラム改革運動、改革諸勢力のカリキュラム諸理論について検討する、(2)デューイ実験学校の教育活動の基礎となったデューイのカリキュラム理論をアメリカ・ヘルバルト主義との関連から考察し、その本質と特徴を明らかにする、(3)デューイ実験学校における統合的なカリキュラムの実態を明らかにするために、「典型的な活動」、「オキュペーション」、「社会的オキュペーション」の相違とその関連について検討し、オキュペーションの本質と意味を考察する、(4)教師たちの協同とコミュニケーションという観点で、デューイ実験学校のカリキュラムの開発とその授業実践について検討し、さらに、デューイ実験学校とシカゴ大学との連携、デューイ実験学校の保護者会の目的と役割について考察する。

　本研究では、これら四つの研究課題を設定し、デューイ実験学校の統合的なカリキュラム開発と授業実践の実態を解明することを目的とする。そして、このような研究課題を具体的に検討するために、以下のような構成をとる。

2　研究の構成

　本研究の構成を述べる前に、本研究の主題に関連して、カリキュラム開発、統合的なカリキュラムの定義について叙述する。だが、ここでは、この二つの概念について考察することを目的にするのではなく、あくまで本研究においてこれら二つの概念をどのように使用するのかを明確にすることを意図している。

　安彦忠彦は、カリキュラムの「構成」と「開発」に関して、日本では元来、curriculum construction と curriculum development の訳語であったという過去の経緯があり、昭和20年代のカリキュラム研究では「カリキュラム構成」というタイトルや表現が多く、昭和50年以降は「構成」と同義で「開発」が用いられてきたと述べている[64]。そして、カリキュラムの「編成」と「構成（開発）」の相違について、安彦は「『構成（開発）』は最初からすべて作り出すことであり、哲学的な基礎研究から、具体的な実施手順とそれに関わる人的・物的要素の扱い方、理論的なつくり方の原理や原則の明確化、評価に基づいた修正による再構成の仕方まで、すべて始めから終わりまで、何もかも自分たちの手でつくること、教師を中心とした関係者がほとんど一緒に同時にとりかかり、つくり上げること」[65]であると書いている。これに対して「編成」は、基本的に「方法・手順」の具体的検討であり、基礎的な思想的・哲学的原理、一つの立場を選んで確定する作業は含まないという[66]。

　ザイス（Robert S. Zais）は、カリキュラムに関連する概念や用語を検討する中で、このカリキュラム構成と開発を区別し、カリキュラム構成をカリキュラムの諸要素の本質と組織化の決定を伴う意思決定過程として定義している[67]。そして、この決定には「良い社会の本質とは何か」、「人間の本質とは何か」、「良い生活とは何か」、「知識の本質とは何か」、「教育の目的とは何であるべきか」、「どんなカリキュラム・デザインが基礎となる我々の責務を最も効果的に実現するだろうか」、「すべての生徒たちはどんな内容（知識）を

学ぶべきか」、「学習者は内容と相互作用する時にどんな学習に従事すべきであるか」、「我々は教育目的、内容、学習活動の真価をどのように評価すべきか」という質問に答えることが含まれているという[68]。

そして、「カリキュラム開発は、カリキュラム構成がどのように開始されるのかを確定する一つの過程である。」と書き、「誰が、つまり教師、管理者、保護者、生徒がカリキュラム構成に関与するのか」、「カリキュラムの構成にどんな手順が使用されるのか、すなわち管理的な指示、教職員委員会、大学の専門家との相談、もし委員が雇用されるなら、それはどのように組織されるのか」という質問に関連すると述べている[69]。しかし、現実的にカリキュラム開発がカリキュラム構成と切り離されて先行するはずはなく、カリキュラム構成とカリキュラム開発の諸過程の統合は不可避である。ザイスもそのことを認めているが、「その区別は、なされるべき決定の本質に関する確認、焦点化に役立つ。つまり、カリキュラム構成はカリキュラムに関係する一方で、カリキュラム開発は、構成の過程に関係する。」[70]と主張している。

本研究ではザイスによる「カリキュラム構成」と「カリキュラム開発」の相違にも留意しながら、これら二つの意味を含めて「カリキュラム開発」という概念を使用する。

次に「カリキュラムの統合」に関して、クリバードが「デューイはオキュペーションと呼んだものに統一する概念を発見した。」[71]と述べ、またタナーはデューイ実験学校とそのカリキュラムの特徴について、「それは社会的な共同体として組織されている。すなわち、子どもたちは小型の共同体という積極的な周囲環境の中で学んでいる。」、「幼稚園から、子どもの自然な興味や能力で始まる発展的なカリキュラムがある。」、「カリキュラムは二つの次元、子どもの側（諸活動）と教師の側（主要な知識分野における諸事実と一般化）をもっている。」、「題材の社会的な意義は教授において明らかになる。」、「子どもたちは過去と現在の現実的な問題解決に従事する。カリキュラムの諸教科は子どもたちが活動を行い、現実的な世界に総合されるという方法で

統合される。」、「力強い組織的な垂直的主題が存在する。」、「子どもたちは、共同体に対する協同とサービスの習慣を発達させている。」、「学校はカリキュラムと子どもの生活を豊かにするための地域社会における文化的、教育的な諸機関を活用する。」[72]等に要約している。このことからもデューイ実験学校では統合的なカリキュラムが開発され実践されていたことが明らかであろう。

　ここで重要な点は、ラルフ・タイラー（Ralph W. Tyler）が「教育的な諸経験が累積的な効果を産出するために、それらはお互いに補強し合うように組織されねばならない。」[73]と述べていることである。それゆえ、カリキュラムを改善する上で、学習経験の水平的な諸関係と垂直的な諸関係を考慮することが不可欠である。

　タナーは「今日の教師たちによって利用される主題に基づいた研究方法は、学習経験の水平的な関係に関わる傾向がある。すなわち、それらは通常、よくても1年間の単位である。カリキュラムの統合へのデューイの研究方法は連続的で発達的である。（彼は規則的で累進的（原文、イタリック）という言葉を使った。）驚くことではないが、水平的な統合は垂直的な核によって促進される。」[74]と主張し、さらに「我々は、水平的なカリキュラムの統合が単独ですべての責務を行うと考えるならば、我々は思い違いをしているのである。カリキュラムは、骨格、すなわちそれを結びつける垂直的な主題をもつべきである。これは確かにデューイの学校からの最も重要な教訓の一つである。そのような主題は、学校の社会的な目的（学問的なだけでなく人間関係にも関する）と子どもの心理的な発達の両方に関係し得る。デューイの学校において、題材と教授は、小型の共同体としての学校という彼の着想に関係している。その主題の諸活動が……他の諸教科に広がるという事実がカリキュラムを統一していたのである。」[75]と述べている。このような垂直的な主題に基づく諸活動が、まさにオキュペーションであった。

　このように本研究においては、統合的なカリキュラムを水平的にも垂直的

にもカリキュラムを統合するという意味を含む概念として用いる。以下、本研究の構成について述べる。

　第1章では、デューイ実験学校が開校した20世紀への転換期における社会・経済的な背景を踏まえた上で、当時のカリキュラム諸改革運動に関して述べる。クリバードによれば、20世紀が到来した時、すでにアメリカにおける学校カリキュラムのその後の展開を左右するような四つの主要勢力が出現していたという。その一つは、伝統的なカリキュラムの支持者、つまり西洋の文化遺産の諸要素に結びついた主知主義的、形式的精神鍛錬重視の人文主義者であった。このグループと対峙する形で、三つの異なる改革諸勢力が存在したのである。それらは、児童研究の指導者である発達主義者、社会効率主義者、社会改良主義者であった。ここでは、このようなクリバードの研究成果に学びつつ、デューイ実験学校の存在した時代におけるカリキュラム諸改革運動とそのカリキュラム理論について検討する。

　第2章では、デューイ実験学校の教育活動の基礎となったデューイのカリキュラム理論について、シカゴ大学に赴任する前のデューイの経歴、そしてデューイとアメリカ・ヘルバルト主義との関係から考察する。本章では、特に、デューイのカリキュラム理論に影響を与えたと思われる「文化史段階説」と「相関論」に焦点を合わせる。なぜなら、デューイはアメリカ・ヘルバルト主義者たちとの交流や論争を通して、有望な教育指導者、教育改革者としての名声を得ただけでなく、そのことが、後の彼の主要な教育理論を鍛える基盤となったからである。その顕著な例として「文化史段階説」「相関論」の定義と解釈をめぐる論争がある。それらを中心に考察する。

　第3章では、まず、デューイ実験学校を取り巻くシカゴ大学の状況について述べた後、デューイによる実験学校のカリキュラム構想に関して、デューイが私的に印刷し配布した1895年の「大学附属初等学校の組織計画」を基本資料として考察する。次に1896年の授業実践及び1897年の授業実践の具体的な実態について、『大学記録』（$University\ Records$）の「シカゴ大学附属学校、

学校の記録、要旨、計画」(School Record, Note, and Plan. The University of Chicago School) を基に検討する。最後に、当時、アメリカで最も有名な教育哲学者であったウィリアム・T・ハリス (William T. Harris, 1835-1909) のカリキュラム理論と対比しながら、デューイ実験学校の実践の背後にあるカリキュラムの基本的な問題、一貫した主題は何であったのかを明らかにする。

第4章では、「大学附属初等学校の組織計画」、シカゴ大学の『大学記録』、「実験学校の実践報告」、『初等学校記録』(*The Elementary School Record*) を活用しながら、「典型的な活動」、「オキュペーション」、「社会的オキュペーション」の相違とその関連について検討し、デューイ実験学校におけるオキュペーションを基軸としたカリキュラム、統合的なカリキュラムを実現しようとした授業実践の実態について明らかにする。その後、それらを当時のアメリカにおけるカリキュラム理論の歴史的な文脈、すなわちヘルバルト主義の相関論とデューイの相関論との相違、人文主義者と発達主義者のカリキュラム論争に対するデューイのカリキュラム論の立場という観点を中心に考察する。

第5章では、まず、デューイ実験学校における教員と教員組織の変化について考察する。次に、当時のシカゴにおける公立初等学校での授業実践と教員への厳密な管理システムについて述べ、それらとは対照的であった実験学校の教員組織における監督と管理の特質について検討する。その上で、実験学校における教師の報告に基づく教師会議の実態、教師会議の意義と役割について考察する。そして、この教師会議が実験学校の円滑な運営を保障し、カリキュラム開発における教師の協同とコミュニケーションの中心であったことを実証する。さらに、デューイ実験学校とシカゴ大学との連携、デューイ実験学校における保護者会の目的と役割について検討する。

終章では、本研究の総括と今後の課題と展望について述べる。

註

1 ）文部科学省『小学校学習指導要領解説　総合的な学習の時間編』東洋館出版社、平成20年 8 月、 4 頁。
2 ）同上書、 4 頁。
3 ）同上書、 4 ～ 6 頁。
4 ）Katherine C. Mayhew and Anna C. Edwards, *The Dewey School : The Laboratory school of the University of Chicago, 1896-1903* (New York : D. Appleton-Century, 1936), pp.404-412.
5 ）Laurel N. Tanner, *Dewey's Laboratory School : Lessons for Today* (New York : Teachers College Press, 1997), p.xii.
6 ）Laboratory Schools Work Reports (University of Chicago Archives, Regenstein Library Special Collection).
7 ）Mayhew and Edwards, *op. cit.*, p.367.
8 ）John Dewey, in Mayhew and Edwards, *Ibid.*, p.374.
9 ）Arthur G. Wirth, *John Dewey as Educator : His Design for Work in Education (1894-1904)* (New York, London, and Sydney : John Willy and Sons, Inc., 1966), p.313.
10）Jerald Alan Katch, "Discord at Dewey's School : on the Actual Experiment Compared to the Ideal." (Unpublished Ph.D. dissertation, University of Chicago, 1990), p.44.
11）John Dewey, "Educational Lectures before : Brigham Young Academy," in Jo Ann Boydston (Ed.), *The Later Works 1925-1953*, Vol.17 : 1885-1953 (Carbondale : Southern Illinois University Press, 1990).
12）*University Record* (*Chicago* : University of Chicago).
13）John Dewey and Laura L. Runyon, (Eds.), *The Elementary School Record* [a series of nine monographs] (Chicago : University of Chicago Press, 1900).
14）Mayhew and Edwards, *op. cit.*, p.vii.
15）*Ibid.*, p.xv.
16）メイヨー、エドワーズ共著、梅根悟、石原静子共訳『デューイ実験学校』シリーズ・世界の教育改革 4 、明治図書出版、1978年。
17）これらの講義は、最初、『白と青』（*White and Blue*）という雑誌に掲載されたが、本研究では次の資料を用いた。

John Dewey, "Educational Lectures before : Brigham Young Academy," in Jo

Ann Boydston (Ed.), *The Later Works 1925-1953*, Vol.17 : 1885-1953 (Carbondale : Southern Illinois University Press, 1990).
18) Nellie L. Griffiths, " A History of the Organization of the Laboratory School of the University of Chicago." (Unpublished M.A. dissertation, University of Chicago, 1927).
19) *Ibid*., p.117.
20) *Ibid*., pp.116-117.
21) *Ibid*., p.118.
22) Arthur G. Wirth, *op. cit*.
23) *Ibid*., p.viii.
24) *Ibid*., p.ix.
25) *Ibid*., p.ix.
　ワースは実験学校の実践の分析において、以下の資料を用いている。
　Teacher's Reports of the University Elementary School. Unpublished, (1898-1901).
26) Jerald Alan Katch, *op. cit*.
27) *Ibid*., pp.2-3.
28) メイヒュー・ペイパーズは、以前にはコロンビア大学教育学部のミルバンク図書館にあったが、現在、コーネル大学のクロック図書館に保管されている。ただ、その中のボックス5から10までが存在していない。キャッチが利用した時、教師の週報がボックス5から10に入っていたのか不明である。
29) Laurel N. Tanner, *op. cit*.
30) *Ibid*., p.xi.
31) *Ibid*., p.xii.
32) *Ibid*., p.xii.
33) *Ibid*., pp.177-178.
34) J.J. Chambliss, *John Dewey's Laboratory School as a Social Experiment* (Buy Books on the web. com., 2000).
35) *Ibid*., p.1.
36) *Ibid*., p.1.
37) *Ibid*., p.5.
38) *Ibid*., p.10.
39) 小柳正司「シカゴ大学実験学校の実践記録：1896-1899年」『鹿児島大学教育学部

研究紀要（教育科学編）』51、2000年。

　小柳は、この論考の前に以下の論文において、デューイ実験学校の創設の背景、その学校の実態と基本的性格についても論じている。

　小柳正司「デューイ・スクールの真実―シカゴ大学実験学校はどのような学校だったのか―」『鹿児島大学教育学部研究紀要（教育科学編）』50、1999年。

　小柳正司「シカゴ大学実験学校の創設の背景にあったデューイの教育学構想―師範学校から教育科学へ―」『鹿児島大学教育学部研究紀要（教育科学編）』50、1999年。

40）小柳正司「シカゴ大学実験学校の実践記録：1896-1899年」『鹿児島大学教育学部研究紀要（教育科学編）』51、2000年、119頁。

41）同上論文、116頁。

42）同上論文、119頁。

43）森久佳『デューイ・スクール（Dewey School）のカリキュラム形態に関する研究―「仕事（occupation）」の成立過程とその位置づけを分析視角として―』大阪市立大学大学院文学研究科、博士論文、平成17年3月学位授与（文学）。

44）同上論文、15頁。

45）同上論文、16頁。

46）同上論文、15～16頁。

47）千賀愛『デューイ教育学と特別な教育的配慮のパラダイム―実験学校と子どもの多様な困難・ニーズへの教育実践―』風間書房、2009年。

　本書は、千賀が東京学芸大学大学院連合学校教育学研究科に提出した同名の学位論文（2003年3月受理：教育学）をもとに、追加の史料収集と分析を経て、加筆・修正されたものである。

48）同上書、18頁。

49）同上書、19～23頁。

50）高浦勝義『デューイの実験学校カリキュラムの研究』黎明書房、2009年

　本書は高浦が明星大学人文学研究科に提出した学位論文「ジョン・デューイの実験学校カリキュラムの研究」（2009年3月受理：教育学）をもとに若干の加筆・修正を行ったものである。

51）同上書、60頁。

52）同上書、32頁。

53）同上書、202～240頁。

54）同上書、191～196頁。

55）伊藤敦美『デューイ実験学校におけるカリキュラムと学校運営』考古堂、2010年。

本書は、第1部「デューイ実験学校のカリキュラム」、第2部「デューイ実験学校運営とアシスタント」、終章から構成されている。第1部は、氏が新潟大学大学院現代社会文化研究科に提出した学位論文「J.デューイ実験学校におけるカリキュラム研究」（2004年受理：学術）を若干、修正したものである。第2部は、伊藤が2005年度から2006年度及び2007年度から2008年度に受けた科学研究費補助金による研究の成果をまとめたものである。ここで、伊藤は、デューイ実験学校の運営における教職の意義及び教員の役割、学生アシスタント及びペアレント・アソシエイションの役割の検討を行い、デューイ教育学構想とデューイ実験学校と連携したシカゴ大学教育学科における教師教育について考察している。

56）同上書、12頁。
57）同上書、143～145頁。
58）同上書、12頁。
59）同上書、12～15頁。
60）Herbert M. Kliebard, *The Struggle for the American Curriculum 1893-1958* (New York : Routledge & Kegan Paul, 1987).
61）大浦は、デューイによる「文化史段階説論の解釈」(Interpretation of the Culture-Epoch Theory)、「意志に関連した興味」(Interest as Related to Will) の二つの論文を用いて、文化史段階説と興味論について考察している。庄司は、大浦が用いなかったR.D.アーチャンボウルト（Archambault）編集の『教育哲学講義』(*Lectures in the Philosophy of Education : 1899 by John Dewey*)（1966）を活用しながら、デューイ教授理論の形成過程へのヘルバルト主義の影響について論じている。
62）John Dewey, "Educational Lectures Before Brigham Young Academy," in Jo Ann Boydston (Ed.) *The Later Works*, Vol.17 : 1885-1953 (Carbondale : Southern Illinois University Press, 1990).
63）千賀は教師の週例会議について公教育における「教育の協同化（coeducation）」という観点から論じている（上掲書、288頁）。伊藤は、学生アシスタント、ペアレント・アソシエイションを検討することにより、学生アシスタント、親・地域社会の人々を含むアシスタントがデューイ実験学校の運営に果たした役割を明らかにしている。
64）安彦忠彦『教育課程編成論―学校で何を学ぶか―』放送大学教育振興会、2002年、39頁。
65）同上書、39～40頁。
66）同上書、40頁。

67) Robert S. Zais, *Curriculum : Principles and Foundations* (New York : Harper & Row, Publish, Inc., 1976), p.17.
　ここでのカリキュラム構成要素とは、「目的」、「教材と内容」、「学習活動」、「評価」である。
68) *Ibid*., p.17.
　ザイスによれば、カリキュラム・デザインとは一つの過程ではなく、上述のカリキュラムの構成要素の配置に言及するものであるという。
69) *Ibid*., p.17.
70) *Ibid*., p.18.
71) Harbart M. Kliebard, *op. cit*., p.69.
72) Laurel N. Tanner, *op. cit*., p.177.
73) Ralph W. Tyler, *Basic Principles of Curriculum and Instruction* (Chicago : The University of Chicago Press, 1949), p.83.
74) Laurel N. Tanner, *op. cit*., pp.58-59.
75) *Ibid*., p.62.

第1章　20世紀への転換期における
カリキュラム諸改革運動

　19世紀の半ば以降、アメリカにおける諸産業の著しい発展、都市化の進展、鉄道網の拡充、新聞や雑誌というメディアの普及は、社会的諸制度や諸機関の役割を含む公的な事業をどのように形成し発展させるかについての討議を生じさせる要因となった。また、移民の急激な増加、都市への人口集中、児童労働法および強制出席条例（compulsory attendance regulations）の制定による学校入学者数の急増は、同じく学校教育に関する討議も活発にさせることとなった。

　アメリカ・カリキュラム史研究の第一人者であるハーバード・M・クリバードは、20世紀への転換期において、このような社会・経済的な背景のもとで、すでにアメリカにおけるその後のカリキュラムの進展を左右する四つの主要勢力が現れていたと指摘している[1]。

　第一は人文主義者、つまり、西洋文化遺産の諸要素に結びついた主知主義的、形式的精神鍛錬重視の伝統的なカリキュラムの支持者たちであった。この勢力と対峙する形で三つの異なる改革諸勢力が存在した。それらは、発達主義者、社会効率主義者、社会改良主義者である。それぞれは、どのような知識がカリキュラムにおいて具体化され、カリキュラムがどのような目的に方向づけられるべきかについて異なる構想をもっていたというのである。クリバードのカリキュラム研究はイデオロギー的な傾向が強いが、これまで、アメリカにおけるカリキュラム理論の展開を「本質主義と進歩主義」という二項対立的にしか捉えきれていなかった先行研究の問題を克服し、カリキュラムの歴史的文脈に新たな視座を与えている点でその研究成果の意義は大きいといえる。

それゆえ、本章では、このようなカリキュラムの動乱期を生じさせた社会・経済的背景を述べた後、クリバードの研究成果を援用しながら、人文主義、発達主義、社会効率主義、社会改良主義のカリキュラムについて考察する。

第1節　カリキュラム諸改革運動の社会・経済的な背景

19世紀において、アメリカの社会は漸進的に変化していった。いうまでもなく、産業化は、地方の農場地域から大都市への多量の人口移動、地域社会および家庭における生活様式の変化も伴いながら、最も広範囲に及ぶ影響をアメリカの社会にもたらした。しかし、多くのアメリカ市民にとって、日常生活はこれまでと同じように続いていたであろう。おそらく、1880年代における新聞と雑誌の著しい普及、鉄道網の急速な発展と結びついて初めて、多くのアメリカ人が新しい社会の到来を実感したと思われる。そして、この変容に対する自覚は、以下に述べる歴史的事実から判断すると、1890年代に頂点に達したと推測される。

産業化と都市化の継続的な進展に加え、これら新聞と雑誌、鉄道網の発展が、アメリカ社会を相対的に孤立した自給自足的な地域社会から、都市部に人口が集中する産業国家へと変容させる主要な要因であった。その具体的な事例として、1870年代にはアメリカの全新聞社数が2倍になった。1880年には、ニューヨーク・グラフィック社が最初の写真複写を掲載した。1882年から1886年の間だけでも、日刊紙の価格が一部4セントから1セントに下がった。それは、ジョセフ・ピューリッツア（Joseph Pulitzer）のニューヨーク・ワールド社の繁栄によるところが大きかった。そして、1890年のライノタイプ機械の導入は、新聞と雑誌のさらなる普及を約束した。1872年当時、アメリカで、10万部以上の発行部数であったのは、たった二つの日刊紙であったが、1892年には、さらに七つの新聞社がその発行部数を上回っていた。身近

な地域社会を越えた、より広い社会のニュースが、すぐに何百万人ものアメリカ人の目に届くようになっていたのである。

　だが、19世紀後半のアメリカの人々にこの新しい意識をもたらしたのは新聞だけではなかった。今日よく知られている雑誌が1882年頃に出版を開始した。実際、アメリカにおける週刊誌の発行部数は、次の時期に新聞の発行部数を上回った。たとえば、1892年に、『レイディ・ホーム』誌（*Ladies Home Journal*）は70万部に達した。本の読者数もまた、過小評価されるべきではない。エドワード・ベラミー（Edward Bellamy）のユートピア的社会主義小説、『かえりみれば―2000年から1887年』（*Looking Backward: 2000-1887*）は最もよく知られ広く読まれたことは疑いようがない。犯罪、窮乏、貧困のない社会、豊かな完全社会というその未来図は、伝統的に必然的進歩の信念をもつアメリカ国民に大いに訴えるものがあった。確かに、ヘンリー・ジョージ（Henry George）の『進歩と貧困』（*Progress and Poverty*）も同じ様に感銘を与えた。そして、両書の至る所に、共和国の初期の時代以降、アメリカの精神的特徴となっていた楽観主義が見受けられた[2]。疑いもなく初期のアメリカ社会を特徴づけてきた孤立が、印刷された言葉によって消失しつつあったのである。

　19世紀後半における鉄道網の発展は、多数の発行部数をもつ新聞や雑誌と同等の重要性をもつ。1880年まで、東部と中西部地域の標準的な線路幅は、4フィート8インチであったが、南部地域では圧倒的多数が5フィートであった。西部諸州は1880年代の初め、幅の狭い線路を敷いていたが、1880年代の終わりまでには、アメリカにおける大部分の鉄道の線路が標準化されるようになった。

　1889年にアメリカではすでに125,000マイルの鉄道が操業されていたが、イギリスではおよそ20,000マイル、ロシアでは19,000マイルにすぎなかった。1967年のロバート・ウィーブ（Robert H. Wiebe）著『秩序を求めて 1877-1920年』（*The Search for Order, 1877-1920*）によれば、1879年以降と1885年以降、

2度にわたり急激な鉄道建設が行われ、アメリカの歴史上比較できないほどの多くの鉄道総路線をつくり出したという[3]。アメリカの新しい鉄道複合体の本来の重要性は、ニューヨークとサンフランシスコの劇的な連結列車にあるのではなく、イリノイ州のケワニー（Kewanee）やサウス・ダコタ州のアバディーン（Aberdeen）へ行き来がしやすくなったことにあった。そして、全米の他の地域への交通の利便性が高くなり、国民がそこへの交通手段をもつようになったことであった。新聞や雑誌と同じように鉄道は、アメリカ中の町々、村々を通り、新しい産業、新しい市場をつくりだすだけでなく、自分たちが住む地域はどのような世界であるのかに関するアメリカ人の意識をつくりかえ、社会的な態度を変容させたのである。

　ある時代には、社会的な変化があまり容認されなかったり、あるいは急激すぎる変化は明らかに危害をもたらすと考えられたりする。しかし、1890年代には変化の兆しが紛れもないように思われた。アメリカの人口は、1,400万人という大規模な移民の到来により、19世紀後半の40年間で2倍になった。アメリカ人の30％が都市部で生活し、ニューヨーク、シカゴ、フィラデルフィアの人口は100万人以上になった。これらの地域は、農業地域の人々や移民を引き寄せ、急速に新しい産業体制の中枢となっていったのである。1920年の国税調査によれば、アメリカ人口の半分以上の人々が都市部に居住していた。

　20世紀におけるカリキュラムをどのように改革すべきかに関する異なる見解は、1890年代における社会的な変化と動揺の時代から出現した。家族、教会などの社会的な諸機関における変容がますます強く意識され、また20世紀の到来が目前であるという心理的な影響が、政治家、経済人、大学の研究者だけでなく一般大衆までも巻き込みながら、自分たちが住んでいる世界を再考察するよう導いた。1893年にグローバー・クリーヴランド（Grover Cleveland）は第24代大統領に返り咲いたが、その政権発足後、3ヶ月も経たないうちに、金融界と産業界に経営の行き詰まりや倒産があいつぎ、経済恐

慌が始まった。このような危機的状況は、新しい世界が構築されつつあるという認識をさらに拡大していった。そして、結局、古い制度が腐敗し、社会自体が崩壊の危険にあると警告せざるをえないような風潮へと導かれていった。一般向けの新聞や雑誌を通して、多くの人々の目に届いた都市の犯罪と腐敗というニュース、そして、身近な地域社会が非人格化された都市社会に入れ替わるという危機感、このような社会の変貌に対処するために、学校が中心的役割を果たすよう要望され、また、学校が新しく活性化されたカリキュラムをもつよう要求されたのも驚くべきことではない。

第2節　精神的鍛錬重視のカリキュラム

　1890年代のカリキュラムは、精神的（mental）鍛錬という教義とその支持者たちによって代表される。その起源は、古代ギリシアの哲学者、プラトン（Plato）の教育思想までさかのぼることができるが、直接的には18世紀のドイツの心理学者、クリスチャン・ヴォルフ（Christian Wolf）に求められる。プラトンの教育思想は形式陶冶論、つまり古典や数学のような内容的に難しいものを真剣に勉強すれば、記憶、理解、推理などの力が鍛えられ、これらの力は学習された内容を超えて普遍的に働くというものである。もちろん、ギリシア時代には心理学という学問分野はなかったが、彼は、精神を認識、感情、欲望の三つの部分に分け、これらはそれぞれ独立した能力分野を示していると考えた。ヴォルフは、哲学的にはゴットフリート・W・ライプニッツ（Gottfried W. Leibniz）の後継者と見なされているが、心理学的にも強い影響を受け、能力心理学の祖と言われている。また、心理学という言葉が広く一般的に使用されるようになったのはヴォルフの功績と考えられている。彼は、精神は一つの実体であって、その状態、すなわち表象を変化させようとする力をもっている。これが表象力であり、この力が、様々な精神的諸過程を起こす可能性をもち、この可能性に対して能力という言葉が与えられた。

それゆえ、精神は能力の束と見られ、ヴォルフは、人間の精神を構成する諸能力の詳細な階層性を示した。

精神的鍛錬主義は、このように、一定の諸教科が記憶力、推理力、意志、想像力などを発達させるという心理学理論、能力心理学に基づいていた。そして、これらの諸教科を教える一定の方法が精神を活性化させ、これらの諸能力を発達させるのである。ちょうど、身体の筋肉が厳しい訓練によって強化されるのと同様に、精神的な筋肉である諸能力は精神的な鍛錬をとおして発達する。それゆえ、彼ら、人文主義者たちは、何世紀もの間、教育者および哲学者を悩ませ続けた永続的な諸問題に取り組むことができる理路整然としたまことしやかな方法を作り上げた。すなわち、何を教えるべきか、諸教科を教える上でどのような原則を適応させるべきかという問題、カリキュラムにおける均衡や統合という問題さえ、単純に精神と身体の類推によって解決されたのである。

さらに、諸能力の発生には自然な順序が当然、存在すると考えられた。もし、この順序に従うならば、カリキュラムの系列が明らかになる。そして、諸能力の範囲は、カリキュラムの領域を定義する基礎を与えた。どのような能力も軽視することのない均衡のとれたカリキュラムをつくり出すことが、教育者たちの責務であった。人文主義者たちにとって、理想的な教育は、あれこれの精神的な諸能力を発達させることではなく、全面的な精神的諸能力を発達させることを意味したのである。

19世紀におけるこのような精神的鍛錬主義の中で最も有名な文書は、ジェレマイア・デイ（Jeremiah Day）学長の言葉で述べられた1828年のエール大学の報告書であった。

> 知的文化において獲得されるべき二つの非常に重要な点は、精神の鍛錬と内容（原文、イタリック）である。すなわち、その力を拡大し、知識でそれを蓄えることである。おそらく、このうちで前者がより大切であろう。それゆえ、学生の諸能力を毎日、精力的に訓練するために、大学の課程に堂々とした目標が

あるべきだ。学科のそのような諸部門が規定され、教授のそのような形態が採用されるべきである。そして、これらは注意を引きつけ、思考の訓練を指導し、調査のために提案された主題を分析する方法を教えるように最もよく計画されたものである。すなわち、正確な識別力をもって論議の経過をたどること、判断のために提示された証拠を上手く考量すること、想像力を覚醒し、高揚し、統制すること、記憶が寄せ集めた重要なものを技能を用いて整理すること、才能の力を喚起し導くことである……。

　専門職業の研究の準備となる大学教育の大きな目標は、その思想が常にひとつの特別な経路に限定される人間のなかには発見できない、精神的な力の拡大と均衡、自由で包括的な見解、素晴らしく調和のとれた品性を与えることである。4）

　この報告書において、教育の二つの主要な機能は、「精神の鍛錬と内容」であると考えられている。精神の鍛錬とは今日の思考力の発達を意味し、精神の内容とは、今日の知識や技能の獲得であろう。この報告書の著者、エール大学の学長であるデイおよびジェイムズ・K・キングスレイ（James K. Kingsley）教授が、前者の方を教育のより重要な機能であると確信していることは明らかである。これは伝統的なカリキュラムの再確認であった。彼らにとって、ギリシア語、ラテン語、数学、純文学は明確な価値をもっていたが、現代的な外国語のような新しい諸教科は、未知数のものであった。

　それゆえ、カリキュラムの改変に対しては、間に合わせに過ぎないと考え、著しい抵抗感があった。19世紀の終わりまで、アメリカの師範学校のテキストは、ほとんど大部分が先述の筋肉としての精神という隠喩を採用していた。この隠喩が確立された時、まるでそれが筋肉であるかのように精神について考えるという、その「まるで」という意味が無くなっていった。まさに、多くの教師にとって、精神は、文字通り筋肉となってしまったのである。

　精神が筋肉のようであるという信念は、学校における単調なドリル、厳しい規律、逐語的な暗唱という教育システムに確かな根拠を与えた。十分な教育を受けていない、しばしばとても若い教師は、疑いもなく他に何をすれば

いいのか分からなかったので、このような教育が長続きしたのかもしれない。精神的鍛錬主義は、それを継続することへの権威のある正当性を与えた。

19〜20世紀初期、学校生活の実態に関する逸話的な記事を見てみると、ほんの少数の例外を除いて学校は楽しくない気のめいるような場所であった。その具体的な事例を示すと、1913年、シカゴで工場視察官のヘレン・M・トッド（Helen M. Todd）が子どもの労働者たちに次の調査をした。彼女は500人の子どもたちに、「もしあなたのお父さんが良い仕事に就いていて働く必要がないなら、あなたは工場で働くか、それとも学校に通うか」[5]と尋ねた。500人中412人が工場で働く方が良いと答えた。その理由として、「学校で学ぶよりも工場で働く方が簡単だ。」「工場の親方は耳を引っ張ったり、顔を殴ったり平手打ちしたりしない。」「学ぶことは難しい。」「学ぶのは好きではない。」[6]などをあげた。子どもたちが学校で経験した退屈さ、屈辱、残虐行為の様子がうかがえるであろう。たとえ、経済的な貧困から抜け出したとしても、子どもたちは、低賃金、最悪の環境で長時間、搾取的な労働をさせるような工場を選ぶというのである。ある意味で、20世紀への転換期頃における学校教育の状態が、子どもたちを悲惨な児童労働へと追い遣っていたのである。アメリカにおける社会諸制度の再評価が進展するにつれ、公立学校の存在条件と同化した先述のような学説は、批判的検討のもとにおかれるようになったのも不思議ではない。

すでに1890年代頃には、精神的鍛錬主義の矛盾や問題点が明らかになりつつあった。もし、精神が筋肉のようであり、訓練によって発達するならば、なぜ幅広い様々な異なる諸教科でそれを訓練できなかったのか。なぜ、記憶などの能力は無意味な音節の訓練によってしか発達しなかったのか。このような現実的な問題が生じてきた。そこで、能力心理学の理論は、教養科目の古い解釈と結びつき、伝統ある文学カリキュラムを永続させるのに役立つ不確かな連立を形成したのである。しかし、多くの人々は、当然、ルネサンス期のヨーロッパの優雅な生活にその起源をもつカリキュラムが新しい産業社

会の諸要求に適しているのかという疑問を抱いた。おそらく、精神的鍛錬主義の終焉は、まず、ウィリアム・ジェイムズ（William James, 1842-1910）による経験主義的な検証、後にエドワード・L・ソーンダイク（Edward L. Thorndike, 1874-1949）が行ったいくつかの実験による検証に対して弁明できなかったことに関連していたが、直接的には、当時の急激な社会・経済的な変化に対応したカリキュラムを学校に提供できなかった結果であるといえよう。

　1890年代、精神的鍛錬主義の問題点が、社会的変容に関する大衆意識の高まりの結果として明らかになり始めると同時に、20世紀のアメリカ・カリキュラム論争において支配的勢力となる利益集団が現れはじめた。その直接的な推進力の一つは、1890年頃に始まる中等学校への進学希望者数の著しい増加であった。1890年に、14歳～17歳の若者人口のたった6％から7％だけが中等学校に通学していた。その数値は1900年にすでに11％を越え、1920年には、その年齢層の約3分の1が中等学校に進学した。中等学校への進学率は、1930年までには51％を越え、およそ450万人に達した。

　この急増の要因は何か。実証することは困難であるが、一つには1880年代後半におけるアメリカ公立初等学校の発展に関係していたかもしれない。加えて、電話の使用というような科学技術の諸変化は、初期青年期の若者たちの就職状況にも影響を与えた。それまで、10代の少年少女には使い走りという仕事があったが、電話の利用が増すにつれてその仕事は無くなっていった。そのような失業状態の結果、子どもたちは、何もすることがないよりは学校へ行くほうがましだと思ったのかもしれない。

　また、より高度な技能が要求される事務職は、当時、肉体労働よりも賃金が高く、ハイスクールに進学することを価値ある投資にしていた。さらに、アメリカ都市部への人口集中によって、ハイスクールに通学することが容易になった。明らかに、1890年代の社会変化の結果として、社会的な機関としての学校と学校教育がますます注目されるようになったのである。確かに、中等学校への進学率の劇的な増加はもはや目立たないものではなかった。特

に、そのことは、エール大学の報告で強く弁明され、それ以来ずっと本質的には変化しなかったカリキュラムが、あらゆる意図や目的に関わらず、新しい生徒層と新しい社会に役立つことができるかどうかという疑問を抱かれるようになったのである。

このような状況の中、1892年ニューヨーク州のサラトガ（Saratga）で開催された全米教育協会（National Education Association）の年次大会で、初等学校と中等学校の学科プログラムと大学入試資格要件の統一という問題を検討するため「10人委員会」が任命された[7]。その委員会は、ハーヴァード大学の総長、チャールズ・W・エリオット（Charles W. Eliot, 1834-1926）が委員長を務め、大学関係者6名、中等学校関係者3名、連邦教育行政官1名という構成であった。この教育行政官とは後述するウィリアム・T. ハリス（William T. Harris）であった。同委員会は、その下部組織として「ラテン語」「ギリシア語」「英語」「現代外国語」「数学」「物理・天文・化学」「博物学」「歴史・公民・経済」「地理」という9教科別専門部会を設置した。これらの小委員会は各10名の委員で構成されていた。そして、この小委員会からの報告書を10人委員会が総括し、「中等学校における諸学科に関する10人委員会の報告書」（Report of the Committee of Ten on Secondary School Studies）を作成したのである。その報告書は、1893年12月に全米教育評議会（National Council of Education）への答申を経て、合衆国教育局（U.S. Bureau of Education）より公刊された。

10人委員会はもともと、均一な大学入学要件という一般的問題を扱うために任命されたが、その委員会の仕事と勧告は、必然的に中等教育に対する青年やその保護者の関心の高まりによってカリキュラムと密接に関連していた。当時、大学ごとに異なる入学要件を定めていたのであるが、ハイスクールの校長たちはこの事実を嘆き悲しんでいた。なぜなら、大学進学率が約50％であった当時のハイスクールにおいて、非常に多くの生徒たちを大学のそのような異なる入学要件に対して準備させることが、ことのほか困難になってい

たからである。このこと自体、重要な実際的問題であるが、それは、必然的にカリキュラムの原理的な問題も含んでいた。すなわち、より多くの進路の異なる生徒たちに対して実行可能な、あるいは望ましい範囲で標準的なカリキュラムをいかに提供するのかという問題である。

ところで、エリオットが10人委員会の委員長に任命された時、高等教育だけでなく初等教育や中等教育に対して多大な影響力を及ぼすことが明らかであった。なぜなら、彼は、全米教育協会（NEA）において活動的であり、また、地方の教師協会の講演者としても人気があったからである。そして、その任命は人文主義者たちの中での彼の指導者としての地位と能力を象徴していた。確かに、エリオットは精神的鍛錬主義者であり、その傾向は彼のカリキュラム観に浸透していたが、彼は厳密には現状の擁護者ではなかった。ハーヴァード大学での選択システムの支持者、教育改革者としてのエリオットの名声が、大学レベルにとどまらず初等学校や中等学校レベルへと広がっていったのである。

1892年に『フォーラム』（*The Forum*）誌に書いた論文「その点で民衆教育は失敗した」（Wherein popular education failed）[8]において、エリオットは「公立と私立、学校と家庭の両方とも、すべての教育の至るところで権威という原則をあまりにも信頼し、推理力にとっての進歩的で永続的な魅力がほとんどなくなっている。……権威に従う習慣、強制された見解を消極的に受容する習慣は、効果的な推理力の発達と思考力の自立的な発達にほとんど矛盾している。」[9]と述べている。そして「言語や自然科学の暗記による（原文イタリック）学習を無くし算術の技能習得を無くせば（一般的知性の一定の間接的育成を介することが不十分であることを除いて）、彼や彼女が遭遇する最初のまことしやかな妄想や詭弁に屈服することから男性や女性が守られるだろう。」[10]と主張した。

エリオットは、学校教育の中心的な機能として推理力の体系的発達を擁護していたが、学校で教えられている多くがその機能と関連していないことを

認めていた。エリオットにとって、疑いもなく推理力とは適格に観察し、観察したことを正しく記録、分類、類別し、最後にこれらの精神的諸操作から正しく推論するプロセスであった。彼は、学校のカリキュラムによって子どもたちがこのような精神的習慣へと導かれるべきだと考えたが、さらに「教育は思考を明確で簡潔に、そして力強く表現する力を育成すべきである。」[11]と述べている。

　エリオットにとって、どの教科も一定期間を超えて学習される限り、潜在的に一つの鍛錬的な教科であった。この点において、彼は多くの精神的鍛錬主義者たちとは異なり、カリキュラムの内容に関してそれほど限定的ではなく、ハーヴァード大学の選択システムを支持したことと矛盾していない。選択システムの重視は、エール大学に例証される高等教育で厳密に規定された内容をもつカリキュラムの伝統を打ち破ることを意味していた。そして選択科目主義へのエリオットの支持は、後に初等学校にまで拡大されていった。

　エリオットは直接的な社会改革のための教育を強調しなかったが、ある意味で、彼は人間の諸能力に関しては楽観主義であった。諸教科を教える正しい方法にそった諸教科の正しい選択は、人文主義者の理想、すなわち推理力、美的感受性、高いモラルにしたがって才能のあるすべての階級の市民を発達させることができたのである。この生まれつきの才能について、個人差を指摘する懐疑論者に対し、エリオットは、「我々アメリカ人は、常に初等学校から大学までのほとんどすべての教育段階における生徒たちの能力を過小評価している。つまり、アメリカの子どもや大学生への学識の期待はヨーロッパ人よりもずっと低いのである。」と述べ、たとえば、「幾何学、代数学、外国語を継続的に学習することができないグラマー・スクールの子どもたちの割合は、我々が今、想像している以上に少ないと判明するだろう。」[12]と主張した。

　先述したように1893年12月、10人委員会がその報告書を公表した。それはエリオットの紛れもない影響を示していたが、あちこちでいくつかの妥協案

が現れた。その事例の一つは、彼が支持した選択システムよりもハイスクールにおける四つの異なる学科課程の一つの選択に落ち着かざるをえなかったことである。というのは、ハイスクール側がカリキュラムの均一性を要求していたからだ。大学は、入学の基礎としてこの四つのどれでも受け入れるよう期待された。しかし、大学に進学するかどうかという基準に従い、ハイスクールの生徒を分類するという問題に関して、10人委員会は相変わらず全員が一致し、大学進学の準備をする生徒と、生活の準備をする、つまり卒業後に働く生徒のカリキュラムを区別しなかった。それは精神的鍛錬主義の学説と全く同じ立場であり、諸教科は異なる生徒集団に異なって教えられるべきではないという立場を10人委員会がとったからであった。

　10人委員会は、「生徒のありそうな目的地が何であろうとも、またその教育をどこで止めようとも、生徒が継続して学習している限り、すべての中等学校で教えられるあらゆる教科は、すべての生徒に同じ方法で同じ程度まで教えられるべきである。」[13]ということに全員一致で賛同した。さらに、当時、中等学校の卒業生のほんの一部だけが大学に進学し、中等学校のカリキュラムの主要な役割は生徒を生活に準備させることであった。それゆえ、「全国的に用いることを意図した中等学校のプログラムは、高等教育まで継続して学習しない生徒のために作成されなければならない。」[14]しかし、「同時に中等学校の課程を正式に修了したすべての少年や少女が、大学や自然科学の学校（scientific school）に入学できるのは明らかに望ましいことである。」[15]と主張した。そのためには大学の入学要件を統一し、それと中等学校の諸教科との連続性を確保することが必要であった。

第3節　児童研究運動によるカリキュラム

　10人委員会の報告は多くの承認を得たが、厳しい批判も受けた。その批判は主に、委員会それ自体が学齢期の子どもの発達特性に十分に留意していな

かったことである。最も力強い批評家は、当時、アメリカの児童研究運動の第一人者、G・スタンレー・.ホール（G. Stanley Hall, 1844-1924）であった。彼は、20世紀への転換期、カリキュラムに影響を与えようとしていた第2番目の主要勢力、発達主義者たちの中枢となる人物であった。その理論的根拠は、子どもの発達の自然な順序は、何が教えられるべきかを決定する上で最も重要であり、科学的に弁護できる基礎であるという仮説に由来する。児童研究運動は、19世紀後半、新たな地位を獲得した科学の一つの産物であった。その運動は、様々な発達段階における子どもの行動の注意深い観察と記録を伴う研究から成っていた。

　以下、児童研究運動によるカリキュラム改革について考察するのであるが、その前に、この運動が盛況となる契機について若干、言及する。それは、1879年のチャールズ・F・アダムズ（Charles F. Adams）による『クインシーの公立学校における新しい出発と教育的な題目についての他の諸論文』（*The New Departure in the Common Schools of Quincy and Other Papers on Educational Topics*）であった。彼は、当時のアメリカにおける学校教育を批判し、これまで闇に包まれていた教育学に科学の光を投じる一つの方法として、子どもの精神的諸特性への注目を喚起しようとしたのであった。

　周知のとおり、クインシー運動を推進したのはF.W.パーカーであった。彼は1837年ニューハンプシャー州のベッドフォードに生まれ、16歳の頃から初等学校の教師となり、22歳という若さでイリノイ州カロルトンの初等学校の校長となった。1861年から1865年までの南北戦争中は軍隊に入るが、終戦とともにマンチェスターのグラマー・スクールの校長となり、1868年からオハイオ州デイトンの師範学校の教師となった。その後、1872年にドイツに留学し、ベルリン大学を中心に、教育学、心理学、哲学を学び、1875年に帰国した。この3年間に、彼は、ペスタロッチ（Johann Heinrich Pestalozzi, 1746-1827）、フレーベル（Friedrich Wilhelm August Fröbel, 1782-1852）、ヘルバルト（Johann Friedrich Herbart, 1776-1841）の教育思想にふれ、ペスタロッチ主義

に基づくドイツの新教育思想を身につけたと思われる。

　彼は、1875年の帰国後、マサチューセッツ州クインシー市の教育長に就任した。というのは、クインシーの教育委員会が、1873年に公立学校の生徒の学力調査を行ったところ、その結果は惨胆たるものであり、この事態を憂慮した教育委員会が、有能な教育長を公募し、彼が採用されたのであった。以後5年間、彼は、保守勢力の強いこの地で教育改革に専念した。パーカーは学校視察を行い、校長や教師たちの研修活動を組織し、それを通じてカリキュラムと教育方法の改善に尽力した。

　教育委員会の実質的な指導者であったアダムズは、パーカーのこのような教育改革を支持し、その成果を内外に公表した。パーカーの提案を受け入れたクインシーの教育改革は、それを実際に見聞した人々の中で多大な反響を呼び、毎年数千人の見学者が訪れ、教育委員会を悩ませるほどであった。そして、彼は、たちまち全米規模で有名になっていった。

　パーカーは、ただ単に、当時、典型的であった厳しい統制のもとの学校教育よりも子どもの自由を尊重したのではなかった。彼は、本質的に、遊びと活動を強く好む子どもの特性を考慮し、それに適した学科課程を支持したのである。そのためには、古い学科課程を放棄しなければならなかった。彼は低学年の授業に幼稚園の原理である遊戯的要素、表現活動と直観教授をとり入れたビジー・ワーク（Busy Work）と称する一種の総合的な学習活動を導入し、また、学校管理の上でも、子どもたちの自己統制力と自治能力を尊重し、外的画一的な訓練、報酬や罰を与える制度を廃止した。

　さらに、パーカーは読み方の教授を改革しようとしていた。つまり、無意味な音節や形式的な文法からではなく、意味をもつ単語として言葉を学ぶこと、そしてその単語から観念や思考を表現する話し言葉、書き言葉を学習することを強調したのである。なぜなら、彼は、それを子どもが言語を学ぶ自然な方法であると考えたからだ。それゆえ、話したり書いたりする表現活動の前に、事物を観察すること、言語教授と事物教授、地理や理科などの内容

教授との関連がはかられることになる。算数も同様で、事物に対する思考力、判断力の基礎として数や形、数量関係が適切に学習されるのである。

　以上、パーカーによるクインイシーでの教育改革について述べてきたのであるが、児童研究運動の推進者、発達主義者たちの実質的指導者となったのは先述のホールである。彼は1844年、マサチューセッツ州アシュフィールド（Ashfield）に生まれ、ウィリアム・カレッジとユニオン神学校で学んだ後、神学と哲学を研究するために1871年までドイツに留学した。帰国後、ハーヴァード大学でヘンリー・P・ボウディッチ（Henry P. Bowditch, 1840-1911）に生理学を、ウィリアム・ジェイムズに心理学を学ぶ機会をえて、二人の指導のもとで、1878年に「筋肉の空間知覚」（The Muscular Perception of Space）という学位論文で Ph.D. を取得した。これがアメリカにおける心理学の Ph. D. 第1号であった。

　このように、ホールの関心は、哲学から実験心理学、生理学的心理学へと移っていった。そこで、ライプチヒ大学に世界最初の心理学実験室を設置し、実験心理学、近代心理学の創始者とよばれたウィルヘルム・ブント（Wilhelm Wundt, 1832-1920）のもとに2度目のドイツ留学を試みる。ホールはブントの講義を受け、また実験の被験者になったが、それはホールが実際に思い描いたものではなく、彼自身の研究にとって魅力的ではなかった。代わりにホールはカール・F・W・ルートヴィヒ（Carl F.W. Ludwig, 1816-1895）のもとで生理学、特に筋肉学の研究に着手するようになり、その後ベルリン大学に行き、ヘルマン・フォン・ヘルムホルツ（Hermann Ludwig Ferdinand Von Helmholtz, 1821-1894）の講義を受けた。この留学を終える頃、ホールは36歳になっていたが、仕事もなく就職の当てもなかった。しかし、生計を立てる方法は教育に心理学を応用することだと決心したので、以下のように、その後、彼の研究の中心が教育心理学的研究に移っていったのであろう。

　1880年にドイツから帰国し、その後、ハーヴァード大学で教育学と哲学史の講義を担当する機会を得た。ホールを招聘したのは、エリオットであった

が、結局、この任命が、児童研究における彼の最初の主要研究である、1883年の「子どもたちの精神の内容」(The Contents of Children's Minds) へと導くことになった。ボストンの教師たちが出席することができるように、彼の教育学の講義は、毎週土曜日に行われた。それは、すぐに大きな反響を呼んだ。なぜなら、当時、ホールのもたらした科学的諸原則に基づく教育学は、非常に魅力的であったからだ。さらに、先述のパーカーによるクインシー運動は、ホールの登場に好都合であった。それまでの人生において日の目を見ることの少なかったホールは、突然、表舞台に押し出され全米的な名声を得ることとなった。

　なぜなら、彼は、パーカーの教育改革運動の弱点を補い得たからである。パーカーの講演は多くの人々を魅了したが、彼の教育改革は直感的であり、首尾一貫した理論的根拠を明確に示すことができなかった。しかし、ホールは、子どもの自然な衝動がカリキュラムに利用され得るという信念の高まりに科学的な根拠と権威を与えることができたのである。それゆえ、ホールが、「子どもたちの精神の内容」という論文を公表した時、それはすぐに科学的教育学の一種のモデルとなった。

　1882年、ホールは、ジョンズ・ホプキンス大学の正教授となり、心理学と教育学を担当した。これらの講座はアメリカで最初の試みであり、学生の中には、デューイ、ジェイムズ・M・キャッテル (James M. Cattell)、エドモンド・C・サンフォード (Edmund C. Sanford)、ウィリアム・H・バーナム (William H. Burnham)、ジョセフ・ジャストロー (Joseph Jastrow) など、後に著名な学者になった者もいた。そして、1887年、ホールは、ジョンズ・ホプキンス大学で『アメリカ心理学誌』(The American Journal of Psychology) を創刊した。

　1889年には、クラーク大学の初代学長に就任し、生涯をここで終える。その間、クラーク大学は、アメリカの発達心理学研究と教育行政の中心地となり、著名な研究者を多数輩出した。ホールは、1891年に『教育学ゼミナー

ル』(*Pedagogical Seminary*)を創刊し、さらに、1892年には、アメリカ心理学会を組織し初代会長となった。この時、彼は、疑いもなく、アメリカの教育改革において発達主義者たちを指揮する立場にあったと言える。

1894年には、全米教育協会（NEA）に児童研究という新しい部門が誕生した。同年、イリノイ児童研究協会が創設された。次の2年間にわたって、イリノイ児童研究大会は3,000人もの聴衆を集めた。少なくとも20を数える他の州の児童研究組織が創設された。確かに、急成長したその運動の中には、いくらかの見解の相違があった。その具体的な事例を示すと、ジョセフ・ジャストロー（Joseph Jastrow）やエドワード・W・スクリプチャー（Edward W. Scripture）のように実験室における児童研究を支持する者もいたし、また、一方では子どもの自然な活動場面でデータを収集するという「人類学的な」形式、すなわち、1888年のホールによる「砂山の物語」[16]によって最も良く例証された観察形式を力説する者もいた。

しかし、どのような形であれ、子どもについて、より多くのデータを集める必要があるということに関して、児童研究運動の指導者たちは同意していた。そして、彼らは、山積したデータから、子どもがどのように教育されるべきかに関する直接的な影響を引き出すことができた。しかし、子どもの発達段階に応じた本質的諸特性にしたがって、教育は実施されるべきだという一般的な命題以外、彼らのほとんどは、むしろ、あいまいなままであった。それゆえ、あいかわらず、ホール自身が、カリキュラムのための児童研究の意義を詳細に述べ、指導しなければならなかったのである。

もちろん、学校が子どもたちを受動的に扱い、彼らの自然な性向や好みに反する学習を与え、子どもの能動性を妨げているという点に関しても、発達主義者の見解は一致していたが、いく人かの改革者にとって、これは、単に手工訓練や産業教育のような学習の導入、娯楽や遊び活動の教育的価値を考慮することを意味した。

しかし、ホールは、より壮大な計画を心に抱いていた。ホールは科学とい

う鎧を身にまとっていたが、そのカリキュラム構想は、当時の心理学者たちによって集められた科学的データよりも、次に示すように、むしろ個人の発達段階と人類の歴史的発展段階との推定的な諸関係に関する形而上学的神秘主義的な仮説から引き出されていた。

> 子どもと人類の初期の歴史がそのもう一方の本質を明らかにするそれぞれの鍵であるという原則は、感情や意志や知性におけるほとんどすべてのことにあてはまる。子どもあるいは人類を理解するために、我々は常にそのもう一方に言及しなければならない。この同じ原則がまた、すべての自然発生的な諸活動にあてはまる。そして、筋肉運動(motor)に関する教育の真の原則を求める上で、我々は、今日の子どもの遊びやゲームや興味について研究するだけでなく、これらと初期の人類の特徴的な諸活動とを比較しなければならない。我々は人類の進化の連続的な諸段階における最も一般的な諸活動についての十分に整理された説明を人類学の膨大な分野から編集することはできないが、我々はいくつかの最も主要なことを知っている。……我々が所有する子どもの生活に関する最善の定義は、初期の人類のオキュペーションが縮図的に示されるということである。というのは、子どもはちょうど彼の身体における未発達な諸器官の獲得が、彼のあらゆる器官や組織を継承している動物の生態のより低い形式からの進化という物語を伝えているのと同じように、彼の諸行為において人類の歴史を再現するからである。……しかし、もちろん、すべての支配的な、主要には無意識的な子どもの意志は、まるで彼の古い時代の祖先たちが、自分たちの影響を感じさせ、その声を聞かせるために、彼の魂と身体の中で戦っているように、この過去を再現しようとしている。[17]

クリバードによれば、ホールは、ヘルバルトの弟子たちとともに研究した初期の時期から、文化史段階説という学説の妥当性に信服し、アメリカに戻ってきたという[18]。文化史段階説の理論とは、子どもが、その子ども個人の発達段階において全人類が歴史の経過を通して経験してきたことを反復すると仮定したものであるが、ホールにとって、発生反復説(recapitulation theory)は上述で引用したように神秘主義的な響きをもっていたと言えよう。

そもそも「個体発生が系統発生を繰り返す」という命題は、少なくとも17

世紀から妥当な科学的原則として幅広く受け入れられてきた。しかし、教育学へのその応用、すなわちカリキュラム理論としてそれを把握することは、後述するように19世紀後半のドイツとアメリカにおけるヘルバルト主義と密接に結びついている。そして、その幅広い受容は、ダーウィンの進化論と関連していた。ちょうど、胎児の初期の発達が海での生命の始まりに関連づけられたのと同じように、子どもの行動や衝動は祖先から受け継いだ文化遺産の手がかりと考えられたのである。

　教育にとっての文化史段階説の魅力は、学習の一つの科学的な順序とカリキュラムの統合の裏づけを与えたことである。孤立した存在物というよりもむしろ、相互に関連した部分から成るカリキュラムは、20世紀のカリキュラム改革者たちの理想であり続けた。文化史段階説の場合、人類の歴史的な発展段階と学習の現実的な素材は、それらの時代の文化的な内容を軸に統合された。このようにして、子どもたちは、発達の「未開の」段階にいる間、古代の神話や寓話のようなその歴史的な時代から引き出された素材をすべての諸教科において学習することになる。

　ホールや児童研究運動の他の指導者たちにとって特に魅力的であったのは、この方法で組織されたカリキュラムが子どもの興味を引きつける、それを保証してくれることであった。彼らは、子どもたちが個人の発達段階に相応しい一つの歴史的な時代から引き出された諸素材への自然な好みをもっていると考えた。ホールだけでなく、実質的には、児童中心主義の改革者たちや、ヘルバルト主義の改革者たち、つまり、F.W. パーカー、マクマリー兄弟（Charles McMurry, 1857-1929 and Frank McMurry, 1862-1936)、チャールズ・ド・ガーモ（Charles DeGarmo, 1849-1934）などは、文化史段階説に確かな承認を与えた。それは、全米的な教育会議において数多く議論されたこと、あるいは、C・マクマリーの『一般方法の諸要素』（*Elements of General Method*）のような師範学校用テキストが幅広く用いられたことが典型的に示している。その本は、1893年に出版され、次の8年間で10版も再版されたのであった。

しかし、文化史段階説はカリキュラムに輪郭を与えはしたが、子どもの発達の他の諸原則によって補足される必要があった。ホールは、子どもが推理力を十分に発達させていないと考え、その知的訓練には懐疑的であった。ホールによれば、「学校」の語源はレジャーに由来する。それゆえ、学校の機能は文明を子どもに押しつけることではない。それは、無益であるだけでなく危険である。むしろ学校は、できる限り子どもの自然な方法に口出しすべきではない。彼は、「若者の保護者は、まず自然な方法に干渉しないようにし、損害を防ぎ、子どもたちの幸福と権利の擁護者という誇りある敬称に値するよう努力すべきである。」と主張した[19]。ホールにとって、子どもの余暇へのあらゆる侵害は、それに対する一定の根拠をもたねばならず、それゆえ、カリキュラムにおけるすべての介入行為も、正当に理由づけられなければならなかった。

　この点で、ホールが最も固執したことは、子どもの遊び好きな性向を分別なく切り詰めることから生じる健全への害であった。「遅かれ早かれ、教育に付属するすべてのこと、建物の場所から教科書のすべての内容、学習の各分野の諸方法までが、科学的な教育学を駆使し、あらゆる配慮をもって詳細に精査され、そして健全という観点から判断されねばならない。」[20]と彼は述べている。学校の主要な目的としての健全をホールが擁護したことにより、彼の立場は、明らかに学校の中心的機能として知力の発達を擁護したハリスとは対照的であった。

　ところで、ホールの研究、「子どもたちの精神の内容」は、その表題が示すように子どもの精神の内容に関する目録から成っていた。つまり、もし、我々が子どもの精神に何があるのかを知っているなら、我々は学校において何を教えるべきかを決定することができるというのである。それゆえ、ホールは、子どもたちが動物や植物について実際に知っていることを発見しようとした。郊外の子どもは、鋤が何であるのか、踏みぐわが何であるのか、除草用のくわが何であるのかを知っているだろうか。都市の子どもは、池が何

であるのか、あるいは川と小川の区別について本当に知っているのだろうか。子どもたちは、自分の身体の各部分と各器官を知っているのだろうか、子どもたちは、四角と円を確認できるのだろうか。ホールはこのような調査研究を行い、子どもの精神的内容を客観的に把握することができれば、教育の改善に効力をもつと考えたのである。

　ボストンにおけるホールの調査によれば、子どもの精神の内容に関して、教師たちの推測とは異なり、学齢期の多くの子どもたちは乳牛、丘、島が何であるかを知らなかった。ホールは、しばしば神秘主義的な傾向をおびながら、これらのデータを教育の改善に役立てようとしたが、10人委員会の立場に対する彼の批判は、多くの人々には科学の声もしくは進歩と見なされた。そして、その批判によって穏健な教育改革が押し進められ、人文主義カリキュラムの擁護者に対抗するようになったのである。

　ホールによれば、全米教育協会（NEA）の様々な委員会の影響は上から下への影響、つまりほとんどの場合、主に大学から生じた影響であり、また大学主導であったが、ある時期には誰もが否定できないほど望ましいものであったという[21]。ハイスクールの教職員の関心を高めたり、中等教育と高等教育の関係者がお互いに親しくなったり、中等学校の諸コースがより豊かになり、より論理的な順序で提供されるようになったり、教育の標準が定義されたり、大学入試の諸条件が改善されたりしたのである。

　しかし、ホールは、これらの成果の一つであるハイスクールのカリキュラムの標準化、均一化には批判的であった。彼は、「すべてのものが重要であるに違いない。そしてそれほど多いのである。というのは、この中にその教育的な価値があるからだ。もはや、森林の中の野生的で自由な力強い成長はなく、すべてのものが鉢の中、あるいはロココ調の庭のように並んでいる。知的な糧はすべての扇情的な味わいを失い、畜舎で肥育されたり、缶詰にされたりしている。」と主張し、さらに続けて「生徒は、人生のなかでこれほど大きなものはないという自発的な変動の年齢にある。彼は、標準化され、

過度に人工的に消化させようとする精神的な規定食を望んでいない。それは、彼の食欲を衰えさせる。」[22]と述べている。そのような標準化や均一性は、おそらく10代の少年や少女たちが発する当然の個性や自発性と一致しないものであった。ホールにとって、知力は健全と人間的な活力の従属物であった。当時、教育の主要な目標と考えられていた理性の発達は、近代科学発生以前の産物であり、初等学校や中等学校における目標が子どもや生徒たちの活気を失わせ、健全を害するような試みであったのである。

さらに、ホールは10人委員会の勧告に対して「三つの驚くべき虚偽」を指摘した。第1は、すべての生徒たちが、それぞれの将来の進路やその希望を考慮せずに同じ方法、同じ程度で教えられるという虚偽である。ホールは、「この原則は無能者の大群にはあてはまらない。彼ら、すなわち頭の鈍い、もしくは正常以下の子どもたちが学校に当然いるべき者たちを遮っている。彼らの遺伝的な精神発達にとって、ゆっくりした歩調と早期の抑止が必要である。彼らの学習および方法の両方が異なるべきであることに、一般的同意もある。」[23]と述べた。学齢期の生徒たちは、おそらく、一つの共通のカリキュラムが実行不可能であるほど生まれつきの才能に関して多様であるというのである。

第2は、もし平等に上手く教えられるならば、すべての諸教科が等しく教育的に価値があるという虚偽である。ホールは、完全に内容を排除し形式を崇めるというほど大きな虚偽はないと述べた[24]。10人委員会の構成員であった精神的鍛錬主義者にとって、教科という形式が重要であった。なぜなら、その形式が鍛錬的な価値を伝え、教科の内容は、結局、装飾品に過ぎないからある。ホールはその基本的前提を拒絶していたのである。

第3は、「大学に適することは生活に適することと本質的に同じである」[25]という虚偽である。ホールはこの見解には害だけがあると見なしていたが、彼は10人委員会の勧告を微妙に言い換えている。先述したように、10人委員会は、中等学校とそのプログラムの主要な役割は生徒を生活に準備さ

せることであるが、同時に修了したすべての生徒が大学に入学できることは明らかに望ましいことであると主張していた。それゆえ、生活に適したカリキュラムを計画し、入学許可の基礎として、そのカリキュラムを受け入れるよう大学に求めていたのである。しかし、ホールは、この事実を10人委員会が大学の支配をハイスクールのカリキュラムに押しつけるために利用した結果と考えたのであろう。

　これらホールの告発に対し、エリオットは、人間の知性と理性についての楽観主義的見解を何度も繰り返した。その一例を挙げると、彼は、1890年代の学校に押し寄せる「無能者の大群」がいるという考えを否定し、そうではなくて実質的な「無能者」の数は学齢期人口のとるに足らない割合にすぎないと主張した。また、エリオットは、生徒たちの生まれつきの性質や能力を反映するというよりもむしろ、彼らの将来の社会的な地位や職業を決定する効果をもつ分化したカリキュラムがあり得ることを予測していた。彼は1905年の『教育評論』（*Educational Review*）の第30号において次のように述べている。ホールの『青少年の心理』（*Psychology of Adolescence*）についての「思慮深い研究者たちは、アメリカの大衆が自分の子どもたちが十代になる前に店員、時計屋、石版工、電報のオペレーター、煉瓦職人、トラック運転手、農場労働者などに分類され、彼らに相応しい生涯の職業に関するこれらの預言に従って、学校で異なる取り扱いをする意向を信じないであろう。誰がこれらの預言をすることができるのか。両親であるのか。教師であるのか。大学の学長であるのか。それとも児童期や青年期の専門的な研究者であるのか。」[26)]と述べた。しかし、この点でも、やはりホールは、エリオットよりも先見の明があった。なぜなら、生徒たちの多様性に学校のカリキュラムを適応させる基礎として、将来の目標を予測する、つまり将来の大人の諸活動を分析することが、次の数十年におけるカリキュラムの作成と計画の主要な特徴となったからである。

　20世紀が進展するにつれて、10人委員会は、アメリカにおける社会的変容、

変化する学齢期人口、ハイスクールに対する大学の支配に適応することに学校が失敗した一つの象徴となった。10人委員会がすべての生徒たちの一般教育に相応しいと考えたアカデミックな諸教科は、後の多くの改革者たちによって、大学に進学するよう運命づけられているハイスクールの生徒たちにのみ適していると見なされた。事実、フランス語や代数のような教科が、大学入試教科と呼ばれるようになった。英語のような教科でさえ、大衆向けの作品と「実用的な英語」が大多数の生徒たちに教えられ、大学進学希望者のための標準的な文学作品と区分されるようになった。これらの諸変化の多くは、ハイスクールの新しい生徒層が10人委員会が支持したようなカリキュラムを継続的に学習することができないというホールの洞察と認識をまさに反映していたのである。

　しかし、実際に、10人委員会の勧告は、19世紀の伝統的なカリキュラムとは異なる穏やかな変更を示していた。ギリシア語の学習は古典コースに限定され、そこでさえギリシア語の学習量は伝統的な3年間から2年間に減少し、四つの学科課程のうち二つは現代語と英語であり、ラテン語はまったく必要条件ではなかった[27]。10人委員会は古典的なカリキュラムとラテン語や理科のカリキュラムが、ある意味で現代語と英語よりも優れているという見解を表したが、これは前者の二つのプログラムがより発展していて、熟練した教師がいるからであり、それらが本来的により良いという理由からではなかった。10人委員会は、実践されないとしても原則的に、学校の諸教科を等しい価値にするという学説の影響によって、結局、現代的で学問的な諸教科が古典的な諸教科と同等になることを望んでいた。10人委員会が妥協しなかったのは、すべての者にとっての、一つの高等普通教育という人文主義的な理想に関してであった。

第4節　人文主義カリキュラムの抵抗

　中等教育に関する10人委員会の報告書が活発な論争を巻き起こしている中、1895年に15人委員会が初等学校のカリキュラムについて報告した。委員長は、ニューヨーク州ブルックリンの教育長、ウィリアム・H・マックスウェル（William H. Maxwell）であった。委員会は、5人ずつ三つの小委員会、「教師の養成」、「学科の相互関係（correlation）」、「都市の学校組織」に分かれ、それぞれが初等教育の異なる側面を分担し研究した。

　「学科の相互関係」の委員長が、当時の合衆国、教育局長官、W.T. ハリスであった。彼はアメリカの著名な教育行政家、哲学著作家であった。1869年から1880年まで、セント・ルイスの教育長として名をあげた彼の言説は、その実践経験から高く評価され、しかも、彼はアメリカ・ヘーゲル主義者の主要機関誌である『思弁哲学誌』（*Journal of Speculative Philosophy*）の編集者であった。従って、その学問的名声もまた、かなり高かったのである。

　ハリスは、10人委員会の一員でもあったが、衰退し始めていた精神的鍛錬主義との関係を断ち切ろうと努力し、人文主義カリキュラムのための新しい理論的根拠を提示し普及させようとしていた。それゆえ、彼は、15人委員会の報告書にとどまることなく、多くの論文を執筆、発表し、全米教育協会（NEA）の講演においても精力的に活動した。

　アメリカの人々の生活がまだ農村地域中心であった頃の1835年に、ハリスは、コネティカット州ノース・キリングリー（North Killingly）で生まれた。おそらく、彼は、アメリカの急激な社会変化を意識していたと思われるが、西洋文明の素晴らしい遺産を軸に構築されたカリキュラムがなお、アメリカの諸学校に最も適切であり、望むべきものであると考えていた。それゆえ、自然科学の人気の高まりに深い疑念を抱き、人文主義カリキュラムの最後の偉大な代弁者となっていったのである。

ハリスは、アメリカの社会諸制度における変化、ならびに学齢期人口の変化がどのようなものであれ、五つの「魂の窓」、すなわち、算数、地理、歴史、文法、文学という五つの対等な学科のグループが、西洋の社会的、知的伝統の適切な正しい理解へ導くことができると信じていた[28]。

　第1の「窓」である算数は、世界の無機的な局面に関して、外側へ向けられた魂の窓を開く。それは単なる時間と空間に対するすべての存在の抽象的な関係に注目している。特に、正確な測定法は自然の征服への第一歩であった。ハリスは、基礎的な算数から自然科学に役立つ数学的な操作へと進むような学習を支持し、算数における広範囲のドリルの使用に反対した[29]。

　第2の「窓」である地理は、無生物世界を人間の世界に関連づけるのに役立つ。ハリスは、「船員地理（sailor geography）」と呼ばれるもの、つまり川や島や都市の名前を暗記することに反対し、「地理の動的な特質」、すなわち、世界の異なる地域の異なる商業や産業の形成へと導く自然的諸力と人間の相互関係についての学習を支持した。

　第3の「窓」である歴史は、個人の単なる行為よりもむしろ、社会制度において実現される人間の意志に焦点を合わせている[30]。それゆえ、歴史学習において、国家と共同体がどのようにして文明の発展を可能にしたかが、強調されるべきであった。

　第4の「窓」である文法は、言語それ自体が提示する人間の本質的側面への展望を開く。人間はそれらがどんなものであれ、感情であれ、知覚であれ、意欲であれ、言語においてその諸行為を表現する。言語の文法的な構造は、人間の論理的な構成を明らかにする。この魂の窓は、人類の経験が明確に述べ得るすべての諸問題の説明にあふれるばかりの光を与える[31]。ハリスにとって、言語の論理的な構造は、思考の本質それ自体の一種のモデルであった。

　第5の「窓」である文学は、ハリスによれば、高等教育で取り上げられる完全な文学作品だけでなく、学校の読本にある部分的な詩や散文も含み、また英語の文学作品に加えて、他の言語の文学作品も含むという[32]。そして文

学は、一つの全体としての人間生活の側面にある「窓」を開く。これは生活という形式における知性と意志の統一であり、単なる生活や無意識的な習慣から意識的な思考と意欲への魂の移行を具現化している。そして、文学は、生徒に人間性と生活という行為に関する啓発を与える窓を開くのであった。

　ハリスにとって、これら五つの学科がカリキュラムの基本的な構成要素であった。彼は、これらが「その中心から放射線状に広がり、人間の学習の五つの偉大な部門に関連している学科の五つの偉大な道筋である。」[33]と主張した。しかし、他の諸教科は、排除されたのではなく単に従属的であった。「たとえば、工業の製図（industrial drawing）は、公立学校で書法（penmanship）と共存してその地位をもつべきだ。」[34]と述べている。

　彼はまた、高等教育を受ける女性の権利というような一定の改革運動を進んで受け入れていたが、手工訓練の推進にはあまり積極的でなく、児童研究の価値についての言明も差し控えていた。従って、教育政策における保守主義者、専門化された職業訓練のあからさまな反対者と見なされていた。彼は、産業社会の到来によって生じた新しい価値の侵入は避けられないと考えていたが、信頼できる真の美徳のための避難所として学校を構想していたのである。ハリスにとって、公立学校は遂行すべき一つの明確な機能、つまり、偉大な西欧の文化遺産を伝えるという機能をもっていたのである。彼は、体系的な芸術教育など、19世紀後半から20世紀初期のカリキュラムにおいて提案された一定の諸変化を容認したが、基本的には古代ギリシア・ローマ以降の西欧の文明と文化遺産を擁護する立場をとり、ギリシア語やラテン語に対する支持を揺るがすことはなかったのである。

　しかし、これらの古典語の学習に関して、ハリスの論拠は、典型的な精神的鍛錬主義者の主張とは異なっていた。彼は、ある分野において発達した精神的能力がもう一つの分野に転移され得るという見解には懐疑的であり、精神的な諸能力を強化する媒介物としての教科の価値よりも、その教科が提供すべき内容に興味があったのである。彼は、現代社会についての理解は、西

欧の文明や文化遺産についての正しい理解なしには完成しえないと信じていた。彼にとって、カリキュラムにおけるその教科の価値を決定する上で重要なことは、その形式よりも内容であった。

それゆえ、彼は、エリオットが提案したようなフランス語とドイツ語を古典語の代用とすることに反対であった。エリオットは、適切に教えられたフランス語がラテン語と同じように精神を鍛錬できると主張したが、ハリスは、フランス語の知識はラテン語ほどアメリカ文化の源泉として価値がないと考えていたのである。彼は、さらに選択科目についても懐疑的であり、五つの対等な学科のグループ、各々の範囲内でのみ、つまり内容が十分に類似している範囲内での代用を支持した。ハリスは、学問分野の価値ではなく、学習される内容の効力を強調することによって、人文主義カリキュラムの正当性を再建しようとしていたのである。

しかし、伝統的な人文主義カリキュラムの反対勢力は、その数と組織において成長し続けた。1892年ニューヨーク州のサラトガスプリングズ（Saratoga Springs）で全米教育協会（NEA）の会合が開かれ、10人委員会が任命された時、C. ド・ガーモ、マクマリー兄弟などのアメリカ・ヘルバルト主義者たちはヘルバルト・クラブ（Herbart Club）を結成した。このヘルバルト・クラブに、ミシガン大学からデューイが出席していた。彼が33歳の時である。デューイは、その後、アメリカ・ヘルバルト主義者とは異なる立場や見解を主張することになるが、おそらく沈滞し、しばしば抑圧的であった、当時のアメリカの学校のカリキュラム及びその教育システムに変化をもたらすという点において、ヘルバルト主義者たちを前途有望であると考えていたからであろう。

1895年7月の全米教育協会（NEA）デンバー大会において、この「ヘルバルト・クラブ」が発展的に改組され、「全米ヘルバルト協会」（National Herbart Society）が結成された。これを契機にヘルバルト主義運動はさらに発展していったのである。会長にはC. ド・ガーモ、事務局長にはC. マクマリー

が選ばれた。同じ1895年、オハイオ州クリーブランドの全米教育協会（NEA）会議において、ヘルバルト主義者たちは、保守主義及び反動の化身と見なした人物、ハリスと全面対決することになった。アメリカ教育史において特別な位置づけと役割をもったヘルバルト主義の最盛期は思いのほか短く、すでに1905年には衰退し始めていた。しかし、ヘルバルト主義のアイディアは、それ自体、一つの明確な実体としての存在意義が衰えた後も、長らくアメリカのカリキュラムに深い影響を及ぼし続けた。

　ハリスを主に攻撃したのは、全米ヘルバルト協会の会長、C. ド・ガーモであった。15人委員会の報告書のむしろ複雑きわまる批評の詳細は、その対決ほど重要ではないように思われる。実際に、初等教育における「学科の相互関係」に関する小委員会の報告書を作成する上で、ハリスが、ヘルバルト主義者のような限定的な方法ではないが、相互関係や中心統合法（concentration）という彼らの独自の鍵概念を使用したという事実は、多くの論争を引き起こした。

　ハリスが学科の五つの主要部門について報告した時のことであるが、彼は先述したような「魂の窓」という独自の言葉を使用しなかった。明らかに、ヘルバルト主義のカリキュラム理論の中心的な概念である「相互関係」の観点からではなく、彼は重要な学科としてそれぞれを分断された状態で述べていた。ハリスは、教科それ自体の相互関係を意味するのではなく、子どもを彼や彼女の精神的、自然的な環境と相互に関係づけるという意味で「相互関係」という概念を使ったのであった。

　すなわち、彼は、何年間も擁護し続けてきた同等な価値をもつ五つの学科グループを軸に、初等学校のカリキュラムが集中されるべきであるという、ありふれた意味でのみ、その概念を使用したのである。ヘルバルト主義者たちの間にも、その概念を使う上でいくつかの相違が存在したが、彼らは、たいていすべての教科の焦点として歴史や文学のような特定の教科を使い、それによってカリキュラムの統一を達成するという実践に言及するために「中

心統合法」という概念を使っていた。

　ハリスは、第3学年におけるすべての学科を統一する一つの方法として『ロビンソン・クルーソ』（*Robinson Cruse*）を、しばしば使うようなヘルバルト主義者の実践を意図的に批判した。ハリスは15人委員会の報告書で次のように述べている。

> ロビンソン・クルーソーの物語は、子どもにとって社会学的には授業として極めて興味深いものであり、孤立した人が援助のないことや社会によってもたらされる恩恵を子どもに示してくれる。……しかし、デフォーはそこに彼の時代の国民に見いだした冒険のほんの一面しか描いていない。……従って、クルーソーの物語は学校における一年間の学習（study）の適切な中心ではない。……これに関連して、委員会は総合（synthesis）と相関に先行するものとして分析と分離という教育学的原則の重要性に注意を促したい。学習（learning）の特別な領域における個別で特有なものは何かという明確な構想を得るために各部門の諸要素の厳格な分離があるべきだ。さもなければ、各部門が全体に対してそれぞれ特別に貢献しないであろう。それぞれにおいてすべての部門を教えようと企てる相関にはかなりの危険性があるということは、この見解から明らかであろう。[35]

　ハリスの報告書に対する反応は、以下のように凄まじいものであった。その論争にまず飛び込んだのは、F. マクマリーであった。彼は、兄のチャールズとともにヘルバルト主義運動の中心人物であったが、初等学校のカリキュラムの様々な部門がいかに一つの概念を軸に相互に関係づけられるかを示す一つの方法として「エジプト」の例を用いた。その地理は自然にナイル川の学習へと導かれる。そして、エジプトの風景を厚紙に描写し、子どもたちは数学でピラミッドと三角地帯を扱う。また、その全ての学習の中で言語の学習が行われるというのである[36]。次に、当時すでに教育改革者として全米的な名声を得ていた F.W. パーカーが発言した。彼は、アメリカ・ヘルバルト主義の周辺的なメンバーでしかなかったが明らかにマクマリーを支持し、ハリスの報告が疑いもなくヘルバルト主義の学説及びすべての他の中心統合法の学説を無視していると指摘し、ハムレットが無視したハムレットの演劇

だと述べた[37]。C. ド・ガーモの批判もまた痛烈であった。彼は「私はそれが諸学科の相互関係であることを全く理解できない。……この報告書に与えられた名前は削除され、代わりに『教育的な価値に関する小論』という見出しに換えられるべきである。」[38]と述べ、15人委員会がその責務にもかかわらず、実際、諸学科の相互関係を扱っていないと指摘したのであった。ハリスが彼自身の見解を強固に弁護した結果、この論争は、その後数ヶ月間にわたり、専門誌においてほぼ同じように集中的に続けられていった。

第5節 社会効率主義のカリキュラム

　この論争のもう一人の目撃者は、小児科医、ジョーゼフ・M・ライス（Joseph Mayer Rice, 1857-1934）[39]であった。彼は1857年にドイツ系移民の子として、ペンシルバニア州のフィラデルフィア市で生まれた。ニューヨーク市立大学で学んだ後、1881年にコロンビア大学の医学部を卒業して医師となった。その後、1881年から1884年までニューヨークの病院で勤務し、1884年から1888年まで個人医として開業した。この間に、彼は子どもの疾病予防に興味をもつようになり、子どもの社会的な環境の改善が疾病予防にとって最善であると信じるようになった。このことはしだいに彼が医学を断念し、教育改革者としての生涯を歩み出すことへと導いていった。

　1888年に、ライスはドイツに留学し、2年間、イエナ大学とライプチヒ大学で心理学と教育学を学んだ。イエナ大学では、多くのアメリカの教育改革者たちに影響を与えた ヴィルヘルム・ライン（Wilhelm Rein, 1847-1929）のもとで研究を行い、1890年にヨーロッパのいくつかの学校システムを観察しアメリカに戻って来た。その後、彼は『フォーラム』誌の支援によって、1892年1月7日から6月26日までアメリカの初等教育の調査を行った。ライスは、当時の学校における授業実践の実態と学校経営の在り方との関係を調査しようとしたのであった。

彼は、その期間中にニューヨーク、ボストン、シカゴ、セントルイス、フィラデルフィア、インディアナポリスなど、36ヶ所もの都市を巡り、訪問した学校や教室に関して注意深い観察を行った。そして、その結果を九つの論文にまとめ、1892年10月から1893年6月までの『フォーラム』誌で公表した。それらは驚くべきほどの評判となり、1893年に『合衆国の公立学校システム』（*Public-School System of the United States*）という本として出版され、より幅広い読者の目に届くようになった。

その中には、無法行為とも言える状況の説明がほとんどすべての頁で存在している。以下、ニューヨーク市のある小学校での観察の一節である。最初は第1学年（lowest primary grade）の授業の様子である。

　　授業が始まる前、緑の四角形、赤の三角形という様々な形や色の小さな紙の旗が、子どもに手渡されていった。それぞれの子どもに旗が与えられた時、教師が合図する。合図を受けると、1番目の子どもが飛び上がり、自分の旗の幾何学的な形の名を言った。大声ですばやくその形を定義し、色の名前を述べた。そして、2番目の子どもに順番を譲るために席に戻って行った。次のようにである。「四角形、四角形は四つの辺と四つの角をもっている。緑。」（座る）2番目の子ども（立ち上がる）「三角形、三角形は三つの辺と三つの角をもっている。赤。」（座る）3番目の子ども（立ち上がる）「不等辺四辺形、不等辺四辺形は四つの辺をもっている。そのどれも平行ではない。四つの角をもっている。黄色。」（座る）4番目の子ども（立ち上がる）「ひし形、ひし形は四つの辺をもっている。二つの鋭角、二つの鈍角。青。」この過程は、クラスのそれぞれの子どもが暗唱するまで続けられた。暗唱時間は非常に速く、70人がまさに数分の間に定義する過程を終わっていた。子どもたちは学校に入学するやいなや、この記述のような厳しい訓練を受け、かれらが初等学校の教育を終えるまで、何週間も何年も繰り返されていたのである。

　　高学年のクラスの一つで、私はこの手順の一つの変形を見た。このクラスでは、それぞれの子どもが木製の幾何学的な形を与えられている。1人の子どもが教師におじぎをして向き合う代わりに、2人の子どもが手に幾何学的な形を持って現れ、お互いに向き合う。それから次のような会話が続く。2番目の子どもが1番目の子どもに「あなたが手に持っているのは何ですか」と尋ねる。1番目の子ど

も、「私は長方形を持っている」。2番目の子ども、「なぜそれが長方形だと言えるのですか」。1番目の子ども、「二つの長い辺と二つの短い辺、四つの角があるからです」。急いで叫ぶように答える。また複雑な3種類の動作が瞬時に行われ、それが続いていく。つまり、同時に、1番目の子どもが座り2番目の子どもが振り返り、3番目の子どもが立ち上がって、2番目の子どもと向き合うために振り返るのである。1番目の子どもが座るまでには、2番目の子どもと3番目の子どもはすでにお互いに向き合っている。そして、3番目の子どもが2番目の子どもに「あなたが手に持っているのは何ですか」と尋ねる。2番目の子ども、「私は正方形を持っている」3番目の子ども、「なぜそれが正方形だと言えるのですか」。2番目の子ども、「四つの等しい辺と四つの角があるからです」。[40]

　これらの調査は、多くの改革者たちが感じていた当時の学校教育の問題点を浮き彫りにしている。しかし、ライスはまた、他よりも素晴らしい教育実践を行っているいくつかの学校システムをもつ都市、インディアナポリス（Indianapolis）、ミネアポリス（Minneapolis）、セントポール（St. Paul）、インディアナ州ラ・ポート（La Porte）及びイリノイ州クック郡（Cook County）の教育実践なども紹介し報告している。彼は、それらの成功の秘訣を見いだし、明らかにしようとしていたのであった。

　インディアナポリスの小学校第3学年による路面電車の遠足に関して、ライスは次のように述べている。

　　私たちは乗り換えを避けるために、車両1台を借り切った。1時に校舎を出て4時に戻って来た。子どもたちのために一籠の果物を持っていった。裁判所、市場、郵便局、兵士の記念碑、サークル（この市独自の中心地）、州議会議事堂、図書館を通過できるような経路を計画した。子どもたちは、太陽を見たり、車両の行く方角を観察したり、ビジネス街の名前を書き留めたりするように言われた。通過する時に、教会、教員宿舎、ホテルついての話を聞き、ユニオン駅（the Union Depot）に注目した。大通りの一つと主要なビジネス街の二つを路面電車で進み、これによって、生徒たちは市の地図についての基礎を学んだ。私たちはカナル川とホワイト川を横切った。多くの子どもたちはこれまで、こんなに大きな川の流れを見たことがなかった。小さな緑の島に大喜びし、巨大な橋に驚いた。

生徒のいく人かは橋を歩いて渡るのが恐いと思った。また、通過する時に、エレベーター、円形機関車庫、貨車工場（car shop）、豚肉梱包協会について話し合った。41)

　ライスは、当初、相対的に成功した授業技術の秘訣だけでなく、合理的なカリキュラムの秘訣もまた、子どもに関する科学的データにあるという見解の発達主義者たちに共感した。しかし、彼はまた、教育学的な知識を欠き、教室で実際に何が進行しているかに表面的な注意しか払っていない教育長を非難した。ライスは、教育委員会もたいていは政治的に任命され、不適任な人々から構成されていると感じた。そして、一般大衆の教育的無関心に対しても怒りをおぼえた。しかし、アメリカ教育におけるこの悲惨な状態の主な原因は授業の質の劣悪さにあった。なぜなら、ライスの学校調査によって、一般的に無資格でも教師として認められてきた多くの者たちが、公立学校で毎年、毎年、繰り返し教え続けていることが明らかになったからである。

　『フォーラム』誌に掲載されたライスの諸論文は、大反響を巻き起こした。結局、社会の悪弊を暴露する新聞や雑誌が一般的に広く認められ始める一年前に、ライスは、これらの諸論文を書いていたのであった。教師たちと学校の行政官たちは、急いで自分たちを弁護し、理性を失うほどに激しくライスを攻撃した。ライス自身の教育経験の不足を中心に批判する者もいれば、彼の英語の誤使用を指摘する者もいた。なぜなら、専門的な教育者たちは、そのように率直な容赦のない批判に慣れておらず、また、彼らの人生は、学校や教室の壁の中で相対的に傷つけられないままであったからだ。

　しかし、ライスは、悔悟することなく1893年の春にアメリカにおける諸学校の第2の調査を行った。彼は、新しいカリキュラムの実験過程にある学校システムに興味を示したが、実際、もっぱら第3学年の生徒たちの読み方と算数に関する到達度のデータを収集することに焦点を合わせた。ライスは、なぜ学校や教師の中にこれらの教科で他の教師よりも良い成果をあげている者がいるのかを示す比較可能なデータを求めていた。それゆえ、彼は、教育

研究の比較方法論の創始者として一般に認められているのである。

　特に、1895年に始められた「綴り方教授」におけるライスの研究は不朽の労作であり、まず、それは16,000人の生徒に関する「綴り方教授」のよりすぐれた技術を発見するよう計画された[42]。テストを行う上でいくかの教師たちが注意深く発音をせずに、うっかり口をすべらせ答えを言ってしまったために、テストは明らかにその目的を達成することができなかった時があった。それでも、ライスは、根気強く13,000人の生徒に関する別の比較研究を行った。この時、彼自身が各テストの実施を監督した。結局、その研究で、ライスは、綴り方のドリルに費やす時間量は生徒の到達度に関係がないという結論を下すに留まった。いかにして綴り方が教えられるべきかは、謎のままであった。

　『フォーカス』誌に掲載されたライスの新しい諸論文は、1912年に1冊の本にまとめられた。その本は、『教育における科学的経営』(*Scientific Management in Education*) というタイトルであった。学校環境における子どもへの関心がなお続いていたが、ライスの主要な研究は、学校生活の退屈さと思慮のなさという主題から、カリキュラムにおける標準化と効率化という主題へと変化していった。

　1890年代のアメリカ諸学校における教育実践に関して、ライスは、まさに狼狽し嫌悪した。その結果、彼は、教師及び行政官の職務に関する研究へと目を向けていった。ライスは、学校における監督（supervision）は、必ず、個々の学校や教室における生徒の到達度が明確に定義された標準に達するよう配慮しなければならないと主張し[43]、また、「教育学的な運営の科学的なシステムは、基本的に確かな標準に照らした成果の測定を要求する。」[44]と述べている。

　科学が教育やカリキュラムにそのような方法で応用されるという解釈は、明らかに、子どもの発達段階を発見するために科学を応用するという立場からの離脱であった。ライスは、「子どもの資本は時間によって象徴される。

ある結果が賞賛されるべきか、責められるべきかどうかは、それらを獲得する上で費やされる時間の量に依存している。」[45]と述べた後で、「実践的な問題は、この資本が適切な経済的原則で、すなわち浪費なしで費やされる方法を発見することにある。」[46]と主張した。それが教師の仕事であった。ライスは、教育改革が「『満足のいく成果』という言葉によって意味されるものの明確な定義」[47]を軸に、諸成果が実現されたかどうかを明らかにする測定技術の発見に関して、展開されるよう主張した。

　ゆっくりではあるが、ライスの立場は、明らかに人道主義的な憤りから、おそらく産業界で非常に成功した科学的な管理技術の応用によって、カリキュラムにおける浪費を排除することへと変化していった。このようにして、ライスはまさに、20世紀への転換期前に現れようとしていた第3番目のカリキュラムの主要勢力、つまり社会効率主義の教育者たちの最も重要な先駆者となった。

　20世紀におけるそのグループの特徴となる社会的諸観念、すなわち学習者の将来の社会的および職業的役割をできる限り正確に予測し、その役割に応じたカリキュラムを考えるべきであるという見解をライスに見いだすことは難しいが、彼の見地は疑いもなく社会効率主義のトレードマーク、つまりカリキュラム作成の科学と技術を反映していた。まったくその語義通りの改革運動であったが、発達主義の利益集団とは基本的に異なる前提から生じ、また異なる方向へと向かったのである。

　ホールなどの発達主義者と同様に、ライスと彼のイデオロギー的後継者は、エリオットやハリスのような人文主義的立場に対して、科学という共通の大義名分を発見したが、社会効率主義者と発達主義者は、結局、人文主義者という共通の敵と同じくらい、お互いにかけ離れていた。それゆえ、カリキュラムの諸問題が学問的な基盤を獲得し諸課程や学位のプログラムの中に正式に採用されるようになった大学、カリキュラムに関する専門的な論文と専門的な会議における公開討論において、激しい論争が展開されていった。

第6節　社会改良主義のカリキュラム

　全米教育協会（NEA）を舞台として、20世紀のアメリカ・カリキュラム論争の方向性が明らかになりつつあった頃、独学でアメリカ地質学研究所の主任古生物学者となった人物が、独自の見解を詳細に述べていた。レスター・F・ウォード（Lester F. Ward, 1841-1913）である。彼は、1841年にイリノイ州のジョリエット（Joliet）で生まれた。ウォードの家庭はとても貧しく、彼は正式な教育を受けることができなかったが、独学で様々な外国語や生物学、生理学を勉強した。そして、南北戦争での2年間の兵役後、ワシントン D.C. に移り、1865年から1881年まで、合衆国財務省の事務官として働いた。その間も彼の向学心は変わらず、夜間大学に通い、人文学、医学、法学の卒業証書を獲得した。その後、さらに自然科学の勉強を継続し、古生物学と植物学を専門とするようになった。1882年に彼は合衆国地質学研究所の助手に任命され、その後、主任古生物学者となった。

　ウォードは仕事の合間に時間を見つけ、1883年に『動的社会学』（*Dynamic Sociology*）二巻を出版した。この本はアメリカにおける社会学の最初の専門的大著であった。彼はダーウィンの進化論に影響を受け、方法論的にはハーバード・スペンサー（Herbert Spencer, 1820-1903）の社会進化論を採用したが、スペンサーの自由放任主義を放棄し、人間の意識的で目的的な活動を重視したのである。当時、無名の学者であったが、彼の見解は、保守的な社会ダーウィン主義への挑戦と受けとられ、急速に注目されるようになった。

　イギリス社会学の創設者の1人であるスペンサーの社会学は、南北戦争の終了とともに次第にアメリカに導入され発展していったのであるが、最高潮に達したのは1882年にスペンサーがアメリカ訪問を行った時であった。彼の講演旅行は好評を博し、その思想は『大衆向け科学月刊誌』（*Popular Science*

Monthly）などの雑誌で紹介され、幅広く読まれた。

そして、エール大学のウィリアム・サムナー（William G. Sumner, 1840-1910）など、彼の信奉者たちは、アメリカの諸大学においてスペンサーの思想を普及させていった。ルイス・コーザー（Lewis. L. Coser）は、「スペンサー及び彼と同じ考えの者たちは、すべての人間現象や自然現象は一元的に説明できると主張していた。彼らは、自然淘汰、適者生存、あるいは分化のような概念は、人間的な現象だけでなく非人間的な現象にもあてはまると信じ、また宇宙のあらゆる謎を解くことのできる最上の鍵だと信じていた。」48)と述べている。

このような見解とは対照的に、ウォードは改良主義の立場をとった。彼は、自然の進化が無目的な方法で進行するのに対して、人間の進化は目的的な行為によって特徴づけられるとする二元論的解釈の基礎をつくり、生物学的な類推に多く依存していたスペンサー主義の理論体系の土台を揺るがした49)。ウォードの見解では、自然進化の法則が人間の発展過程にあてはまらないだけでなく、保守的な社会ダーウィン主義者が擁護したレッセフェールの立場はダーウィンの進化論の改悪であった。なぜなら目に見えない自然の力がどのようなものであれ、人類は知的に介入する能力を発達させ、その能力によって社会的な進歩が達成されたからである。ウォードは、宇宙の法則に従う自然の諸力によってではなく、より良いものへと物事を変化させる人間の知的能力と知的行為によって社会が発展し、文明が誕生したのだと考えた。

ウォードは「もし、宇宙の諸法則の現世的な影響によって自然にもたらされるどのようなモラル的な進歩も、それ以外でつくり出されるのであるならば、それは、人間の長所という経路へと人間の本質的な力を知的に（原文イタリック）方向づける結果でなければならない。感情に訴えるものはしばしば非常に刺激的ではあるが、それらは物事の本質において非進歩的であるからだ。」50)と主張した。人間の進化が目的的行為に特徴づけられること、人間の意識的な活動および知性の重視という点で、ウォードの1883年の研究は、

デューイの教育哲学の重要な要素の前兆を示すものであったと言えよう。その具体的な事例の一つを示すと、デューイは1929年の『確実性の探究』（*The Quest for Certainty*）において、知的な活動がいかに開始されるかについて以下のように述べている。

> 知性は、指導される者たち、いくつかの諸行為の一つの質である。そして指導された行為は、最初の素質（endowment）ではなく、一つの達成である。人間の進歩の歴史は、諸行為の変容の物語である。つまり、無生物の相互作用と同じように、知らず知らずに生じる諸行為からそれらが何についてであるかの理解によって資格を得た諸行為へと、そして、外的な諸条件によって統御された諸行為から、意図的な指導、つまりそれら自体の諸結果への洞察をもつ行為の変容の物語である。51)

ウォードにとって、社会のために適切に構築され公平に分配された教育システムは、社会的な改善と進歩の決定的な要因であった。彼は教育に関して遺産という比喩的表現を好んで使い、『動的社会学』においては社会的な不平等が基本的に社会的な継承物の不均衡配分の産物であると主張したのである。しかし、エリオットと同様、ウォードは人間の知的能力に関しては楽観的であった。つまり、ウォードは、生まれつきの才能は社会的な階級ばかりでなく性をも越えて平等に分配され、個人間でどのような相違が観察されても、それらは直接的には不均衡配分に起因すると考えたのである。

『動的社会学』は注目されないはずがなかった。にもかかわらず、1892年1月、ウォードは、別の野心的なプロジェクトに取りかかろうとしていた。そして、およそ3ヶ月で『文明の心理的要因』（*The Psychic Factors of Civilization*）がほぼ完成した。1893年に出版されたその本は、ウォードの多数の執筆物の中で最も意義あるものと認められるようになった。その中で、ウォードは「適者生存」への批判を何度も繰り返し、特に政府による個人の生活や活動への干渉を歓迎した。問題は、政府の干渉が悪しき集団によってコントロールされることであるとウォードは主張した。党派心の強い圧力集団が

排除されるならば、正しい干渉が達成されるだろう。そして、社会的な諸問題への人道主義的で実践的な研究方法がそれに代用されるというのである。

　人間の才能や能力に関するウォードの平等主義は顕著であった。ヘンリー・コマジャー（Henry S. Commager）によれば、ウォードは「スラム街の居住者はハーヴァード大学の卒業生に劣っていない。犯罪者はスラム街の天才である。社会が彼らをそこに追いやった。彼らは生まれつきの能力を最大限に使っているのである。」[52]と主張したという。ウォードにとって、社会の改善と進歩という偉大な事業を成功させる鍵は、活気のある教育システムを通して文化的な資本を人々に適切に配分することにあった。『文明の心理的要因』と他の研究を見ると、ウォードは、20世紀における繁栄の預言者としてだけでなく、その後、数十年間、アメリカのカリキュラム論争にかかわる第4番目の主要勢力、社会改良主義の先駆者と見なされる。すでに1890年代までに、ウォードは、公正な社会へ向かうどのような運動にもその中心に教育が置かれるべきであると主張し始めていた。

　確かに、教育についてのウォードの見解と立場は、しばしばアメリカの妄想であると受け止められた。たとえば、スペンサーが、アメリカの将来についてのコメントを求められた時、「教育は政治的な悪への一つの普遍的な治療薬であるというのは、しばしばある誤った信念である。」[53]と述べたという。つまり、これは、社会における教育システムの意義や価値を過大評価することへの批判であった。しかし、ウォードは教育を「偉大な万能薬」と見なした[54]。すなわち、文明と同じように、ウォードにとって、教育は自然に対する一つの強烈な計画的干渉であった。文明人のすべての活動の中で、教育はレッセフェールを脱出する最も完全な活動であったのである。実践的な確信であれ、流布された誤解であれ、それは、デューイや多くのアメリカの教育者たちが20世紀において共有するようになる一つの信念であった。

　ウォード自身、『文明の心理的要因』に関する最も洞察力のある論評は、デューイのものであると書き留めた[55]。デューイは確かに、教育に社会的な

進歩の鍵があると信じていた。しかし、デューイは、ただ単にウォードの着想を言い直したのではなかった。デューイは、他の見解を加えてさらに発展させ、彼の独創的な教育哲学へとそれらを統合したのであった。コマジャーは、ウォードのデューイへの影響を「ジョン・デューイに先行し、彼の教育哲学の多くに科学的基礎を与えた。」[56)]と端的に要約している。ウォードは『動的社会学』の中で、カリキュラムの諸原則について書いていた。彼は、教育が表面的な単なる派生物であり、自然と切り離される傾向があるが、一つのシステムとしての社会の成功、地球上の居住者としての人類の成功は、知力を確かな根拠をもつ独創的な知識に安全にしっかりと固定し続けることに依存していると指摘した[57)]。そして、その独創的な知識の最適な維持は、人間の環境に自然の存在を組み合わせ、結局は暗記や伝統に依存しないことであった。カリキュラムに関するウォードの着想は適切であるが、それらは教師を導く首尾一貫した焦点を欠いていた。知性の応用をどのように子どもに教えるか、知性はどのように発達するのか。周知のように、デューイはその接近の仕方、つまり科学的な方法に一致する「反省的な思考」（reflective thinking）を学校教育に採り入れたのであった。

　ウォードを先駆者とする社会改良主義の場合、社会的な矛盾や問題を解決し、社会的な公正を促進する学校の力、教育の力を過度に信頼する傾向がある。しかし過度であろうとなかろうと、それは次の時代にカリキュラム政策を推進する強い力となった。周知の通り、20世紀の最初の20年間、社会改良主義者たちの影響力は小さかったが、その後、不況によるアメリカ社会の経済的荒廃は、彼らの学説に信用を与え、ジョージ・S・カウンツ（George S. Counts, 1889-1974）、ハロルド・ラッグ（Harold O. Rugg, 1886-1960）のような指導者たちが注目されたのであった。

　以上、20世紀が到来した時、アメリカのカリキュラムの新しい方向性、進路を決定しようとしていた四つの主要勢力がすでに現れていた。その一つは、すでに述べたように人文主義者、すなわち西欧文化遺産の諸要素に結びつい

た主知主義的、形式的精神鍛錬重視の伝統的カリキュラムの支持者であった。後にこの勢力は、ほとんどの場合、教育界の部外者にとどまったが、彼らの学問的世界での地位を利用し、また一般的な知識人として学校のカリキュラムに強い影響力をもち続けた。しかし、当時の急速な社会変化によって、彼らはそれまで崇拝してきた伝統や価値を再解釈することを余儀なくされ、最も価値ある状態でそれらを維持するという課題を与えられたのであった。

　このグループと対峙する形で三つの異なる改革諸勢力が存在した。その第1がホールなど、児童研究運動の指導者（発達主義者）である。彼らは、カリキュラムが子どもの発達の自然な順序にしたがって改革されるべきだという運動を導いていった。しばしば、子ども時代に対するロマン主義をもっていたが、彼らは、熱心に子どもや青年の発達段階および学習の本質についてのより正確な科学的データを収集しようとした。そのような知識から、子どもの真の興味と要求、そして適切な学習パターンが導き出され、その結果、カリキュラムは、子どものなかの自然な力が解放される手段となり得たのである。

　第2の改革勢力、社会効率主義者たちも科学の力を信奉していたが、彼らは冷淡なまでに効率を重視し、社会を円滑に管理し運営することを最優先した。純粋な人道主義的動機に駆り立てられ、当時の初等教育の在り方に痛烈な批判をあびせたライスの暴露本は1892年に発刊されたが、それは、結局、その後、数十年間におけるアメリカ人の思考様式を支配するような効率への紛れもない熱狂の前兆となった。実際、その後、効率という基準は、カリキュラムの優劣を判断する第一の基準となった。学校教育に産業界の標準化された技術を応用することによって、浪費は排除され得たのである。

　そして、後のデイビッド・スネッデン（David Snedden）、ロス・ファイニー（Ross L. Finney）のような社会効率主義の代表的人物にみられるように、カリキュラムの決定要因は大人の社会生活、社会の要求に求められた。人びとは自分自身の幸福のために、しかし、特に社会的な利益のために統制されな

ければならなかったのである。彼らによれば、科学的に構築されたカリキュラムをもつ学校は、社会的な大惨事の機先を制し、また避けることさえできた。産業社会の急速な進展にともなう科学技術の発展と情報や知識の増加に対する認識が社会効率主義を支えていた。それゆえ、新しい社会がより専門的な諸技能を要求するために、カリキュラムがさらなる分化を必要とされる、そういう意味を含んでいた。

　第3に社会改良主義があった。ウォードは、学校を社会変化と社会的な公正の主要な力とみなす、その勢力の先駆者であった。学校は、都市における腐敗と悪徳、人種および性の不平等、権威と権力の乱用という諸問題に直接に焦点を合わせたカリキュラムに注意を払い、それらに効果的に対処するよう新しい世代を育てることができた。社会ダーウィン主義者が主張するように、変化は我々の統制を越えた諸力の必然的な結果ではなかった。より良い状態へと物事を変える力は、我々の手中にあり、我々が創り出す社会制度の中にある。事実、時代は変化した。しかし、社会改良主義者によれば、新しい社会的諸条件は、子どもと子どもの心理に空想のような固定観念を要求しなかった。さらに、現存の社会秩序における不効率を簡単に、しかもうまく取り除くような解決策は存在しなかった。それは、唯一、子どもや青年を教育することによって、新しい社会的理想を創り出す学校の力によるのであった。

註

1) Herbert M. Kliebard, *The Struggle for the American Curriculum 1893-1958* (New York and London.: Routledge & Kegan Paul, 1987).

2) R. Freeman Butts and Lawrence A. Cremin, *A History of Education in American Culture* (New York : Henry Holt and Company, 1959), p.316.
　バッツとクレミンによれば、これらのユートピア作品に引き続き、産業社会の腐敗を暴露し批判する「暴露」文学が多数登場するという。たとえばイーダ・ターベル (Ida Tarbell) の『スタンダード・オイル・カンパニーの歴史』(*History of the Stan-*

dard Oil Company)、アプトン・シンクレア（Upton Sinclair）の小説『ジャングル』（The Jungle）などである。

3 ）Robert H. Wiebe, *The Search for Order, 1877-1920*（New York : Hill & Wang, 1967), p.47.

4 ）R. Freeman Butts and Lawrence A. Cremin, *op. cit*., pp.178-179.

5 ）Helen. M. Todd, "Why the Children Work : the Children's Answer," *McClure's Magazine*（April 1913), pp.73-74.

6 ）*Ibid*., p.74.

7 ）10人委員会の報告書の内容に関しては、下記の先行研究で詳細に考察されている。
市村尚久『アメリカ六・三制の成立過程』早稲田大学出版部、1987年。
倉沢剛『米国カリキュラム研究史』風間書房、昭和60年。

8 ）Charles W. Eliot, "Wherein Popular Education Has Failed," *The Forum* 14（1892), pp.409-428.

9 ）*Ibid*., pp.425-426.

10）*Ibid*., p.423.

11）*Ibid*., p.419.

12）Charles W. Eliot, "Shortening and Enriching the Grammar School Course." *Journal of Proceeding and Addresses of the National Education Association, Session of the Year*（1892), pp.620-621.

13）National Education Association, *Report of the Committee of Ten on Secondary School Studies with the Reports of the Conferences Arranged by the Committee*（New York : American Book Company), 1894, p.17.

14）*Ibid*., p.51.

15）*Ibid*., p.52.

16）G. Stanley Hall, "The Story of a Sand-Pile," *Scribner's Magazine*（June 1888), pp.690-696.
この論文は下記の文献で翻訳されている。
ホール著、岸本弘・岸本紀子訳『子どもの心理と教育』梅根悟・勝田守一監修、世界教育学選集、明治図書出版、1968年。

17）G. Stanley Hall, "The Natural Activities of Children as Determining the Industries in Early Education, II," *Journal of Proceedings and Addresses of the Forty-Third Annual Meeting of the National Education Association*（1904), pp.443-444.

18) Herbert M. Kliebard, *op. cit.*, p.44.

　　菅野は、この点におけるヘッケル（E. H. Haeckel）からの影響を指摘している。

　　菅野文彦「G.S. ホールの教育論における多義性―彼の思想課題からする整合的解釈の試み―」『教育学研究』第56巻　第2号、1989年、30〜39頁。

19) G. Stanley Hall, " Ideal School as Based on Child Study," *Journal of Proceedings and Addresses of the Fortieth Annual Meeting of the National Education Association* (1901), p.475.

20) G. Stanley Hall, " Editorial," *The Pedagogical Seminary* 2 (1892), pp.7-8.

21) G. Stanley Hall, *Adolescence : Its Psychology and its Relations to Physiology, Anthropology, Sociology, Sex, Crime, Religion and Education,* Vol. 2 (New York : D. Appleton, 1904), p.508.

22) *Ibid.*, p.509.

23) *Ibid.*, p.510.

24) *Ibid.*, p.512.

25) *Ibid.*, p.512.

26) Charles W. Eliot, " The Fundamental Assumption in the Report of the Committee of Ten," *Educational Review* 30 (1905), pp.330-331.

27) 10人委員会の中等カリキュラムの基準案については、下記の先行研究において示されている。

　　市村尚久、上掲書、1987年、150〜151頁。

　　倉沢剛、上掲書、昭和60年、156〜157頁。

28) William T. Harris, " What Shall the Public Schools Teach ?" *The Forum* 4 (1888), pp.575-576.

29) William T. Harris, *Psychologic Foundations of Education* (New York : Arno Press & the New York Times, 1969), pp.325-326. (Originally published, 1898)

30) William T. Harris, *op. cit.*, 1888, p.575.

31) *Ibid.*, p.576.

32) *Ibid.*, p.576.

33) *Ibid.*, p.579.

34) *Ibid.*, p.579.

35) National Education Association, *Report of the Committee of Fifteen on Elementary Education* (New York : Arno Press & The New York Times, 1969), pp.56-57. (Originally printed, 1895.)

36) Discussion of report of Dr. Harris, *The Journal of Education* 41 (1895), p.165.
37) *Ibid*.
38) *Ibid*.
39) アメリカの公立学校に関するライスの調査については、下記の先行研究がある。
　宇佐美寛、「J.M.ライスの公立学校調査―その意義と限界―」、梅根悟監修、世界教育史研究会編『世界教育史大系17　アメリカ教育史Ⅰ』講談社、昭和50年。
　一般にライスは「科学的測定運動の創始者」の一人として、あるいは綴り字の練習方法の研究者として知られているが、この先行研究では当時のアメリカにおける公立学校の教育と教育行政の批判者としてライスを位置づけ、その批判の内容について考察されている。
40) Joseph M. Rice, *The Public School System of the United States* (New York : Century, 1893), pp.34-36.
41) *Ibid*., pp.246-247.
42) ライスのこのような発見は大勢から嘲笑をうけたが、これらが20世紀初期の教育測定と評価運動の始まりであった。アルフレッド・ビネー (Alfred Binet)、ハーバート・サイモン (Herbert A. Simon)、ジェイムズ・キャッテル (James M. Cattel)、ルイス・ターマン (Lewis Madison Terman)、ヘンリー・ゴッダード (Henry H. Goddard)、チャールズ・ジャッド (Charles Judd) らの研究によって、知能テストはアメリカで急速に進歩したのであった。そして、1900年以降、ソーンダイクとジャッドは、カリキュラムのあらゆる局面に大規模な科学的測定と量的調査を展開し始め、彼らと彼らの協力者たちは、綴り、習字、算数、作文、他の領域で最初のアチーブメント・テストを開発したのであった。
43) Joseph M. Rice, *Scientific Management in Education* (New York : Hinds, Noble & Elredge, 1912), p.xvi.
44) *Ibid*., p.xv.
45) *Ibid*., pp.9-10.
46) *Ibid*., p.10.
47) *Ibid*., p.25.
48) Lewis L. Coser, "American Trends," in Tom Bottomore & Robert Nisbet (eds.) *A History of Sociological Analysis* (New York : Basic Book, Inc., 1978), pp.298-299.
　コーザーによれば、20世紀への転換期頃、アメリカ社会ダーウィン主義の陣営は大きく二つに分かれるようになったという。一つは無統制の自由放任経済システムにイ

デオロギー的な支持を与える「保守的なダーウィン主義」であり、もう一つは「改革的なダーウィン主義」であった。

49) Ibid., p.299.

50) Lester F. Ward, *Dynamic Sociology or Applied Social Science as Based upon Statistical Sociology and the Less Complex Sciences* Vol. 1 (New York : D. Appleton, 1883).

　本研究では初版ではなく、以下の文献を用いた。

　Lester F. Ward, *Dynamic Sociology* Vol.1 (New York and London : Johnson Reprint Corporation, 1968), p.216.

51) John Dewey, *The Quest for Certainty : A Study of the Relation of Knowledge and Action* (New York : Minton, Balshc & Company, 1929), p.245.

52) Henry S. Commager (eds.)., *Lester Ward and Welfare State* (Indianapolis : Bobbs-Merrill, 1967), p.xxxvii.

53) *Ibid.*, p.xxxvii.

54) *Ibid.*, p.xxxvii.

55) Herbert M. Kliebard, *op. cit.*, p.27.

56) Henry S. Commager, *The Search for a Usable Past* (New York : Alfred A. Knopf, 1967), p. 258.

57) Lester F. Ward, *op. cit.* Vol.2, p.533.

第2章　デューイのカリキュラム理論
――アメリカ・ヘルバルト主義の影響――

　第1章で述べたように、20世紀が到来した時、アメリカにおけるカリキュラムの新しい方向と進路を左右する四つの主要勢力がすでに現れていた。その時、20世紀におけるアメリカ教育の象徴となり、同時にそれを超越した人物が、この論争の舞台に登場した。デューイである。彼は単純にいずれかの立場を選択するような人物ではなかった。1890年代に現れた主要なカリキュラム改革の諸勢力によって主張された見解や立場は、彼に選択肢を与えたというよりも、むしろ、彼独自のカリキュラム理論を構築する素材や原料を与えたのであった。

　デューイは同時代の人々と同じような言葉や概念を使っていたが、たいてい、他の者たちとは異なる意味と意図でそれらを使用した。また改革諸集団がデューイによる支持と指揮を熱心に望んでいたが、その理論や学説の重要な問題における彼独自の立場は、諸改革運動の主要路線からかなり隔たっていた。それゆえ、デューイをこれら改革諸集団のいずれかの中心人物と見なすことは本質的に誤りであると言えよう。しかし、また、デューイは、彼らの着想のいくつかを統合したり再解釈したりしたために、結果としてそれらすべてと同一視される場合もしばしばあった。このような意味で、アメリカ・カリキュラム理論の歴史的な文脈におけるデューイの立場は、当時、競合していたどのカリキュラム改革者諸集団とも直接的に同類として見られるのではなく、彼らが擁護し主張していた着想の統合、再解釈として捉えることが最も適切である[1]。

　そして、我々は、デューイ自身がシカゴ大学附属実験学校を設立して、彼の理論を試すことに着手した1896年～1904年の間においてのみ、彼のカリキ

ュラム理論の本質とその実践的機能を把握し理解することができる。デューイ実験学校のカリキュラムと授業実践は、その学校が後に学校改革のシンボルとなったという理由以外にも、アメリカにおけるカリキュラム理論史上、画期的な出来事であった。では、デューイ実験学校のカリキュラムの基礎となるデューイの着想はどのように形成されたのか。アメリカ・ヘルバルト主義者との交流や論争はその基盤を与えた。また、それは、デューイが当時におけるカリキュラムの理論や学説を再構築した典型例であり、さらにデューイ実験学校における実践を通して、彼のカリキュラム理論が改善されたことの最も良い例証となるであろう。

　本章では、もともと哲学を研究していたデューイがどのように心理学、教育学に興味をもつようになったのか、彼の初期の経歴をたどった後、デューイのカリキュラム理論に最も影響を与えたと思われるアメリカ・ヘルバルト主義のカリキュラム理論、デューイによるその批判的受容、再解釈と再構築について考察する。

第1節　シカゴ大学以前
——ヴァーモント大学卒業からミシガン大学の教員時代まで——

　デューイが20世紀のアメリカ教育における偉大な人物になるような経歴は、彼がシカゴ大学に赴任するまではほとんどなかった。たとえば1893年12月に、ジェイムズ・H・タフツ（James H. Tafts）がシカゴ大学の学長、ウィリアム・R・ハーパー（William Rainy Harper, 1856-1906）にデューイを哲学科の主任教授として推薦する手紙[2]を書いた時、彼はデューイの『心理学』（*Psychology*）がブラウン（Brown）大学、ウィリアムズ（Williams）大学、スミス（Smith）大学など、東部の一流大学のテキストとして幅広く採用されているという事実と彼の「ライプニッツの新論文」（Leibnitz's New Essay）が哲学の領域で好意的に受け入れられているという事実を引用しただけであった。

そして、デューイの人物像については感情的で自意識過剰なところがなく、多くの友人がいて彼を敵視する者もいない、ミシガン大学で人気のある教師だと伝えた。また彼が教会の会員であり、倫理的な実践活動にとても興味があり、シカゴのハル・ハウス（Hull House）における貴重な友人であることも書き留めた。だが、デューイの初期の経歴、ヴァーモント大学卒業からミシガン大学の教員時代において、心理学、教育学及び教育哲学への彼の関心が高まっていく兆候が確かにあった。

　1878年9月、デューイは、ヴァーモント大学を18名の卒業生中2番目という優秀な成績で卒業し、文学士を取得した。彼も他の卒業生と同じように高等学校で教職に就こうと決心していたが、なかなか就職先が決まらなかった。ところが、9月末、ペンシルバニア州オイル・シティ（Oil City）の高等学校で校長をしている親類から空席があると知らされ、その申し出を快く引き受けた。デューイが20歳の時である。月給は40ドルであった。

　彼がオイル・シティの高等学校で教えた1879年から1881年の間に、デューイはラテン語と代数と自然科学を教えた。彼はこれらの分野を大学でそれぞれ4年間学んでいたので、教えるのにはそれほど困らなかったであろう。しかし、彼は教室で教えるという専門的な訓練を受けたことがなく実践も行ったことがなかったので、一見、若いデューイと生徒が同じように見えたに違いない。でも、生徒たちはたいてい行儀がよく、デューイの若さや経験不足につけこもうとする者たちでさえ、彼の親しみやすさ、誠実さ、慎み深さに心を開いたのかもしれない。そのため、そこでの煩わしさは少なかったように思われる[3]。

　その頃、W.T. ハリスは『思弁哲学』誌（the Journal of Speculative Philosophy）の編集長であった。第1章でも言及したように、彼は、後にアメリカ公教育制度と教師たちに最も強い影響を与えた人物とも、合衆国教育局長官として、世界中で最も卓越した哲学的・専門的な教育行政官とも称された人物である。1881年5月、そのハリスに、デューイは最初の論文「唯物論の形

而上学的前提」(The Metaphysical Assumption of Materialism)を送った。その論文に添付した5月17日付の手紙の中で、彼は自分の読書時間の使い方に迷っている若者と名乗り、形而上学に関する彼の論文が、そのような主題に多くの時間を費やすのに十分な能力を示しているかどうかについての助言を求めた[4]。

　1881年6月、その年度が終わり、彼の親類が結婚のため辞職すると、デューイはオイル・シティを去ってヴァーモント州に帰った。そして、1881年から1882年の冬の期間、バーリントンから16マイル南にあるシャーロットの小さな学校で教えた。余暇には哲学書を読み、ヴァーモント大学の恩師、ヘンリー・A・P・トリー（Henry A. P. Torrey）教授から個人的な指導を受けた。デューイの次の研究成果は「スピノザの汎神論」（The Pantheism of Spinoza）であった。先のデューイの手紙に対するハリスからの返答はなかったが、デューイはこの論文も1881年10月21日付の手紙とともにハリスに送った。この手紙を投函した翌日にハリスからの返信が届いたのであるが、その手紙は現在、残っていない。1881年10月22日付のデューイの手紙から推測すると、ハリスからの手紙は哲学研究を進めるよう励ます内容であったようだ[5]。その結果、ジョンズ・ホプキンス（Johns Hopkins）大学の大学院に入学することになるのである。

　ところで、出版された唯一の自叙伝的な報告[6]では、デューイは、学校教師としての初期の経験にふれていない。それは彼の人生で比較的人目につかない出来事のままである。彼は、どちらかと言えば優秀な高等学校の教師であったようだ。しかしこの時期に、彼が専門的な教育に自分の生涯をかけようと考えていたことを示す確かな証拠は何一つなかった。むしろ、教育を学問的に追究することへの最初の興味は、以下に述べるように、ジョンズ・ホプキンス大学大学院での特に第2学年における心理学の研究、そしてミシガン大学の教員として教育的な調査研究にふれる機会に恵まれたことにあったと思われる。

さて、1882年から2年間、デューイは叔母から500ドルを借りジョンズ・ホプキンス大学の大学院生活をおくることになった。入学した年に、ジョージ・S・モリス（George S. Morris）のもとで、知識科学（Science of Knowledge）、英国哲学史、ヘーゲルの歴史哲学をゼミで学んだ。そして、彼の指導のもと1882年に研究を始めた。しかし、モリスが1883年にミシガン大学に正規の大学教員として戻ったため、デューイはG.S.ホールのもとで心理学の研究に打ち込むことになる。

ホールは、1882年に心理学の主任としてジョンズ・ホプキンス大学から招聘された。そして、生理学的（physiological）心理学、実験心理学の二つの課程を設立し、また、心理学的・倫理学的理論と呼ばれた思弁（speculative）心理学の課程も加えた。さらに将来教師となる者のために、「科学的教育学」（scientific pedagogics）というゼミを指導していた。

デューイはこれらに参加し、ホールから実験心理学の多くの知識を得たのである。ホールに影響されて、彼は学位論文の主題として「カント心理学」（Psychology of Kant）を選び、早くも1884年にはそれを完成させた。この学位論文は、デューイの心理学への傾倒を示すものといえよう。残念ながら、デューイの学位論文の写しは一つもなくその後も出版されなかった。従って、デューイのカント解釈については、他の論文である1924年の『思弁哲学』誌の「カントと哲学的方法」（Kant and Philosophic Methods）から読み取るしか方法はないのである。

ところで、デューイは、ヴァーモント大学の恩師、トリー宛の1883年2月14日付の手紙の中で、G.S.ホールの新しい心理学の講義に言及し、「私はそれと哲学の間にどんな密接な関係があるのかわかりませんが、それは少なくとも役に立つだろうと思います。」[7]と書いている。しかし、デューイは、自分の研究がこの分野に広がるにつれて、新しい心理学と哲学へのその意味あいにますます関心をもつようになった。デューイは、1884年の3月にジョンズ・ホプキンス大学の形而上学クラブで「新しい心理学」（The New Psychology）という論文を発表した。その後、この論文は、1884年9月の『アンドーバー・レビュー』（the Andover Review）誌に掲載された。大学院での研究が修了に近づいていた時期、デューイの哲学的方法に対する懸念は、新しい心理学によって満たされるようになっていた。クリバードは、この論文がデューイの心理学への陶酔と心理学の将来についての楽観主義を反映していると述べている[8]。

　1884年に博士課程修了後、デューイは、モリスの推薦によって、ミシガン大学の哲学と心理学の講師として就任する。その頃、学生数はそれほど多くはなかったが、ミシガン大学はアメリカの大学の中でもかなり著名な大学になっていた。そして、デューイが着任して2年目の1885年から1886年では学生数は1,401名であったが、デューイのアナーバ（Ann Arbor）における最後の年となった1893年から1894年までには2,660名に増加し、1890年に専任教員は86名いた[9]。モリスがデューイを推薦した理由は、彼の能力を認めていたことに加えて、ミシガン大学の学生たちの間にドイツ観念論中心の哲学研究とその授業に対する不満が募りつつあったからである。ドイツ観念論を強調することは、ジョン・S・ミル（John Stuart Mill）、H．スペンサー、および、近代の科学的哲学派全体を無視していることであった。さらに、ドイツ観念論の強調は、多くの優秀な学生たちの間に増大しつつある懐疑論や不可知論にできる限り対抗しようとするためだという非難があった[10]。デューイは、哲学的には観念論に依拠していたが、上述したようにホールから実験心理学の多くの知識を得ていただけでなく、新しい心理学にも関心があったので、ミシガン大学の学生たちの科学的な研究に対する要望に応えることができると思われたのである。ヘーゲル主義哲学者としてよりも、この科学的な学問研究へのデューイの関心は、ミシガン大学における彼の初期の専門的独自性を示すものであるだろう。

　モリスには、ヨーロッパ哲学史、ドイツ哲学史、英国哲学史、倫理学史と倫理学説、国家哲学と歴史哲学、美学、実在論理学（real logic）が割り当て

られた。モリスはまた、ヘーゲルの論理学演習も担当した。一方、デューイが心理学の課程を引き継ぎ、経験主義心理学、心理学的論題（生理学的、比較的、病理学的論題）、英国哲学史と特別な関連をもつ心理学と哲学、実験心理学、思弁心理学、心理学史を担当した[11]。これらの課程に関する研究によって、デューイは、1887年、初期の著作である『心理学』（Psychology）を出版することになったのである。

　心理学における研究に加えて、デューイはミシガン大学での在職期間中に少なくとも二つの活動に参加した。一つは宗教的な活動であり、学生キリスト教協会（The Students' Christian Association）の理事となった。この協会は学生による最も活発な団体の一つであって、一時は249名の会員が所属し、それは全学生の22％以上であった。この団体は、毎週日曜日の午前に集会をもち、学部の教授から宗教的な講話が行われ、また、聖書研究のための講義がもたれた。デューイは、その活動に積極的にかかわり、宗教的な話題についての数々の講演を行った。ジョージ・ダイキューゼン（George Dykhuizen）は「これらの一つである『キリスト教と民主主義』（Christianity and Democracy）は宗教的動機と社会的動機の融合に関するデューイの思索において最初の明確な言説であり、デューイ哲学の研究者にとって特に重要である。」[12]と述べている。しかし、これらの諸活動によって、デューイは、神学的問題についての関心をもつには至らなかった。ところが、以下に述べるもう一つの活動によって、デューイは、初等学校および中等学校を中心にした教育理論と教育実践への関心をしだいに深めていったのである。

　19世紀後半、ミシガン大学は、教員たちに大学の範囲を超える教育を調査する機会を提供した。つまり、1869年から70年に、中等学校でのミシガン大学教員による観察と評価に基づいた入学プログラムを採用することに着手したのである。本質的に、この研究は、ミシガン大学の志願者がどの程度、大学での学習に準備できているかを評価する試みであった。イリノイ大学とウィスコンシン大学も同様のプログラムを採用した。そして、ミシガン大学は、

1871年に大学の学問的な諸要件に適ったと中等学校が認める卒業生を入学させることに決定した。大学の事務官や教員たちは、調査委員として、この提案を承諾する高等学校に派遣され、学校で行われている教育の質や生徒の学識が無試験での入学に適しているかどうかを決定する責任を負っていた。

　デューイはミシガン大学への着任後、この調査委員の一人として州内のいくつかのハイスクールを訪問し、そこで発見したことに興味をもつようになったのである。ハイスクールでの学業成績と初等学校の教育は密接に関連していたので、デューイはごく自然に初等学校の教育を研究するようになった。そして、彼はそこで使用されている方法が幼い子どもの通常の学習過程に関して心理学が教えていることと一致していないという確信をもった。ダイキューゼンは、この確信から、デューイが「教育と哲学と心理学の要求を調和させるような教育理論についての研究、それは彼の長い哲学的経歴を通して彼の注意の主要部分を占めるようになる研究を行うようになった。」[13]と述べている。

　さて、上述したミシガン大学のような入学プログラムは1895年までに全盛を極める。その象徴は、中等学校に対して大学の基準に適合したという認可を与えるように計画された「中北部協会」（the North Central Association）（中等学校と大学による任意の協会）の創設であった。この点で、その機能は中部諸州とメリーランド州の大学と大学進学予備校（Preparatory Schools）の協会、南部諸州の大学と大学進学予備校の協会のような他の地域的な諸協会と同様のものであった。

　1886年、デューイがミシガン大学に着任して2年後、ミシガン・プランは、ミシガン学校長会（Michigan Schoolmasters' Club）へと発展した。デューイは19人の創設委員の１人であり、1887年と1888年にはその会の副会長を務めた。その最初の会議で、彼がなお心理学に魅せられていたことが明らかとなった。デューイは「大学の観点からの高等学校における心理学」という表題で講演したのであった。実は、その前に書いた彼の論文は教育に関係してい

た。1885年10月16日『科学』(*The Science*)誌に「教育と婦人の健康」(Education and the Health of Women)という論文を掲載している。これはデューイが教育という文字を題目に用いた最初の雑誌論文であった。また、1886年3月、『一般科学』(*The Popular Science*)という月刊誌に、「高等教育における健康と性」(Health and Sex in Higher Education)という文書を書いた。

ミシガン大学在職期間中、教育に直接関係するデューイの他の執筆物は公表されなかった。彼は、1889年に初版の『応用心理学』(*Applied Psychology*)の共著者とされ、その本の副題は「教育の諸原理と実践」であったが、その中にデューイ特有の心理学的解釈を反映したものは見つけ難いし、どんな教育観も当時の標準的な心理学に直接には結びついていなかった。この『応用心理学』は、当時の師範学校における典型的で平凡な教科書であった。そして、クリバードによれば、その本は、カナダのオンタリオの師範学校長、ジェイムズ・A・マクレラン（James A. McLellan）の研究であるように思われるという[14]。事実、デューイは初版において共著者としてではなく、序文で、その貢献と謝意が述べられ、心理学でその研究が哲学の学生たちによく受け入れられてきた者として引用されていた[15]。おそらく、教育におけるデューイの知名度が高まったので、彼の名声を利用するために、その後の再版において共著者として加えたのだと思われる。この人気のある教科書が、事実、名目上だけのデューイの共著であるならば、ミシガン大学時代の彼の教育に関する評判を示す具体的な根拠を見つけることは困難である。むしろ、デューイは、執筆物や正規の授業を通してというよりも、教師グループや専門的な教育協会の会員と交流し、討論や論争に参加することによって、教育的な名声を確立していったのであろう。

さて、デューイのミシガン大学在職期間中にある出来事が起こった。第1章で述べたように、1892年、全米教育協会（NEA）の10人委員会が任命され、同時にヘルバルト・クラブが設立されたのである。このヘルバルト・クラブは1895年に「全米ヘルバルト協会」となった。この時、デューイはすでにシ

カゴ大学に赴任していたが、その協会の理事となった。同年2月20日、オハイオ州クリーブランドの全米教育協会（NEA）の会議で、15人委員会の「学科の相互関係」についての分科委員会の報告の機に乗じて、アメリカ・ヘルバルト主義者たちは、その報告書の主要な著者であったW.T. ハリスへの攻撃を開始した。この会議の雰囲気は非常に張りつめたものであった。その証拠に1933年に85歳となったC. ド・ガーモは、彼の友人であるニコラス・M・バトラー（Nicholas M. Butler）に次のような手紙を書いている。「私には、クリーブランドの永遠の日ほど鮮やかに思い出される光景はない。それは、古い秩序の消滅と新しい秩序の誕生の印となった。」16)。

第2節　アメリカ・ヘルバルト主義とデューイ

　主要なアメリカ・ヘルバルト主義者たちは1880年代にドイツに留学し、T. ツィラー（Tuiskon Ziller, 1817-1882）の弟子、W.R. ラインのいたイエナ大学、ハレ大学などでJ.F. ヘルバルトの教授理論を学んだ。C. ド・ガーモ、マクマリー兄弟、チャールズ・C・ヴァンリュー（Charles C. Van Liew）などである。彼らは1890年前後にアメリカに帰国し、ヘルバルト主義教授理論の研究と実践に意欲的に取り組んだ。その教授理論は、イリノイ州立師範大学（ISNU）を中心として、北イリノイの師範学校へ、さらに全米の師範学校へとしだいに普及していった。

　そして、すでに言及したことであるが、1892年に全米教育協会（NEA）の会議がニューヨーク州のサラトガスプリングズで開催された時、「10人委員会」が任命され、その時にヘルバルト・クラブが結成された。その後、このクラブは、1895年全米教育協会のデンバー大会において「教育科学研究のための全米ヘルバルト協会」（NHSSE）へと発展的に改組された。これらの組織には上述の者たち以外に、当時、第一線で活躍した教育学研究者や実践家が数多く参加していた。例えばエルマー・E・ブラウン（Elmer E. Blown）、

N.M. バトラー、J.M. ライス、F.W. パーカー、J. デューイ、ウィルバー・S・ジャックマン（Wilbur S. Jackman）である。

　アメリカ・ヘルバルト主義者たちは、カリキュラムの系列を「文明」の発展の系列に調和させる「文化史段階説」を軸に分離した教科の相互関係を追究した。従って、例えば、幼い子どもたちが学ぶ様々な教科は、初期の歴史（原始時代）を軸に関連づけられた。すなわち、子どもの個人的な発達と人類の文化的な発展が同型と見なされ、この原理に基づいて教授素材の選択と配列が行われたのである。この発生反復説（recapitulation theory）の発達論は疑わしかったかもしれないが、分断され脱文脈化された教科から成る当時のカリキュラムを批判する者たちにとっては魅力的であった。

　しかし、アメリカ・ヘルバルト主義者の中にも多様な見解が存在し、それらはまた、ヘルバルト主義者同士の論争及び以下に示すように、デューイやパーカーなどのヘルバルト主義者以外の者たちとの論争を経て漸次的に変化していった。例えば、マクマリー兄弟　の初期の「中心統合法」（concentration）は、中心教科に他教科を従属させる特徴を示し、中心教科は低学年では文学、高学年では歴史に求められた。それは、ドイツのツィラーと比較すると、形式陶冶に消極的なこと、宗教的な色彩が薄いことの他、アメリカ史中心で構成されるという特徴をもっていた。

　パーカーは、第１章で述べたように児童研究運動の最初の指導者であったが、彼はまたヘルバルト主義の周辺的な成員であった。彼は、1894年の『教育学講話』（Talks on Pedagogics, An Outlines of the Theory of Concentration）において、カリキュラムの中心に子ども、子どもを取り巻いて地理、そのまわりに各教科を位置づけた。彼は、マクマリー兄弟の「中心統合法」における中心教科への他教科の従属を批判し、「諸教科の同等の統合」（coordination）を主張した。その統合の基礎に自然地理が置かれたのである。

　パーカーは、カリキュラムの中心に子どもの自己活動と表現活動を置きながら、各教科の教材の体系的な組織を重視した。特に、低学年の授業に幼稚

園の教育原理である遊戯的要素、表現活動と直観教授をとり入れた「Busy Work」と称する一種の総合的な活動をとり入れ、また、学校管理の上でも、子どもたちの自己統制力と自治能力を尊重し、強制的で画一的な訓練、報酬や罰の制度を廃止した。

　C. ド・ガーモは、「中心統合法」や「諸教科の同等の統合」よりもより包括的な概念として「相関」(correlation) を提起した。彼は、ツィラーの中心統合法が歴史や文学に重点を置き、自然科学を軽視した点、中心教科以外の教科の系統性を無視した点に批判的であり、また、パーカーの「中心統合法」については、カリキュラムが自然科学に偏り、形式教科を内容教科に全く従属させ、哲学的統一の観点が抽象的であると批判した。その代わりに、彼は子どもの主観的側面と教科の客観的側面に分けて統合概念を整理し、客観的側面の相関を人文的核、自然科学的核、経済的核という3教科群によって構成することを提案した。

　このような論争を経て、アメリカ・ヘルバルト主義の教授理論がどのように変容していったのか。それは、C. マクマリー著『ヘルバルトの諸原理に基づく一般的方法の諸要素』(*The Elements of General Method, Based on the Principles of Herbart*) の1903年（改訂版）で最も明らかであろう。その第V章の表題が、1893年版では「中心統合法」であったが、1903年版では「相関」に改められ、その後半部分を占めていた「文化史段階説」が全面的に削除されたのである[17]。ヘルバルト主義者達は、「中心統合法」に代わって「相関」という概念を用いるようになり、また子どもの自己活動や表現活動を重視するようになったのである。

　以上のように、ドイツに留学した多くのアメリカ・ヘルバルト主義者たちは、ヘルバルト主義教授理論を促進することに全力を傾けていた。ヘルバルト自身の研究についての彼らの諸解釈はなお研究しなければならない問題ではあるが、より重要なことは、彼らが比較的短期間ではあるが、集中的に伝統的な人文主義、精神的鍛錬主義に代表されるような古い教育体制に挑戦し

たことである。「全米ヘルバルト協会」はわずか8年間しか存在しなかったが、1900年にその名称を「教育科学研究のための全米協会（NSSSE）」（the National Society for the Scientific Study of Education）に変更した。その結果、この協会のヘルバルト主義教授理論との関係は急速に薄れ、人文主義カリキュラムへの挑戦は他の改革者たちによって推進されていった。児童研究運動と同質のものではなかったが、ヘルバルト主義の着想は、大部分、発達主義の改革者集団に吸収されていった。子どもの成長と発達、子どもの興味へのヘルバルト主義の強調は、児童研究運動の趣旨と首尾よく融合されたからである。

　アメリカ・ヘルバルト主義者たちは、このように進歩主義教育思想の主要勢力と見なされていた。ある意味で、第1章で述べたクリーブランドの会議は、20世紀におけるカリキュラム論争の幕開けを告げるものであった。ヘルバルト主義による人文主義カリキュラムへの批判の真価がどのようなものであれ、ハリスとアメリカ・ヘルバルト主義者との対決は、その後のアメリカ・カリキュラム論争にかかわる諸勢力の再編成の始まりを示していた。

　デューイは、アメリカ・ヘルバルト主義者たちとの交流や論争によって、自分の生涯を教育学研究および教育改革にかけ始めるようになったのである。そして、有望な教育指導者、教育改革者としての名声を得ただけでなく、後における彼の主要な教育理論を構築する基盤も得た。「文化史段階説」、「発生反復説」、「中心統合法」、「相関」などのヘルバルト主義における鍵概念の定義と解釈についての論争に関与したのである。その結果、デューイは、ヘルバルト主義のカリキュラム理論を批判的に受容し、デューイ実験学校のカリキュラム及び学習活動の基礎となる原理を考察し始める。その事実は、アメリカ・ヘルバルト主義者とデューイの初期の関わりが、後の彼のカリキュラム理論にどのように深く影響を与えたのか、その最も良い例証となる。

　以下、第3節では、アメリカ・ヘルバルト主義の「文化史段階説」に関して、C.C.ヴァンリューの「文化史段階説」とそれに対するデューイの批判

を中心に、そして、第4節では、アメリカ・ヘルバルト主義のもう一つの鍵概念である「相関」に関して、デューイのブリガム・ヤング・アカデミーにおける第2講義と第8講義を中心に考察する。

第3節　C.C. ヴァンリューの文化史段階説とデューイの文化史段階説批判

1　C.C. ヴァンリューの文化史段階説

　ヴァンリューは、アメリカ・ヘルバルト主義者の中でも際だった理論家として知られ、ドイツ留学中にイエナ大学附属学校の教職員として採用された経験のもち主でもある。彼は、全米ヘルバルト協会の第1年報に「文化史段階説の教育理論」[18]という非常に長い論文を書いている。この論文は、個人が人類の経験を反復するという思想（発生反復説）の歴史的発展を再検討した論文である。それは、イマヌエル・カント（Immanuel Kant）、ゲオルグ・W・F・ヘーゲル（Georg W. F. Hegel）、J.H. ペスタロッチなどの研究に関して叙述したものであるが、特にヘルバルトの高弟、ツィラーのカリキュラム観の適用に注目していた。これは全米ヘルバルト協会の第1回年次大会の討議のために書かれた論文で論点も整理されており、その反響は大きく数多くの意見が寄せられた。その結果、1896年の第2回年次大会では、「文化史段階説」に関する論文が大半を占めたほどである。

　以下、その論文から、ヴァンリューの「文化史段階説」について述べる。まず、彼は、「公立学校の学科課程に付随するすべての討議において今なお、ほとんど触れられていない問題は、教育的な諸素材や諸活動の適切な連続性の根底にある原理の問題である。」[19]と述べている。

　一般に、教育学の歴史において、二つの原理が存在した。その一つは、「習得の相対的容易さと単純さ」の原理である。もう一つは、「教材の論理的

な順序」の原理である。しかし、ヴァンリューは、この二つの原理がカリキュラムにおける教授素材の選択と配列という原理としては不十分であると主張している[20]。

　子どもは未熟であり、大人のような注意力、構想力、推理力をもっていない。そして、身体的、精神的に弱く劣っていると言われる。それゆえ、最初に容易に習得できる素材と、その能力に適した方法が与えられなければならない。たとえば、小学校1年生の授業時間数は高学年より少なく、また、より簡単な素材や活動で授業が行われるのである。これが「相対的容易さ」の原理である。

　しかし、ヴァンリューは、次のような理由から、この原理だけではカリキュラムの素材の選択と連続的な配列の指針としては全く不適切であると述べている[21]。なぜなら、発生的な過程、心理的な過程、論理的な過程を明確に区別しなければならないからである。習得の容易さによって意味されるべきことを決定する最も本質的な要因は子どもである。それゆえ、最も単純な記号や記号の組み合わせが、最も容易に子どもに習得されるとは考えられない。というのは、どんな場合でも子どもの思考内容と子どもの興味は、その過程を複雑にするかもしれないからだ。反対に、比較的複雑だと思われる記号の組み合わせでも、もし子どもの思考と興味がそれに適しているならば、あるいは記号それ自体が子どもにとって非常に魅力的であるならば、子どもは学習にそれほど困難を示さないであろう。

　ここで重要な点は、何を基準に相対的に容易かどうかを判断するのかということである。大人の興味や思考を基準にして、それをそのまま子どもにあてはめることはできない。子どもの性質の中にその基準を見い出さなければならないのである。ヴァンリューによれば、上述の原理の修正にすぎないが、「簡単なものから複雑なものへ」「既知のものから未知のものへ」「近くのものから遠くのものへ」というような表現も、今、論じている問題、すなわち、カリキュラムの教授素材の選択と配列の問題に関する限り、同じことがあて

はまるという[22]。

次に、「教材の論理的な順序」の原理に関して、ヴァンリューは、ある教科の論理的な展開と異なる教科の論理的な連続性がしばしば混同されてきたが、それもまた適切な系列の要求を満たすには不適切であると述べている[23]。カリキュラムの連続性において、ある教科の論理的な展開が限界をもつと認めることは努力を要する。なぜなら、これまで、それは軽視できない原理の一つであったからだ。しかし、この原理には教科にとって、また過去のカリキュラムが注意を払ってこなかった限界がある。

すなわち、知識のあらゆる科学的総体は、実際、論理的に体系化される以前に心理的に発見され展開されてきたのである。さらに、同じ教科で様々な論理的配置が可能なら、どれが教育学的であるのかという疑問が存在する。それゆえ、論理的な順序の原理は、これまで多くの重要な教科の教授において実践上の混乱を与えてきた。現代語の教授史を例にすると、すべての実践段階において、習慣はその言語の論理的な構造ほど重視されこなかった。初等学校の地理、歴史、理科の教科書も、一般的にこの論理的な順序の原理で配列されてきたのである。

しかし、ヴァンリューは、子どもの発達段階に適した教材がその論理的な結びつきにおいて与えられなければならないという事実、および、もしそれが個人の能力として役立つならば、その最終的な成果は、まさに精神の本質からの論理的なシステムでなければならないという事実を無視できないと主張する[24]。しかし、論理的な展開の原理に多くの事実を認めたとしても、なお、さらに規定的な原理を見いださなければならないという。子ども自身の中に限界があることを認めざるをえないのである。彼は続けて「子ども特有の環境、思考の循環、興味、意志力は、揺るぎのない完全な論理的な系列に対して克服できない障害となるのである。論理的な順序は、心理的な諸要求と諸条件を排除するよう子どもに強制できないのである。」[25]と述べている。

そして、ヴァンリューは、次のように結論づけている。「習得の相対的な

容易さ」「相対的な単純さ」「教材と教科の論理的な展開」は、各学年の学科課程の構築に一定の本質的な限界をもち、その両方が主要な影響力のある地位を維持することはできない。なぜなら、それだけでは、子どものどんな発達段階においても存在する興味、統覚、意志作用という諸条件に適合することができないからだ[26]。

　では、この難しい問題を解決する他の原理は存在するのか。そこで、ヴァンリューは、「文化史段階説」を支持するのである。簡潔に述べると、この重要な原理は、個人の発達と人類の発展の対応もしくは類推に基づいているが、彼は、その内容を論ずる前に、カリキュラム構成に、より正確な選択と連続性の原理がなぜ必要かについて述べている。その理由として、ヴァンリューは、上述の二つの原理が不充分であるという他に、以下の四つをあげている[27]。

　第1は、生活の展開過程、すなわちより充実した、より完全な生活の発展という一般的な教育観から生ずる。つまり、発達という思想を受け入れるあらゆる教育観は、その中にカリキュラムの正しい連続性の教育学的原理を暗示するのである。ヴァンリューは、もし教育が取り扱う心理的な能力の発生があるならば、カリキュラムにおける発生の原理もあるに違いないと主張する[28]。そうではなく、教授素材が子どもに独断的に強制されるようでは、子どもの自然な発生が侵害されるというのである。

　第2に、ヴァンリューは、教授素材の選択と配列という課題は密接に結びついているので、一方の必要条件についての知識なしに他方に着手することは不可能であるとし、主として教授素材の選択の理由について次のように述べている。教育は個人の倫理的な発達を目的とするが、その目的を達成するためには、世界文化の本質を幅広く把握させることが求められる。しかし、そのためには、（1）本質的なものと非本質的なものの注意深い区別、（2）さらに重要なこと、つまり文化のある要素もしくは主要部分が多くの他の部分の象徴あるいは典型となりえる可能性が前提となる[29]。すなわち、教授素

材として文化の本質的な要素をどのように選択するのかという問題である。

　第3は、教育学的実践において一つの力強い要因となりつつある興味に関連する理由である。ヴァンリューは、将来、興味は教授素材の選択と配列の決定要因となるであろうと述べ、子どもの魂の中に、多方的な興味を生じさせることが教師の直接的なねらいであるべきだと主張する[30]。というのは、真の意志をもつ活動は、発達した興味を契機として行われるからである。しかし、子どもの興味は発達の差違を前提とし、その差違は子どもに課する素材や活動に適合しなければならないのは当然であった。

　第4は、中心統合法（concentration）に関する理由である。ヴァンリューは、中心としての自然学習と文学および歴史の学習という論争は、その両方が教授素材の選択と配列という原理の全体的な必要性を軽視してきたという事実よりも特筆すべき問題ではないと主張する[31]。そのような場合のすべてにおいて、明らかに中心統合法は、決して素材の連続性を扱うのではなく、同等の素材を扱うこととしてのみ考えられてきた。しかしながら、これは狭い中心統合観である。ヴァンリューによれば、この困難な問題にうまく対処する前に、子どもの生活における発生が、常に子どもの成長に一致するカリキュラムの「主要な誘因」（leading motivo sic）を必要としていることを自覚しなければならないという[32]。なぜなら、この「主要な誘因」がカリキュラム全体に主題を与え、中心統合法の真の中心という問題が解決されるからである。

　上述で明らかなように、ヴァンリューが取り上げた四つの理由は、当然のことながら「文化史段階説」という理論の利点をかなり意識したものであり、カリキュラムにおける教授素材の選択と配列にとって、「文化史段階説」は多くの点で優れた原理であるということになる。では、ヴァンリューは「文化史段階説」をどのように定義しているのか。以下、デューイが1895年の「文化史段階説の解釈」（Interpretation of the Culture-Epoch Theory）[33]の中で「文化史段階説」に関する最も明確な定義だと指摘した箇所である。

生き生きとした興味なしに永続的な価値をもつ教授は存在しない。それゆえ、それが教授の*直接的な*（原文イタリック）目的となる。教授素材の選択は子どもの興味を満たすようなものでなければならない。同時に一方で、その最終的な産物を期待し、カリキュラムを展開する中で、子どもをモラル的に、社会的に、国家的に参加させることに貢献するすべてのものを集めるのである。次から次へと主要な活動の流れが集められるのであるが、それは、子どもの生来の興味と本能が成熟する、その時にである。

　興味の本質について生じる二つの事実は、次の２点に注意を払うことを必要とする。第１に、環境が子どもに与える影響、子どもの生来の情緒的な資質に与える影響に部分的に依存している興味の成長と発達がある。第２に、興味の特性は、また感覚的な知覚、想像力、論理的な思考など、他の精神的な諸能力に依存し、それらが発達するにつれて発達する。この子どもの精神的な発生が、学科課程の構築において考慮すべきことである。もし、我々が、発達の存在、多かれ少なかれ正確に指摘できる一定の段階を認めるならば、我々はすぐにカリキュラムの連続性の原理に傾倒する。我々は、様々な子どもの発達段階において、子どもと教材の少なくとも大まかな対応を保証する原理を見つけなければならないことを認めざるをえない。そのような原理の一つは、我々が示してきた文化史段階説の理論にある。各時代は、その特徴的な文化的産物と思想をもち、子どもの発達段階における一定の極めて重要な特徴に対応している。各時代の文化的な産物は、それゆえ、子どもにとって最も親密で共感的な魅力をもつ生成物を含むであろう。[34]

このように、「文化史段階説」というヘルバルト主義の中心概念は、学校教育の様々な学年レベルで一定の内容を教えることを正当化するだけでなく、教える素材、内容そのものを与えたのである。

2　デューイによる文化史段階説批判

　以上、C.C. ヴァンリューによる「文化史段階説」について述べてきたのであるが、では、デューイはこの理論をどのように解釈し批判しているのか。それは、全米ヘルバルト協会の『第２年報』における彼の先述の論文、「文化史段階説の解釈」から明らかになる。

デューイは、まず、文化史段階説の支持者たちが、その理論にどのような教育的役割を果たすよう期待しているかを理解するのが困難であると述べ、人類の発展と子どもの発達の対応が事実か否かと、その事実の教育的な解釈は別のことであり、さらに教育的な解釈と最も密接に関係しているが、それを学校の教室で実践的に利用することは別の問題であると主張する[35]。

　デューイのこのような立場は、一般的な意味においての人類の発展と子どもの発達の対応を疑問視するのではなく、文化史段階説を教育的により明確に限定し活用しようとする立場であった。彼は次のように述べている。「私は、『一般的な』対応に疑問を抱いてはいない。……我々は、すべての場合において、子ども自身の中に独立した成長の時代を発見する。人類の側ができることは問題を提示することだけである。この時代が人類によって通過されたので、我々は子どもの中にその相互関係を見つけることは可能である。そして、それを注意して探そう。しかし、その基準はすべての場合に子ども自身に戻るのである。」[36]

　以下、デューイの批判について検討する。彼は、これまでの文化史段階説についての最も明確な定義は、先述のヴァンリューの論文における定義であると述べ、その定義を次のように要約している[37]。（1）子どもと教材の対応をあたえる原理が必要である、（2）これは文化史段階説によって与えられる、（3）それゆえ、各時代の文化的な産物はその時代の子どもに最も親密に共感的に子どもの興味を引きつける生成物を含んでいるだろう。

　デューイは、この定義について二つの疑問を提起する。第1に、この原理の基準は、人類における時代の継承と、子どもの本能および興味の発達のどちらであるのか[38]。文化史段階説の支持者がこの問題に正しく答えてはいないし、また教育的な観点から、その基準が人類の発展にではなく、子どもの発達の順序にあるということを明確に認めてきたとも思えない。それは、人類の歴史についての問題ではなく、子どもの心理の問題である。初めに、人類の側を研究し一定の時代を発見してから、子どもの発達段階の中に類似し

た時代を見つけようとすることは正当ではない。文化史段階説を当然の事実と考える限り、それは生物学的な発生反復との類推を子ども時代のすべてに強要せざるをえない。デューイはこのように異議を唱え、次のような具体例を示している。

　社会的な狩猟時代が子どもの中に示されるように思われる時、学校教育の8年間のうち1年を、当時の多くの子どもたちにとっては5年間のうち1年を社会生活の狩猟時代の学習に与えてよいのであろうか。また、遊牧時代があり、子どもの中にそれに対応する興味が存在しているように思われる時、この興味を最も高め、その時代を学習するのか。あるいは、遊牧時代に類似する活動が、現在の社会で、テキサスやダコタなどの放牧において行われていることを認め、すべての人々がかつてそのような方法で生活していたという事実に注意を払うのか。その生物学的な類推は、一般的な意味はともかく後者を要求した[39]。

　デューイは、人類の発展から個人の発達を単純に推測することはできないし、さらに、カリキュラムにおいて文字通りに歴史的な段階を反復しようとするならば、子どもの発達を妨げる危険性があると考えていたのである。なぜなら、人類がその発展において一定の長い歴史的な時期を経験してきたという理由だけで、一定の学習内容をむやみに長引かせることになるからである。子どもの中に社会生活の狩猟時代に相当する段階が見られても、それは支配的で完全な活動ではなく、多くの衝動の現れの一つにすぎないのである。

　第2に、一般的な対応を認め、現在の子どもの生活を研究するらば、研究の対象とされるのが文化的な産物であると、どのように正当化するのか[40]。その理論の支持者たちによってただ当然のこととされているだけである。デューイは、これまで、彼らはその点が討議される必要があるということさえ考えてこなかったであろうと批判する[41]。デューイによれば、文化史段階説において、対応という事実の解釈は、必然的に、あるいは何よりもまず歴史や文学における文化的な産物の研究を意味するが、その理論的根拠は曖昧で、

実践的には誤解されやすいように思われるという。

　デューイは続けて、デイビッド・フェルムリー（David Felmley）教授の言葉、「我々の自然発生的な興味のそれぞれにとって適切な食べ物は、本能的な興味が起因する祖先を魅了した大量の観念である。」を引用し、それを修正することを提案する。すなわち、観念という言葉を観念のための諸活動とし、また、観念と諸活動を結合させることを提案している[42]。デューイは、後にシカゴ大学附属実験学校（デューイ実験学校）において、教師たちとともに、オキュペーションを核とした統合的なカリキュラムを開発するのであるが、明らかにその着想の兆しがこの叙述から読みとれる。

　デューイは、「興味と本能が、主要に、ある時代の*産物*（原文イタリック）に対応するのではなく、それらの産物の起源となる心的な（psychical）諸条件に対応するのである。これらの諸条件が子どもに確保される、その時、子どもはその産物を教育的に扱う準備ができているのである。」[43]と主張している。

　ところが、文化史段階説では、子どもが農業の段階にいる時、この主要な興味はその時代の文学や慣習的な産物にあり、さらに、その興味は主要にはその時代の文化的な産物で育てられると認めることによって、教育的に適合するというのが前提であった。文化史段階説のアナロジーによれば、農業的な本能は、それが人類において培われるのとちょうど同じ方法で、つまり、土地、種子、太陽、そして自然におけるすべての生命の力強い流れや衰亡と接触することによって、子どもにおいて培われなければならないのである。農業が、どのように続けられているのか、その生産物は何であるのか、それらはどのようにして市場に送られるのかなどの知識によって培われることが必要である。それによって、子どもは、歴史的文化的な産物との接触へと導かれ、統覚的な器官をもつようになり、それらを大いに活用するようになるというのである。

　デューイは、子どもの興味がそれ自体の表現を見いだす前に、「これらの

産物と接触させることは、パンの代わりに石を与えることだとは言わないが、それは、相対的に現実の代わりに玩具を与えることであるといっても過言ではない。」[44]と反論している。このような観点から、以下に示す通り、歴史や文学をカリキュラムの統合の中心であるとする見解にも反対したのである。

まず、文学に関して、デューイは、「文学それ自体が一つの実体ではなく、読み方と同じように表現である。読み方の始まりであり、文学に関する教育的な関係は、表現される諸活動や諸観念への最初の手ほどきである。」[45]と述べ、文学を中心としたカリキュラムの統合は、絵を描くことを中心にしてカリキュラムを統合しようとすることと同様に無意味であると主張した[46]。デューイは、どのような教科もカリキュラムの統合の中心にはなり得ないと考えていたのである。

次に歴史について、彼は、歴史における直接的な興味も不可能であると考え、その理由について次のように述べている。

> 子どもたちは物語が好きである。しかし、物語は現代に至らせる、つまり今日の生活の一部と見なされる歴史である。子どもたちは直接的には現在の生活に興味があり、彼らの周りすべてに存在し、彼らが接触するようになる社会的な諸条件に興味をもっているのである。そして、どんな本物の、どんな教育的な歴史的興味も、現存する社会構造におけるこの興味の反映の一つに過ぎない。[47]

デューイは、次のように具体例を示しながら述べている。もし、子どもの中に遊牧民への興味があるならば、子どもたちは、半野蛮人の部族が半ば不毛の領土を越えて群をつくりながら歩き回るというような移住生活においてではなく、ドイツやアイルランドや海の小島から出稼ぎにきた部族、牛を積んでいる目の前の鉄道や蒸気船に、自然で直接的な興味を示すというのである[48]。

最後に神話に関して、デューイは、「神話が完全な社会的産物であり、本質的に人々の一定の知的、経済的、政治的な条件を反映している。」[49]と考えている。そして、彼はまた、物語として語られる神話の中には非常に素晴

らしいものもあると認め、適切な時期の適切な物語の教育的価値に対しても敬意を払っている。しかし、デューイは次のように主張する。

> それらが物語としての価値以外の価値をもつ、つまり、子どもの本質とのいくらかの内面的に密接な関係によって、子どもは神話が生まれた文明へとモラル的に導き入れられ、文学を通して一種の精神的な洗礼を受けると仮定することは自己欺瞞である。否、神話は、時折、刺激を与えたり、娯楽であったり、覚醒させたりするが、その不変的な価値は、子どもがどの程度、神話の中にある表現を見出す経験の諸要素を自ら実感するのかにあり、その条件は、神話よりも歴史的な英雄の物語によって満たされる。そして、神話それ自体の価値は、子どもが神話の中に反映されている自然の諸事実、社会的な諸条件を最初に自ら正しく認識することへと導かれる度合いにある。[50]

デューイは、さらに次のように具体例を示している。もし子どもが経済的な生活における太陽の果たす役割を実感する自然な学習へと導かれるならば、もし子どもが火を確実に手に入れることができない人々の歴史的な諸条件を正しく認識することへと導かれるならば、太陽と火の神話は、重要な役割を果たすかもしれない。生活の現実を感傷的に考えるのではなく、象徴化するのでもなく、また精神的な玩具の形で与えるのでもなく、受けるに値する十分な尊厳と尊敬をもって、子どもたちの知的資源、諸能力、諸要求を扱うようにしなければならないのである[51]。

デューイはこのように論じて次のように結んでいる。「一般的に対応の理論は認められるにしても、その教育的解釈と趣旨においては、第1に、まったく子どもの生活の側から調査され立証され統御されなければならない、第2に、主要には、芽生えつつある興味に今、対応する社会における諸活動や諸観念の側から活用し、そして、これらの諸活動や観念の歴史的産物の側からはただ副次的にのみ活用しなければならない。」[52]

デューイの文化史段階説批判は、いくつかの論争をまき起こした。まず、C. マクマリーがその論争に参加した。彼は「教育的基準は人類の発展で

第 2 章　デューイのカリキュラム理論　　103

はなく子どもの発達の順序にある。」、また「判断基準はすべての場合、子ども自身にもどる。」[53]というデューイの主張を喜んで受け入れると言った。しかし、現代が歴史的な時代よりも優先されることに対して、C. マクマリーは「まず、子どもが必要としているもので現代社会が提供しなければならないことを発見すべきである。もし子どもが中心であるならば、素材を子どもに押しつけるという反論は、まさに一方と他方と同じように説得力をもつ。過去の歴史と同様、現代社会には子どもが全く利用しない非常に多くのことが存在する。」[54]と反論した。彼によれば、子どもは、すでに学校に通う以前に現在の環境から、絶え間のない多面的な影響を受けているのだから、学校は、子どもへの直接的な影響がほとんどない、歴史や文学を学習素材として提供すべきだと言うのである。だが、歴史的な時代における文化的な産物の代わりに、現代の子ども自身の生活とその直接的な経験を用いるというデューイの見解に対する、C. マクマリーのこのような反論はあまり説得力がなかったように思われる。

　デューイの文化史段階説批判に対する次の反応は、カンザス州、グレートベンドの教育長、N.F. ダウム（Daum）による全面的賞賛であった。ダウムはデューイによって書かれた『パブリック・スクール』誌（*the Public-School Journal*）の論文はその雑誌を年間購読するだけの価値をもっていると述べ、歴史や神話を学習することよりも、天体望遠鏡で夜空を眺めたり、春に見知らぬ花や植物を観察したり、顕微鏡が明らかにする不思議な世界を見たりする重要性を主張した[55]。そして「文化史段階説の大部分が、子どもと子どもの環境、そして子どもの行為と思考に対する環境の反応を観察することからではなく、教育哲学者の内的意識から生じたと思っている。」[56]と述べた。

　この批判に対して、ヴァンリューは、ダウムの見解を間違った主張として非難した。そして「文化史段階説は、子どもが神話やおとぎ話などに没頭する（原文イタリック）という事実にその根拠を置き、次に、実際、子どもが自分の環境にあり、興味を引くどんなものにも没頭することを示そう

としている。」57)と述べている。さらに続けて、デューイが「決して正しく理解された、その学説を攻撃しているのではなく、その理論の一定の誤解や誤用を非難している……彼は、論争中の学説の反対者ではなく味方であり、彼の哲学の観点からその学説を見ているのである。」58)と主張した。ヴァンリューにとって、進化論の着想の活用を主張した後で、デューイが文化史段階説を批判しているのが不可思議であったようだ。なぜなら、彼は「文化史段階説は、進化論を誕生後の子どもの発達に応用しているだけである。」59)と考えていたからだ。

第4節　アメリカ・ヘルバルト主義の相関論とデューイの相関論

　1901年6月17日から21日、デューイはブリガム・ヤング・アカデミーで10の教育講義を行った60)。その講義の内容は、第1「人はどのように学ぶか」、第2「教育の社会的アスペクト」、第3「想像力」、第4「成長の時期」、第5「注意」、第6「技術の時期」、第7「習慣」、第8「課程の社会的価値」、第9「記憶と判断」、第10「品性のいくつかの要素」であった。この内容から明らかなように、ほとんどが当時の伝統的な心理学的論題であった。また、デューイ自身も講義で教育に関連する心理学的な論題を扱うということを最初に述べている。

　ただ、第2講義と第8講義においては心理学的研究方法ではなく、ヘルバルト主義の理論的枠組みである「相関」論、「発生反復説」について、具体的な実践例を含みながら詳細に論じている。デューイのこれらの教育講義は日本ではあまり知られていないが、デューイがアメリカ・ヘルバルト主義からどのような影響を受け、その中心的な理論と概念をどのように再解釈し、再構築したのかを知ることのできる貴重な資料である。

　デューイとアメリカ・ヘルバルト主義教授理論との関係については、すでに大浦猛著『實驗主義教育思想の成立過程』、庄司他人男著『ヘルバルト主

義教授理論の展開』において研究されている。大浦は、デューイによる「文化史段階説の解釈」(Interpretation of the Culture-Epoch Theory)、「興味と意志訓練との関係」(Interest in Relation to Training of the Will) の2つの論文を用いて、文化史段階説と興味論について考察している。庄司は、大浦が用いなかったレジナルド・D・アーチャンボウルト（Reginald D. Archambault）編集の『教育哲学講義』(*John Dewey, Lectures in the Philosophy of Education : 1899*)（1966）を活用しながら、デューイ教授理論の形成過程へのヘルバルト主義の影響について論じている。ただ、この二つの先行研究においてもブリガム・ヤング・アカデミーの教育講義については論じられていない。本節では、この第2講義と第8講義を用いて、デューイとアメリカ・ヘルバルト主義の関係について考察する。

1　デューイによるヘルバルト主義の相関論批判

デューイは、第8講義において「歴史は、おそらく数（number）や理科よりも自然に文学から生じる。今、この相関という概念が採用され実行されるどんなところでも、ドイツとこの国の両方の学校でこの方法からとても良い効用が得られるだろうということを全く疑っていない。」[61]と述べている。というのは、カリキュラムにおける教科や領域を孤立し分裂した形で教える代わりに、それらをできる限り一つの有機的な全体にまとめあげる時、教育効果と学習効果が非常に大きいことは明らかであるからだ。

しかし、デューイは、ヘルバルト主義者が主張する「中心統合法」と「相関」がそれほど上手くいくとは思えなかった。なぜなら、それを実践に移す時、明らかに人為的になるからである。デューイは、その根拠を次のように具体的に解説している。

ドイツの学校では、1年もしくはそれ以上、イスラエルの歴史が教えられ、偉大な古典文学の学習がそれと並行して行われる。問題となるのは、その特別な学習ではなく、他の学習がそれを軸に寄せ集められる方法である。その

人為性は、算数において特に明白である。すなわち、子どもたちは、12部族を足したり、割ったり、掛けたり、引いたりすることによって、そして歴史の様々な出来事を数的に扱うことによって、たとえば、戦いに従事した人々の数、パレスチナでのこの地点からあの地点までのマイル数などを扱うことによって算数を学習するのである。

理科の場合も同様であった。多くの教師たちは、低学年で松の木の授業をしたいならば、モミの木の寓話でそれを紹介するのである。あるいは、もし子どもたちにある花の勉強をさせたいなら、花の詩をとおしてその話題へと導く。つまり常に文学との関係を通して、それを教えねばらないのである[62]。

さらに、デューイは、文学の学習が重要であることを否定はしなかったが、それをカリキュラムの中心と認めなかった。なぜなら、文学は、子どもたちの諸経験が拡大する自然な中心ではないからである。恣意的に文学と関係させなくても、子どもは、野原、農場、台所を調べ、自分の経験を広げ、そこから成長できるのである。

デューイは「子どもが学校外で常に生活している、その生活についての活動、感覚、情動、観念と結びつける方が良い」[63]と述べている。教師が授業で教えたい内容と関連する多くの事象が子どもの生活や生活経験の中にある。しかし、それを取り上げないで、「この前、習ったことを覚えていないの。」と頻繁に言う。それは、授業の目的が学校外の経験と直接結びつけることではなく、学校で既に学習した事実や観念をこれから学習する新しい事実や観念に結びつけることであるからだ。

デューイが批判している要点は、次のように、ヘルバルト主義者たちが各教科の学習を子どもの生活と生活経験に結びつけていないことであった。

> 子どもの様々な社会的諸経験は、子どもの観念が育ち成長する自然な媒介であるということだ。結局、学校で試みる価値のある相関が何であろうとも、子どもの経験と直接に結びつけるべきである……もし、我々が、今日、学校でのある事実と子どもの経験のこの一般的な傾向を結びつけ、明日は、別の事実を、その次の

日には、また別の事実を結びつけるならば、これらの学校での諸観念は、お互いに直接的に相関しないかもしれないが、しかし、それらはすべて、社会生活のより一般的な領域に組み込まれ、それらから発展するのである。[64]

　一般に、ヘルバルト主義者が意図した「相関」とは学校の諸教科の「相関」であった。一つの題目を、様々な学校の諸教科を「相互に関係させる」ための中心的な主題として利用することができた。もし、魚が主題であるならば、その日の地理や算数や理科や文学における学習はすべてその主題を中心に決定され、統一的な学習効果を達成することができたのである。デューイは、この伝統的なヘルバルト主義の「相関」論を超えて子どもの全生活経験に関してカリキュラムの統合および「相関」を追究していたのである。

2　学校と学校外の生活との連続性の欠如

　デューイは、第2講義において、ニューイングランドの学校長、サムエル・T・ダットン（Samuel T. Dutton）の『教育の社会的な局面』（*Social Phases of Education*）という本を紹介し、彼の共同体の教育的な諸力の「相関」という主張を支持している[65]。ダットンは、学校が結局、教育機関の一つにすぎないという事実を指摘し、学校が密接に関連すべき他の諸機関、たとえば、家庭の生活から孤立するようになったことを遺憾に感じているという。

　デューイによれば、当時、家庭と学校の協同の欠如があったことは明らかであるが、それを克服しようとする動きも現れつつあったという。第1に、家庭科（home studies）が学校に導入されつつあったことである。おそらく、その10年間ないし15年間において料理、裁縫、家政（household management）の学校への導入ほど急速に広まった教科領域はなった。確かにそれは、子どもたちが家庭生活との結びつきを実感し、他の学習よりも家庭でより役に立つと感じるものである。しかし、デューイは、その運動が学校での学習を援助するのに十分ではなく、子どもの学校外の生活や営みと関係がないと主張する[66]。

第2に、親たちと教師たちが集まり、共通の興味のあることを話し合う様々なクラブや組織がつくられるようになっていた。それらは、その10年間、特にこの3年間で急速に増加し続けていた。さらに、図書館と学校の連携も生じつつあった。多くの町には公立図書館があり、そこには子どもたちの部屋があった。子どもたちが学校の学習に利用するために本を借りるシステムが整いつつあったのである。また、博物館や美術館も学校の影響を受けるようになったという。しかし、学校と家庭及び地域社会の連携における進展にもかかわらず、デューイは、「学校生活が子どもたちにとって多くの意味を失ってしまったことは疑い得ない。なぜなら、子どもたちが学校外で営んでいる社会生活と学校生活のどんな結びつきも見ることができないからである。」[67]と述べている。子どもたちは社会的な存在であり、社会的影響に依存している。しかし、学校における学習の多くは、このことに注意を払ってこなかったというのである。

　デューイは、ここで、次のようなボストンの小学校の指導主事のある話を紹介している。彼女が貧しい地区の学校を訪問し、子どもたちに何のために算数、読み方、書き方を勉強しているのか、それから何を得ることを期待しているのかを尋ねた。最初、彼らは授業を理解しなければならないと答えた。彼女はそういう意味ではなく、それは学校外でどのように利用できるのかと尋ね直した。彼らは、しばらく経っても、「いつかそれらを必要とする。」と言う以外、この質問に答えることができなかった。彼女が知りたかったことは子どもたちが今、どう必要であると感じているかだと説明した。子どもたちはたくさん利用できると考えた。学校からかなり離れたところに住んでいて、間違った路面電車に乗るかも知れない、だから電車の標示を読まなければならないと答える者もいた。また、親があまり裕福ではないので、大安売りに注意しなければならないと言う者もいた。子どもたちは、読み方や書き方の多くの利用の仕方を見つけた。しかし、算数のこととなると、子どもたちは店で買い物をした時におつりを数えること以外、社会的な使い方を思い

つくことができなかった。その時、ある子どもが「何かで逮捕された時、裁判所の判事が15ドルの罰金を支払うか、拘置所で15日間服役するかのどちらを選ぶか尋ねた。どちらを選んだ方が良いかを予想するために計算しなければならないだろう。」と言った。その物語はユーモアと痛ましさの両方、むしろ悲劇である。他の学校の10歳や11歳の多くの頭の良い男の子や女の子でも、学校の授業から得られる社会生活の実際的な恩恵に関しては、明らかに最初のような答え、「いつかそれらを必要とする。」であったという[68]。

3　デューイによる発生反復説の再解釈と再構築

　さらに、デューイは、第2講義において、家庭と学校との結合が学校の諸教科の社会的な起源を理解し経験する機会を子どもに与えるということを次のように力説している[69]。

　算数でさえ、社会的な諸目的のために発展してきた。人々は、そもそも、算数を抽象的な科学の一つにするために、それに着手したのではなかった。生活上の必要から、人間はそれを次第に発展させるようになったのである。たとえば、エジプト人は、毎年、ナイル川が渓谷を氾濫させ、土地の境界線を見失わないようにする方法を発見しなければならなかった。それが幾何学の始まりであった。

　デューイは、人々は進歩した抽象的な形で算数を発明したのではなく、学校のすべての他の諸教科と同じように、算数は実践的必要性から生じたということを指摘しているのである。諸科学、あるいはそれらの大部分でさえ同じように発展してきた。そして、世界が進歩するにつれて、より専門的で科学的になったのである。デューイは「もう一つの学習の後で、私たちは、ある学習をそれがもともと社会生活の現実的な必要性から発生した段階までたどるかもしれない。すなわち、病気を避け治療するための必要性から生理学、解剖学が、農夫と植木屋の要求と薬の要求から植物学が、様々な種類の岩、石、金属への人々の興味と社会生活へのこれらのすべての利用から鉱物学と

地質学が発生したのである。」70)と述べている。

　この原理を紹介するやいなや、デューイは当時、カリキュラムの一つの基礎として人気があった「発生反復説」について次のように言及している。「多くの教育哲学者たちは、まるで子どもが本来的に一種の未開人であり、ちょうど人類が一歩一歩低い水準からより高い水準へ進むのと同じように、子どもも進化の同じ様な諸段階を進まなければならないという。」71)デューイはこの考えがあまりにも文字通り実行されるならば、「不合理である」と記述したが、「生活から孤立した専門的な学習の関連と意味を吟味する観点は何か。これらの学科に関する限り、我々は人類の発達理論の言説を受け入れるかも知れない。」72)と述べている。

　第8講義において、デューイは「今日の平均的な労働者は、彼自身の活動の歴史的な輪郭に関して、それがどこから生じたのか、それがどのようにして現在のようになったのかについてほとんど知らない。彼は全体としての事業さえしらない。というのは、彼の精神的な参入（access）はその一部分に制限されているからである。」73)と述べている。

　デューイがここで主張する学習、つまりオキュペーションの学習は、専門的な意味では学習ではないが、重要な社会的意義をもっていた。すなわち、それらは、一方では子どもの社会化された本能の全く自然な表現活動であり、他方ではオキュペーションに伴う科学的、社会的な価値へと導くまで発展させられるのであった74)。

　たとえば、デューイ実験学校では、6歳から12歳の子どもたちのために一連の非常に単純な編み物の訓練が考え出された。そこでは、織物の作業との関連で、子どもたちは、織物産業における世界の歴史的進歩に関する一種のパノラマを経験した。

　子どもたちは、まず汚れた天然の羊毛の学習から、それをきれいにするためにしなければならなかったことに気付く。そして機械が発明される前の時代では、その羊毛を紡ぎ糸にするために何をしなければならなかったのかを

発見し、6歳か7歳の小さな子どもたちが自分の指でうまく紡いで、もしくは未開の部族が今なお利用しているような簡単な装置から、どんなに素晴らしい紡ぎ糸ができるのかを理解するのである。

続いて、この紡いだ糸を簡単な形に編んで、文明化されていない人々がいまだに実際に使っているような織機を使う。次に、より複雑な装置、手や足の力を使う装置を経験し、この国における植民地時代の文明の諸条件、16世紀や17世紀の紡いだり編んだりする方法について洞察するのである。

工作室の作業で、少年たちはこれらの織機を作ることができる。実験学校では、子どもたちが実際に織機や紡ぎ車を作製した。12歳のある男の子は、同時にいくつかの束の紡ぎ糸を繰るためのとても素晴らしい糸車を発明した。その子どもが特許をとることができるとは思わないが、彼がそれに関心がある限り、それは、彼自身の頭で考え出した発明であろう[75]、デューイはそのように主張する。後に、子どもたちは、蒸気やいくつかの他の機械的なエネルギーを利用した工場の生産形態を学習した。

これらにかかわる活動は、単なる技能や表面的な知識の習得にとどまらない。それは上述の手工と産業の学習活動から明らかであろう。すなわち、文明の発展についてのより幅広い見解を教えるための歴史への接近手段となる。それらの学習を通して、子どもたちは、文明における手工や産業に関わる多くの芸術の歴史的な歩みをたどることができる。また、実験学校では、機械類の発展に関する学習、あるいはエネルギーの応用という経済の科学的側面の発展に関する学習も行われた。

4 子どもの生活と生活経験に関する相関

デューイは、第2講義において「子どもにとっての統一は社会生活との関係で見出されるべきである。」[76]と主張し、次のようにその必要性を解説している。

小さな子どもは、自分自身の家、街路、父親の店、教会、校舎の位置を確

認しなければならない。これはすべて地理の自然な学習である。子どもは、友達や親戚が住んでいる町についての知識をもっている。鉄道で旅行するならば、その子どもの地理的知識はさらに広げられる。そして、その子どもの知識に加えられるすべてが社会生活の一部になる。

また、文学の学習において物語が語られる。これらの物語から、子どもは親や祖父母についての知識を得る。それは祖先の知識についての自然な始まりである。このすべてが、成長しつつある子どもにとって直接的な社会的意味と価値をもつのである。子どもが屋外を歩き回るとき、自然から直接に科学の初歩を勉強している。植物、花、木、岩、園芸、周りにあるすべての自然物が、社会的な視点から興味をもたせるのである。子どもは、もし雨が降るなら、遊んだり外に行ったりできないと知っている。子どもが獲得したものはすべて触れ合うものによって鼓舞される。今、突然、それらすべてとの関係を絶ち、学校の学習を強制するならば、子どもは社会生活と関連がないと感じる。それは、これらの学習が子どもにとって人為的になるからである。このことが、非常に多くの子どもたちが学校の学習にあまり興味を示さない理由である。子どもたちは、それらを人為的だと感じ、逃げ出したいと思っているだろう[77]。

デューイは、将来の大きな教育的課題の一つは学校生活を学校外のより大きな生活と興味から孤立させている障壁を取り除くことであり、その結果、学校外の生活の最も価値あることが教室の中に流れ循環し、子どもたちが直ちに学んだことを応用できるような活力と興味を与えると主張した[78]。

そして、その著書『学校と社会』（*The School and Society*）[79]において周知されているように、デューイは、彼の実験学校において「社会的な共同体の一つとしての学校」を構想し、また、料理や裁縫や家事をそのカリキュラムに導入することによって、学校での学習と家庭生活を相互に関係させようとした。当初、これは構成的活動として構想されるが、その後、実践の中でしだいに洗練され、統合的なカリキュラムの中核となるオキュペーションへと

発展した。さらに、幼児教育と小学校教育を接続し発展させるため、小学校低学年での既存の教科に替わるカリキュラムの構成要素として、社会的オキュペーションを位置づけたのであった。

　ヘルバルト主義者が意図した「相関」とは、一般的に学校の諸教科の「相関」であったが、デューイは、この伝統的なヘルバルト主義の「相関」論を超えて、子どもの生活と生活経験に関してカリキュラムの統合および「相関」を追究した。さらに、「文化史段階説」の理論的根拠となった発生反復説を再解釈し洗練しようとした。つまり、家庭と学校との結合が学校における教育内容の社会的な起源を理解し、経験する機会を子どもに与え、基本的な社会的活動から抽象的な教材の認識の発達へと導く、言い換えれば、子どものありのままの自然な経験から諸学問が示す体系的な知識（教科や教材の論理）へと導くようなカリキュラム理論を構築し、それを実践していたのである[80]。これは、デューイ実験学校のカリキュラムと授業実践の核となった。

第5節　デューイの提案したカリキュラムを構成する諸学科の類別

　デューイは、この第8講義において、一種の作業仮説として学校における諸学科（studies）の三つの類別を提案し、その正当性と運用について述べている。しかし、それらは社会生活の一般的な諸局面との「相関」に基づき、初等学校におけるカリキュラムを構成する諸学科の哲学、そして生活経験の一般的な趣旨における「相関」についての哲学を紹介するにとどめられ、それ以上は論じられていない[81]。この資料のみでは、デューイが意図した諸学科の各グループが具体的に何であるかが理解し難いので、『学校と社会』及び「初等学校の学科課程における手工訓練の位置」（The Place of Manual Training in Elementary course of Study）の記述を適宜、補足しながら論じる。

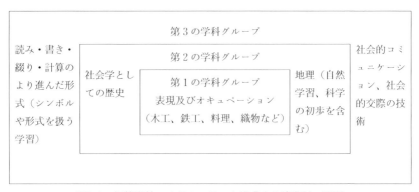

図2-1 初等学校のカリキュラムを構成する諸学科の類別

1 第1の学科グループ

　まず、第1の学科グループに関して、専門的な意味では各教科の学習ではなく、諸活動であり、社会的経験の直接的な形態であった。この第1の学科グループは、活動的な追究やオキュペーション、子どもにとって魅力があり、しかも教育的な目的をもつ遊びや作業という活動の形態であると解説されている。この種の遊びや作業で、子どもは、自由に探究し実験しながら、発明と創造に尽力し、しだいに抽象的な科学の理解へと導かれるのであった[82]。デューイは、第8講義において、カリキュラムにおいて第1の学科グループがいかに重要であるかを、次のように説明している[83]。

　一つの実例は言語である。言語は社会的な本能であり、コミュニケーションのために発展してきた表現手段の一つである。社会的な本能とは、言語の背後にある論理的な本能ではない。子どもは、論理的な思考を操作するために話すのではない。社会的な存在であるために話してるのである。ある物が欲しい時は、他の人にそれを伝えたいから話しているのである。

　もちろん、虚栄心は極端に助長されるべきではないが社会的本能の一つである。他の人に好印象を与えたい、誇示したい、あるいは少なくとも、自分

がそこにいることを他の人に認めさせたいために話すのであるが、その欲求でさえ、自分自身の思考や諸経験を自由に使い、明確に力強くそれらを述べることを子どもに教える上での良い根拠となりえる。ところが、この本能を一般に学習とは呼ばない。しかし、会話が授業の基礎である、あるいは基礎であるべきだということは間違いではないであろう。

　デューイは「授業が、子どもたちが自分の観念を公表し豊かにする力をえる一種の情報センターであるべきだ。」[84)]と主張し、「ある観念を知り、ある情動を共有し、もしくは美しい風景に感動できる人々の数に制限はない。ある観念の真実性の保証は、他の人もそれを受け入れた時に増加すると誰かが言った。我々自身の誰も、自分自身に限定するかぎり、ある観念で安心する者はいない。我々は、言葉を口に出す時にのみ、真に、完全にそれを自分のものにする。」[85)]と述べている。こうして、表現活動としての言語は、第1の学科グループの活動の一つとなるのである。

　もう一つの実例は手工訓練である。子どもが積み木で遊んでいる時、それは事実や原則を理解するためではない。積み木で何かをつくるのが楽しいから遊んでいるのである。しかし、その過程で何かを学んでいる。デューイ実験学校において、小さな子どもたちは、料理を学ぶために、食べ物の化学的性質の科学的な学習のために、それらを扱う適切な方法のために、料理したのではなかった。子どもたちにとっては、料理が面白いから料理したのである。そして子どもたちを夢中にさせているのはオキュペーションであった。もちろん、教師の観点から、子どもたちはある事実を学ぶために学校に通っている。しかし、結局、それ以上の成果があろ、子どもの観点から、関心は魅力のあることを表現する機会から生じる。子どもが学ぶ事実は派生的である。

　これは中等学校や大学の教育についてではなく、初等学校についての話である。だから、幼稚園には同じような活動がある。それらは、少なくとも子どもの観点からは、学科として分類されず、むしろ、表現活動やオキュペー

ションという形態である。オキュペーションは、子ども自身の目的を成し遂げるだけではなく、子どもを取り囲む社会的な諸関係も再現するのである。

デューイは、この話題を様々な種類の手工および産業の諸活動、すなわち、木工、鉄工、料理、織物に限定している。人間の第一の関心は、生計をたてることである。というのは、それがなければ、他に何もできないからである。人間は、それゆえ諸産業に関心をもっている。もしこれらの活動が、カリキュラムの一部とされるならば、それらは、学校において、社会的な関心と家庭の諸活動を熟考する機会を子どもに与えるだろう。

繰り返しになるが、第1グループの学科が、専門的な意味ではほとんど学科ではないが、重要な社会的意義をもつということである。すなわち、それらは、一方では子どもの社会化された本能の全く自然な表現であり、他方では子どもが間もなく生計のために従事しなければならないオキュペーションに伴う科学的、社会的な価値へと導くまで発展させられるのであった。

教室でのこれらの学習活動に関して、それは一方では子どもたちにとって遊びであるが、もう一方では、子どもが実生活において諸問題を解決するために学問や文化についての何かを精神的に得る価値ある機会を提供したのであった。社会的な観点では、この第1の学科グループの目的は過去の社会的な活動のサンプルを教室にもち込むことであり、子どもが新たな視野を広げ、その活動についての子どもの思考を洗練することであった。

2　第2の学科グループ

デューイにとって、第2の学科グループは、社会生活の背景を与える学科であった。そして、それらには歴史と地理の両方が含まれていた。歴史は現在の生活様式に至る過程の記録であり、地理は自然の諸条件と人間の社会的諸活動の舞台に関する記述である[86]。

歴史は学校において教えられる限り、一つの社会的な記録であり、現在の社会生活の背景を与える。そのように理解することは自然だと思われる。だ

が、デューイは、歴史学習においてもっぱら軍事的側面を強調することを否定する[87]。合衆国において、かつて、各時代の4分の3が軍事行動の学習に費やされ、デューイ自身もそのような教育を受けた一人であった。それは、おそらく歴史の軍事的な側面が社会的な本能を発達させるのに有効であると考えられたからであろう。しかし、デューイはそのような歴史学習に反対し、歴史の政治的な側面は中等学校で行われるべきだと提案する[88]。

そして、デューイは、初等学校において一種の社会学としての歴史を推奨した。抽象的な社会学は確かに難しい学科であるが、歴史はそれに具体的で活動的な形を与える。そのような歴史学習を通して、もし子どもが知的に学ぶことが難しければ、感覚を通して、現在の人間生活を形成した諸力の働きを正しく認識できるのである。すなわち、普通の人々がどのように生活していたか、またどのようにしてその時代の生活に至ったのか、彼らが数々の困難や苦闘を克服し、どのような勝利を得たのか、それは軍事的勝利ではなく、人間的な勝利、すなわち芸術的な進歩、教育運動、モラル的、宗教的な克服である。デューイにとって、それらが学校において歴史を教える唯一正当な理由であった。

デューイは、歴史が単に過去とは何かを学ぶだけならば、それは死んだも同然の学習であるが、「もし、歴史を過去の社会的な生活の諸条件を見る一種のモラル的な望遠鏡にすることができるならば、我々は実際にそれを現在の一部にする。なぜなら、現在まで存在し続けたことを通して、我々は、現在をより良く理解するようになるからである。」[89]と主張する。

次に、地理に関して、その古い定義は「人の家としての地球の科学である」であった。デューイは、もしその半分、つまり「人の家としての地球」という定義を受け入れるならば、地理が一つの社会的な学習であり、社会的な背景を与えることに賛同するであろうと言う[90]。

デューイは、地理をどのような学習であると考えていたのか。彼は、『学校と社会』（*School and Society*）においてオキュペーションと関連させながら

具体的に述べている。

> すべての科学の統一は地理の中に見いだされる。地理の意義は、それが人間のオキュペーションの永続的な家としての地球を提示することである。世界は、人間の活動との関係なくしては世界ではない。人間の勤勉と業績は、地球におけるそのルーツから切り離されるならば、感傷とさえなりえず、ほとんどその名に値しない。地球は、すべての人間の食糧の決定的な供給源である。それは、人間の継続的な避難と保護の場所であり、人間のすべての活動の原料であり、人間のすべての業績の人間化と理想化が回帰する家である。それは、大平原であり、大鉱山であり、熱、光、電気の偉大なエネルギー源である。それは、海洋、河川、山、平野という偉大な景色を与える。我々のすべての農業、鉱業、林業、そして我々のすべての製造業、流通機関は、その部分的な要素であり要因にすぎない。人間が、その歴史的・政治的な進歩を達成できたのは、この環境によって決定されたオキュペーションを通してである。自然の知的、情緒的解釈が発展してきたのはこれらのオキュペーションを通してである。この世界の中で、この世界と共に我々が行うことを通して、我々はその意味を読みとり、その価値をはかるのである。[91]

デューイは、「地理が人間の生活への関係に言及して教えられる、まさにその程度において、我々は地理の文化的価値、人間的な価値を受け入れる。」[92]と考えていたのである。それゆえ、初歩的な科学は、植物や動物の利益が人間の利益に関連するように、この観点から教えられるべきであった。おそらくすべての植物や動物を学習することは不可能であろう。それならば、なぜ、人間の社会的活動に影響を与えてきたものに限定しないのだろうか。たとえば、授業でゴムの木を扱う場合、ゴムの木の生産物、過去と現在の社会生活へのゴムの影響と効果が取り上げられ、たどられるであろう、デューイはそのように主張した[93]。

具体的なものから抽象的なものへというのは、教育学の古い原則の一つである。しかし、具体的であるためには、一定の社会的な関係をもたなければならない。従って、先述で明らかなように、デューイは、地理で鉱物の授業

をするならば、当然、社会生活への影響をたどることができるいくつかの産業やオキュペーションと関連する鉱物を選択すべきであると言う[94]。この選択の基準は、すでに述べたゴムの木と同じ観点である。デューイは、実験学校の実践を通して、子どもが物としての自然物にはあまり夢中にならず、それと混和された人間的要素としての自然物に夢中になることを学んでいたのであろう。

人間の要求、活動、諸力、統制の形態に関連する観点から、初歩的な科学を紹介するならば、子どもはそれに強い関心をもち、それゆえ大きな教育的価値を得るというのである。科学の専門家たちは、研究成果の痕跡を数多く残してきた。それゆえ、学校の歴史や地理において何が教えられるべきかに関して、専門家たちが大きな影響を及ぼす。

しかし、デューイにとって、専門家の研究成果が教育に導入される時には、専門的な用語ではなく、我々の一般的な生活、もしくは社会的経験の言葉を用いて教えられるべきであった。ハイスクールの生徒でさえ、動物学、植物学を勉強していることを知る必要はないという。なぜなら、デューイは「あなたが学習にそれらの札の一つを貼るやいなや、それを孤立させる。」[95]からだと主張する。

子どもにとって重要なことは、世界に精通するようになっていると実感することである。その事実が何であるかは、たいしたことではない。科学や学問の研究成果を通して明らかになった真実や事実も、我々の世界の一部であり、我々の生活の一部である。それゆえ、それらはお互いの社会的な関係の中でしか意味をもたないのである。第2の学科グループは、このように地理と自然学習と科学のすべての初歩的な局面を含んでいたのである。

3　第3の学科グループ

これまで述べた第1の学科グループは直接的に社会的であった。第2の学科グループは、それよりも一段離れ、社会生活の背景を与えた。デューイに

よれば、第3の学科グループは読み、書き、綴り、計算のより進んだ形式、つまり象徴や形を扱う学科であり、これらは歴史や地理と同様に社会的であるが、それらよりもまた一段離れているという[96]。

以下、第3の学科グループについて述べるが、デューイは、実際にこれらの学科が何であるかについて、あいまいにしか述べていない。しかし、言語、特に社会的なコミュニケーションとして、社会的な交際の一つの形として定義される言語がこの第3の学科グループの基礎であったことは明らかである。

デューイは、「たとえば、歴史が依存しているそれらの様々な形やシンボルなしに、我々はどのようにして、我々以前に過ぎ去った人々と結びつけられるであろうか。人間が自分たちの発見、思考、観念を記録してきたのは、あれこれの方法で言語を通して、象徴を通してである。彼らが使う言語を学ぶことによって、我々は、彼らの思考や経験を伝授されるようになる。」[97]と主張する。

デューイにとって、これはある意味で人間の本質的諸力の習得であった[98]。お互いの意識へアクセスする手段をもたなければ、すべての人は他者から閉ざされている。たとえば、声という媒介を通して、お互いの意識に参加することができるのである。自己の意識は、他者の意識と一致するようになるまで拡張される。結局、意識は個人的であるが、一方でまた社会的であるというのである。なぜなら、すでに個人は意識の中にすべての時代のあらゆる人々から生じた無限の思考や示唆を受け止めているからである。まさに文字通り、我々人間は、何百年、何千年前の人々が考え行ってきたことを具現化する存在である。というのは、象徴や形、言語の習得を通して、それらが我々の一部となるからである。

それゆえ、もし、我々が文法を軽視して技術的な意味でしかそれを扱わないならば、その時、言語学習における社会的価値はほとんどなくなり、言語の科学を失うことになる。同様に読みの授業を軽視すれば、それは社会生活との意義ある接点をもちはしない。たとえ子どもが、能力の発達という意味

で読みの授業に関心をもったとしても、その関心はしだいに消え失せるであろう。生き生きとした関心は、読みの社会的な価値が認められた時にのみ生じるのである。このようにデューイは、カリキュラムにおける社会的な価値を常に強調していたのであった。

　最後に、デューイは、社会化された技術的な学習に関して次のように要約している[99]。第1に、我々は、子どもを他者と生き生きとした関係をもち、受容性に富み、共感的であり、物事を正しく認識できるように育てたい。第2に、我々は、社会を正しく認識し社会参加するだけでなく、社会的な効果を及ぼすように子どもを育てたい。つまり、それは、子どもが社会的な参加者だけでなく貢献者となることを意味する。繰り返しになるが、子どもが他者に対してより受容性に富み、より開放的・共感的であり、さらに物事を正しく認識できるようになれば、差別意識や偏見をもたずに他者の活動に参加するだけでなく、他者の生活や経験への積極的な貢献者となるのである。デューイは、「究極的な教育哲学は、これらの学科をそのように配置し相互に関係させて、この二つの目的に達する社会的な器具とすることであるように思われる。」[100]と述べている。

　また、読み方、文法、算術の学科は、「初等学校の学科課程における手工訓練の位置」（The Place of Manual Training in Elementary Course of Study）において次のように述べられている。

> 読み方、文法、算術などの学科は、人類が特に知的興味を促進させるのに最も上手く適応させる手段である。子ども自身がそれらを自由に使いながら、文明の知的所産を占有することができるために、これらを自由に使える能力の必要性は明らかであり、それらは伝統的なカリキュラムの大部分の構成要素である。……それ自体あるいはその直接的な示唆や関連性においてよりも、むしろその究極的な動機や影響、すなわ文明の知的連続性を維持する上で社会的である。[101]

　ここで明らかなように、デューイは、オキュペーションを学校のカリキュラムに導入することによって、さらに読み、書き、計算、歴史、地理、理科、

言語などの伝統的な教科および領域の社会的側面と社会的な価値を強調することによって、カリキュラムを統合し、学校での学習と日常生活を相互に関係させようとしたのである。この意味で、デューイはヘルバルト主義の「相関」論と「発生反復説」を独自の方法で、彼の教育理論とカリキュラム理論に組み入れたといえる。

では、実際、デューイ実験学校のカリキュラムはどのような諸学科から構成されていたのであろうか。

表2-1　デューイ実験学校のカリキュラムを構成する諸学科

Subject	Group								
	Subprimary	III	IV	V	VI	VII	VIII	IX	X
オキュペーション	構成的作業	○	○						
数	平面上の作業	○	○	○	○	○	○	○	
音楽	ゲーム	○	○	○	○	○	○		○
芸術の活動	贈り物	○	○	○	○	○			
工作	歌と物語	○	○	○	○				
料理	料理	○	○				○		
裁縫		○	○				○	○	
理科				○	○	○	○	○	○
地理				○	○	○	○		
読み方・書き方			○	○					
歴史					○	○			
実践的な庭造り					○				
アメリカ史					○	○	○	○	○
織物						○	○		
フランス語						○	○	○	○
体育						○	○	○	
発声練習						○			
ラテン語								○	○
手工								○	○
数学									○
衛生管理									○

N.L. グリフィスは、『初等学校記録』（*The Elementary School Record*）に掲載されている実践報告から、デューイ実験学校のカリキュラムを構成する諸学科（1900年〜1901年の時期）の表を作成し、そのカリキュラムの特徴について、「幼いグループでは、社会的な諸活動、料理、裁縫、工作、芸術の活動、音楽が強調され、これらはたとえあったとしても、その強調は歴史、地理、言語の異なる局面にゆっくりと移行している。数は、数もしくは数学としてずっと存続している。しかし、読み方と書き方はⅣ、Ⅴ、Ⅵグループでのみ現れ、その後、従属的な教科となる。音楽と芸術はすべてのグループで行われている。」102)と述べている。

　表2-1は、グリフィスの研究では下位小学校部門の活動が示されていないこと、また、どの教科領域が中心であったかが明らかでないことを考慮し、筆者が作成したものである。この表で示されたデューイ実験学校のカリキュラムを構成する諸学科と本章で考察したデューイの提案による諸学科の各グループとの関連について述べると、第1の学科グループは「オキュペーション、工作、料理、裁縫、実践的な庭造り、織物、手工」、第2の学科グループは「理科、地理、歴史、アメリカ史」、第3の学科グループは「フランス語、ラテン語、数学」と考えられるが、発声練習、体育、衛生管理がこれら三つの学科グループの中にどのように含まれるかは明らかでない。

　森久佳は、デューイ・スクールのカリキュラム形態を「漸進的分化型カリキュラム」として特徴づけ、スクールのカリキュラムが子どもの興味や成長を考慮したうえで、子どもの活動領域が未分化から分化へと漸進的に変化していく、多様な形態を備えた形態だったと結論づけている103)。そして、「この『分化』を基調としたデューイ・スクールのカリキュラムにおいて、『仕事（オキュペーション）』および『社会的な仕事（オキュペーション）』は不可欠な活動だった。この活動を抜きにしては、デューイ・スクールのカリキュラムの統合は果たされなかったと言えよう。」104)と述べている。デューイ実験学校のカリキュラムを構成する諸学科の具体的な授業実践、また「オキュペー

ション」及び「社会的オキュペーション」に関しては第3章、第4章で詳細に考察する。

註

1) Herbert M. Kliebard, *The Struggle for the American Curriculum 1893-1958* (New York and London.: Routledge & Kegan Paul, 1987), pp.30-31.

　クリバード (Kliebard) は、進歩主義教育をあいまいで本質的に定義できない、多様な、しばしば矛盾する未完成の混合物か、単に歴史的な虚構のどちらかであり、デューイがこのような進歩主義教育と同一視されたのは彼の悲運であったと述べている。

2) " James H. Tufts to William Rainey Harper," (1893.12**?) in *The Correspondence of John Dewey* Vol.1 : 1871-1918 (00477) (The Center for Dewey Studies, Southern Illinois University at Carbondale, Illinois, 2005).

3) George Dykhuizen, *The Life and Mind of John Dewey* (Carbondale and Edwardsville : Southern Illinois University Press, 1973), p.21.

4) " John Dewey to William Torrey Harris," (1881.05.17), in *op. cit.*, (00407).

5) " John Dewey to William Torrey Harris," (1881.10.22), in *Ibid.*, (00409).

6) John Dewey, " From Absolutism to Experimentalism," (1930), in J.A. Boydston (Ed.), *The Later Works of John Dewey : 1925-1953* Vol.5 : 1929-1930 (Carbondale : Southern Illinois University Press, 1984).

7) " John Dewy to H.A.P. Torrey," (1883.2.14), in *op. cit.*, (00422).

8) Herbert M. Kliebard, *Forging the American Curriculum : Essays in Curriculum History and Theory* (New York : Rougtledge, 1992), p.69.

9) George Dykhuizen, *op. cit.*, p.44.

10) *Ibid.*, p.45.

11) *Ibid.*, p.46.

12) *Ibid.*, p.65.

13) *Ibid.*, p.51.

14) Herbert M. Kliebard, *op. cit.*, p.71.

15) *Ibid.*, p.71.

16) Walter H. Drost, " That Immortal Day in Cleveland-The Report of the Committee of Fifteen," *Educational Theory* 17 (April 1967), p.178.

17) 庄司は、『ヘルバルト主義教授理論の展開』（風間書房、昭和60年）において、この点を指摘し、アメリカ・ヘルバルト主義の「中心統合法」から「相互関連」への変容について考察している。
18) Charles C. Van Liew, "The Educational Theory of the Culture Epochs," in *First Yearbook of the National Herbart Society* (Bloomington, IL: The Society, 1895). 本節では初版ではなく下記の資料を用いた。

　Lawrence A. Cremin (Ed.), *American Education: Its Men, Idea and Institution* (New York: Arno Press & The New York Times, 1969).
19) *Ibid.*, pp. 70-71.
20) *Ibid.*, p.71.
21) *Ibid.*, p.72.
22) *Ibid.*, p.73.
23) *Ibid.*, p.73.
24) *Ibid.*, p.74.
25) *Ibid.*, p.74.
26) *Ibid.*, p.74.
27) *Ibid.*, pp.75-78.

　本研究において用いた文献では、1、2、4、5と記述され、3は見あたらない。
28) *Ibid.*, p.75.
29) *Ibid.*, p.77.
30) *Ibid.*, p.77.
31) *Ibid.*, pp.77-78.
32) *Ibid.*, p.78.
33) John Dewey, "Interpretation of the Culture-Epoch Theory," in *Second Yearbook of the National Herbart Society* (Bloomington, IL: The Society, 1895). ここでは初版ではなく下記の資料を用いた。

　Lawrence A. Cremin (Ed.), *American Education: Its Men, Idea and Institution* (New York: Arno Press & The New York Times, 1969), p.247.
34) Charles C. Van Liew, *op. cit.*, p.116.
35) John Dewey, *op. cit.*, p.247.
36) *Ibid.*, p.249.
37) *Ibid.*, p.247.
38) *Ibid.*, p.247.

39) *Ibid.*, p.249.
40) *Ibid.*, pp.249-250.
41) *Ibid.*, p.250.
42) *Ibid.*, p.250.
43) *Ibid.*, p.250.
44) *Ibid.*, pp.250-251.
45) *Ibid.*, p.251.
46) *Ibid.*, p.251.
47) *Ibid.*, p.251.
48) *Ibid.*, p.251.
49) *Ibid.*, p.252.
50) *Ibid.*, p.252.
51) *Ibid.*, p.252.
52) *Ibid.*, p.252.
53) Charles A. McMurry, " The Culture-Epochs," *Public-School Journal* XV (February 1896), p.297.
54) *Ibid.*, p.298.
55) N.F Daum., " Culture Epoch Theory," *Public-School Journal* XV (May 1896), p.509.
56) Ibid., pp.509-510.
57) Charles C. Van Liew, C.C., " Culture Epoch Theory," *Public-School Journal* XV (June 1896), p.546.
58) *Ibid.*, p.546.
59) *Ibid.*, p.546.
60) 1901年6月17日から21日、デューイはブリガム・ヤング・アカデミーで10の講義を行った。それらはまず下記の雑誌で公表された。

　White and Blue（Provo City, Utah）, Vol.5, No.2, 3, 5, 6, 7, 8, 9, 10, 11, and 12（1 November 1901- 1 May 1902）.

　本節では下記の資料を用いた。

　John Dewey, " Educational Lectures Before Brigham Young Academy," (1901-102), in Jo Ann Boydston (Ed.) *The Later Works : 1925-195*, Vol.17 : 1885-1953 (Carbondale : Southern Illinois University Press, 1990).
61) *Ibid.*, p.311.

62) *Ibid*., p.311.
63) *Ibid*., p.312.
64) *Ibid*., p.312.
65) *Ibid*., p.233.
66) *Ibid*., p.234.
67) *Ibid*., p.235.
68) *Ibid*., p.236.
69) *Ibid*., pp.237-238.
70) *Ibid*., p.238.
71) *Ibid*., p.238.
72) *Ibid*., p.238.
73) *Ibid*., p.238.
74) *Ibid*., p.316.
75) *Ibid*., p.317.
76) *Ibid*., p.238.
77) *Ibid*., pp.238-239.
78) *Ibid*., p.241.
79) 『学校と社会』の初版は1899年11月に刊行され、その後、1915年に改訂された。その改訂版にはデューイ自身が書いた追加5章が含まれていたが、「大学附属初等学校の3年間」という報告書は除外された。この「一つの社会的な共同体としての学校」という着想は、初版に含まれていた第1章の終わりに明記されている。
80) 森は次の先行研究において、デューイの書簡集や実験学校の実践報告を詳細に考察し、実験学校のカリキュラムを「分化」の概念を志向した「相関」論と位置づけている。この点はすでに庄司も指摘している(『ヘルバルト主義教授理論の展開』風間書房、昭和60年、495〜497頁)。しかし、なぜ、「分化」なのか、デューイとアメリカ・ヘルバルト主義の関係から詳細に考察されてはいない。

　森久佳「デューイ・スクール(Dewey School)のカリキュラムにおける『歴史(History)』のカリキュラム開発に関する実証的考察―1898〜99年の教科の『分化』(differentiation)の形態を確立する過程に着目して―」『カリキュラム研究』第13号、2004年。

　森久佳「開校前(1894〜95年)におけるデューイ・スクールのカリキュラム構想」『教育学論集』第32号、大阪市立大学大学院文学研究科教育学教室、2006年。
81) John Dewey, "Educational Lectures Before Brigham Young Academy," in

op. cit., p.312.

82) John Dewey, " The Place of Manual Training in the Elementary Course of Study," (1901), in Jo Ann Boydston (Ed.) *The Middle Works :* 1899-1924 Vol.1 : 1899-1901 (Carbondale : Southern Illinois University Press, 1976), p.230.

83) John Dewey, " Educational Lectures Before Brigham Young Academy," in *op. cit*., p.313.

84) *Ibid*., p.313.

85) *Ibid*., p.313.

86) John Dewey, " The Place of Manual Training in the Elementary Course of Study," in *op. cit*., p.230.

87) John Dewey, " Educational Lectures Before Brigham Young Academy," in *op. cit*., p.318.

88) *Ibid*., p.318.

89) *Ibid*., p.318.

90) *Ibid*., p.319.

91) Philip W. Jackson (Ed. and Introduction), John *Dewey, The School and Society and The Child and Curriculum* (Chicago : University of Chicago Press, (A Centennial Publication), 1990), pp.18-19.

92) John Dewey, " Educational Lectures Before Brigham Young Academy," in op.cit., p.319.

93) *Ibid*., p.319.

94) *Ibid*., pp.320.

95) *Ibid*., p.320.

96) *Ibid*., p.321.

97) *Ibid*., p.321.

98) *Ibid*., p.321.

99) *Ibid*., p.322.

100) *Ibid*., p.322.

101) John Dewey, " The Place of Manual Training in the Elementary Course of Study," in *op.cit*., p.230.

102) Nellie L. Griffiths, *A History of the Organization of the Laboratory School of the University of Chicago* (Unpublished M.A. dissertation, University of Chicago, 1927), pp.80-81.

103）森久佳『デューイ・スクール（Dewey School）のカリキュラム形態に関する研究―「仕事（occupation）」の成立過程とその位置づけを分析視角として―』大阪市立大学大学院文学研究科、博士論文、平成17年3月学位授与（文学）、197頁。
104）同上論文、198頁。

第3章　デューイ実験学校のカリキュラム構想と授業実践
――心理的諸要因と社会的諸要因の同等の調和――

　1894年にデューイはシカゴ大学に着任した。この時、彼はすでに教育実践に応用して確かめたい一定の哲学的、心理学的着想をもっていたと思われる。これは、単に個人的な願望というだけでなく、その着想のまさに本質から生じていた。というのは、この着想は哲学的、心理学的な理論の一部であり、それを実際の活動において応用しながら、発展させたり、修正したり、検証したりするまで不完全な仮説にすぎないと考えられたからだ。さらに、その着想は包括的であり、狭い技術的な意味での実験室以上のものが必要であった。なぜなら、その実験素材は、人間の知識、理解、品性の継続的な発達であったからである。

　シカゴに移って来てから、デューイのこの考えはますます刺激され強くなった。第5章で詳細に言及するが、この時期、デューイの心理学的見解の形成と発展に重要な影響を与えたものの一つはシカゴ大学の同僚との緊密で集中的な共同研究であった。ジェームズ・エンジェル（James R. Angell, 1869-1949）は機能心理学を考案し、以前にもミシガン大学でデューイの同僚であったジョージ・ミード（George H. Mead, 1863-1931）は、幅広い生物学的な知識に基づいて行為心理学を発展させていた。シカゴ大学の関連学部にいるこれらの人々が、研究グループを形成し、熱心に活動していたのである。

　さらに、デューイは、様々な研究クラブの構成員であり、大学院生や学部生を指導していた。彼は、また、イリノイ児童研究協会（the Illinois Society for the Study of Children）や全米ヘルバルト協会（National Herbart Society）に参加していた。これらの人々との交流や共同研究の中で、デューイは、心

理学や社会学の原理や原則を学びながら、彼の教育理論の基礎をしだいに形成していったのであった。

そして、デューイは、全米初の Ph. D. を出す教育学科（Department of Pedagogy）と附設の実験学校の開設に着手したのであった。シカゴ大学附属初等学校（デューイ実験学校）は、シカゴ大学において幼稚園から大学までの有機的な統一体としての学校教育のシステムを成し遂げるという目的のために設置された。それは、哲学、心理学、教育学の学科の管理と監督のもとで、生物学や物理学や化学における実験室と同じ役割を果たすものとして構想された。それゆえ、それらの実験室と同じように二つの主要な目的があった。つまり、（1）理論的な言説や原理を示し、検証し、問題点を指摘すること、（2）その方向に基づいて、事実や原理を積み重ねることであった[1]。その結果、しばしば実験学校と呼ばれた。その名前は重要であった。

では、デューイ実験学校において、実際、どのようなカリキュラムが構想され計画されたのか。そして、その計画に基づいてどのような実践が行われたのか。その背後にあるカリキュラムの基本的な問題、一貫した主題は何であったのか。

本章では、まず、デューイ実験学校を取り巻く当時のシカゴ大学の状況について述べた後、デューイによる1895年の実験学校のカリキュラム構想及び1896年10月から1897年3月までの授業実践について考察し、最後に、当時、合衆国で最も有名な教育哲学者であった W.T. ハリスのカリキュラム理論と対比しながら、これらの実践の背後にあるカリキュラムの基本的な問題、一貫した主題は何であったのかを明らかにする。

第1節　デューイ実験学校を取り巻くシカゴ大学の状況

1894年7月、デューイは34歳という若さながら、シカゴ大学の哲学と心理学と教育学をあわせた、新しい哲学科の主任教授として招聘された。そして、

1895年秋学期からシカゴ大学教育学科が開設され、さらに1896年1月にデューイ実験学校が開校する。

当時のシカゴは、混乱と活気に満ちあふれていた。西部への開拓が進むにつれて、地理的諸条件に恵まれたシカゴは、中西部の工業、商業、文化、および、流通などの中心地として発展し、19世紀末にその人口は約170万人になり、人口300万人のニューヨークに次ぐ全米第2の大都市に成長していた。食肉加工業を近代化したフィリップ・アーマー（Philip Armour）が、巨大な産業帝国を築いた場所であり、最も革新的なデパートの一つを築いたマーシャル・フィールド（Marshall Field）、豪華な列車を開発し、鉄道業で一躍有名になったジョージ・プルマン（George Pullman）が巨万の富をえた場所がシカゴという大都市であった。また、裕福なゴールド・コーストから南ヨーロッパと、東ヨーロッパからの新移民たちの住むスラム街まで対照的な地域を含んでいた。第1章でも言及したシカゴの工場調査官であるヘレン・トッド（Helen Todd）が、「労働者階級の子どもは人間のごみの山、産業界の廃棄物を象徴している。」[2]と述べた場所がシカゴであった。また、J.M. ライスが、『合衆国の公立学校システム』（*Public-School System of the United States*）の中で、ニューヨーク、フィラデルフィア、シカゴという三つの大都市の中で最も遅れていると述べたのが、シカゴの公立学校システムであった[3]。しかし、エラ・フラッグ・ヤング（Ella Flagg Young, 1845-1918）が1887年から1899年までの12年間、学区の教育長として勤めたのも、同じシカゴの公立学校システムであった。彼女については第5章で述べるが、デューイの娘であるジェーン・デューイ（Jane M. Dewey）によれば、デューイがそれまでに出会った中で「学校の諸問題において最も賢明な人」と認めた女性であったという[4]。

多くの社会問題や労働問題をかかえながら、政治的腐敗が激しい一方で、シカゴ市民連盟（the Civic Federation of Chicago）、地方自治体投票同盟（the Municipal Vote's League）、シカゴ婦人クラブ、そして、米国の婦人社会奉仕

家のジェーン・アダムズ（Jane Addams, 1860-1935）によって1889年シカゴに建てられた福祉施設であるハル・ハウス（Hull House）など、社会運動が盛んな地域でもあった[5]。デューイは、ミシガンにいた頃、ハル・ハウスで講義を行っていた。そして、アダムズを通して、彼は、シカゴの社会改革グループと知り合いになり、ウィリアム・ケント（William Kent）、ジョージ・クレイン（George Crane）、ジョージ・コール（George E. Cole）のような裕福な改革者たちに出会った。ケントは、有名な「市民連盟9人委員会」（Committee of Nine of the Civic Federation）の一員であった。それは、リンカーン・ステフェンズ（Lincoln Steffens）が『都市の不名誉』（*The Shames of the Cities*）の中で、一つのモデル的な改革組織として描いた組織である。そして、アダムズの催促によって、ケントは、シカゴで最初の子どもたちの運動公園を設立した。コールは、市の有権者連盟の勇敢な役員であった。クレインは、ハル・ハウスに保育園を寄贈し、ロバート・フォレット（Robert La Follette）の雑誌を支援し、その後、ウッドロー・ウィルソン（Woodrow Wilson）の財務委員会の副議長になった。そして、デューイ実験学校が開校した時、その学校は、主に個人の融資に依存していたのであるが、ケントやクレインの家庭は、子どもたちをその学校に通わせ、その財政的な拠り所となった。

　デューイがシカゴ大学に赴任した当時、この大学はジョンズ・ホプキンス大学に倣い、大学院を主とする大学として再出発したばかりであった。しかし、学長である ウイリアム・R・ハーパー（William Rainy Harper, 1856-1906）はジョン・ロックフェラー（John D. Rockefeller, 1839-1937）の援助により、すでに様々な分野において蒼々たる研究者を結集させていた。たとえば、光の速度を測定する実験装置を考案し、「エーテル（ether）」が存在しないことを証明した物理学のアルバート・ミッチェルソン（Albert Michelson）、『脳の成長と神経システムの生理学』（*The Growth of the Brain and Physiology of the Neurology System*）の著者であるヘンリー・ドナルドソン（Henry Donaldson）である。ドナルドソンは、心理学における行動主義の創始者、ジョン・ワト

ソン（John Watson）の学位論文を指導した人物である。動物学のチャールズ・ウィトニー（Charles Otis Whitney）はシカゴ大学で動物学の主任教授になったが、後にマサチューセッツ州ウッズ・ホール（Woods Hole）の海洋生物学研究所の所長として偉大な研究業績を残した。化学の主任教授はジョン・ネフ（John U. Nef）であった。彼らは、ハーパーがクラーク大学から引き抜いた研究者たちであった。その他、自然科学の分野では、キタムラサキウニの卵を用いて人工的な単為生殖の分野を切り開いたドイツの生理学者、ジャック・ロエブ（Jacques Loeb）、ロエブとともに生理学と植物学の主要な学術雑誌を創始した植物学の主任教授、ジョン・コウルター（John Coulter）がいた。そして、後に生態学という新しい分野を発展させるヘンリー・コウルズ（Henry C. Cowles）は1897年にコウルターの研究室の助手となり、翌年、博士の学位を取得した。また、『地質学誌』（*Journal of Geology*）を創刊し、太陽系の起源に関する理論を述べたトーマス・チェンバレン（Thomas Chamberlin）がウィスコンシン大学学長を辞任し、地質学科の主任教授になった。

歴史学ではフェルディナンド・シェヴィル（Ferdinand Schevill）、ギリシア語ではポール・ショーリー（Paul Shorey）などがいた。また、社会科学の研究水準も高く、レスター・ワード（Lester Frank Ward）の高弟であるアルビオン・スモール（Albion W. Small, 1854-1926）が、1892年にコルビー大学を辞職し、アメリカで最初の社会学の教授として着任していた。その後、ソースティン・ヴェブレン（Thorstein Veblen）、ウィリアム・トーマス（William I. Thomas）、ジョージ・ミード、チャールズ・クーリー（Charles H. Cooley）が着任し、シカゴ大学は、社会科学の分野において全米の拠点の一つになろうとしていた。シカゴ大学も大都市シカゴと同じように活気のある雰囲気であった。

ハーパーは、デューイよりも3歳年上で、14歳の時にマスキンガム大学（Muskingum College）から文学史の学位を得て、17歳でエール（Yale）大学に入学し、大学院生となり、19歳の時にそこで博士号を取得する。その後、

シカゴのバプテスト系のユニオン神学校（Union Theological Seminary）でヘブライ語の教師となり、1886年にエール大学に移った。そして、1890年のシカゴ大学創設時に初代学長として任命されたのである。彼はエール大学の著名なヘブライ語教師であったが、教育学に特別な興味をもっていたことは明らかである。第5章でもう少し詳細に述べるが、彼はシカゴ教育委員会（the Chicago Board of Education）の委員を務めたり、シカゴ大学と市や州の初等・中等学校との密接で有益な関係を築くよう試みたり、さらに教師や教育者たちの組織がシカゴ大学の構内で専門的な会議を開くのを奨励したりした。それは、当時の州立大学では一般的であったが、私立大学では珍しいことであった。

スモールは1896年の全米教育協会（NEA）の会議において「教育学への社会学の要求」（Demands of Sociology upon Pedagogy）と題する演説を行った[6]。それは、初期のシカゴ大学において教育学への興味と関心が高まり、デューイ実験学校が開校し、デューイを取り巻く知的雰囲気が形成されていたことを物語っている。しかも、スモールの教育観がデューイに与えた影響は少なくないと思われるので、以下、この演説を手がかりにスモールの教育観について述べるが、その前にスモールに関して若干、言及しておく。

スモールは1854年にメイン州のバックフィールド（Buckfield）でバプテストの牧師の子どもとして生まれた。1876年にコルビィ（Colby）大学を卒業後、ニュートン神学校（Newton Theological Institution）でバプテストの聖職者としての学びを続け、1879年に卒業するが、牧師としての按手を受けなかった。彼はドイツ思想に興味をもち、1879年から1881年までドイツに留学する。そして、ベルリンとライプチヒで歴史学、社会経済学、社会政治学を学んだ。彼はまたワイマールに滞在し、ロンドンの大英博物館も訪問した。ヨーロッパでのこれらの経験が、その後、社会学者としての彼の執筆物に影響を与えたと思われる。

1881年に帰国後、母校のコルビィ大学で歴史学と政治経済学を教えた。

1888年、スモールは、博士論文作成のため大学から研究休暇を得て、ジョンズ・ホプキンス大学のハーバート・B・アダムス（Herbert B. Adams）のもとで研究生活をおくり、1889年に博士の学位を取得した。学位論文の表題は「アメリカの国民性の始まり―1774年から1789年までの大陸会議、植民地、州の憲法上の諸関係―」（The Beginnings of American Nationality : The Constitutional Relations between the Continental Congress and the Colonies and States from 1774 to 1789）であった。その後、スモールは1889年にコルビィ大学の学長に任命される。彼は、従来のモラル哲学の課程を社会学の課程に置き換え、また1890年にはドイツの社会思想家と哲学者からの引用で構成される『社会科学入門』（Introduction to a Science of Society）という教科書を私的に出版した。

そして、1892年、アメリカ初の社会学の教授としてシカゴ大学に着任するのである。彼はシカゴ大学でアメリカの大学で初めての社会学科を設立した。それは大学と大学院で社会学の学位を与える世界で最初の学科であった。1895年には、スモールはアメリカで最初の社会学の定期刊行物である『アメリカ社会学誌』（the American Journal of Sociology）を創設し、1925年まで最初の編集長を務め、また精力的にその雑誌に論文を書き続けた。学科長としての彼の指揮のもと、シカゴ大学の社会学科は20世紀初期の30年間、社会学の中心地となった。また、この時代に、スモールはアメリカ社会学会（the American Sociological Society）の設立に助力したのであった。

ところで、スモールの演説は、全米教育協会（NEA）の10人委員会の報告書が出された3年後に行われたのであるが、彼は10人委員会の分科委員会の一つである「歴史と市民政治と政治経済」（History, Civil Government, and Political Economy）の小委員会の報告に異議をとなえた。スモールの異議は、「すべての教育の目的が第1に個人の完成」であり、「第2に……社会がそれ自体の類型を完成しながら、個人が最善の状態で働くような運命へと鋳造する、それ故、個人のより完全な類型の発達に有益な諸条件を創り出す、その

ような社会との協同に適応することである。」[7]というその委員会の前提であった。

スモールは「その報告書は学習に効果的であると分類された諸教科の目録を示しているが、これらの諸教科が抽象化された諸段階と諸要素となる完全な体系（cosmos）についての明確な構想が何もない。」[8]と批判する。つまり、どのような社会が理想であるのかという社会哲学を欠くならば、教育は学習に都合の良い教科の目録となり、全体として教育の真の意味がなくなる。たとえ、全体としての教育構想があったとしても、それは洗練されていない心理学に支配されてしまう。彼は、この報告書の背後にある「単純な中世の心理学は……もし悲劇でないならばこっけいであろう。」[9]と述べている。

スモールによれば、能力心理学への依存は、言語や自然科学が観察の習慣を涵養し、歴史は判断能力を、数学が推理能力を訓練できるという誤った仮説へとその分科委員会を導いたという[10]。それは、まるで精神的諸能力が孤立して存在するかのように、まるで知性が他の部分と切り離されているかのようにである。彼は「教育は単に知性だけでなくその全人格の進化を内包する。」[11]と主張した。

スモールは、その報告書が「人間を現実へと導く代わりに、杓子定規な抽象化が組織されずに進行するのが現実であると信じるようにたぶらかしている。」[12]と批判している。その報告書が提示した諸教科は現実世界とは関連のない抽象化の羅列であり、そのような教育構想は、現実の一部ではなく独立した組織としての諸教科について考えるのに役立つだけであった。彼にとって、教育力があるのは、現実の慣例的な抽象化であった教科ではなく、現実そのものであった[13]。

一つの教科が学習の中心として利用できるかどうか、つまりヘルバルト主義と密接に関連する立場について、スモールは、次のようにそのような教科の存在を否定した。

合理的な中心は生徒自身である。生活への個人的適応は、現実との接触の一定の個人的組織化を意味する。言い換えれば、教育学は現実との接触を組織するよう若者を援助する科学であるべきだ。このことによって、私は思考と行為の両方によって、思考と行為の両方のために、これらの現実との接触を組織することを語ろうとしている。[14]

もし、生徒たちが、これら教科のおそらく表現している現実世界の全体から抽象観念の意味を理解したり、引き出そうとしたりするならば、現実世界の全体を見るように導かれなければならない。知識はとにかくそれが獲得される限り、自己完結的な知識としてではなく、現実世界との関係の中で理解されねばならないのであった。

スモールにとって、単に社会学だけでなく知識のあらゆる分野が社会的な活動の同心円の中心で始まるべきであった。つまり、家庭から出発し、最終的には「社会的に必要なもの」[15]（social *desideratum*）（強調は原著書）に到達するまで徐々に拡大していくのである。ここでの社会的に必要なものとは、「発達途上にある社会の構成員が、所属する社会について分析的、総合的に知的になることである」[16]。彼は、「社会学は、慈善と同じように、家庭で始まるべきであるが、家庭にとどまるべきではない。合理的な観察方法は、社会の各構成員をとりまく生活を現実的な中心と見なし、観察者の実際的な観点から社会的な活動の同心円を探究する」[17]と述べている。

スモールによれば、社会学は、結局、教育者たちが子どもたちの指導者としてではなく、社会の形成者として自分自身を見なすことを要求するが、社会学は教師が影響力をもちえるよりも根本的な社会改善あるいは社会改革の手段を何も知らないのであった[18]。従って、自分自身の社会的な機能を実感している教師は、子どもを進級させることに満足しない。そのような教師は、子どもたちが学校を卒業した後で、より広く深い社会的な諸関係を探究することを熱望し、より良い未来を形成する上で自分の役割を果たすことに熱心であるという実績の中に教育の成功を見出すであろうというのである[19]。ス

モールもウォードと同じように、社会を改善する鍵は教育にあると信じていたのであった。

　伝統的なカリキュラムに対する不満が高まっていたことは、これまでの叙述から明らかであるが、スモールの教育観もまさにそれを反映していた。だがそれにとどまらず、彼の教育観は知的諸能力の個人的発達という観点だけでなく、社会的観点から教育を構想する傾向が強まりつつある前兆であったと言えよう。それは、産業や科学技術、文化や思想、そして生活様式など、急速に変化する社会において、社会的安定への関心が高まっていたからであろう。スモール、後にデューイの場合において、カリキュラムの社会的意義は、社会的な改善と進歩の保証にある。精神的鍛錬主義によれば、個人の知的発達は学校教育の重要な目的であった。もちろん、それは不可欠であるが、その目的は社会的諸機関の一つとしての学校に調和され、より大きな社会秩序の中に位置づけられる必要があった。

第2節　デューイ実験学校のカリキュラム構想

　デューイは着任してまもなく、シカゴ大学附属実験学校の構想を練り始めたようだ。そして、その時、大学附属初等学校と呼ばれていたデューイ実験学校の「組織のための計画」を私的に印刷し配布した。1895年のその計画の冒頭で、彼は「すべての教育の究極的な問題は心理的諸要因と社会的諸要因を同等に調和させる（co-ordinate）ことである」[20]と述べている。それは、デューイが生涯をかけて取り組んだ問題の一つである。デューイは、ハリスやホールやヘルバルト主義者たちの教育的諸概念を再構築しようとしていたのであるが、ここには明らかに、上述したスモールの教育観の影響が見受けられる。以下、その計画を中心に考察する。

1 心理的諸要因と社会的諸要因の調和

　心理的諸要因は、個人の諸能力を可能な限り発達させることを要求する。社会的諸要因は、個人が社会的な環境および重要な諸関係に精通し、活動においてその社会的関係を尊重するように訓練されることを要求する。それゆえ、その調和は、子どもが社会的な目的を実現するような方法で、自己を表現できるようになることを求めるのである。

　この調和を達成する一つの方法は、学校を小さな共同体にすることである。そこで子どもが生活し、参加し、貢献するのである。つまり、そこでは、事実上、子どもの個性は、社会的な共同体を豊かにするために利用され、社会的現実において試される。この学校構想において、特に重要なのは、学校の教育的作用が「単に何か他のもの、あるいは将来の生活への準備として」[21]ではなく、現在の子どもにとって価値あるよう方向づけられるべきだということであった。

　当時、主流であった教育は、現存する社会秩序が効果的に機能するために、次世代を準備することであり、子どもの興味は、職業的能力もしくは文化遺産の駆使能力のどちらかによってもたらされる将来の報酬の下位に置かれていた。しかし、デューイは、子どもの興味や関心、そして子どもの経験から出発し、現実的世界の知的諸能力へと導く教育過程に主要な関心があったのである。

　極めて重要な問題は、その過程を効果的に促進するカリキュラムを構築することであった。このことを念頭に置いて、デューイは、実験学校を構想したのである。デューイは、K.C. メイヒューと A.C. エドワーズ著『デューイ・スクール』（*The Dewey School*）第1章の計画の概要を説明する文章で次のように述べている。

　　その基本原則は、必然的に、伝統的な学校に馴染みのある目的、方法、素材を打

ち壊すものとなった。それは、主に、教育の適切な素材や方法がすでによく知られていて、促進され、精製され、拡大される必要があるという考えから離脱することを伴った。それは、教育的な成長が実際に生じる諸条件を発見する継続的な実験を意味した。それはまた、主に過去の達成に基づく学校において受け入れられていることよりも、個人の生活、子どもたちの生活、現在の社会における現状により注意を払うことを意味した。それは、伝統的な学校において、既成の知識を押しつけ受動的に吸収させ、たいてい伝統的な学校に支配的な技能を成し遂げる過程にとって代わる、作業や遊びへの積極的な態度を伴った。それは、伝統的な学校よりもはるかに多い主導性、発見、知的自由の自主的なコミュニケーションの機会という意味を含んでいた。[22]

デューイは、このように、従来の学校教育とは全く異なる革新的な着想を実験学校において検証しようとしていたのであった。

2 大学附属初等学校の組織計画

1895年に書かれた「大学附属初等学校の組織計画」は、①一般的な問題と目的、②社会学的な諸原則、③心理学的な諸原則、④教育的な応用、⑤概略的な計画の内容、⑥2ヶ月間の提案されるプログラムから構成されていた[23]。その概略的な計画の内容を表3-1、表3-2、表3-3に示した[24]。この計画では、まず、子どもの側から見た活動として、家事、木工、食べ物、衣服が記述され、その後に、教師の側から見た教科として、算数、植物学、化学、物理、動物、地理、歴史、地学、鉱物が列挙されている。

この計画の「教育的な応用」を見ると、デューイは、料理、大工仕事、裁縫を人間の基本的で典型的な活動と考えていたようである[25]。つまり、衣、食、住にかかわる活動であるが、この計画においては、オキュペーションという概念は一切使用されず、典型的活動もしくは構成的活動という言葉が使用されている。

これらの諸活動は、利用される素材の学習と、それらがどのように生産され管理され利用されるのか、そして、その過程についての学習、つまり理科、

さらに、これらの様々な諸活動が簡単なものから複雑なものへとどのように発展してきたのか、つまり歴史を要求する。このようにして、これらの諸活動は、相互関係という問題の素材と方法を与え、相互関係の唯一の基礎となるのは、子ども自身による構成的活動であった。

デューイは「相互関係の基礎として、一方で『理科』あるいは他方で『歴史と文学』のどちらかを選択することは、心理学的には、行為だけが真に統一をもたらす時に、知識によって統合するという不可能な課題を試みることであり、社会学的には、素材と成果の両方を統一し説明する過程を無視して、あるいは従属的な位置に追いやって、素材あるいは結果のいずれかを抽出することである。」[26]（強調は原著者）と述べている。

料理、大工仕事、裁縫という構成的活動は、素材と過程についての学習の機会を与える。デューイによれば、「動物、植生、土壌、および、気候などは、単なる目標（心理学的な非現実）としてではなく、行為における要因として学習される。」[27]という。そして、算数、物理、化学が最もよく学ばれるのは、それらが個別に学習された時ではなく、衣、食、住という構成的活動に子どもが従事する時であった。なぜなら、自然や科学についての知識は、そのような活動の素材の分析から生じてくるからである。

この計画において、カリキュラムの相互関係の基礎として、歴史や文学のような一つの教科を選択することによっては、知識の統合を達成することはできないと考えられていた。そのことは明らかである。構成的活動は、デューイが体系的な知識の学習に導くと想定した経験を与えるだけでなく、カリキュラムの統合を達成する手段でもあった。

このことは、表3-1、表3-2、表3-3で示された構成的活動の内容と各教科の内容が相互に関連するように構想されていることからも明らかであろう。デューイがこの計画を作成する時点で、カリキュラムの二つの次元（子どもの側と教師の側）の統一、教えることと学ぶことの統一を構想していたと思われる。

表3-1　1895年のデューイ実験学校の組織計画

A．家事	算数
床、黒板、換気と暖房装置、リネン、洋服箪笥、置き時計、鉢植え植物、動物（ペット）、訪問者の接待、庭の整理、ゲーム、道具。	・製作品の測定と概算。長さ、面積、体積。 ・使用される素材の価格。原料の価格。素材の準備に必要な労働費。異なる国の生産量。
・学校の作業との関係で、近隣や市の産業、店、労働者、価格などを学習する。大学、博物館。 ・料理や造園など、学校生活との関係で、土壌、気候などの学習を通して、できる限りその地域の鉱物学、地学、地理、歴史を学習する。	・木の測定。各部分の正確な成長。異なる木の比較。異なる木材の灰の重さ。メートル法。 ・節約される労働量と労働費。財政的利益。 ・物資の輸送距離。輸送費。 ・品物の製作に伴う費用の計算。請求書の作成、保存。
B．木工	植物
材木－紙ヤスリの台木、糸繰り機、鉛筆削り、鶏小屋、植物用の垣、三角定規、カッター、腰掛け、模型づくりの道具、試験管立て、タオル掛け、盛り皿、裁縫箱、マッチ箱、筆箱、ナイフとフォークの容れ物、鉱物箱、玩具、歴史を示す家や船など。厚紙と紙－箱、封筒、ブックカバー、玩具、模型など。	・季節を通した木の変化の観察と比較。 ・各部分とその働きを知るために、木の構造を学習する。根、支根、幹、樹皮、緑層、樹液、木質、果実、枝、小枝、葉、茎、葉身、葉脈など。美的効果。 ・異なる国の木の特性。
	化学
	・木材の成分－灰、炭素、水。 ・生命組織における栄養分の吸収。 ・他の建築素材と比較した木材の燃焼。
・教師の模型を学習したり、自分で模型をつくり出したりする。 ・材料についての話し合い。 ・見本に札を貼り並べる。 ・大工や材木労働者を訪問する。 ・木の成長を学習する。木の寿命、その地方の木の観察、商業的に価値のある木についての本を読む。 ・材木の市場、価格、輸送、化石化した木材。 ・材木に関連した労働費。 ・建築－木造住宅からの歴史的発展。 ・建築－地理的な諸条件からの影響。 ・歴史的、および現在の人々の家に関する学習。素晴らしい建築画の学習。模型の作成やデザイン。 ・観察の記録を書き読む。 ・本という形での記録の保存。 ・記録のための説明画を描く。鉛筆、クレ	歴史
	・他の国の人々や他の時代による木材の利用。 ・これらの道具や材料がなければ、我々はどうすべきか。 ・旧石器時代、新石器時代、金属器時代を通した原始人の知識の成長と発明についての話し合い。歴史上有名な建物とそれらを建設した人々。建造物の発見や発明で有名になった人々。今、林業、伐採業、製材業、大工、煉瓦造り、漆喰業、石工などに従事している人々の家系。 ・絵画と描画－記録した木と木の部分。異なる国々。 ・粘土、砂、厚紙での模型を作成。洞窟、粗野な道具などで適切に表現され得る生活や発明の形式。

ョン、砂、粘土などを使って、話された物語、発明、場所の絵を描く。 ・必要とされる品物のための作業計画を書く。 ・輸送の道筋などを示す簡単な地図を描く。 ・すでに行われた作業について述べ、行われるべき作業の正確な見積もりをする。 費用－子ども一人、クラスにとっての費用を見積もる。 ・計算書と請求書を保存する。材料を注文して買う。 ・木材の価格、その異なる原因を学ぶ。 ・労働費とその理由を学ぶ。 ・輸送費とその理由を学ぶ。	物理 ・学習される素材への寒暖の影響。 ・作業の中での楔、てこ、ねじの使用。 ・素材を使ったり、建物の模型を作ったりする上での力の釣り合い、重力の中心。 ・材木の仕上げ工場への訪問と、それに関連した、水力などの実行可能な機械類。 ・できるだけ多く発明の模型を作る。
	動物 ・環境の中での不都合な要素に対する人間の防御。 ・植物と動物の適応や方法と比較した人間の適応や方法。 ・植物の休眠。 ・冬眠。
	地理 ・我々の近くの木造建築。 ・木材の成長が依存する地理的な諸条件。灌漑－川の中の生きもの、木とその関係。気温。土壌。 ・建築産業に影響を及ぼす地理的な諸条件。水路、鉄道、水力など。
	地学と鉱物 ・土壌－形成と土質。諸条件の観察と歴史に関する推論。地質時代の物語。 ・建築に利用される石や岩。地球、人間のそれらの利用。 ・モルタル、煉瓦、ガラスなどの素材。

　デューイは、この計画の説明において構成的活動の背後にあるもう一つの着想を提示している。それは、子どもの心理的な本質についての彼の見解であった。デューイは「すでに述べたように、問題は、社会的諸要因と心理的諸要因を調整することである。特にこれは、子どもが社会的な目的を実感するような方法で表現することに対する子どもの衝動と、その能力を活用することを意味する。」[28]と主張している。

表3-2　1895年のデューイ実験学校の組織計画

C．食べ物	植物
米を炊く。ポテトを煮る。ポテトを焼く。小麦を砕く。水を入れて小麦を焼く。水を入れてとうもろこし粉を焼く。水を入れてオートミールを焼く。オートミールの粥、酵母を入れていないパン－水とミルクを入れる－卵を入れる。酵母を入れたパン、酵母菌、豆とエンドウ豆（煮る、焼く、スープに入れる）、牛乳の料理、卵料理、肉料理。 ・料理され始めたいずれかの食べ物の学習。 ・理科と歴史は、食べ物の利用と最善の調理手段を示すのに役立つ。 ・実験を通して、最善の過程を発見する方法を学ぶ。 ・食事と消化の初歩的な生理学。 ・食事と消化の初歩的な衛生学。 ・食べ物の要素の学習（簡単な化学－炭素質、タンパク質、ミネラル－熱による影響の変化、結合と消化など）。 ・熱、光、機械などの応用を通した物理的過程。 ・植物－食べ物の生産－園芸、農業、販売に通じる。 ・歴史－他の国の人々がこれらの食べ物をいかに利用しているか、もしくは利用してきたか－彼らはそれらをどのように生産したか。 ・歴史や生物と関連した地理。 ・成長と土壌の関係を通した鉱物、地学。 ・市場や店などへの訪問。 ・農場、菜園、酪農場、製パン場、製粉場、薬屋への訪問。 ・食べ物の質や価格の学習。 ・食べ物の生産との関連で労働の価値を学ぶ。 ・これらの学習との関連で行われた作業に関連する有名な人の物語を読む。	・食べ物として利用される植物の学習。 ・庭園に植物を植え、成長を記録する。他の地域の植物と自分たちの植物との比較。 ・微生物の初歩的な学習。 化学 ・食べ物の構成要素－蛋白質、炭素質、ミネラル－料理の異なる形態でそれらにもたらされる影響。 ・食べ物の要素を組み合わせることの効果。 ・消化と吸収－初歩的な原理。 ・発酵。 ・異なる燃料の燃焼。 物理 ・料理のための機械と器具の学習。 ・空気、水、金属、ガスへの熱の影響。 算数 ・食べ物の輸送－距離など。異なる時代で輸入、輸出された食べ物の量。 ・食べ物への熱の影響の正確な測定。蒸発、膨張。 ・料理の要素の一つとしての時間。時計の学習。時間を記録し伝える異なる方法。 ・子どもの体力や体格の正確な測定。 食べ物の価格－卸売りと小売り、輸入品と国内品の価格。 重さと大きさ。必要な時はいつでも算数の過程が教えられる。それに伴う小数部分。 常衡、乾量、液量。 造園－範囲、面積。 植物とその各部の正確な成長。比較。 土、水などの重さ、その成長との関係での正確な測定。 我々の植物と他の国々の植物の大きさの測定と比較。 動物 ・食事と消化との生理学。初歩的な衛生学。 ・動物や植物の栄養摂取と比較した人間の栄養摂取。捕捉器官と消化器官の比較。

	適応。
	・食べ物を得るのに必要な動物の動作。身体の各部分とそれらの使用の適合性。動物の組織、成長、衛生。
	歴史
	・他の国の人々による食べ物の利用とその調理法。 ・料理における発明。 ・原始的な状態から文明にいたる歴史。人食い部族の生活から狩猟生活を通して、現代社会に至る歴史。 ・「木工」と同じ計画。 ・身体的な強靱さや勇気で有名な民族や個人。 ・英雄物語。身体的な完全さについてのギリシアの理想。 ・博物館への訪問。
	地理、地学、鉱物
	・「木工」と同じ。

　子どもの衝動は一つの重要な教育的源泉であり、子どもたちが活動に従事することを通して、それらを発達させる機会が与えられるべきだというのである。この計画においては、デューイは子どもが本来、行為し、自己表現する存在であり、社会的な性質をもつ存在であると述べている[29]。すなわち、子どもは本来的に、調査したり発見したりしたことを他者と共有したり、実用的なものを作成したり創造したりする強い衝動をもち、能動的である。そして、子どもたちは、料理、大工仕事、裁縫という構成的活動に対する自然な衝動をもっているというのである。

　以上の考察で明らかなように、デューイの計画において、構成的活動は、子どもの本来的な衝動を発達させ、歴史、文学、そして科学などの体系化された知識の総体へと導き、カリキュラムを統合するという機能をもっていた。デューイは、このようなカリキュラム構想を実験学校で検証しようとしていたのである。さらに、これらの諸活動は、知的側面ばかりでなく社会的側面

表3-3　1895年のデューイ実験学校の組織計画

D. 衣服	植物、地理、地学、鉱物
へりつきタオル、入れ物、雑巾、エプロン、作業袋、本の鞄、衣装など。	・「木工」の計画と同じ。 ・羊毛、絹、綿の育つ地域についての特別学習。製造地域。商業中心地。
・素材の観察。価格の学習。購入。 ・素材を集める。原料と加工品。 ・必要な道具の学習。 ・綿、羊毛、絹糸、髪の毛などの繊維。 ・紡績工場、糸を紡ぐ人々、織物をする人々への訪問。 ・素材の加工と使用のための装置の発明。 ・素材の歴史と他の国の人々による利用。 ・発明の進歩の歴史。 ・人類学上の遺物を収集した博物館への訪問。 ・素材の産業的な利用。異なる利用の適合性。 　可燃性－紙と金属を比較した熱の伝導性。 ・衣服の歴史－原始的な状態からの発展。 ・動物の毛皮－動物のタイプの比較。適合性。 ・衣服の衛生学－血液の循環－呼吸。他の時代の人々の衣装。 ・織り方－東洋の手段、色、デザイン。 ・織物や衣服の型紙。実行できる時はいつでも型紙を置いて切って作る。 ・衣服にともなう細部の仕事への注目。 ・「木工」の計画と同じように書いたり、読んだり、模型を作ったり、絵を描いたりなどする。	動物
	・動物や植物の外皮と人の外皮との比較 ・環境への適合。 ・衣服となることに関係した動物の動作。各部の特殊化。 ・我々に衣服を与えてくれる動物についての特別学習。
	歴史
	・「木工」と「食べ物」と同じ計画。
	物理
	・可能ならば、ミシン、紡ぎ車、織機などの学習。 ・できる限り多く、子どもたちに発明させる。 ・使用する道具の適合性。 ・行われるべき作業への動力の応用。 ・動力の統制。
	算数
	・できるならば、子どもたち自身が機械を提案して作る。そして作り上げた機械の問題を解決する。 ・価格など、「食べ物」「木工」と同じ。 ・学習した動物の特別な部分の正確な測定－生物における結論のためのデータとして、その比較と割合。

ももっていた。コミュニケーションは共同体の基礎であり、教育は社会的過程の一つである。他者とコミュニケーションする衝動は、個人的な発達だけでなく、子どもが他者と社会的に価値ある関係に参加するのを援助する源泉でもある。

　この計画において、構成的活動は、会話、読書、作文、図画、および、模

型作りなどを通したコミュニケーションを要求した。デューイは、文学それ自体がまさにコミュニケーションと芸術的表現の一つであることを指摘している[30]。当時、教材自体が教育の目的として存在するかのように扱われていたことを考えれば、これはまさに革新的であった。子どもがコミュニケーションの一つの形として文学を経験するならば、それを最もよく理解し鑑賞することになるのであった。

ところで、実験学校が開校する以前から、競争原理はすでに学校教育に浸透していた。それは評価システムの基準であり、読本、算数、そして経済などの教科書に幅広く及んでいた。さらに、年齢によって子どもたちをクラス分けすることが当時の主流であった[31]。

デューイは「制度の一つとしての学校は、多様な能力と行為を通して実現される共同の（community）精神と目的をもたねばならない」[32]と述べている。「協同の（co-operative）精神は、同じような達成を推定された多くの諸個人が、正確に同じような成果を保証するために働く時に、必然的に展開され、競争の精神の代替となり得る。」[33]のであった。デューイは、競争原理、そして子どもたちを学年やクラスに分けることのどちらも実験学校のカリキュラム構想には適さないと考えたのである。デューイにとって学校の目的とは、子どもが自分の能力を社会的同等物の言葉に翻訳すること、社会生活を成し遂げるという点で、その能力が何を意味しているのかを理解できることでなければならなかった。そして、それは下記のことを形成し発達させることを意味した。

1. 他者の現実的な要求に対する感応性、配慮、そして繊細さなどを保証する他者への関心
2. 社会的な観念や目的を形成できるような社会的諸関係についての知識
3. 経済的・社会的な動作主であることを可能にする自己の諸能力を意

志に基づいて駆使する能力[34)]

　デューイは、学校が「機関の一つとして家族とより大きな社会組織を媒介する。それゆえ、それは、自然に家族から生じ、自然により大きな社会へ発展しなければならない。」[35)]と主張した。ここで想定されている学校は、子どもを社会的諸関係の理解へと導くのである。その社会的諸関係とは、子どもにとって身近な生活圏や社会から、さらに広い社会や世界に関する観念や信念までもその範囲に含んでいる。学校は、子どもが倫理的で望まれる社会的目標を達成するために、自分自身の知識や能力や態度を発達させるのを援助しなければならないのである。知的側面だけでなく社会的側面へのこのような強調は、デューイによる大学附属初等学校の計画に一貫している。

第3節　デューイ実験学校の1896年における授業実践

1　デューイ実験学校の開校とその経過

　デューイ実験学校は、シカゴ大学のキャンパスに近い57番街389番地の住宅を借りて1896年1月のある月曜日の朝に開校した[36)]。そこには大きな窓と日当たりの良い部屋があり、さらにその住宅は遊び場に囲まれていた。6歳から9歳までの16人の子どもが在籍し、開講日当日は12人が出席した。担任は、クック師範学校の教師であったクララ・ミッチェル（Clara I. Mitchell）1人であり、後に教育学部の学生であるフレデリック・スメッドリー（Frederick W. Smedley）が手工を指導した。ダイキューゼンによれば、最初の朝は歌で始まり、庭や台所などの使い方に関する子どもたちの知識だけでなく彼らの観察力を調べるような試験も行われたという[37)]。それから、子どもたちは着席して厚紙を与えられ、朝の終わりまでには、鉛筆や他の文房具のための紙箱を完成させた。そして、その朝のプログラムの最後は体育であった。

デューイ実験学校は、その後、1896年10月にキンバーク街（Kimbark Avenue）5714番地に移転した。6歳から11歳までの32人の子どもたちが在籍し、正規の教師は、文学と歴史担当のミッチェル、理科と家庭科担当のキャサリン・キャンプ（Katherine Camp）、手工担当のスメッドリーの3名であった[38]。その他、音楽の非常勤教師、シカゴ大学教育学科からの大学院生の3人の助手がいた。また、健康の問題にも特別に注意が払われ、子どもたちはシカゴ大学の体育館を利用することができ、大学の女子体育の担当であったアンダーソン（Anderson）の指導を受けた。彼女はそれぞれの子どもたちの身体的な必要性についての入念な研究を行っていた[39]。

 デューイ実験学校は、1896年12月末の休暇中に57番街とロザリー・コート（Rosalie Court）の南東の角に立つ旧南公園のクラブハウスに移転した[40]。新校舎の地階には工作のための場所、3階には体操と遊びの部屋として利用できる大きな広間、その他に5つの風通しと採光の良い部屋があった。1階には約45人が着席でき、全体集会の部屋として利用できる部屋がある。南側には、音楽室、図書室、裁縫室として利用できる部屋がある。2階の北側の部屋は台所と実験室、南の端の部屋は食堂、中間にある部屋は芸術の活動、授業の部屋として利用される予定であった[41]。

 この新しい校舎に移転したため、新学期ではさらに12名の子どもを受け入れることが可能となった。入学希望者の数はもっと多かったが、教師の人数を考えると、子どもたちの最大在籍者数は40名だと判断された[42]。そして、12名のほとんどが欠員待ちの子どもたちであった。1897年2月現在の記録では、6歳から10歳までの子どもたちが在籍し、5つのグループに分けられていた[43]。

 1897年の12月までには、教員数は16人になり、子どもの数が60人に増えたので、デューイ実験学校は再び、より大きな校舎が必要になった。1898年10月に、学校はエリス街（Ellis Avenue）5412番地の古い住宅に移転し、この時に部門制を採用するようになった[44]。これに関しては、第5章で詳細に考察

する。また、4歳から5歳の子どもを含む下位小学校（幼稚園）部門が加えられ、82名の子どもが在籍した。最年長は14歳であった[45]。新校舎には、隣接した室内体育館と工作室、大きな屋根裏部屋があり、それは芸術と織物の教室として利用された。理科部門には二つの実験室、一つは物理と化学を組み合わせた部屋、もう一つは生物の部屋があった。歴史部門は英語部門と共有する三つの特別室があった。家庭科室には当時、二つのグループが一緒に学習できる十分な広さの台所と二つの食堂があった[46]。

1900年、1901年、1902年とデューイ実験学校の生徒数は増加し続け、最大で140人の子どもたちが在籍した。教員と講師の数も23人まで増え、学生および大学院生の助手が約10名いた。学校の規模が大きくなったので、教員組織もより正式な形となり、デューイは引き続き実験学校の総責任者（Director）であり、シカゴ大学教育学科の E.F. ヤングが総監督となった。デューイ夫人はこれまでも非公式に実験学校を手伝っていたのであるが、正式に校長となった[47]。

デューイ実験学校の発展は、メイヒューとエドワーズによれば、大まかに次の二つの時期に区分されるという。1896年から1898年の第1期は極めて実験的であり、子どもたちの本質に関するありのままの洞察、ある諸分野の題材に精通すること、科学的な方法の利用における直接的な経験など、その仮説の理論的な前提によって導かれた時期であり、1898年から1903年の第2期は、第1期で上手くいくと証明された諸課程や諸方法に基づいて発展と改良が行われた時期であった[48]。

だが、彼女たちによれば、この第1期の最初の6ヶ月間は「試行錯誤」の時期であり、主になすべきではないことの指標となったという[49]。なぜなら、当時、このような実験的な試みを行った学校は一つもなく、学校をどのように組織したら良いのか、その前例となる計画もなかった。唯一、1895年秋にデューイが私的に印刷し配布した計画のみがあった。従って、6ヶ月後にデューイ実験学校における当初の目的、計画、そして方法は、その成功、特に

失敗に基づいて再考され、そのカリキュラム、組織、および、管理において多くの修正がなされたのであった[50]。

以下、シカゴ大学の『大学記録』(*University Record*)におけるデューイ実験学校の1896年10月の実践について考察する。

2 二つの次元をもつカリキュラム——教師の側と子どもの側——

デューイ実験学校の初期の実践記録は、シカゴ大学の『大学記録』に「シカゴ大学附属学校、学校の記録、要旨、計画」(School Record, Note, and Plan. The University of Chicago School) という表題で掲載されている[51]。1896年10月16日の記録において、実験学校の教育構想が示されている。子どもたちは、グループⅠ（5歳半から6歳）、グループⅡ（6歳から7歳）、グループⅢ（6歳半と7歳から8歳）、グループⅣ（7歳から9歳）、グループⅤ（9歳から11歳）に分けられていた。表3-4は1896年10月16日の記録から筆者が作成したものである[52]。

まず、ここで注目すべき点は「教師の観点から」、「子どもの観点から」という見出しである。この実践記録には「子どもの観点から」というのは、子どもが社会生活の基礎を意識するようになる時に経験する一連の活動に言及し、「教師の観点から」というのは、これらの諸活動との関連において、子どもの経験を豊かにしたり広げたりするために提供する機会に言及していると説明されている[53]。

L. タナーは、この点について実験学校のカリキュラムが二つの次元、すなわち子どもの側（諸活動）と教師の側（論理的に組織された題材の集まり、つまり、化学、物理学、生物学、数学、言語、文学、歴史、音楽、および、体育）をもっていたと指摘している[54]。そして結局、カリキュラム開発は、この二つの次元を肝に銘じている教師しだいであると主張している[55]。カリキュラムだけでなく、単元構想、授業の計画、実践、そして振り返りにおいても、教師が、子どもの観点と教師の観点の両方、二つの次元を意識しなければならな

表3-4　1896年10月のデューイ実験学校の教育構想

教師の観点	子どもの観点
歴史－原始人やギリシア人の家。 言語－新しい言葉。行われた作業の記録と概要。 文学－洞窟や木の上に住む人々の物語。アポロの神話、不和のりんご、トロイのヘレネ。 芸術－描画、絵画、造形。 音楽－声、耳の個人的な訓練。 保健体育－体操、身体測定。 数学－線、面、体積、重量の測定法。 物理－質量、炉の仕組み、てこ、水の特性。 化学－燃焼、その生成物質と影響。 地学－燃料源、石炭層、化石植物と石炭。 地理－学習したすべての産物（綿、石炭）の供給源およびギリシアの家の位置。 生物－種子。分布。植物、シリアルという食べ物としての利用。学校の近くの空き地で見つけた生物。	1．構成的活動 ・グループⅠからⅤ－鉛筆削りとブックカバーの作成。 ・グループⅠからⅢ－ジュートの板紙で筆箱を作る。 ・グループⅠとⅡ－原始人の家、つまり（砂、粘土、石などで）洞窟を作る。 ・グループⅣとⅤ－植木鉢を置くために窓に棚を作る。 2．芸術的な活動 ・グループⅠ、Ⅱ、Ⅲ－ (1) 鉛筆やクレヨンや紙の切り抜きで次のものを表現する。 　(a)採鉱の話(b)綿の成長(c)プロセルピーナ(d)不和のりんご。 　(e)原始人の家、木と洞窟。 (2) 粘土や砂を使って次のものを表現する。 　(a)洞窟の家(b)綿花畑。 (3) 水彩絵の具で赤や青のりんごを描く。 ・グループⅣとⅤ－ (1) クレヨンや鉛筆で次のものを表現する。 　(a)鉱山(b)綿花畑(c)学習した産地の風景(d)物語－不和のりんご、トロイのヘレン。 (2) 水彩絵の具でとうもろこしとその茎を描く。 3．実験的活動 ・グループⅠからⅤ－とうもろこし（そのまま、砕いたもの、挽いたもの、すなわちとうもろこし粉やシリアル）への熱の影響を確かめる。 ・グループⅣからⅤ－炉の通気を毎日点検する。蒸気の炉を説明する装置を作る。 ・グループⅤ－樫や松の木材からできた灰の重さと割合を考える。 ・グループⅣからⅤ－水を使うことによって、木材と石炭の灰の特性の違いについての作業を始める。 ・グループⅠからⅢ－とうもろこしを綿と土に植える。 4．料理 ・グループⅠからⅢ－とうもろこしの皮をむいて、鞘から取り出し、かわかし、つき砕き、水に浸し、熱と水の両方を使って料理する。いくらかをつき砕いたり、挽いたりして、とうもろこし粉とシリアルに使う。 ・グループⅠとⅡ－量りを使ってパイントを4分の1にする。重さ1ポンドを量る。 ・グループⅢ－量りを使って、クォートやパイントを3分の1、4分の1にする。1.5ポンドを量る。 ・グループⅣからⅤ－測定器具を使って、クォートやパイントを3分の1、4分の1にする。ポンドとオンスを量る。

	5．裁縫 ・グループⅠからⅣ－皿ふき用のタオルを作るために、測定、裁断、仮縫いをする。 ・グループⅤ－家でミシンで縫う。 ・グループⅠ、Ⅱ、Ⅲ－ふきんを作るため、測定し裁断し縫う。 6．ゲーム 7．お話会 ・グループⅠとⅡ－石炭の採掘と綿の成長について口頭で話しをする。プロセルピーナの神話（ホーソン版）。アポロ神話（フィアース）。不和のリンゴ。詩「私はあなたに葉がどのように落ちるかを教えましょう。」（クーリッジ）。木や洞窟に住む人々の物語。 　　書き言葉－上述の物語から単語を書く。 ・グループⅢ－口頭－上述と同じ。 ・グループⅣ、Ⅴ 「産業の物語」にある石炭の物語を書いたり読んだりする。綿花の栽培と加工の物語。イーリアスからの不和のりんごとトロイのヘレン。アポロ神話（フィアース）。

いことは明らかである。

　このようなタナーの指摘と主張は的確だと考えられるが、カリキュラムの二つの次元が社会的諸要因と心理的諸要因を同等に調和させるという実験学校のカリキュラムの基本構想から導かれたこと、それを看過してはならないであろう。なぜなら、1895年の「大学附属初等学校の組織計画」においても、子どもの側から見た活動として家事、木工、食べ物、衣服が記述され、その後、教師の側から見た教科として、算数、植物、化学、物理、動物、地理、歴史、地学、鉱物が列挙されていたからだ。表3-1、表3-2、表3-3、表3-4から明らかなように、1896年1月に開校し、6ヶ月の試行錯誤の期間を経た後でもこの基本構想は変わっていなかったと言えよう。

　1896年10月23日の実践記録では、次に示すように（1）必要だと気付いたときの変更点、（2）行われた活動の記録、（3）週の終わり、1896年10月29日までの追加的な素材という三つの見出しのもとで、先週の計画の各題目を簡潔に取り上げることが提案されている[56]。

1896年10月23日

A．教師の観点から

歴史―（1）トロイに限定する。（2）家としての木、洞窟に関する作業、狩りが始まった。（3）古代のトロイ。

言語―（3）読み方。同じ作業の継続。

文学―（2）不和のりんごが終了。（3）ギリシア神話、例えば、アポロ神話、この季節に適切な詩。

数学―（2）短時間のドリルを用いた各種の測定法についての作業。（3）時間を伝える。重さや長さなどに基づいたドリルでの測定法に関する作業の継続。

物理―（1）炉の作業は省略。（3）同じ構想の継続。

化学―（3）同じ作業の継続。

地学―（3）土壌の形成。

地理―（3）小麦と木の実と関連した同じ作業の継続。

生物―（3）同じ構想の継続。（1）実際には野外調査は何もしなかった。（3）鳩。

B．子どもの観点から

1. 構成的活動

（1）グループⅠとⅡ―ブロック、紙、粘土、砂だけの作業。（2）グループⅣとⅤ―粘土、木材に関する作業。造形。ペーパー・ナイフの作成。（3）グループⅠとⅡ―原始人の家、すなわち、狩り、洞窟（砂、粘土、石などで作成）。グループⅢからⅤ―入れ物を作るために厚紙の枠を切った。グループⅣとⅤ―窓と黒板の上に棚を作った。

2. 芸術的な活動

（1と2）作業の概要の説明。とうもろこしの絵を描くのを省略。（3）グループⅠとⅡとⅢ―（a）鉛筆やクレヨンや紙の切り抜きで綿や小麦の成長、ブロックを積んで原始人の家や生活（洞窟や狩り）の物語を表現する。

(b)粘土や砂を使って、洞窟の家、綿花や小麦畑、そして古代トロイの城壁を表現する。グループⅣとⅤ―(a)鉛筆とクレヨンを使って、(b)水彩絵の具を使って、学習した地方(綿花畑、小麦畑、および、古代トロイの遺跡)の風景を表現する。

3. 実験的活動

(1と2と3)グループⅠとⅡ―今週、何も作業がなかった。しかし、とうもろこしに関しては、すでに説明された作業を始める。グループⅢ―とうもろこしの作業を継続し、栗についても同じような作業を始める。(1と2)グループⅣとⅤ―とうもろこし粉とシリアルを使わなかった以外は、とうもろこしに関して、すでに説明された作業を行った。木材と石炭の作業はまだ終わっていない。炉が壊れた。炉の模型を作ることは手に負えない。(3)吸い取り紙の上やスポンジの中での亜麻の成長の観察。灰のアルカリ検査。二酸化炭素の検査。熱による澱粉の変化。熱と水による澱粉の変化。

4. 料理

(1と2)グループⅠとⅢ―この1週間省略。栗の作業に関して、オンスの分数を使いながら、グループⅢとⅣとⅤのために作業の概要が説明された。(3)グループⅠからⅢ―とうもろこしに関して、すでに説明された作業を行い、栗についても同じような作業を始めた。グループⅣとⅤ―栗に関する作業を終え、小麦について同じような概略を見ながら作業を始める。

5. 裁縫

(1と2)グループⅠとⅡ―裁縫はなし。(3)(1と2)グループⅣとⅤ―略述されたワークを行い、当面、宿題は省略された。(3)グループⅣとⅤは皿ふきの裁縫を終えた。グループⅢからⅤ―ふきんの裁縫を終え、入れ物を編んでいる。

6. お話会

(1と2)略述された作業。(3)グループⅠからⅣ―(継続)。小麦と綿花

の成長に関する口頭での物語。アポロ神話（フィアース）。（3）時代を伝える歴史的な物語。書き言葉―ⅠとⅡ。上述の物語からの単語。Ⅲ―同じ物語からの少しの文章。ⅣとⅤ―綿花の成長と加工、小麦の成長の物語を書いたり読んだりする。アウリスに集まったヒーロー、クオレル、イーリアス。

1896年10月30日[57]

以下は1896年11月2日からの週のために提案された作業の概略である。

A．教師の観点から

歴史―家庭生活や農業に関連した古代ギリシアの学習を継続。社会的な進歩を例証するものとして洞穴人の学習を継続。

言語―（a）読み方、イーリアスの各部分。アリスの夕食。小さな赤い雌鳥。ハイアワサの断食。（b）書き言葉―学習される主題に関連した言葉、文章、物語。

この言語に関する活動は、部分的に歴史と結びつき、また部分的に行われた作業や観察の記録として学習される。

数学―線の測定の作業、12に伴う数字（フットの規則）、重さ、16という割合、時間を伝える学習の継続。

物理―重さと質量の比較。水の物理的な状態の変化に関する学習の継続。

地学―土壌の形成。野外調査。

地理―古代ギリシアの地質学。農業の勉強。日の長さの変化との関係で太陽の観察。

生物―訪問した農場で見た家畜の冬への準備。

芸術―古代ギリシアの装飾。

音楽―最も簡単な旋律で考えたことを表現する。

B．子どもの観点から

1．芸術的な活動と構成的活動

グループⅠとⅡとⅢ―砂、クレヨン、紙の切り抜き、積み木で農場を描写する。絵を描いたり、色を塗ったりする。砂や粘土の模型を作ったり、紙を切り抜いたり、絵を描いたりして、原始時代の洞穴での生活を再現する。紙や厚紙で置き時計や日傘を作る。厚紙で筆箱を作成する。グループⅣとⅤ―木材でペーパーナイフや棚を作る。粘土で、古代ギリシアの焼き物を作り、最初のギリシアの城壁や家の模型を作る。農場への訪問に関連した風景画を描く。ギリシア芸術の源泉としてのエジプトの装飾を描く。

2．実験的活動と料理

とうもろこしと小麦の作業の継続。植えて、粉にして、かわかして、ゆでる。灰のアルカリ検査の実験、および空気中の二酸化炭素の実験を継続。熱と水による澱粉の変化についての実験を継続。

3．お話会

読んだり、書いたり、語られたりした物語の再現。大学の教職員によるギリシア人の生活に関する親しみのあるお話。

11月16日の実践記録から、報告書の記述の仕方が変わり、「教師の観点から」と「子どもの観点から」という見出しがなくなった。そして、以下に示すように、その週にどのような実践が行われたのか、より詳細に記述されるようになったのである。実験学校の教師たちの間に、二つの次元をもつカリキュラムに関して、ある程度の共通理解が浸透したからであろう。

1896年11月16日[58]

社会生活に関する直接的な学習として（強調は原典）、グループⅠとⅡは農場を訪問した。これは農場生活の心象を基に都市生活を想像するためであった。会話の中で、子どもたちは耕作したり、牛の乳をしぼったり、卵を探したり、農民の生活の重要な出来事、興味のある出来事について自分なりの考えを表現したりした。粘土で作ったり、紙で切ったりして、鍬、鋤などの道

具、家畜、家を再現した。果物や野菜の模型を作ったり、絵を描いたりした。感謝祭で秋の実りに対する子どもたちの印象が総括されることを期待する。

社会生活に関する間接的な学習として（強調は原典）、子どもたちは、食べ物や家を探し求める部族について思いめぐらした。つまり住居のための岩場、川の近くなど、適切な位置を見つけることを考えついた。子どもたちは、洞穴の住居、使用する皿、カップ、瓶、そして砥石などの模型を作った。また、木でできたあばら屋の模型を作った。

子どもたちは、tree、hut、cave、people、home、in、lived というような言葉や次のような文章を書いたり、読んだりすることを学んだ。「People lived in tree. People lived in huts. People lived in caves.」

グループⅢは、このような作業に加えて洞穴の生活の発展について学習し、それから、木とあばら屋と洞穴の家を比べ、その利点を比較する学習を行うようになった。小刀や手斧などの道具の模型を作ったり、絵を描いたりした。また、そのような環境のもとで利用できる食べ物、ベリーやナッツ、野生の穀物を想像した。

さらに、子どもたちは次のような文章も利用した。「Long ago tribes lived in trees. They did not like trees, so they made huts of trees. Huts did not protect them, so they found caves. I should like my cave near a river.」

グループⅣとⅤは、主に古代ギリシアの家の様式や家庭用品を扱った。家庭用品の中で、子どもたちは、描いたり、色を塗ったり、模型を作ったりするのにアンフォラ（古代の容器）を選んだ。学習はギリシアの装飾の作業から始まり、子どもたちは、デザインの要素として螺旋を使った。アルゴー号の乗組員の物語が初期のギリシアの移住の物語に関連して読まれた。イーリアスのある部分は、トロイ沿岸でのギリシア人の野営地の説明を含んでいて、ギリシア人の生活のためのより多くの学習素材を提供する。

料理に関して、とうもろこしと小麦の学習は、火と水を使うことから始まった。次に、咀嚼、味わうこと、そして消化など、他のすべての過程が、よ

り簡単に達成される条件(セルロースを機械で砕くこと、澱粉の粒子への水の影響)で穀物の澱粉について学ばれた。それから、料理時間を短縮するために穀物を臼で挽くという着想が紹介された。

1896年11月18日[59]

　グループⅠ、Ⅱ、Ⅲは、同じようにとうもろこしと小麦に関する作業を継続していた。その違いは、作業の量と書いたり話したりする表現形式にある。穀粒と穀物の増加が観察され、測量された。全粒粉をゆでる時間があまりにも長くかかると気付いたので、子どもたちは割り当てられた量を一緒にして、以下の記録のように結果を算出した。

　グループⅢの子どもたちの記録。「私は3オンスのとうもろこしの重さを量った。3＋3＋3＝9オンスのとうもろこしである。1ポンドが16オンスなので、1ポンド＋1オンス＋3/4＝17と3/4オンスのゆでたとうもろこしがある。1/2＋1/4＝3/4である。17と3/4－9＝8と3/4オンス＝ゆでたとうもろこしの水である」「1896年11月3日、私は1オンスのとうもろこしの重さを量り、それをゆでた。1896年11月4日、私は深鍋に3回水を入れなければならなかった。1896年11月9日、私はとうもろこしに2回水を入れなければならなかった。」「3＋3＋3＝9オンスのとうもろこしである。16オンス＋1オンス＋3/4＝17と3/4オンスのゆでたとうもろこしがある。……とうもろこしの水は8と3/4である。」「私のとうもろこしはゆでられ、やかんから蒸気が上がっている。私はとうもろこし1オンスをゆでた。ゆであがった後で、それは2オンス重くなった。その重さは中に含まれている水であった。それで重くなったのだ。」

　グループⅣ、Ⅴは、食べ物(とうもろこしと小麦)に関する作業を行った。酸化物についての以前の作業と関連して、「あく」処理に関する作業を継続した。食べ物の酸化とミネラルの酸化に関して、酸とアルカリの検査と中和を学習した。このグループの子どもたちの記録。「私はめん棒で押しつぶし

た小麦1/2オンスの重さを量り、水1/2を計量し、それらを一緒にゆでた。ゆでた後では、それは2と1/2の重さであった。」

澱粉の分析に関する子どもたちの記録。「私は澱粉を取り、それを試験管の中に入れ、炎の上にかざした。それからヨウ素を入れると青くなった。」「私はいくらかの小麦を取り出し、それを試験管の中に入れた。それから熱して、ヨウ素を入れると青くなったので、小麦の中に澱粉があるのがわかった。」

酸とアルカリの検査に関する子どもたちの記録。「酸はリトマス紙で赤くなった。酸＝赤、アルカリ＝青。酸＋アルカリ＝紫。」「第1に、私はりんごを検査した。それはリトマス紙で赤くなった。だからそれには酸がある。第2に、私はレモンを検査した。それはリトマス紙で赤くなった。だから、それには酸がある。第3に、プレスコットはトマトをゆで、その中にリトマス紙を入れた。すると赤に変わった。だから、その中に酸があった。」「私は亜鉛で酸を検査した。すると気体の泡がたつのを見た。」「私はアルカリの中に木材と紙を入れた。すると、木材と紙は黄色に変わった。」

社会的な側面の学習に関して、二つの作業が継続された。一つはギリシア人に関することで、もう一つは木、山小屋、洞穴の住人に見られる生活条件に関することであった。ギリシア人の学習で、彼らの日常生活、娯楽、職務、戦闘的な習慣が学習された。それは、『イーリアス』の「喧嘩」、『オデッセイ』のパイアーケス人のユリシーズの物語に描かれていた。原始人の習慣、食べ物の獲得とその利用についての学習をしていたので、それが石の壁によって囲まれた住居、定住生活の良い導入となった。その学習がギリシア時代初期の発展の社会的な学習となり、この二つの作業を関連づけたからである。

農場生活の再現と関連して、収穫に注意が向けられた。農場生活の物語、プリマスの植民地の初期の物語が提示された。最初の感謝祭が話し合われた。

木工の構成的な作業において、学校で使える製図版が年長の子どもたちによって作られた。年少の子どもたちは実験室のための種の受け皿やマッチ箱

を作った。この活動との関連で、年長の子どもたちは、道具の形とその利用についても学習した。原始的な石鑿は、動物の皮をはいだり、木の皮を裂いたりするのに使用されることが考察された。これとは大違いで、現代の鑿はその利用の仕方によって形が変わることを学習した。鉋が鑿の発展として取り上げられ、鉋を利用する時に、その部分（くさび、蝶ネジ、梃子）が取り付けられることについて考察した。

1896年11月26日[60]

　社会的側面に関する今週の活動では、収穫感謝祭に焦点が合わされた。プリマス植民地の居住、生活した最初の年、最初の感謝祭の物語が話され、読まれた。白人とインディアンの関係が明らかにされた。イギリスとオランダを去った社会的、宗教的な動機、高まる自由への要求、その目的のための苦難と犠牲に注意が払われた。自然的側面では、遠く離れた土地、海を渡ること、嵐の海、ニューイングランド海岸の特徴、および、上陸の困難さなどを想像した。芸術的な側面では、りんご、にんじん、玉葱、大根、ジャガ芋、木の実、オレンジのような野菜や果物の絵を描く時に、子どもたちは収穫祭の発想に気付いた。それらは、子どもたちが学校にもってきたものであった。

　直接的な社会的側面では、小さな子どもたちは屋外から小枝や枝を見つけてきて、年長の子どもたちは屋外で北米インディアンのテント小屋を作るのにこれらを使った。感謝祭の前日に、子どもの活動によって最初の感謝祭を可能な限り再現した。天気が悪かったので屋外での昼食はできなかったが、台所でとうもろこし粥を準備したり、とうもろこしを煎ったりした。子どもたちは、これまで粘土で小屋用の皿、瓶、鉢などを作ってきた。

　年長のグループでは、ムーア（Moor）著『ピューリタンとピルグリム』（*Puritan and Pilgrim*）、ホーソン（Hawthorn）著『祖父の椅子』（*Grandfather's Chair*）が子どもたちに読まれた。年少の子どもたちは、活動の側面では同じような作業を行ったが、もちろん読書量は少なかった。しかし、これまで

書いたり読んだりしたものに、次のような三つの文章をつけ加えた。「We made a wigwam.」「We made dishes.」「We made a cave.」

　ギリシア人の生活についての作業は、感謝祭に注意が払われたので、それほど広範囲ではなかった。『イーリアス』から読まれたアウリスの会議に関連して、アガメムノンの専制とは正反対のギリシアの集会の特徴、神殿と神の怒りについての話し合いに関係のあるギリシア人の宗教観が、ホメロスの生活の社会的、モラル的特徴を再現するという目的で明らかにされた。構成的側面では、子どもたちは粘土の煉瓦を作り、アトレウスの宝物殿の模型を作り、それを通常の本の図面の10倍の大きさにした。

　その週の裁縫の作業は、粗い目の綿布で袋を縫って、着色した毛糸でこれらをデザインし装飾することであった。それぞれ作るだけでなく自分なりのデザインにした。

　料理の作業は、以前に行ったことを見直すことであった。それは子どもたちにとって良い復習となった。古い記録を見直し比較した。子どもたちは、次のように、将来、改善するための計画を明確に述べた。（1）取り上げられた素材（2）それらがどう処理されたのか（3）どんなことが起こったか（4）何が示されたのか（5）もしあれば、生じた疑問。もちろん、これはグループⅣとⅤでのみ行われた。

　料理に関して、クランベリーとりんごからジャムを作るという新しい作業が行われた。これは、物理過程、化学過程の導入と強調の良い機会となった。分解した固体物への沸騰した水の影響は、とうもろこしよりもベリーの場合の方が著しかった。その結果、子どもたちは水がつき砕き、すりつぶすことに気付いた。蒸発という考えは、含まれている水の量の減少によって、また、クランベリー・ジュースが沸騰すると液状ではなくなることに気付いて明らかになった。水が蒸気に変化し、凝結によって水に戻ることにも気付いた。他で同様の過程を観察した時、子どもたちはその事例にこれを関連づけることができた。そして、熱い液体は冷たいものよりもはるかに簡単にしみ出る

ということ、ジュースは屋外に置かれた時により速く固体になるということを見た時に、子どもたちは、素材の濃度に対する熱したり冷やしたりする影響に気付いた。多くの子どもたちが料理で気付いた過程をより大きな主題に転移させた。たとえば、沸騰している液体の外観を間欠泉や火山と比較し、熱の膨張性について一般化し、蒸気が、形成される水よりも多くの空間を要するという事実へと転移させ始めたのである。

利用する前後ですべての素材の重さを量ったので、特にオンスと分数についての数の学習が継続された。全体の数の足し算は、量を一緒にしたり、結果を計算したりする時に行われた。引き算は、沸騰させる前後で異なる素材の重さを量ることに利用された。掛け算は、最初、4オンスのクランベリーを沸騰させ、適当に甘くするのに加えられた砂糖の重さを量り、そして料理する時、より多くの量を甘くするのに必要な砂糖の量を計算するのに利用された。子どもたちはまた、時計を利用し料理し始めた。これがまた数の学習に結びつき、時間の計測のより原始的な方法についての学習に結びつくようになった。

1896年12月4日発行の『大学記録』第1巻第36号の「シカゴ大学附属学校、学校の記録、要旨、計画」は、1896年11月26日となっている。しかし、これは前述の報告と同じ日付である。また、次の報告は12月10日であるので、おそらく12月3日の報告であろう。以下、日付はそのように修正した。

1896年12月3日[61]

この時期に取り組まれた主要な着想は、陶器産業、その素材、その方法、生産品であった。子どもたちは、屋外に枝で建てた小屋で使う皿を作っている。様々な実物大の大きさの皿を作り焼いている。フィールド博物館で、子どもたちは皿の原始的な形や種類について観察した。それゆえ、指示がなくても、再現のモデルとしてこれらを選んだ。グループⅠ、Ⅱ、Ⅲは、比較す

るためにインド、エジプト、ギリシア、そして工場での現代的な方法による皿の写真を見せられた。加えて、グループIIIには小さなドゥ・エントレコル (d'Entrecolles)、リッリシー (Palissy)、ベッチャー (Böttcher)、そしてウェッジウッド (Wedgwood) の物語が話された。年少のグループでは、この物語に関連して地理的な学習、つまり、エジプト、ギリシア、そして中国における陶器の産地の写真を用いた学習が行われるであろう。博物館への訪問に関連して、子どもたちは校舎と博物館の関係を示す地図も作成している。この作業に関連させるため、工作室の作業は、粘土を形作るための道具作りである。数の学習で、作られる壺や瓶という立方体の容積が比較され、いくつかの作業は含まれる液体の割合を見積もることであった。これは料理の測量の作業とも関連するであろう。

　グループIVとVの活動は、アトレウスの宝物庫を大規模に再現し、壺などを作ることである。それは宝物庫の中に保管したいという意欲の表れであった。子どもたちはまた、装飾のためにギリシアのデザインを勉強している。建築学の面では、ミケーネの壁、ライオンの門を学習した。これと関連して、子どもたちは、原始時代の彫刻、古典的な肖像の学習のためにシカゴ美術館に行った。また、機械の原理に関して轆轤の構造と操作の形態について学習している。可能ならば同じような模型を作るだろう。

　このグループの文学の学習は、イーリアスに見られるギリシア軍の記述であろう。それは偉大な英雄の特徴を明らかにし、彼らの出身地と彼らがとった行程を示している。

　裁縫の作業はクリスマスのプレゼントを作ることであった。子どもたちは、きめの粗い素材で作業を行っている。裁縫はたいてい刺繍である。というのは、子どもたちは自分の図案を発明するからである。年長のグループは、これと関連して、使用する素材の量や価格を話し合う時に数の学習を行うであろう。また学校の会計に関する学習を始め、台所や工作室で利用する素材の費用も取り上げるであろう。

グループⅣとⅤは、地理学習の中心としてシカゴを取り上げ、二つの学習を行っている。一つは自分の家、校舎というように、シカゴのいくつかの地点の位置について、もう一つは合衆国の重要な地域との関連でシカゴを確認することである。後者の学習は、旅行や交通機関の学習との関連に発展する。そして、子どもたちの親たちがシカゴに来る以前に住んでいた場所についてのデータを集めたり、子どもたち自身が行った旅行についてのデータを集めたりした。子どもたちは、シカゴに集中する鉄道のリストや様々な種類の生産物を運搬する異なる種類の貨車のリストを作成している。これらの素材の産地と目的地の問題は、商業の中心地としてのシカゴとの関係によって示された。縮尺の地図はシカゴとの関連で州や都市の位置を確認する時の地図の価値を示すために利用された。縮尺の地図を描くことは長さの単位の導入となり、かけ算の実践がインチ、フィート、ヤード、ロッドとの関連で行われた。割り算は縮尺に関する作業で教えられた。

理科の学習は、陶器の作成と関連している。土壌の形成という主題が、粘土と砂やローム層の構成や形成が異なることを見分けるために再検討された。粘土を焼くことへの熱の応用が論証され、粘土自体が、熱の応用を通して、その溶解によって生じる変化に関して学習された。

料理をする時、各グループは、週の何日間か自分たちで昼食を準備する。グループⅠとⅡの昼食は、子どもたちが選んだり学校にもってきたりした果物からなっている。グループⅢの昼食は地下茎やとうもろこしから成っている。グループⅣとⅤは、地下茎、小麦、大麦であった。縮尺の他に、時間の測定の考察を通して、数の学習が追加されている。

1896年12月10日[62]

家事に関して、グループⅠとⅡは、金曜日に昼食会を準備した。この準備は、2種類の野菜（にんじんとジャガ芋）を洗い、皮をむき、薄く切ること、食卓を準備すること、皿、ナイフ、スプーンを洗うことであった。習慣の形

成という目的で、この指導が子どもたちの発達段階に適しているかどうかという疑問に関して、年長の子どもたちの同じ作業と比較すると、子どもたちは、簡単にしかも興味をもって昼食を出している。ホワイト・ソースとココアを作ることは、将来、子どもたちがするという期待を込めて代わりに行われた。今週の理科の学習は、すべてこの昼食会に関連している。子どもたちはジャガ芋を調査し、ジャガ芋の育ち方と植え方について話している。年長の子どもたちが作った澱粉を見た時、洗濯のりが示され、その澱粉がヨウ素で検査された。これは子どもたちが使っていたとうもろこしからできていることが話された。造形では、子どもたちは鉢を作り、加熱炉の熱によってそれらを乾かそうとした。描画では、陶器を焼くことについてよく話し合った後で炉を再現した。そして、裁縫とペンふきの図案として利用される葉の輪郭を描いた。子どもたちは、陶器を作るための古代技術の装飾的な挿絵として以前に見たギリシアの壺を描いた。絵画では、水彩画で、被写体としてギリシア様式の壺を描いた。大工仕事では、ペーパーナイフとマッチ箱に関する作業が終わったので、おもちゃの家とその中に入れる椅子や机についての作業を始めた。裁縫では、裁縫道具入れの作業を継続し、ペンふきの作業を開始した。音楽では、クリスマスの歌が以前、勉強した簡単な楽句の代わりになった。書き方では、「The Greeks made dishes.」という一文を加えた。

　グループⅢは、グループⅠとⅡと同じ、造形と描画を行った。大工仕事では、グループⅠとⅡに加えて、造形の道具を作った。裁縫では、クリスマスの贈り物のハンカチーフの手さげを作っている。書き方では、学校全体の集会で他のグループに対して読むために、それぞれの子どもがクラスの作業について書く、つまり日誌が始められた。そして日誌の学習で、子どもたちは、皿を焼く窯を作る着想まで書いている。料理では、このグループは水曜日に昼食会の準備をした。ジャガ芋と粗挽き麦を料理して出した。子どもたちは、ジャガ芋の一片の重さを量り、成長を観察するためにそれを植えた。植物の成長のためにジャガ芋の中に蓄えられた澱粉が使われることを明らかにする

ためである。数の学習は、ジャガ芋の一片の重さを量ることに関連して、オンスの1/3、1/4、1/2の学習が行われた。澱粉検査をした後、料理したジャガ芋と料理していないジャガ芋でこの検査を利用した。子どもたちは、今、クリスマス・キャンディを詰めるための紙の箱を糊付けするために使う糊をジャガ芋から作ろうとしている。

　グループⅣとⅤは、粘土の皿と壺を作った。大工仕事では、実験室で利用するための試験管の棚と測定のための物差し竿を作った。他の子どもはボートを作り始めた。裁縫では、亜麻布のバッグを作り始め、裁縫袋を完成させた。描画では、学校と自分の家の位置を示す近隣地図を作るよう指示された。前もって、正確な面積を求めるために一区画を測定していた。子どもたちは、木曜日に昼食会をし、ホワイトソースのジャガ芋とクランベリージャムの粗挽き麦を料理した。これと関連してジャガ芋の糊を作った。子どもたちはまた、陶器の作業で利用した粘土の形成の歴史を取り上げ、粘土、石灰石、煉瓦、学校にもってきた岩石を熱、酸、熱湯で検査している。訪問に関して、月曜日午前中の最後の1時間半は、今、フィールド博物館を訪問するための時間である。これまで、子どもたちは、インディアンやエスキモーの生活、つまり、家、布張りのカヌー、武器、家具、特に織機、および、かごなどの所蔵品を調べてきた。少年たちは注目すべき対象として武器を取り上げ、少女たちは大部分が、家具を取り上げた。グループⅣとⅤは、博物館で見たすべての物の目録を作成し、輸送手段、武器、そして道具などの適当な見出しのもとで分類した。

　以上、実践記録の報告の形式は変化したが、その内容は、作業の社会的側面を重視し、社会生活と直接的、間接的に関連した学習を意識した記述、子どもの活動と他の作業との関連を意識した記述となっている。それゆえ、カリキュラムの二つの次元は、なお明らかであろう。歴史、言語、文学、数学、物理、化学、地学、地理、そして生物などが、構成的活動（木工を含む）、芸

表3-5　1896年12月のデューイ

	体操	工作	音楽	裁縫	料理
Group I （5歳半から6歳）	80分 [40分×2]	90分 [30分×3]	60分 [20分×3]	90分 [30分×3]	60分 （昼食の準備と給仕）
	体操	工作	音楽	裁縫	※料理
Group II （6歳から7歳）	80分 [40分×2]	90分 [30分×3]	60分 [20分×3]	90分 [30分×3]	60分 （昼食の準備と給仕）
	体操	工作	音楽	裁縫	
Group III （6歳半と7歳から8歳）	80分 [40分×2]	90分 [30分×3]	60分 [20分×3]	90分 [30分×3]	
	体操	工作	音楽	裁縫	地理
Group IV （7歳から9歳）	80分 [40分×2]	160分	60分 [20分×3]	90分 [30分×3]	60分
	体操	工作	音楽	裁縫	地理
Group V （9歳から11歳）	80分 [40分×2]	160分	60分 [20分×3]	90分 [30分×3]	60分

※GorupⅡの時間は示されていないが、GrpupⅡはGroup I と一緒に学習していたので、料理は60
ここではそのように推測し時間割を作成した。

実験学校の週の時間割案

他の活動と関連した会話、お話会、記録を読んだり書いたりすること	訪問	表現の活動（粘土細工、砂細工、紙細工、描画、水彩画を含む）		自由時間
180分	90分	150分 [1日30分]		60分
※他の活動と関連した会話、お話会、記録を読んだり書いたりすること	訪問	表現の活動（粘土細工、砂細工、紙細工、描画、水彩画を含む）		自由時間
180分	90分	150分 [1日30分]		60分
	訪問	表現の活動		自由時間
	90分	210分以上×2（料理と理科とそれに関連した表現形態、歴史と文学とそれに関連した表現形態に個々に分かれていなかった。）		60分
他の活動に関連した読書	訪問	理科とそれに関連した表現形態	歴史とそれに関連した表現形態	自由時間
75分	90分	250分	250分	60分
他の活動に関連した読書	訪問	理科とそれに関連した表現形態	歴史とそれに関連した表現形態	自由時間
75分	90分	250分	250分	60分

分、「他の活動と関連した会話、お話会、記録」は180分であろう。

術的な活動、実験的活動、および、料理、裁縫などの過程の中で学ばれていた。

1896年12月17日の実践記録には、この学期（実験学校は4学期制であった）の経験から次の学期の時間割の試案が記述されている[63]。表3-5にそれを示した。

第4節　デューイ実験学校の1897年における授業実践

先述したように、デューイ実験学校は1896年12月の休暇中にキンバーク街から57番街とロザリー・コートの南東の角に建つ新校舎に移転した。1897年1月6日付の実験学校の記録には、保護者会が移転に伴う費用を大学が負担することに同意し、教育学科だけでなく大学当局もそのような支援を歓迎していたことが記されている[64]。さらに、実験学校がその成長率を維持するならば、近い将来、大学近くに適した校舎を建設する必要があると思われた。そのための基金を募ることも検討中であった。それは、デューイ実験学校が子どもの教育的な成長に興味のある者たちすべてにとって魅力があり、また初等教育と高等教育への関心を統一するという、その試みが注目されている証拠であった。

1897年1月から授業が再開されたが、それは以下のような内容であった。

1897年1月20日[65]

グループⅠとⅡは「時間」について話し合った。その内容は、(a) 太陽と月の観察、日時計、水時計、砂時計、燃えているロウソクで時間を伝えるという原始的な形態を含んでいる。(b) 子どもたちは時計の学習を行った。紙で時計の文字盤、針を作り、アラビア数字とローマ数字の相違に気付いた。それから時間を伝える練習をし、それに伴う数の学習も行った。これに関連してアイザック・ニュートン（Isaac Newton）の人生についての物語を読ん

だ。社会的な側面では輸送について考えた。舟がどのように発明されたかを想像した。フィールド・コロンビア博物館を訪問し、そこで見つけた様々な形の舟を勉強した。そして、エスキモーとインディアンの舟と漁の道具を描いた。書いたり読んだりする新しい文書は、「Cave men made boats.」「We made boats.」「People made boats.」「Indians made boats.」であった。

　構成的な作業において、子どもたちは紙で舟の形を切り取り、学校で使うためにマニラ紙で筆箱、糊の箱、封筒を作った。

　グループⅢは以上の学習に加えて、時間測定の表を学んだ。時間が伝えられる様々な方法を説明する独自の文章を書き、年長の児童たちが昨年に書いた文章を読んだ。

　グループⅣとⅤの子どもたちは学校の時間割表を書き、様々な教科の時間の割合に関して数の学習を行った。それは、割り算の筆算や分数を伴っていた。歴史や文学は、チャーチ著『イーリアス』の全ての物語の伝承、および、『イーリアス』の第3、4、5、6章を子どもたちが読むことであった。これに関連して、シカゴ美術館を訪問し、多くの古代ギリシアの彫像、パルテノン神殿のフリーズ彫刻だけでなく原始時代の彫刻、建築遺跡を観察した。彫刻や絵画からギリシアの一人乗り二輪馬車、武器、道具の絵も描き、それらをコロンビア博物館で見つけたインディアンとエスキモーの同じ様な品物と比較した。

　工作室の作業は引っ越しに必要な品物の製作であった。年長の子どもたちは道具用の大きな戸棚や棚をデザインして作った。今、食堂で使用するガーデン・ウィンドウのために大きな箱を計画し作成している。また、自分たちのすべての作業の設計図を縮小して描いている。さらに工作室で木材の学習を始め、それらを横断面と縦断面にノコギリで切り、年輪とその意味に注目した。

　すべてのグループが、週に1日、昼食の準備と給仕の練習を行った。ある週はジャガ芋のスープとココアを準備し、別の週は豆のスープとココアを準

備した。

　理科の学習は、部分的に料理に使う素材（次の週、エンドウ豆とソラ豆である）の学習と木材の学習から成っていた。グループⅠ、Ⅱはエンドウ豆とソラ豆を植え、毎日、その成長を書き留めている。子どもたちは、使用した木の様々な部分、幹や枝の絵を描いた。また、木目を観察するために部屋の中の家具に使用されている木材を調べた。グループⅢは、グループⅠ、Ⅱと同じく木と発芽に関する学習を行った。昼食に使用されているエンドウ豆とソラ豆の重さを量り、昼食の費用を計算し、前週の昼食の費用と比較している。スープのためにソラ豆を料理する時、子どもたちは、熱湯の温度、温度計、どのようにお湯が沸くのか、その過程についての特別な学習を行っている。

　グループⅣとⅤの作業は磁力の学習であり、子どもたちは次のような実験を行った。（1）油を塗った磁気を帯びた針を水の上に浮かべ、少なくとも三つの方法で羅針盤を作る、（2）同じ極が反発し、違う極が引き合う法則を考え出す、（3）磁石を羅針盤に近づけ、それが針を動かすことのできる距離を発見する、（4）鉄を羅針盤に近づけ、羅針盤の針への影響を発見する、（5）U字形の磁石と棒形の磁石で引き上げることのできる釘の重さを見つける、（6）U字形と棒形の磁石の場合、引きつける力が最も強い場所を見るために、鉄くずを使って磁場の強さを解明する。この作業で使用する考えは、電磁気のベルや羅針盤を作ることに関連している。

　1897年1月27日の実践記録では、以下のように、その後の工作室での実験的な作業と2月の作業の計画が若干述べられている。

1897年1月27日[66]

　工作室で、子どもたちは天秤の製作を始めた。天秤に利用するために、実験室で銅の重りを溶かし鋳造した。また、気候が寒くなるまでに、料理する時に使う温度計に関する作業を行った。管を水銀で満たし、温度計の細い管

と球状部分の絵を描いた。子どもたちは、水が凍るまで、あるいは雪と氷が全部溶けるまで、温度計の温度が不変であることを示すために、雪と氷を溶かしたり、水を凍らせたりする実験を行った。また、磁力と電気の作業に関連して、亜鉛と銅の細片、希硫酸から「硫酸電池」を作った。

歴史的・文学的な側面についての今後の展開に関して、グループⅠとⅡの子どもたちの作業の計画は、建築素材としての木材の学習である。コロンビア博物館で木材を観察する。木材、森、個々の木に関する子どもたちの経験を可能な限り引き出す。木の絵を示し学習する。湖上生活者の家が学習される。家具や家に使用されている木材を観察する。丸太を切ることから家の建築材としての木材まで、製材過程の絵を描く。木材を切る仕事、森林での生活をゲームで再現する。木工場と木材加工協会を訪問する。関連して、縮尺比に従って、必要な算数的言語や表記法を導入しながら、角材の家を建てる。できる限り、素材や過程を図で示しながら、模型を作ったり、絵を描いたり、紙を切ったりする。

グループⅢの子どもたちは、グループⅠとⅡの作業に加えて、木の直径を測ったり、博物館で木の環境、つまり、北方の森林と熱帯林の比較をしたり、中国の家や日本の家の絵の観察をしたり、ハイアワサの舟の建造に関する物語を読んだりする。また、製材工場まで川で丸太を輸送する物語の学習を行うであろう。

グループⅣとⅤの子どもたちは、世界の森林地域、丸太や材木の輸送について学習する。博物館で見つけた木製の輸送手段について学習する。ギリシアの船、古代人の航海術の形態に関する学習も行う。ギリシアの船と戦争の道具の絵を博物館で見られる多くの船と戦争の道具と比較する。ホメロスの家の建築様式と我々の家の建築様式を比較する。ホメロスの家を計画する絵を描く。チャーチ著『イーリアス』の第11、12、13章を読む。

デューイの実験学校は、1897年1月から、前年の12月17日の『大学記録』

表3-6　1897年2月当時の

	グループⅠとⅡ	グループⅢ
木曜日 午前	【エスキモーの学習】（60分） 黒板にエスキモーの家とその周囲の状況について絵を描いた。新しい言葉、「Eskimo」「Ice」「Snow」を書いた。それぞれの子どもは次の文章を書いた。「Eskimos make houses of ice and snow.」グループの中の2人は、支援なしにその文章を書き換えた。 【理科】（30分） コーヒーミルの使い方と価値を、以前使ったすり鉢とすりこで検査を行うために、米を細かくくだき、エンドウ豆を割って、ふるいにかけ、ゆでた。子どもたちはまた、先週、明確に理解できていなかった洗濯のりをヨウ素で再度、検査をした。グループⅣの昼食の準備で使用するために必要な水を量った。	【歴史と読み方】（60分） 主題は建築資材。まず、ギリシアの建物の写真を勉強し、使われている資材について話し合った。質問に対して答える時、「Rock」「Stone」「Greek」「Clay」「Trees」「Wood」という単語を書いた。小屋、洞穴で使用された資材は何か、ギリシア人は何を使ったか、今、私たちは何を使っているかを伝える文章を書いた。木材の標本を調べ、子どもはそれぞれ水彩絵の具で1種類の木材を描いた。 【理科】（60分）。 エンドウ豆を挽いて、料理したものとしていないものの澱粉を検査した。そして、そのワークの記録を黒板と紙に書いた。鉛の分銅を鋳造するため砂で鋳型を作った。グループⅠからⅢの体操は40分であった。
午後	【体操】（40分）	

　で公表された時間割（表3-5）で運営されていた。1897年2月3日の実践記録では、水曜日以外の木曜日、金曜日、月曜日、火曜日の時間割（表3-6）が詳細に記述されている[67]。これらは、実践記録に基づき筆者が作成したものである。

　1897年2月15日の実践記録によれば、6歳から10歳まで約40人の子どもたちが在籍し、子どもたちは技能の習得レベルではなく知的成熟度と作業の能力に基づいて、五つのグループに区分されていた。学校の授業時間は午前9時から12時までで、年長の二つのグループは、午後1時から2時まであった。そして、訪問に関する規則はなく、訪問者たちは教室から教室へと自由に参観することができた。そして、訪問者たちは、子どもたちが月曜日に博物館に行くので火曜日から金曜日に訪問する方が良いと助言されたという。

デューイ実験学校の週の時間割

グループⅣ	グループⅤ
【工作】(30分)	【工作】(60分)
ベンチにラベルを貼り、新しい製図板の作成に取り組んだ。	仕切箱が並んだ棚とスクリーンの作成に取り組んだ。ある少年がおもちゃのための戸棚を作り始めた。
【音楽】(30分)	
【読み方】(30分)	【音楽】(30分)
図書室で黙読した。	【読み方】(30分)
【裁縫】(30分)	黙読。
【料理】(60分)	
昼食の準備と給仕。エンドウ豆のスープとココアとご飯(boiled rice)の昼食を準備し、給仕する。	子どもたちは、昼食に連れて行くグループⅣの子どもたちを楽しませるために、文学作品の登場人物のプログラムを準備した。二つのオリジナルの物語が書かれ、読み上げられた。そして、以前に聞いたことのある三つの物語を再現した。
【歴史と文学】	
チャーチ著『イーリアス』の第10章を音読した。特に興味をもったところで読むのを止め、話し合った。	

　先述の1897年2月15日から3月3日までの実践記録には、音楽の授業と理科、植物の学習が詳細に述べられているが、それらはシカゴ大学のカルヴィン・キャディ（Calvin B. Cady）教授、コウルター教授によって計画されていた。コウルター教授の理科の授業の詳細については、第5章のシカゴ大学との連携において述べる。また、工作室での天秤、ドミノなどの製作に関する作業、裁縫のヤード棒、お手玉、針刺し、エプロンの作成の作業はこれまでの作業の継続であるので省略した。

　以下、1897年3月の実践記録であるが、この記録から記述の方法が「手工」もしくは「構成的作業」、「歴史と読み方」もしくは「歴史と文学」、「理科」の三つに変化したことは注目すべきである。小柳も指摘しているように、この3領域がデューイ実験学校のカリキュラム開発において研究の中心とな

	グループⅠとⅡ	グループⅢ
金曜日 午前	【歴史と読み方】(30分)	【工作】(30分)
	前日の活動を継続し、教師が異なる種類の住居の絵を描き、子どもたちは、それぞれの名前、つまり「tree」「hut」「cave」「house」等を書いた。二つの文章が書かれ、その家にどんな資材が使われているかを示した。	12×4×3インチの大きさの筆箱を厚紙で作る計画を立てた。それぞれの子どもは、見本の箱と同じ長さだと思った線を引き、各寸法が何インチかを伝えた。それから、これらを定規を使って修正した。そして、各側面と底面、全部で144平方インチの厚紙が必要だということがわかった。
	【理科】(30分)	
	グループⅠは、割いたエンドウ豆を挽いて、それらの量をはかり、多少難しかったが、それらを2等分して、2カップの水を加えて煮た。沸騰している間、子どもたちはほぼ全員が水と水蒸気の関係を知っていたことがわかった。	【理科】(30分)
		実験室では、水銀の膨張についてのワークを行い、ガラス管の一方の端を熱して球状の部分をつくり、温度計をつくろうとした。そして、そのガラス管で毛管現象を生じる部分を導き出し、水銀の重さを量り始めた。
	【料理:昼食の準備と食事】(60分)	【裁縫】(30分)
	グループⅡは、ココアを準備した。1人、スプーンで2分の1杯ならば、16人でスプーン8杯であることに1、2人の子どもが気付いた。子どもたちはまた昼食のためにテーブルをセットした。昼食の間、子どもたちの中の1人が、準備した澱粉の検査をみんなの前で見せた。各グループは昼食を準備し食べるのに60分かかった。	針刺しを作った。
		【音楽】(30分)
		【工作】(30分)
		ベンチにつけるフックの製作図を描いた。
	【工作】(30分)	
	グループⅡは人形の机を作った。	
午後		

っていたと思われる[68]。

1897年3月10日[69]

手工。裁縫で、子どもたちはエプロン、台所用の入れ物の作業を継続し、布巾を作っている。年少の子どもたちは、お手玉を作る時にステッチを習っている。工作室では、おもちゃの舟を作る子どもたち、ドミノを作る子どもたちがいた。年長の子どもたちは植物のために植木箱とその重さに耐える箱

第3章　デューイ実験学校のカリキュラム構想と授業実践　179

グループⅣとⅤ
【工作】（30分）
天秤の図案を描いた。
【歴史】（30分）
黒板の地図を参考にして、ギリシアの山、川や谷の模型を作り、これらの地形への生活様式の適応について話し合い、港、防壁、農業と牛の飼育に適した地域を選択した。
【歴史と文学】
『イーリアス』を読む中で、ギリシア人が彼らの神々について何を考えたかを書いた。そして自分たちが書いたものを読んで話し合った。

についての作業を行っている。多くの子どもたちはまた、材料を入れる箱や封筒を厚紙やマニラ紙で作った。

　歴史と読み方。グループⅠとⅡは、原始的な家、小屋、洞穴、ウィグアム（北米インディアンのテント小屋）の生活形態についての学習を継続している。それらの家具について話し合い、それぞれの周囲の景色の絵を描いた。使用される素材を記述する言葉や文章を書き、これらの家で使う皿も粘土で作った。この作業を終えるとすぐに、子どもたちの学習は、石器時代から青銅器

		グループⅠとⅡ	グループⅢ
月曜日	午前	【裁縫】（30分） 先週に引き続き、裁縫で針刺しの活動を行った。	【裁縫】（30分） グループⅠ、Ⅱと同じ。
		【音楽】（30分） 「Round and round the big bird flies」のような単純なメロディーのフレーズを取り上げた。	【音楽】（30分）
			【表現】（30分） 黒板に森林、製材のための野営の絵を描いた。
		【住居の学習】（30分） 土の小屋、北米インディアンのテント小屋、丸太小屋の写真で勉強した。丸太小屋が作られる木、板を作るのに使用された機械の写真が示された。製材過程が、森での木の伐採から製材所まで、写真をたどりながら示された。	【工作】（30分） 製図板を作成した。
		【見学】（90分） 異なる国々の森、有名な木の写真、日本の材木について勉強するため、コロンビア博物館へ	
	午後		

時代へと移った。これと関連して、湖上生活者の物語と彼らが使った金属の道具について話された。グループⅢは、ギリシアの住居の学習を取り上げ、現存する最も古い神殿の再現で始め、粘土の塊を用いて縮尺比で模型を作った。グループⅣとⅤは、チャーチ著『イーリアス』を読み続け、ギリシアと周囲の国々との地理関係について話し合った。また、異なる民族であるが、同じ言葉があるという実例をあげながら、アーリア人と共通の起源もつ物語が話された。

　理科。先週に引き続き、植物の呼吸と光の影響についての実験的な作業が行われた。グループⅠの子どもたちは、教えられることなしに、葉の様子から十分に開いている時に目覚めていて、そうではない時に眠っていることを推測した。子どもたちは、水の中に入れた植物から出る泡を発見することに特に興味を示した。そして、植物が組織を作り上げるため、地中からどのよ

グループⅣ	グループⅤ
【工作】(30分)	
天秤を作った。	
【理科】(30分)	
博物館を訪問する準備のため、木材について実験室の活動を行った。子どもたちは、木材の放射断面、横断面、縦断面に注目し、木材を切断して、実験室の黒板に展示している木材の部分と照合した。	
【裁縫】(30分)	【音楽】(30分)
訪問した。	
【理科】(90分)	
子どもたちは、鉛の重りの鋳造、温度計を作る活動を継続し、それに1時間、費やした。子どもの中の4人が亜鉛と銅の細片から「タンブラー電池」を作った。	

うに塩を得ているのかを理解するために、塩と砂糖の溶解と蒸発を学習した。子どもたちはまた、汗によって皮膚から塩を外に出すことを発見して、これと人間の生理機能を結びつけた。

　子どもたちが書いた次の文章や記録は、その結果に到達するいくつかの着想を示しているだろう。グループⅠとⅡの最初の文章は、教師が口述し書いた。他の文章では、綴りの間違い以外、修正をしていない。

　グループⅠとⅡ。木は飲み、呼吸し、成長する。木の皮は木を暖かく保つ。心材は飲まない。樹液、根、葉は木のために働いている。つぼみは葉の上に出てくる。木はもちろん、空気を取り入れ、泡が出てくる。

　グループⅢ。木は皮目で呼吸している。それらは木の皮に小さな穴をもっている。ユリの茎は水を吸い上げる穴をもっている。植物は空気を吸い、水を飲んでいる。

		グループI	グループII	グループIII
火曜日	午前	【音楽】（30分）		【裁縫】（30分）
		【工作】（30分）		【工作】（30分）
		人形のテーブル作りを継続した。		1インチの物差しで、すべて2インチの製図板を作った。
		【木材の学習】（60分）	【木材の学習】（20分）	【理科】（60分）
		製材工場の絵を描いて、木材の見本を勉強した(30分)。また、木材の諸部分の絵を描いた(30分)。	「People lived in trees; in huts; in caves」「We make houses of wood; trees make the wood」などの黒板に書かれた文章を読んだり書いたりした。	実験室で、グループの半数は温度計をつくった。残り半数は水銀の重さを量り、水の何倍の重さがあるのかがわかった。
		【理科】（30分）		
		前の週に作った澱粉を煮て澱粉を検査し、次の昼食準備のために水の染みこんだエンドウ豆の重さを量り、1オンスと1/2オンスを足した。	【木材の学習】（40分）	
			木材の勉強を始め、木目としての年輪を確認した。いくらかの木材を焼いて、何が残るのかを見て、木炭の重さをはかり、それを調べた。	
		【体操】（45分）		
		大学の体育館。		
	午後			

　グループIV。温度計の作り方。次の記録は1人の子どもが絵を入れながら書いている。温度計の作り方。（1）まず、私は一つのガラスを取った。私は、ガラスの端の一方がふさがるまで、ブンゼン・バーナーの上でそれを握っていた。そのガラスの一方をふさいだ後、その端が非常に熱くなるまで炎の中でそれを入れていた。それから、私はそれをとても素早く取り出して、それがとても熱い間に、そのガラスに球状の部分をつけるよう息を吹き込んだ。あなたはあまりにも大きくなり過ぎるまで息を吹き込んではいけない。さもないと、それは壊れて紙と同じようになってしまうだろう。（2）息を吹き込んで球状の部分を作った後、私はビーカーの上でその管をもって、その管をアルコールで満たした。それから、私は先生にその管を渡した。彼女は他の端をふさいでくれた。ガラスの留め金のようなものがあった。私が先

グループⅣ	グループⅤ
【歴史と文学】(60分)	
チャーチ著『イーリアス』第11章を読んで話し合った。	
【算数】(45分)	
9と12の数表を書き、フィートをヤードに換算した。	
【工作】(60分)	【地理】(60分)
物差しについての活動を行った。	ギリシアの地図を鉛筆でなぞりながら地形図を描いた。
【理科】(60分)	
鉛の重りと温度計作りの活動を継続した。	

生にそれを渡す前、それを炎の上で高くかざしていた。というのは、もしあなたが炎にそれを近づけすぎると、アルコールがすべて抜け落ちるからだ。私が炎の上でそれをもっていた理由は、上に空気の泡があるからだ。それが少し熱くなる時に、空気の泡が出てくる。(3) 私は板を作り、上のほうに小さな穴をくりぬき、下の方に大きな穴をくりぬく。それから、温度計に四つのとめ金を付け、それを数で区画する。

　次の二つの記録はグループⅤのものである。「私は試験管をとって、綿布でそれをきれいにした。私は自分の手が温かくなるまで手をこすった。私は試験管の空いた口の上にその手を置いた。私は試験管の水蒸気を見た。皮膚の毛穴を通って汗が出ている。私は手の上をスプーンでこすった。スプーンの上に汗があった。私はそれを味見した。それは塩のような味であった。塩

が汗の中にあった。」

「私は試験管をきれいにして、私の手が温かくなるまでこすった。それから、試験管の上に一方の手を置いた。そして、試験管の内側が湿ってくるまで手を置き続けた。私は蒸気が私の手の皮膚の毛穴を通って来ると思う。そして私は熱がそこから来るのだと思う。」[70]

1897年3月17日[71]

　構成的な作業に関して、工作室では、ドミノ、教師の指示棒、おもちゃの舟、独楽が作られていた。いく人かはまた、アルファベットの文字をつけた積み木を作った。グループⅣとⅤは、縮尺で工作室の平面図を描いた。裁縫では先週の二つの報告で述べられた品物を継続して作っている。それとの関連で、使用される素材の話し合いが始まった。より小さなグループでは、綿モスリンがそれぞれに与えられ、子どもたちは同じ素材で作られた品物の名前をあげた。また、簡単な文章を口述し書いた。布を調べて、その糸に気付いた。そして糸で編む方法について話し合った。子どもたちは、昨年、工作室で作られた簡単な手織機といくつかの織物を見せられた。年長の子どもたちは、その地理的な起源に関連して素材について話し合い、地図を用いて綿で有名な州を学習した。完成した布の糸の構造を比較し、原材料の繊維を準備することに関連して、輸送に必要な仲介方法を推測した。

　歴史に関して、グループⅠとⅡはテント、粗野な小屋に住んでいる羊飼いの部族から石の住居への生活の変化について話し合った。子どもたちはまた、オクラホマ州のインディアンの学校からバルクリー（Bulkley）博士に送られた手工の描画や標本を調べることに興味をもち、自分たちがお返しに何かをしたり送ったりできる作業について決定した。グループⅢは、ギリシアの神殿についての作業を継続している。その間、グループⅣとⅤはアーリア人の文明についての話し合いを続けた。また、子どもたちの学習は、図解しながらであるが、インディアンの部族の南への移動、プエブロ・インディアンの

防衛用の建物に関する学習へと発展した。後者は博物館で学習したものであった。

　理科に関して、緑の素材の検出と分離、植物の生命に果たすその役割についての認識に関連して、植物に関する作業を継続している。しかし、後者の作業は、日光の不足によって遅れてしまった。植物における塩、植物が地中から塩を吸収する方法についての認識に関連して、子どもたちは、溶解度について学習している。塩とミョウバンの重さが量られ、熱い水と冷たい水で溶解させ、異なる量が溶解するのに注目した。結果として結晶が生じることを学習した。温かい水で土が混ぜられ、注意深く濾過された。濾過された部分の味を確かめ、塩の味がするのがわかった。この二つの作業は、葉と茎の灰の中にある塩の発見に収束し、植物の根が地中に存在する溶解性の塩を吸収するという推測へと導いた。

　この実践記録ではまた、次のように、デューイ実験学校の子どもたちによる昼食準備での異年齢の子どもたちによる協同の様子が詳細に述べられている。

　　　各グループの週の昼食は通常どおり行われたが、子どもたちの経験が豊かになったので、より組織的にできるようになった。客がそれぞれ昼食に招待される。子どもたちは、前もって異なる席に分けられ、それぞれに異なる仕事が割り当てられる。招待状を書き客を迎える者たち、料理の責任をもつ者たち、食卓を準備する者たち、給仕をする者たち、昼食の費用を計算する者たち、メニューを書く者たちである。年長のグループはまた、順番に、昼食の時に子どもたちの催しのための文学的なプログラムを提供した。
　　　さらに、学校の子どもたちの側でコミュニティの感覚をさらに発達させるために、子どもたちによって準備された新聞が読まれ、各グループが、特に今、携わっている自分たちの作業や興味のあることを説明する時折の集会のための計画が準備された[72]。

　以上、デューイ実験学校における1897年1月から3月までの実践記録につ

いて述べてきたのであるが、子どもの活動と他の作業との関連、作業の社会的側面が重視された記述となっている。これは、繰り返し述べていることであるが、デューイ実験学校において、社会的諸要因と心理的諸要因を同等に調和させるカリキュラムを開発しようとしていたからであった。では、なぜ、そのようなカリキュラムの開発が求められたのか、以下、その問題に関して考察する。

第5節　一貫した主題、心理的諸要因と社会的諸要因の同等の調和

　デューイの実験学校が開校した頃、W.T. ハリスは合衆国で最も有名な教育哲学者であった。彼は1889年から1906年まで合衆国の教育局長官であり、15人委員会の「学科の相互関係」分科委員会の委員長も務めた。このハリスについては、すでに第1章でこの「学科の相互関係」という観点で論じたのであるが、以下においては、デューイ実験学校が取り組んだカリキュラムの基本的な問題、つまり、一貫した基本的な主題である「心理的諸要因と社会的諸要因の同等の調和」という観点から、デューイ実験学校のカリキュラム理論とハリスのカリキュラム理論の相違について論じる。

　ハリスとにとって、公立学校は明確な役割と機能をもっていた。つまり、偉大な西洋の文化遺産を伝えること、そして他の諸機関、家庭、教会、産業界がそれぞれの役割と機能を遂行するのに任せることであった[73]。L. タナーによれば、ハリスにとって教育は個人が民族（race）に高められる過程であり、学校は個人が文明化するための手段であったという[74]。そして、その最も効果的な学科は、「数学」、「地理」、「文学と芸術」、「文法」、「歴史」であった。そして、子どもはそれらの学科を習得すべきであった。つまり、文明化された生活に参加するために、子どもたちは好き嫌いなく、前もって設定された課題を自分の努力で解決しなければならなかったのである。

ハリスは、これらの学科が子どもを西洋の社会的、知的伝統の適切で正しい理解に導くことができると確信していた。学校における教科は興味よりもむしろ努力を通して習得されるひとまとまりの事実や原則であった。教師の責務は、大人としての自覚と体系的な知識をもつように子どもを導くことであった。従って、遊びではなく勉強が強調された。ハリスにとって、子どもが教科に関して困難を示すことなど、それほど重要な問題ではなかった。子どもは、成熟し完成した形で文明の成果に取り組まなければならなかったのである。第1章でも指摘したように、ハリスは、まさに精神的鍛錬主義と主知主義という特徴をもつ人文主義カリキュラムの代弁者であったのである。

　デューイは、このようなハリスのカリキュラム論に異議を唱えた。そして、教育的価値を決定する上で心理学的根拠を軽視するような15人委員会の報告書におけるハリスの見解は、二元論の必然的な結果であると指摘する[75]。デューイは、ある学習を選択し配置する基準が生徒を文明の要求に適応させる上で価値があるということに反対しなかった[76]。しかし、15人委員会やハリスの他の文書に含まれているカリキュラムの社会的決定論は心理学的な観点を排除する意味が込められていると批判したのであった[77]。

　デューイは「論理学的な観点は事実がすでに発見され、すでに分類され類別され、体系化されていると仮定する。それは題材を客観的な観点で扱う。唯一の関心はその事実が本当に事実であるかどうか、使用される説明と解釈の理論が信頼できるかどうかである。」[78]と述べ、さらに「心理学的な観点から、我々は生き生きとした個人的な経験としての学習に関心がある。地理は分類され議論されるひとまとまりの事実と原則であるだけでなく、それはまた実際に個人が世界について感じ考える一つの方法でもある。それは前者となるまえに後者とならなければならない。」[79]と主張する。すなわちデューイにとって、各教科は事実と原則の総体であるまえに生き生きとした個人の経験となるべきであった。

　ハリスの主張はまさに本末転倒であり、心理学的な観点ではほとんど価値

がない。「我々は、一つの論理的な全体としてのある学習と、一つの心理的な全体として考察される同じ学習の相違点を考慮しなければならない。」[80] 簡潔に述べられているが、デューイのこの言葉は、実験学校のカリキュラムの理論的基礎であった。デューイにとって、ハリスの方法で教えられた子どもたちは、抽象的な知識を実際の生活での具体的な状況に応用できないし、また、後にその教科の領域でさらに複雑な諸概念を扱うこともできないと思われたのであろう。

デューイは「我々は、地理的と呼ばれるに値する子どもの現在の経験の適用範囲（あるいは子どもが容易に手に入れられる経験領域の中）には何があるのかを発見しなければならない。それは、子どもに地理をどのように教えるかではなく、第1に子どもにとって地理とは何であるのかという問題である。」[81]（強調は原著者）と主張している。子どもと地理の関係は、地理学者と地理の関係とは同じではなかった。子どもにとって、教科は抽象的な科学ではなく、まさにその学問（教科）の本質、人間および人間の活動にとってそれが何であるかという観点から出発しなければならなかったのである。

デューイにとって、研究的な興味や知的態度に従えば、永遠に固定され続ける諸事実の総体、地理や物理など、どんな教科においても固定された諸事実の総体は何もなかった。たとえば、もし我々が一平方マイルの土地を所有していても、ある関心から見れば、それが地理学的、あるいは植物学的、地質学的、鉱物学的となり、別の観点では歴史的な素材となるのである。実際、客観的な事実として、どんな一つの学問や教科の名のもとにおく絶対的なものは何もないというのである。

その土地についての個人的な見方や考え方の判断基準が、ある種の論理的な組織化の出発点であった。デューイにとって、カリキュラムの最初の問題は「子どもがすでにもっている自然なありのままの経験から、どのようにして、結果として大人の意識している完成され系統だった知識へと徐々に体系的になるのか」[82]ということであった。すなわち、子どもの経験がいかに成

長するかであり、大人が子ども時代から成熟するまでの発達の間に、どんな経験を積むのに成功したかではなかったのである。デューイは、1897年の「学校カリキュラムの心理学的側面」において、このように主張したのであるが、この基本構想は1895年の「大学附属初等学校の組織計画」においてだけでなく、本節で考察してきた1896年から1897年の実験学校の授業実践においても貫徹している。

　時が過ぎ、デューイ実験学校が発展するにつれて、デューイは、学校の諸活動を報告するだけでなく、学科課程についての理論を洗練させ続けた。なぜ、教育学的世界において、デューイとデューイ実験学校への関心がそれほど高まったのか。それは、子どもの精神的諸操作を第一義とする心理学的な立場と、組織された知識の総体を第一義とする論理的な立場の明らかな対立が存在したからであった。

　デューイは、当時の人文主義者たちによる「組織された知識の総体を第一義とする論理学的な立場」と発達主義者たちによる「子どもの精神的諸操作を第一義とする心理学的な立場」の継続的論争のどちらか一方を支持するのではなく、彼らが本質的に誤った問題を論争していることを指摘し、それらを再構築しようとしていたのである。それゆえ、実験学校において「心理的諸要因と社会的諸要因の同等の調和」という問題に取り組んだのであった。そして、デューイにとって、オキュペーションを基軸に構築されたカリキュラムは、心理的諸要因と社会的諸要因を同等に調和させることができるのであった。このオキュペーションについては次章において詳細に考察する。

註

1）Katherine C. Mayhew and Anna C. Edwards, *The Dewey School*（New York : D. Appleton-Century, 1936）, p.3.

2）Helen M. Todd, " Why the Children Work : the Children's Answer," *McClure's Magazine*（April 1913）, p.70.

3）Joseph M. Rice, *The Public School System of the United States*（New York :

Century, 1893), p.166.

4) Jane M. Dewey (Ed.), Biography of John Dewey, in Paul A. Schilpp (Ed.), *The Philosophy of John Dewey* (Evanston: Northwestern University, 1939), p.29.

　ヤングは個人の知性とモラルを尊重し、それらを切り離さなかった。それは、彼女自身の経験によって生じ、生徒の精神過程の高潔さを教師が尊重するという強い主張、上からの学校管理に対する不変的な抵抗へと発展した。そして、それはシカゴだけでなく全米中の学校における教育方法に多大な影響を与えた。ヤングとの関係が、実際の学校管理の問題において経験不足であったデューイの教育思想を補完し、学校、ひいては生活における民主主義という彼の教育思想を具体化したという。

5) 笠原克博は、下記の研究において、社会問題に対するデューイ思想の特質をとらえるために、シカゴ市民連盟に結集している人々の思考・行動原理について論じている。また、アダムズとデューイの間には終生の親交があり、思想面で相互に啓発しあったと言われながら、アダムズの思想については必ずしも十分に把握されないまま、両者の接点だけが強調されているという問題点を指摘し、両者の問題意識の共有関係と相互に学びあった思考の共通性をとらえる一方で、その思想の根における両者の乖離の様相も明らかにしている。

　笠原克博『初期デューイ教育思想の課題―1890年代の社会改革運動との関連で―』法律文化社、1989年

6) Albion W. Small, "Demands of Sociology upon Pedagogy," *Journal of Proceedings and Addresses of the Thirty-Fifth Annual Meeting of the National Education Association* (1896), pp.174-84.

7) *Ibid*., p.174.

8) *Ibid*., p.175.

9) *Ibid*., p.175.

10) *Ibid*., p.175.

11) *Ibid*., p.175.

12) *Ibid*., p.176.

13) *Ibid*., p.176.

14) *Ibid*., p.178.

15) *Ibid*., p.182.

16) *Ibid*., p.182.

17) *Ibid*., pp.181-182.

18) *Ibid*., p.184.

19) *Ibid*., p.184.
20) John Dewey, "Plan of Organization of the University Primary School," (1895), in J. A. Boydston (Ed.), *The Early Works of John Dewey : 1882-1898*, Vol.5 : 1895-1898 (Carbondale : Southern Illinois University Press, 1972).
21) *Ibid*., p.224.
22) Katherine C. Mayhew and Anna C. Edwards, *op. cit*., pp.6-7.
23) Dewey, J., *op. cit*., pp.224-243.
　数字は、筆者が付したものであり、原文には書かれていない。
24) 筆者が「大学附属初等学校の組織計画」を翻訳し、表としてまとめた。全てではなく抜粋したものである。
25) John Dewey, *op. cit*., pp.230-231.
26) *Ibid*., p.230.
27) *Ibid*., p.231.
28) *Ibid*., p.229.
29) *Ibid*., p.226.
30) *Ibid*., p.231.
31) Laurel N. Tanner, "The Meaning of Curriculum in Dewey's Laboratory School (1896-1904)," *Journal of Curriculum Studies* Vol.23, No.2 (March-April 1991), p.105.
32) John Dewey, *op. cit*., p.225.
33) John Dewey, *op. cit*., p.225.
34) John Dewey, *op. cit*., p.225.
35) John Dewey, *op. cit*., pp.22-225.
36) George Dykhuizen, *The Life and Mind of John Dewey* (Carbondale and Edwardsville : Southern Illinois University Press, 1973), p.88.
37) *Ibid*., p.88.
38) "The University School," *University Records* Vol.I, No.32 (November 6, 1896), p.417.
39) *Ibid*., p.417.
40) "School Record, Notes, and Plan. The University of Chicago School," *University Records* Vol.I, No.41 (January 8, 1897), p.519.
41) *Ibid*., p.519.
42) *Ibid*., p.519.

43)"School Record, Notes, and Plan. The University of Chicago School," *University Records* Vol.I, No.47（February 19, 1897), pp.574-575.

44) Katherine C. Mayhew and Anna C. Edwards, *op. cit*., p.8.

45)"The University Elementary School," U*niversity Records* Vol.III, No. 38（December 16, 1898), p.239.

46) Katherine C. Mayhew and Anna C. Edwards, *op. ci*t., p.8.

47) *Ibid*., pp.8-9.

48) *Ibid*., p.39.

　デューイ実験学校の研究に関して、これまでの先行研究ではこの時期区分に従って考察されてきた。この時期区分について異論はないが、本研究ではデューイ実験学校におけるカリキュラムの発展の連続性という観点から、あえてこの時期区分に従って考察するというアプローチをとらなかった。

49) *Ibid*., pp.7-8.

50) *Ibid*., p.42.

51)"School Record, Notes, and Plan. The University of Chicago School," *University Records*. この実践記録は1896年10月16日（第1巻32号：1896年11月6日付）から1897年6月23日の実践（第2巻13号：1897年6月25日付）まで、ほぼ毎週、30回にわたって掲載された。

　下記の先行研究では本節と同じ資料を扱っているが、「心理的諸要因と社会的諸要因の同等の調和」という観点から考察されていない。

　小柳正司「シカゴ大学実験学校の実践記録：1896-1899年」『鹿児島大学教育学部紀要（教育科学編）』51、2000年。

　森久佳「デューイ・スクール（Dewey School）におけるのカリキュラム開発の形態に関する一考察―初期（1896～98年）の活動例を中心として」『教育方法学研究』第28巻、2002年。

52)"School Record, Notes, and Plan. The University of Chicago School," *University Records* Vol.I, No.32（November 6, 1896), pp.419-420.

53) *Ibid*., p.419.

54) Laurel N. Tanner, *Dewey's Laboratory School : Lessons for Today*（New York : Teachers College Press, 1997), p.47.

55) Laurel N. Tanner,"The meaning of curriculum in Dewey's Laboratory School（1896-1904)," *op.cit*., p.107.

56)"School Record, Notes, and Plan. The University of Chicago School,"

University Records Vol.I, No.32 (November 6, 1896), pp.420-421.

57) *Ibid*., pp.421-422.

58) "School Record, Notes, and Plan. The University of Chicago School," *University Records* Vol.I, No.33 (November 13, 1896), p.431.

59) "School Record, Notes, and Plan. The University of Chicago School," *University Records* Vol.I, No.34 (November 20, 1896), pp.441-442.

60) "School Record, Notes, and Plan. The University of Chicago School," *University Records* Vol.I, No.34 (sic) (November 27, 1896), p.451.

61) "School Record, Notes, and Plan. The University of Chicago School," *University Records* Vol.I, No.36 (December 4, 1896), p.460.

62) "School Record, Notes, and Plan. The University of Chicago School," *University Records* Vol.I, No.37 (December 11, 1896), pp.467-468.

63) "School Record, Notes, and Plan. The University of Chicago School," *University Records* Vol.I, No.38 (December 18, 1896), pp.485-486.

表3-5は筆者が訳し、表としてまとめたものである。

64) "School Record, Notes, and Plan. The University of Chicago School," *University Records* Vol.I, No.41 (January 8, 1897), p.519.

65) "School Record, Notes, and Plan. The University of Chicago School," *University Records* Vol.I., No.43 (January 22, 1897), p.540.

66) "School Record, Notes, and Plan. The University of Chicago School," *University Records* Vol.I, No.44 (January 29, 1897), pp.549-550.

67) "School Record, Notes, and Plan. The University of Chicago School," *University Records* Vol.I, No.45 (February 5, 1897), pp.556-557.

水曜日の時間割を記載しいない理由はこの史料で述べられていない。また、その順序は木曜日、金曜日、月曜日、火曜日の順で記述されている。それゆえ、表3-6もこの順序で作成した。

68) 小柳正司「シカゴ大学実験学校の実践記録：1896-1899」『鹿児島大学教育学部研究紀要（教育科学編）』51、2000年、144頁。

69) "School Record, Notes, and Plan. The University of Chicago School," *University Records* Vol.I, No.50 (March 12, 1897), pp.603-604.

70) 1897年3月10日の実践記録に関して、日本語に翻訳したが、以下、子どもたちが書いた文章（英文）である。

　　Group I and II. Trees drink ; breathe ; grow. Bark keeps the tree warm ; the heart-wood does not drink ; the sap-wood, roots and leaves, do the working for the tree. The buds come out above the leaves ; trees have to get air of course ; bubbles come out.

Group III. Trees have lenticels to breathe through. Plants breathe through lenticels. They are little holes in the bark of the tree. Lily stems have holes in them to suck up the water. Plants breathe air and drink water.

Group IV. How to make a thermometer. The following record is written by one child, with illustrations : " How to make a thermometer. (1) First I took a piece of glass. I held the glass over the Bunsen burner until one end the glass was sealed. Then after the glass was sealed I held the end in the flame and got it very hot. Then I took it out very quickly and blew a bulb in the glass while it was very hot. You must not blow the bulb too big or it will break and be just like paper. (2) After I blew the bulb I held the tube over a beaker and filled the tube with alcohol. Then I gave the tube to my teacher and she sealed the other end of it, so there was something like a glass hook. Before I gave it to my teacher I held it up high over the flame, for if you get it too close to the flame it will break and all the alcohol fall out. The reason I held it over the flame is because there are air bubbles in the top. When it is hearted a little the air bubbles go out. (3) I will make me a board and bore a hole, a small one at the top, a large one at the bottom, then put four staples on the thermometer and mark out the numbers on it.

The two following records are from Group V : " I took a test tube and cleaned it with cotton, then I rubbed my hand until my hand was warm ; then I put the open end of the test tube on my hand. I saw moisture on the test tube. The sweat gets out of the skin by going through the pores. I scraped a spoon over my hand. There was sweat on the spoon. I tasted it ; it tasted like salt. The salt was in the sweat.

" I cleaned out a test tube and then I rubbed my hands together until they were hot. Then I put the top of the test tube against one of them. I kept it there until it was all moist inside. I think the vapor comes through the pores of my hand, and I think it is the heat that made it come.

71) " School Record, Notes, and Plan. The University of Chicago School," *University Records* Vol.I, No.51 (March 19, 1897), p.610.

72) *Ibid*.

73) Herbert M. Kliebard, *The Struggle for the American Curriculum 1893-1958*

(New York and London.: Routledge & Kegan Paul, 1987), p.18.
74) Laurel N. Tanner, " The meaning of curriculum in Dewey's Laboratory School (1896-1904)." *op.cit.*, p.103.
75) John Dewey, " The Psychological Aspect of the School Curriculum," (1897), in J. A. Boydston (Ed.), *The Early Works of John Dewey : 1882-1898*, Vol.5 : 1895-1898 (Carbondale : Southern Illinois University Press, 1972), p.165.
76) *Ibid.*,167.
77) *Ibid.*, pp.166-168.
78) *Ibid.*, p.168.
79) *Ibid.*, p.168.
80) *Ibid.*, p.168.
81) *Ibid.*, p.169.
82) *Ibid.*, p.171.

第4章 オキュペーションによる
カリキュラムの統合と授業実践

 すでに明らかにしてきたように、デューイ実験学校が開校した当時、主流であった教育は、現存する社会制度が効果的に機能するために、次世代を準備することであった。従って、授業を構想する場合も、子どもの興味や関心は、職業能力もしくは文化遺産の駆使能力のどちらかによってもたらされる将来の報酬の下位に置かれていた。

 しかし、デューイは、子どもの興味や関心、そして子どもの現在の生き生きとした経験から出発し、現実的世界の知的駆使能力へと導く教育過程に主要な関心があった。それは、必然的に伝統的な学校における目標、方法、素材を打ち壊すものとなり、はるかに多くの主体性、発見、知的自由による自主的なコミュニケーションの機会を子どもたちに提供することを意味した[1]。従って、極めて重要な問題は、そのような過程を効果的に促進するカリキュラムを開発することであった[2]。このことを念頭に置いて、デューイは実験学校を構想し、そこで教育実践に携わったのであった。

 デューイ実験学校のカリキュラムに関して、これまで数多くの先行研究[3]が存在する。そして、この学校の重要な特徴の一つがオキュペーションを基軸とするカリキュラムであることは周知の事実である。それゆえ、A.G. ワースは、シカゴにおけるデューイの諸研究について真剣に研究する者は誰もオキュペーションに取り組むことを避けることができないと主張した[4]。しかし、このオキュペーションに関して、我が国の先行研究においては、「仕事」と訳されたり、「オキュペーション」と表記されたり、また「活動的仕事」、「社会的オキュペーション」という言葉も使用されてきた。それは、デューイ自身が、「オキュペーション」、「活動的オキュペーション」、「典型的

オキュペーション」、「社会的オキュペーション」という類似した言葉を使っていたからであろう。

しかし、近年、L.タナーにより、「実験学校の実践報告」(Laboratory Schools Work Reports) が再発見されてから[5]、我が国で再びデューイ実験学校に関する研究[6]が盛んになり、その中で、「オキュペーション」と「社会的オキュペーション」の区別を明確にしようとする研究[7]が見られるようになってきた。

これらの研究は、デューイ実験学校のカリキュラム、授業実践の実態を解明するための意義ある研究だといえるが、「大学初等学校の組織計画」(Plan of Organization of the University Primary School)[8]における典型的な活動とオキュペーションとの関連が考察されていない点とデューイ実験学校が存在した当時のアメリカにおけるカリキュラム理論の歴史的な文脈が看過され、カリキュラムにおけるオキュペーションの本質と意味が詳細に考察されていないことに問題がある。

以下、本章においては、「大学初等学校の組織計画」、シカゴ大学の『大学記録』(University Record)(以下、『大学記録』と称す)、『実験学校の実践報告』、『初等学校記録』(The Elementary School Record)[9]を活用しながら、「典型的な活動」、「オキュペーション」、「社会的オキュペーション」について考察し、デューイ実験学校の統合的なカリキュラムと授業実践の実態について明らかにする。その後、それらを当時のアメリカにおけるカリキュラム理論の歴史的文脈という観点から論じる。

第1節 「大学附属初等学校の組織計画」における典型的な活動

第3章で考察したように「大学初等学校の組織計画」(以下、『組織計画』と称す)では、「子どもの側」から見た活動として、家事、木工、食べ物、衣服が記述され、その後に、「教師の側」から見た教科として算数、植物学、

化学、物理、動物、地理、歴史、地学、鉱物が列挙されていた[10]。この計画において、料理、大工仕事、裁縫という三つの典型的な活動が体系的な知識の学習に導くような経験を与えるだけでなく、カリキュラムの相関や統合を達成する手段でもあった。それゆえ、「組織計画」では典型的な活動と各教科の内容が相互に関連するように書かれていたのである。

後で詳細に述べるが、デューイは、アメリカ・ヘルバルト主義の中心統合法、相関論を批判していた。教科ではなく、子どもの活動がカリキュラムの統合や相関の基礎となり、家庭と学校と社会の連続を実現できると主張していたのである。従って、デューイが「常に*構成的活動*に統一の基礎を見いだす」[11]（強調は原著者）と述べているように、衣、食、住に関連した構成的活動がカリキュラムの中心になると考えられていた。しかし、「組織計画」においては、オキュペーションという概念はまだ使用されず、典型的な活動もしくは構成的活動という言葉が使用されていた。

ただし、デューイは、C.I. ミッチェルという女性に送った1895年11月29日付の手紙の中で、学科（Study）の相関、子どもの興味および学科のシークェンスを説明する時に、次のように、オキュペーション、社会的オキュペーションという言葉を使用している。まず、オキュペーションに関して、デューイは、社会の活動と子どもの直接的・間接的な活動が季節の変化によって左右されると述べ、次のように書いている。

> 最も重要な興味は生活がどのように支えられているか、何がそれを継続させているかという興味である。その原則は生活の様々な形式の相互依存である。つまり植物、動物、人間、社会階層などの相互依存である。オキュペーションの側面に関して述べると、秋には食料の生産物が収穫され分配されるオキュペーションへの興味、つまり食べ物はどこから来るのか、必要なところへどのように到達するのかに対する興味がある。[12]

また、社会的オキュペーションについて、デューイは歴史との関連で次のように述べている。子どもの興味は歴史それ自体にあり、また物語の語られ

方にもある。しかし、主要には、物語は客観的ではなく主観的で情緒的である。表現の第1の結合であるコミュニケーションのこの機能は、結果として他の個人や集団に関連した活動、つまり社会的オキュペーション、人々が社会生活で行っていること、社会学として分類されるであろう事実への視点をもたらす好機となる。歴史は過去の社会的諸活動の記録としてではなく、拡大された社会学として取り上げられるならば、現在の社会的諸活動にも開かれ、それらがより深く調査される[13]。

この手紙から推測すると、デューイは、オキュペーションや社会的オキュペーションに社会的な関連と歴史的な発展の意味を加え、実験学校のカリキュラムにそれらを位置づけようとしていたと思われる。すでに、典型的な活動にもそのような意味を含めてはいたが、社会的な関連や歴史的な発展という意味を含むには、オキュペーションという言葉の方がより適していたのであろう。

また、「料理、大工仕事、裁縫という三つの典型的な諸活動は、（幅広い意味では）それらが社会的には人類の基本的な諸活動を示す一方で、心理学的な側面では構成的な作業の適切な機会を与えるものとして考えられる。」[14]というデューイの叙述から、典型的な活動を社会的な側面から見るとオキュペーションであり、心理的な側面から見ると構成的活動であると考えられるかもしれない。

では、なぜ、デューイはオキュペーションという概念を使用しなかったのか。当時、このオキュペーションという言葉は誤解を招きやすく、職業教育や仕事への過度の強調と見なされる危険性があったからだと思われる。それゆえ、私的に印刷したとはいえ、公表することを目的とした「組織計画」では、あえて典型的な活動、構成的活動という言葉を使ったのではないか。さらに、実験学校の教師たちが、カリキュラムにおけるオキュペーションの本質や意味を短期間で理解するのは難しかったと思われる。それゆえ、「組織計画」および後述する実験学校の初期の教育構想や実践報告においては、典

型的な活動、構成的活動、実験的活動などの言葉が使用されたのであろう。

しかし、この手紙の中では、子どもの発達に適合した学習経験を与え、それらを水平的、垂直的に統合しながら発展するカリキュラムの中核となるオキュペーション、また、幼児教育と小学校教育を接続し発展させるための初等学校低学年における既存の教科に替わるカリキュラムの構成要素である社会的オキュペーションは、まだ、理論的実践的に確立されていなかった。それらはデューイ実験学校のカリキュラム開発において検討され、改善されていったのである。

すでに述べたように、デューイ実験学校は1896年1月に開校するが、最初の6ヶ月は試行錯誤の時期であった[15]。この試行錯誤の時期がほぼ終わる頃、1896年6月に公表された「一つの教育学的実験」（A Pedagogical Experiment）において、デューイは、以下のようにオキュペーションについて述べている。

> この学校は、初等学校の「学科」を学科としてではなく、子どもの生活における諸要因として扱うことにより、最もよく習得されるという信念で運営されている。子どもはなす（強調は原著者）ために、つまり料理をしたり、裁縫をしたり、簡単な構成的活動（act）において木材や道具を使って作業をしたりするために学校に来る。これらの活動の範囲内で、またこれらの活動の周りに書き方、読み方、算術などの学科が集められる。いわゆる自然学習（natural study）、裁縫、手工訓練は、決して教育における新しい特徴ではない。おそらく、この大学初等学校の新しい種類の際だった特徴は、これらが他の学科の中のある学科として導入されず、子どもの活動、子どもの正規のオキュペーションとして導入されていることであり、より正式な学科がこれらのオキュペーションの周囲に集められ、それらからできる限り自然に発展することである（下線は引用者）。[16]

このように、デューイは実験学校の開校当初の時期（試行錯誤の時期）を経て、カリキュラムの理論と実践の中心に子どもの活動から正式な学科への発展的な意味をこめてオキュペーションを明確に位置づけるようになった。しかし、先述したことであるが、教師たちがカリキュラムにおけるオキュペーションの意味、本質や機能を理解し、実践するまでには、ある程度の期間が

必要であったのだと推測される。次節では、カリキュラムにおける、このオキュペーションの本質と意味について考察する。

第2節　カリキュラムにおけるオキュペーションの本質と意味

　デューイ実験学校が開校して間もない時期、偶然やって来たある見学者は、それを文化史段階説の学科課程だと解釈し、デューイ自身も「表面的には、人類の文化の発展から引き出された題材によって、子どもたちの本来的な経験を拡大するという方法において、『発生反復』理論への類似性があった。」[17)]と認めていた。

　確かに、デューイ実験学校の初期のカリキュラムは、その表面的な枠組みにおいて、文化史段階説、特に人類史の発展段階に著しく類似していた。例えば、第3章で取り上げた1896年10月、11月の実践報告で明らかなように、グループⅠ、Ⅱ、Ⅲの子どもたちは、原始時代の洞穴での生活を再現した。グループⅠ、Ⅱは、洞穴の住居、使用する皿、カップ、瓶、砥石などの模型を作り、グループⅢは、洞穴の住居の発展として、木とあばら屋と洞穴の家とを比べ、それぞれの利点を比較する学習を行った。グループⅣとⅤは粘土で、古代ギリシアの焼き物を作り、最初のギリシアの城壁や家の模型を作った。子どもたちはギリシア人の日常生活、娯楽、職務、戦闘的な習慣も学習した。それは『イーリアス』の「喧嘩」、『オデッセイ』のパイアーケス人のユリシーズ物語にえがかれていた。

　当時のカリキュラムを批判する者たちと同様、デューイもアメリカ・ヘルバルト主義の「文化史段階説」に魅力を感じ、その着想を実験学校に取り入れたのであった。しかし、デューイは現存するどの諸教科も理想とするカリキュラムの統合を与えないと考えていた。このことに関しては、すでに第2章で詳細に考察した。それゆえ、デューイ実験学校のカリキュラムには、「文化史段階説」との表面的な類似性を越えて、真の統合、相関を目指す基

本的な変容が存在したのである。

　デューイは、オキュペーションをカリキュラムの基軸とすることによって、さらに読み、書き、計算、歴史、地理、理科、言語などの伝統的な教科の社会的側面と社会的価値を強調することによってカリキュラムを統合し、当時の学校におけるカリキュラムの過密化、学校での学びと日常生活の乖離という問題を克服しようとしたのであった。では、オキュペーションとは何か。デューイ自身、この概念の特別な意味を説明するのに苦労したようである。というのは、先述の繰り返しになるが、当時、この言葉が職業教育と同一視される危険性があったからだ。

　クリバードによれば、オキュペーションについてのデューイの解説で最も完全なものは、教育学の論文ではなく、1902年『心理学評論誌』(*The Psychological Review*)の第9号における「未開人の精神の解釈」(Interpretation of the Savage Mind) [18]に見られるという[19]。それは、デューイ実験学校が存在した時期の研究であった。その小論において、デューイは、H. スペンサーの人類学的解釈を下記のように手きびしく攻撃した。

　デューイは、スペンサーの未開人解釈、つまり、「現在の文明化した精神が事実上、一つの基準として考えられ、未開人の精神がこの固定された尺度で測定される」[20]ことに批判的であった。なぜなら、そのような解釈では、未開人は常に文明人の所有しているあれこれの質が欠けていると見られ、未開人の特性が無能だと判断されるからである。デューイは「未開人の身体的な態度や特性は、知的な人（mind）が通過した段階以上のものであり、それらを追い越してきたのである。それらは、紛れもなくさらなる進化へとつながっている。同じようにそのようなものが、現在における精神組織の枠組みの一つの統合的な部分を形成しているのである。」[21]と主張した。不思議にも、このような肯定的で積極的な解釈が、スペンサーやいく人かの人類学者による研究には欠如していたのであった。

　人類を固定的な階層的基準によって見るよりも、デューイは、我々が、人

間の知的な活動、そして実際に個人や集団が生活において従事する特徴的な諸活動、環境を統制するのに必要な個人の諸能力との関係で全体としての文化を見るべきだというのである。デューイは「生物学的な見解は、他のどんなものであろうとも、精神が少なくとも、その生活過程の諸目的との関係で環境を統制することに尽力する一つの器官であるという確信を我々に与える。」[22]と主張した。狩猟民族や農耕民族は、我々が文明と呼ぶ象徴的なものを習得し採用する度合いによってではなく、彼らが生活するその自然的・社会的環境が要求する支配的な諸活動との関係によって判断されるべきであった。

デューイは「オキュペーションは活動の基本的な諸形態を決定し、それゆえ諸習慣の形成と使用を統制する。」[23]と述べ、続けて「オキュペーションが、満足の主要な形態、成功と失敗の基準を決定する。それゆえ、それらは価値の実用的な分類や定義を与える。……オキュペーションの諸活動のグループは非常に基礎的で普及しているので、精神的な諸特性の構造的な組織の図式（scheme）もしくは型を与える。」[24]と述べた。そして、オキュペーションは重要な諸目標や諸関係を決定し、それゆえ注目すべき内容や素材、意味のある諸特質を提供するのである。従って、精神生活に与えられたその方向は、情緒的、知的な諸特性にまで広がるという。すなわち、基礎的なオキュペーションについての理解は、我々に、現在の精神的諸活動への洞察だけでなく、ある文化の他の諸特徴、つまり芸術、宗教、結婚、および、法律について理解する一つの方法を与えるのである。

第1章で述べたように、G.S. ホールは、学科課程を構築する時に、個体発生が系統発生を繰り返すという理論を応用した。同じ様に、デューイは、人類の進化、文明や文化の発展について独自の解釈をおこない、それをデューイ実験学校のカリキュラム開発において再構築しようとした。一つの重要な意味において、ホールやヘルバルト主義者のカリキュラムと同じように、デューイ実験学校のカリキュラムもまた、歴史的な発生反復であったが、そ

の反復は、人間がおそらく通過したであろう歴史的な諸段階ではなかった。代わりに、それは、人間にとっての基本的な社会的諸活動の進化をたどっていた。デューイは、オキュペーションの社会的側面を強調し、また、その概念にカリキュラム理論上の特別な意味をもたせたのである。

1896年11月6日の『大学記録』（第1巻第32号）において、デューイは次のように主張している。「この単純化された社会生活が縮小して、全体としての生活に基本的である諸活動を再現し、一方で、子どもが、より大きな共同体の事業の構造、諸素材、諸形態にしだいに精通するようになることができる。他方で子どもがこれらの方向で行為することを通して、自分を個性的に表現し、自分自身の能力を統制することができるようになる。」[25]。

デューイにとって、オキュペーションを基軸に構築されたカリキュラムは、個人的な諸目的と社会的な諸目的を調和させる架け橋を与えるものであった。それが、彼にとって、どのような教育理論においても解決されるべき中心的な問題であった。それはまた、カリキュラムの様々な構成要素を結びつけるのに役立ち、W.T. ハリスの学科課程に欠落していた統合をカリキュラムに与えた。子どもたちが興味をもつかどうか、各学科のプログラムが望まれるような効果をもつかどうかは、単にデューイ実験学校のカリキュラム開発、授業実践において発見されねばならないことであり、その実験結果に基づいて、修正と改善が行われるべきであった。

デューイ実験学校では、子どもの発達段階に適したカリキュラムの必要性が実践において明らかとなった。そして、1897年5月時点で、初等学校の9年間（4歳から13歳まで）が三つに区分され、以下のような定式化が試みられている[26]。

初等学校の目的は、「1）子どもに周囲世界の自然や社会に対する積極的、探究的な興味や意識をもたらすこと、2）子どもに自らの能力について肯定的な意識をもたらすこと、3）さらなる活動、すなわち、読み、書き、そして数（number）に要求される技術的なツールの駆使能力を子どもに徐々に紹

表4-1　子どもの発達段階の定式化（1897年5月時点）

第1段階（4歳から7歳）
子どもたちがすでにもっている社会的な経験、一方では、生活に関わるものについてのより明確な意識を子どもにもたらし、他方では、社会的な奉仕の習慣、自分の手や目の力を統制する能力を形成する試みで始める。この時期の最終学年では、子どもたちは、書き言葉の使用、典型的な数に関する諸過程の使用へと形式ばらずに導かれる。
第2段階（7歳から10歳）
主な目標は、これらの方法の使用によって、その駆使能力を子どもたちに保証すること、その経験をより明確に定式化できるようにすることである。これらの方法は、料理、大工仕事、実験で道具や器具を利用し、明らかな成果を達成するまで継続的に作業を進める能力を含む。また、切り離された学習としてではなく、他の学習において、報告書を書いたり、記録をとったり、計画の概要を述べたり、作業を行ったりすることに関して、読み、書き、計算の利用が増加することを伴う。
第3段階（10歳から13歳）
主な目標は、子どもが独自に問題を考え、定式化する能力、つまり適切な方法を選択し、定義する能力の獲得である。第2段階において、子どもは、その方法とその利用の実践的な駆使能力を獲得することになる。子どもは今、それらを熟考し、より知的な用語で、それらを定式化することができる。これは、歴史、文学、地理、理科において諸問題を調査するのに役立つ本の専門的、本格的な利用という意味を含む。

介すること」[27]であった。従って、この時期においては、子どもに一定量の知識を獲得させ技術的な能力を与えることではなく、「子どもの意識に自分が住む世界の秩序ある感覚を形成し、学校に来る前に親密にかかわった世界、すなわち、家庭や近隣の生活から抜け出して、しだいにその範囲を拡大すること」[28]が最も重視されるべきであった。

　では、デューイ実験学校では、どのようなカリキュラムによって、このような教育目的を達成しようとしていたのか。それは三つの主要な領域、つまり、「手工」、「理科」、「歴史と文学」から成っていた。それは、第3章でも述べたように、『大学記録』の実践記録が1897年3月からこの3領域を中心に述べられていることからも明らかである。

第3節　カリキュラムの主要領域、「手工」、「理科」、「歴史と文学」

1　手工

　1897年5月21日付の『大学記録』（第2巻第8号）で、手工の三つの教育的価値が下記のように述べられている[29]。ここでの「手工」とは料理、裁縫、大工仕事を含む構成的活動、すなわちオキュペーションであった。

　第1に、目や手や他の運動器官を一緒に使いながら、子どもたちは日常生活において馴染みのある素材と工程に取り組み、様々な道具の使い方を容易に自然に経験することになる。それらの活動はまた、子どもの注意を惹きつけ持続させる非常に有効な手段となる。そして、それは子どもが一員である共同体に確実に役立つ方法で作業する動機を提供するのは言うまでもなく、分業、相互協力の機会を提供することによって社会的な精神を涵養する機会となる。

　第2に、この柔軟な時期に個人的な器用さ、機敏さを保証し、勤勉の習慣を育て、作業を継続させるための最も可能性のある手段である。子どもが自由にこれらの活動を行う時、計画上の創意工夫、実行力が最も発達する。自分の能力についての肯定的な感覚を子どもに生じさせ、表現活動や構成活動を励ます。

　第3に、他の作業と関連させる継続的な機会を提供する。たとえば、料理は、単純ではあるが基本的な化学的諸事実と諸含意、そして、食べ物を供給する植物についての学習に近づく一つの自然な手段であった。また、その素材と過程についての学習は、裁縫と結びついて実行される。これは発明に関する歴史の学習、地理の学習、綿花や亜麻のような植物の生長や栽培についての学習を含む。さらに測定はこれらの学習に含まれる。特に大工仕事の作

業は常に計算を伴い、純粋な数の感覚を与えた。

　以下、1897年5月時点での「手工」に関する子どもたちの学習の様子である[30]。

　すべての子どもたちは、少年も少女も同じように、紙や厚紙を使った付随的な作業の他に、料理、裁縫、大工仕事の作業を行っている。裁縫、料理、大工仕事にそれぞれ、週に1時間から2時間が与えられている。料理において、子どもたちの各グループは、週に1度、自分たちの昼食を準備し、食卓を準備したり、客を接待したり、食事を出したりすることにも責任を負っている。これは、料理に肯定的な動機だけでなく、社会的な価値も与えることがわかった。大工仕事用の工作室では杓子定規ではない一連の練習が続いて行われた。その目的は、道具や素材を子どもの筋力や精神的な能力に適応させることである。最初に、行われたことは学校の作業で必要な物の製作である。たとえば、最近、亜鈴の棚、棒の棚が体育館用に作られた。また、実験室用の鉛の重りがついた簡単な秤、試験管の棚、簡単な実験装置などが作られてきた。品物が学校で必要とされない時、子どもたちは家にもって帰る品物を計画し、苦心して作り上げるよう励まされる。子どもたちによって選ばれたお気に入りの物は、おもちゃの椅子や机などである。裁縫でも同じような計画が続けられ、子どもたちは、料理用のエプロンや袖、体育館でのゲームに使用するお手玉を作っている。

　以上のように、デューイ実験学校において、「手工」は基本的な社会的諸活動として構想され、組織された知識の総体によって表される抽象観念への進化をたどる出発点を与えた。「なすこと」のみを目的とする活動主義ではなく、子どもが化学や算数を使いこなす能力の獲得に関心があったことは明らかであろう。この実験的な試みの目的は、どのような方法によって最も良くそれが達成されるかということである。そこに、デューイの器具主義的な哲学が見られる。つまり、人間は差し迫った問題に直面した時に、そのような能力を最もよく発達させるのである。デューイ実験学校のカリキュラムは、

食べ物を料理したり、家を建てたり、服を作ったりというようなオキュペーションを軸として、従来の題材までが発展的に習得されるよう意図された。それは、表面的に諸教科を関連させるカリキュラムというよりは、より生き生きとした、建設的な方法においてであった。

2　理科

　デューイ実験学校では、子どもが理科の題材を習得することにも関心があったが、その達成への最も確かな道筋は、子どもに科学が生じた基本的なオキュペーションへの手ほどきを授けることにあると考えられた。それゆえ、たとえば、グループⅣ（7歳児）では、子どもたちは、原始人の住居について考える中で、樹木と洞穴、それらの利点を比較したり、火の発見が洞穴をいかに住む場所として快適で安全にしたかを話し合ったりした。また、様々な食べ物をベリー、果物、根、動物の四つに分類し、獣類を獲得する武器と方法について話し合った[31]。グループⅤ（8歳児）では、子どもたちは、選んだ探検家たちとともに想像上での旅をしながら、動物、植物、人間による気候、土壌、地形学的な構造への適応の方法を観察し、自然の偉大な力が地球の進化に果たしてきた役割、それらと貿易と航海の関係について考えた[32]。

　デューイ実験学校では、自然学習、すなわち自然現象の観察を通した学習と実験的な作業は当初から導入されていた。10歳の子どもだけでなく6歳の子どもでも知性の発達、技能の獲得、操作の器用さに関して同じように実験室で学習している。たとえば、グループⅠとⅡの子どもたちは、コーヒーミルの使い方と価値を、以前使ったすり鉢とすりこぎと比較した。そして、次の澱粉の授業で検査を行うために、米を細かくくだき、エンドウ豆を割って、ふるいにかけ、ゆでた。子どもたちはまた、先週、明確に理解できていなかった洗濯のりをヨウ素で再度、検査をしたのであった[33]。

　実際、実験室の作業と手工は相補的であった。デューイ実験学校における理科の目的は、子どもたちに分析的な知識や科学的な諸原則を覚えさせるこ

とではなかった。その目的は「子どもの好奇心と研究の精神を呼び起こすことであり、自分たちが住む世界についての意識を目覚めさせ、観察力を訓練し、探究の諸方法についての実践的な感覚を染みこませ、自然のあらゆる変化にかかわる典型的な原動力や諸過程についての心象を徐々に精神の中に形成すること」[34]であった。

デューイ実験学校の教師であった K. キャンプは、『初等学校記録』(*The Elementary School Record*) の「初等教育における理科」(Science in Elementary Education) において次のように述べている。

> 初等の時期が過ぎるまで、実験的な活動は学校のカリキュラムにその場所を見いだせず、理科の学習もしくは自然学習は方法において観察的であるべきだという異議がとなえられてきた。しかし、この異議は、実験が抽象的な形式に基づき、大人の見解から考えられた時にのみ当てはまる。実験が例証、表現の一形式として、それゆえ自然な子どもの研究心が活用され訓練される一つの手段と考えられる時、その異議は効力を失う。つまり、実験的な活動が子どもの従事している社会的活動と結びつけられる時、子どもが観察してきた複雑な諸過程の価値ある例証、単純化として役立つことがわかる。子どもが自由に遊ぶのを許された時、衝動的に絶えず何かをつくるのと同じように、子どもは常に実験していると思われる。この種の特別な構成的活動を通した子どもの表現的欲求を活用するために、初期の段階から子どもに実験的な活動を提供することが望ましいとわかった。[35]

このような理科の学習を行う上で、デューイ実験学校は非常に恵まれた環境にあった。なぜなら、シカゴ大学の教員、大学院生がこのような教育方法に共感し協力してくれたからだ。しばしば、彼らは学校に新しい題材や実験道具をもって来て、子どもたちに話をしてくれた。この詳細については、第5章で述べる。理科の学習が専門家によって実践されるという事実は、子どもたちが価値ある素材を受けとる、つまり断片的な形ではなく関連づけられ一貫した形で素材を獲得することを保証することであった。

3　歴史

『初等学校記録』の「初等教育における歴史教育の目的」(The Aim of History in Elementary Education) において、デューイは「歴史学習は情報の蓄積ではなく、人間がどのように、なぜこのようにしたのか、つまり成功に到達したのか失敗したのかを生き生きと描写するために情報を使うことである。」[36]と述べている。すなわち、歴史学習の一般的な目的は子どもを社会生活の正しい理解へと導くこと、効果的な協同へと人間を導く力を子どもに発見させることであった。デューイにとって、歴史とは人間がどのように知力を使い環境を統御したか、つまり生活を改善するために人間がどのように効果的に考えることを、生活の諸条件を変容することを学んだのかの記録であった[37]。

これは、原始時代の人々が、いかにして困難な自然環境を克服するために道具を創り出し、それを改良してきたかに関する学習、またアメリカの開拓時代における開拓者たちの学習にもあてはまった。そこでは、人々は生きるために忍耐と知力と活力によってしばしば過酷な自然に立ち向かわなければならなかったのである。歴史を事実や出来事の寄せ集めや羅列としてではなく社会的に把握することは、またヘルバルト主義者たちへの批判でもあった。デューイは「歴史の社会的な目的を意識することは、歴史を神話や妖精の物語で氾濫させる傾向やただ文学を翻訳するだけの傾向を防ぐことでもある。私は、ヘルバルト学派が歴史に方向づけられた初等学校のカリキュラムを拡充するために多くのことをしたが、それはしばしば、歴史と文学との間に存在する真の関係を逆にしたと感じざるを得ない。」[38]と述べている。

ある意味で、アメリカの植民地の歴史とデフォー (De Foe) の『ロビンソン・クルーソー』(*Robinson Crusoe*) は上述のような主題、人間が逆境に打ち勝つ一種の理想像において同じである。しかし、「第3、4学年における子どものカリキュラムの素材として『ロビンソン・クルーソー』が与えられる

時、我々は本末転倒していないであろうか。なぜ、『ロビンソン・クルーソー』を同種の問題や活動の一つの具体的な事例、想像力に富んだ理想化として利用しながら、生活のためのより大きな広がりと、より強い力をもち、より生き生きとした永続的な価値のある現実を子どもに与えないのであろうか。」[39]とデューイは主張する。同じことが、いわゆる未開人の生活に関する学習の一つの手段として『ハイアウォサ』（*Hiawatha*）の詩を扱うことにもあてはまった。一つの理想化された文学の説明よりも、なぜ、北アメリカのインディアンを直接、学習しないのか、彼らが直面し克服しなければならなかった諸条件から、どのようにして彼らの社会生活が現れたのかを学習しないのか。デューイは、明らかに歴史学習に多くの価値を見いだしていたが、ヘルバルト主義の文化史段階説のように厳密な年代記的な歴史学習に従う必要性に疑問を抱いていたことは明らかである。

デューイは、「バビロンあるいはエジプトの生活を扱う上での難しさは、それが時間的にかけ離れていることよりも、むしろ社会生活の現在の関心や目的からかけ離れていることである。それは十分に単純化されてもいないし、十分に一般化されてもいない。少なくとも正しい方法でそうならないのである。」[40]と述べている。つまり、歴史学習における様々な時代の教育的価値を決定する上で、時代の隔たりは検討すべき事項ではない。重要なことは、子ども自身の心理学的な意味における精神的な近さであった。そして、北アメリカにおけるインディアンの生活は、いわゆるバビロニア時代やエジプト時代よりも、子どもには心理的にずっと近かったのである。

デューイ実験学校では、歴史学習の一般的な枠組みに三つの時期もしくは段階があった。第1の時期においては、ほとんど地方もしくは年代記的な歴史ではなく、典型的なオキュペーション、その社会生活を形成するのに役だったオキュペーションを強調しながら、人々の社会生活への洞察を与えるような歴史の諸側面を学習に導入した。たとえば、6歳児は都会と地方に住む人々の典型的なオキュペーションを学習し、7歳児は発明と生活におけるそ

の効果の展開を解明した。8歳児は、全世界を視野に入れた移住、探検と発見という大きな移動を主題にした。そして8歳児の歴史学習は、ある特定の場所と時代に生きる、ある特定の人々に関する学習への転換に役立った[41]。

次の3年間である第2期の焦点はシカゴと合衆国であった。そして、第2期の第3学年の子どもたちは過渡期的な学年であり、ヨーロッパとアメリカの生活の結び付きを学習していた。この時期までに、子どもたちは、社会生活が全く分化された、いわゆる特定のタイプの社会生活、つまりそれぞれの明確な意義をもち、全世界の歴史に果たした特定の貢献を学習する準備ができているべきであった。

そして、第3期において、地中海を中心とした古代世界で始まり、再びヨーロッパの歴史を通して、アメリカの歴史の特有で分化した諸要因へと帰着する年代記的な学習の順序が導入されていたのである。だが、この歴史学習のプログラムに関して、デューイは、それが「思考の産物ではなく、来る年も来る年も、主題についてかなりの実験をしたり、入れ替えたりした成果である。」[42]と述べている。

ところで、当時の一般的なカリキュラムと最も異なるデューイ実験学校の試みは、おそらく読み、書き、計算の3R'sの教え方であった。多くの人々にとって「読み、書きは、しばしば言われているように、学習と人生における成功への開口扉であった。」[43]ので、今日と同じように当時においても、初等学校のカリキュラムの基準となっていた。上述で明らかなように、デューイ実験学校では、読み、書き、計算は、特にカリキュラムにおいて循環するオキュペーションと関連した文脈の中で、最も効果的に教えられると考えられていた。

この信念は、デューイの全体的なカリキュラム論、部分的には変容するアメリカ社会についての彼の見解にも根ざしていた。読み、書きが教養のあるなしを意味していた時代では、その能力自体の獲得が目的であった。しかし、人々がかつての孤立した社会から脱却し、より豊かなより広範囲の精神生活

をおくるようになった時代では、文化の主要な基本的器具としての読み、書きの直接的な意義は縮小していたのである[44]。電話や電報の出現、新聞や雑誌の急速な発展、様々な娯楽の存在は、少なくとも都市において、過去と同じような本を用いて、読み、書きを教える直接的な必要性が失われつつあったことを示す事象であろう。しかし、読みがどのように見なされるか、この変化を直視しないで、読みをカリキュラムの核とし、様々なかわいい絵、物、ゲーム、そして中途半端な理科でそれを飾りたてるという実践がなお一般的であった[45]。

デューイは「ただ読むだけの過程が、それ自体一つの目的である時、読みが命のあるものになることは心理学的に不可能である。」[46]と述べ、当時の「読みの授業」が「その内容と表現形式の間の破滅的な分裂」[47]をもたらしていることを指摘し、「そのような本の最初の6頁か12頁を取り上げ、6歳児の知力から見て価値を見いだせる着想がどれだけあるのか自問自答してみなさい。」[48]と書いている。

デューイは、明らかに「読み」の授業に関心があったが、それが適切な文脈なしに取り出されている限り、子どもが読みを、何のための本なのかという意識なしに、ただ達成すべき課題だと見なしてしまうのは、仕方のないことであると感じていたのである。当時の「読み」は一つの独立教科となっていたので、一冊の本が「読み」の授業となり、音を発し言葉を認識するだけであった。そのような「読み」の授業にデューイは批判的であったのである。それゆえ、「読み」の授業は、デューイ実験学校の基本的な諸活動の副産物の一つであった。読み、書き、計算の学習は、クラブハウスを作ったり、料理をしたり、ペアの羊を育てたりする過程で自然に生じたのであった。

この点で、デューイは、当時、一般的に普及していた読みに関する教授方法の2つの影響を避けようとしていた。一つは、本を効果的に利用しようとしているが、かえって本に盲目的に依存してしまっているという逆説において示された[49]。もう一つは、「3R'sの支配」が、4歳から8歳や9歳の子ど

もたちが従事すべき重要な諸活動を締め出してしまっていることであった[50]。たとえば、音楽、絵を描くこと、および、模型を作るなどの様々な形式の芸術は、書かれた文字や記号に集中することよりも、子どもたちの要求により適しているであろうという理由、さらに文学や歴史でさえ、読みの素材がその本来的な価値のために選ばれないで、それが言葉の記号を認識する子どもの能力におそらく一致しているだろうという理由だけで選ばれていたことは、まさに悲劇である。

第４節 『大学記録』と「実験学校の実践報告」における「社会的オキュペーション」

　これまで、カリキュラムにおける典型的な活動、オキュペーションの本質と意味について考察してきたのであるが、まだ、社会的オキュペーションが何であるかを考察していない。以下、本節では、『大学記録』及び「実験学校の実践報告」の記述から、社会的オキュペーションについて考察する。

　デューイ実験学校は1897年４月の新学期になって６名の子どもが入学し、春学期でミッチェルが辞職した後、新たに教師２名が採用された。教員が増えた結果、新たに生徒を受け入れ、46名になっていた。1897年４月21日付、４月28日付の『大学記録』の実践報告には、「歴史と社会的オキュペーション」の見出しが見られる。まず『大学記録』における実践報告から検討する。

１　『大学記録』における「社会的オキュペーション」

　1897年４月21日付の実践報告では以下のように記載されている。

> 歴史と社会的オキュペーション：年少の子どもたちは、特に今の季節で継続している諸過程に関連した農場の生活の学習を始めた。農場の模型が大きな砂箱の中に作られた。それは家と倉庫で始まり、それから農場の動物、食物、道具へ、さらにその学習は、典型的な農場の土地の特徴（牧草、草地、穀物畑など）へと広

がっていった。その活動は紙を切ったり、絵を描いたり、粘土で模型を作ったりする全ての段階で明らかにされる。可能ならばいつでも、小刀を使った木材の作業、薄いブリキを曲げる作業も導入された。子どもたちは、その作業のために作成した文章に関連して読んだり書いたりした。年長の子どもたちは、ギリシア人の社会生活の学習を継続し、その学習を終了した時、ギリシアの家の絵を描いた。[51]

　この実践報告には各グループの活動は述べられていないが、1897年4月28日付の報告では「社会的オキュペーションと歴史」という見出しがあり、次のような記述が見られる。年少の子どもたちの活動は今、できる限り屋外で行われていた。ある日、子どもたちは屋外の植生についての学習に関連して、花、木の芽、花壇の状態などを観察するためにワシントン公園に行った。別の日に、子どもたちは農場にある物を直接、見るためにブルー・アイランド（Blue Island）にある農場を訪問した。そして、他の日の子どもたちの読書、書き方、手工は、この農場の学習に関連づけられていた。グループⅠが砂箱に農場を展示し、紙や積み木で様々な建物を作った。そして、家には区切りをつけて部屋を作り、藁、荷馬車、干し草、鶏を入れる物置も作った。そこには井戸、木材や道具用の倉庫もあった。グループⅡ、Ⅲも同じように農場の生活について学習したが、特に食物と穀物に注意を払った。このグループの子どもたちは、植える列の幅を測定しながら、大麦と小麦を植えている。グループⅤは『イーリアスとオデッセイ』の物語からの一節を利用して、ギリシア人の船について学習し、グループⅣとⅥはギリシア人の家と家庭生活について学習した[52]。

　そして、1897年5月21日の『大学記録』では、「今年度の後、現在の社会的オキュペーションの学習が始まるであろう。特に、地方の生活と都市の生活の相違、それらの相互作用と相互依存が取り上げられるであろう。」[53]と述べられている。次の12月10日付の実践報告に示されているとおり、確かに、1897年秋からのグループⅠとⅡの主題は、「社会的オキュペーション」であ

った。

　その年度のグループⅠとⅡの主題は、「社会的オキュペーション」であり、その意図は、今ある諸条件を維持する上での地方と都市の相互作用である。オキュペーションの選択は、子どもの食物、衣服、住居と密接に関連するよう努力されてきた。
　多くの子どもたちは地方で夏を過ごしたので、我々は、子どもたちが見た農作物、つまり、とうもろこし、果物、野菜の生育とその利用方法について話し合った。それから、これらがどのように収穫され、市場のために準備され、農場から私たちのところまで輸送されるのか、その様々な段階についても話し合った。
　それから酪農業が取り上げられ、子どもたちは小売店を訪問して、質問しながら、牛乳の輸送から農場までたどっていった。次に、子どもたちは、バター作り、見たことのあるいろいろな種類の攪拌機について話し合った。子どもたちは一晩中、牛乳を置いておいて、朝にそれを水切りし、そのクリームを攪拌してバターを作った。[54]

　子どもたちはまた、石炭鉱業と石炭の利用について学習した。溶鉱炉を訪問し、石炭が燃えるのを観察した。そして、炉の中に木材を投げ入れ、熱、燃え尽きる時間、炎の色など、木材と石炭が燃えるのを比較した。子どもたちは石炭がどこで産出され、どのように採鉱され輸送されるのかを話し合った。子どもたちは溶鉱炉を訪問した後で、次のような文章を書いた。「The coal kept in a bin. The coal is black. When you break the coal it is smooth. The hot coals are red. The coal burns and the flames are blue. The flame of the wood is yellow. After the coals are burnt, the ashes are left and they are white. The smoke makes the sides of the furnace black.」[55] そして、石炭に関する展示品を考察するために博物館を訪問した。
　手工では、学習した野菜、果物、穀物、その作業と関連した農場の動物の模型を作ったり、絵を描いたりした。ブロックで農家、物置、塀をつくった時に、長さと数の学習を行った。木材と石炭の炎の色を示す溶鉱炉の絵も描いた。理科では冬の準備をする動植物について学んだ。植物の学習で、子

もたちは葉が落ちたり、蕾ができたり、それがどのように保護されたりするのかを観察した。子どもたちはまた、種子植物が風、動物、水など、異なる媒体を使って増えることを学んだ。そして、この過程を観察するために、何度か公園や空き地に遠足に出かけた。動物に関する学習では、姿を消す動物の移動、食べ物の貯蔵、隠れ家や生息地の変化に対して残った動物がどのように準備するのかを観察することであった。子どもたちは教室で亀を飼い、冬仕度で身体を隠し、巣穴にいる亀を観察した。子どもたちはまた、昆虫が冬にどこで過ごしているのかを発見するために遠足に行き、多くの異なる昆虫が板、石の下にいることに気付いた。

料理では熱と水のシリアルへの影響について学習した。この関連で、オンス、ポンド、パイント、1/4、1/3パイントの学習を行った。裁縫では、針刺し、容器の敷物を編んだ[56]。

1897年12月17日の『大学記録』には、表4-2のように助手5名、教師8名の氏名と担当分野が記載されている[57]。助手はシカゴ大学の学生で、毎日、1時間半から2時間、学校に来ていた。

子どもたちのグループはⅠからⅧまで8つに編成されていた。最年少のグループⅠは5歳と6歳であり、最年長のグループⅧは11歳と12歳であった。年少のグループは子どもたちの数が8人までに制限され、望ましい環境であれば、12歳から15歳まではこの数を増やすことが期待されていた。子どもたちのグループ分けは柔軟であり、技術的な到達度ではなく、知的成熟度と作業の能力によって分けられた。そして、同じグループの子どもたちでも作業の量は異なり、目的や素材によって一緒に活動し、個人の出来映えも様々であった。子どもたちはまた、より難しい作業が必要だと感じたら、あるグループから別のグループに進むこともできた。その時、試験も採点もされることはなかった[58]。

1897年12月17日付の実践報告では、当時のプログラムについても述べられている。この資料によると、子どもの発達段階を考慮し、手工、体育、料理、

第4章 オキュペーションによるカリキュラムの統合と授業実践　219

表4-2　1897年12月当時のデューイ実験学校の各教師の担当分野

Miss Georgia A. Bacon：校長、歴史の主任
Miss Katherine B. Camp：理科と家庭科の主任
Mr. F. W. Smedley：工作科
Miss Katherine Andrews：理科の講師
Miss Althea Harmer：料理と裁縫の講師
Miss Ida M. Furniss：体育の講師
Miss May Taylor：音楽の講師
Miss Ashleman：フランス語の講師
Mr. E. C. Moore, Dr. Moore, Miss Lucia Ray, Miss Anna Camp, Miss Zuckerman：助手

(*University Record*, December 17, 1897より筆者作成)

裁縫などの活動と知的作業との均衡を取りながらプログラムが決定されていた。各グループは、毎日、体操を行い、毎週、野外調査をし、博物館や美術館などを訪問していた。年少の子どもに関しては、活動的な要素が優位を占め、理科、歴史、数などの学習は、料理、裁縫、大工仕事という構成的な活動と密接に関連するよう行われていた。子どもたちが成長するにつれて、グループⅥからⅧと同じように、明らかに知的な問題が導入されるまで学科の分化は徐々に導入されていた[59]。

　ところで、なぜ、グループⅠとⅡのカリキュラムにこのような変化が現れたのか。デューイは当初、カリキュラムの統合のために文明的な主題を選択した。つまり、文明をつくり出した活動とそれらが依存している活動に子どもたちが従事していたのである。先述した「組織計画」において、デューイは、現存する社会生活が子どもたちが理解するには難しすぎるし、一方で過去の生活が過去として取り扱われるならば、生気がなく遠く離れたものとなるが、構成的活動に対する興味によって、子どもたちは「有史以前の洞穴の居住者から、石器時代、金属器時代へ、そして文明などへと……家や食べ物などの発展を追跡することを通して、現存する社会的な構造を分析することへと導かれうる。」[60]と考えた。だが、この計画は上手くいかなった。なぜ

なら、原始人の生活の学習よりも、子どもたちにとって身近であり、それに触れ、体験できる自然的・社会的事象にこそ、子どもたちが興味や関心を示すことが実証されたからであった。

さらに、デューイ実験学校において、本物のモラル的成長は、学校が社会的な諸条件を含み、日常生活で広く行き渡っている柔軟で形式ばらない諸関係を示す時にのみ保障され得ると考えられていた。この実践報告で「モラル面での学校の仕事は、一時的に外的に発生することではなく、品性の健全な成長を促進する上で効率的であることによって判断されるべきである。それは突然ではなくゆっくりとであり、そして気質や動機の全般的な修正であり、外的な振る舞いや態度ではない。」[61]と述べられている。それゆえ、「学校外の生活と連続し、それを補強し、また子どもたちにかなりの自由を与え、形式ばらないようにする社会的オキュペーション」[62]が強調されたのであった。

このように、デューイ実験学校では1897年春頃からカリキュラムに修正が加えられ、その修正案は秋から実践されたのである。これは、子どもの発達段階に適したカリキュラムの必要性が実践において明らかとなり、先述した表4-1のように発達段階が定式化されたからであった。

2 「実験学校の実践報告」における「社会的オキュペーション」

デューイ実験学校は、1898年10月にエリス街5412番地に移転した。教師は16名で、82名の子どもがその学校に通っていた。1898年10月14日の『大学記録』には、各部門の担当者と子どもたちのグループ編成が記述されている。実験学校では、これまでも教師たちの間におおまかな専門領域の区分があったが、この時、第5章で詳細に述べるように正式に部門制の組織をとることになった。

そして、デューイは、開校当初から、学級の様々な活動を協議し、それらが学校全体の教育原理や教育方法に適しているかどうかを検討するための教師会議を毎週、開催した。そして、この会議には実験学校の教師たちだけで

なく、シカゴ大学の同僚、大学院生の助手も参加していた。「実験学校の実践報告」はこの会議のために作成されたのであった。

1898年の秋学期、グループⅠ（6歳から7歳）には8人の少年がいた。その中のいく人かは昨年からこの学校に在学し、社会的オキュペーションと産業の勉強をしていた。新しい子どもたちにとってこの学習が役立つように、そして前からいる子どもたちがこの学習を継続できるように、一つのグループに組織された[63]。上述で明らかなように、すでに社会的オキュペーションの実践は1897年秋から始まっていたが、この実践が教員たちに十分に理解され、実践レベルにおいて確立されていなかったこと、さらに、新しく入学した子どもがいたため、この時の実践報告では、歴史、理科、裁縫・織物、音楽、手工、描画、工芸などの表題で作成されたと思われる。それゆえ、その学習内容も昨年の社会的オキュペーションと異なっていた。

結局、社会的オキュペーションの表題が教師の実践報告に登場するのは、

(1) 1898年秋の実践報告

1898年10月3日から14日：グループⅠ[64]
理科：彼らが夏の間に見た植物や動物について話し、秋に始める庭づくりを計画した。一年のこの時期に植えることのできる球根のリストを作った。　　　　　　Miss Andrews
家庭科：小麦、穀類についての勉強、料理の準備。簡単な縮尺。野菜の勉強。台所用品の管理。かごを編む。野菜の繊維についての勉強。　　　　　　　　　　　Miss Harmer
手工：道具の使用。一週間に30分。　　　　　　　　　　　　　　　　　　　　Mr. Ball
歴史：一週間に30分の授業が3回。最初の日は、彼らの夏休みについての簡単なお話であった。他の日、世界の小さな男の子の異なる名前について、子どもたちが思い浮かぶ限り出された。中国語、日本語、ドイツ語、スペイン語、キューバ語、フランス語などが出された。それらは黒板にかいた家の上に貼られた。各家が一つの大きな家族を示していた。この計画は、多くの国がいくつかの家族から成っているという考えを引き出すことであった。ハンス・ブリンカーの物語はオランダの生活を描写するために利用されている。　　　　　　　　　　　　　　　　　　　　　　　　　　　　　Miss Hughes
音楽：知らず知らずのリズム。個々に詩にメロディーをつけるよう提案され、教師によってハーモニーをつけられ、クラスみんなで歌った。
描画：水彩画と果物の勉強。
1898年10月21日まで：グループⅠ[65]
歴史：ある日、オランダに関する歴史学習で、子どもたちは、農夫がかぶっている異な

る種類のかぶり物を示す絵を描いた。別の日、それぞれの子どもが黒板の上に表したい自分の景色を選んだ。みんなが堤防を書いた。彼らの多くは、堤防に穴をつけた。1人の少年が、とても上手に、海と船と家の相対的な位置を示す絵を描いた。ハンス・ブリンカーのスケート競争の物語が彼らに話された。そしてまた、死と誕生について知らせることの説明もあった。

　ベイデン（Beyden）の執拗な説得が、子どもたちによって演じられた。椅子と黒板は、堤防が壊れ、町が洪水におおわれたことを表すのに役立った。子どもたちは登場人物をとりあげ、その場面を実演した。「ラフ（Ruff）」の怪我が子どもたちに説明された。家族の貧困について話している時に、貧しい階級の人々がしなければならない職業の種類を明らかにするために努力が払われた。女性は、運河の船に装具をつけられ、重労働をさせられた。1時間の授業すべてが、オランダの家庭の光景を描く絵に費やされた。木製のスケート靴が子どもたちの興味をひいた。子どもたちは、自分の新しいスケート靴を諦めた時に、ハンスの無欲さにとても興奮して議論した。すべてではないが、子どもたちのほとんどが、最初に、彼がそのように無欲であったのは正しいと判断した。

　その物語のある部分が取り上げられ子どもたちに読まれたが、彼らはそれに関心を示さなかった。

Miss Hughes

理科：子どもたちは、自分たちの球根がやって来る国（オランダ）について、球根の栽培に適する気候や土壌について勉強した。子どもたちが昨年、庭に冬小麦を植えた時、勉強し育てた小麦についての学習を振り返った。子どもたちは、特に穀物の輸送手段を取り上げた。子どもたちは、パンジーや朝顔を庭園に植え、種が生長するのに必要な諸条件を考えた。子どもたちは、水の中で球根の生長を観察し、なぜ、しばらくすると暗さが必要になるのかを話し合った。

Miss Andrews

裁縫：基となる部分にラタン椰子、そして編むために野菜の繊維を使ってバスケットを編んだ。ラタン椰子は、基となるのに必要な堅さを備え、一方、繊維はより柔軟性があり、扱いやすく、初心者が編むのに適していた。上下にただ編むだけであった。

Miss Tough

音楽：子どもたちは、詩に適した独創的なメロディーをつけた。

手工：道具の扱い方の学習。小さな子どもが満足するプレゼントを考えた。

描画：技術の勉強。水彩。広がりにおける対象についての勉強。

1898年10月28日まで：グループ I [66]

歴史：子どもたちはエチオピアの競走の勉強を始めた。この競走は、その子どもたちに馴染みのある競走とは明らかに、そして非常に異なっているという理由で選ばれた。その本国（native country）の競走が最初に取り上げられた。子どもたちは、アフリカの気候と肌の色へのその影響について話した。彼らは、夏の日焼けの例を引用しながら、この主題についての情報を自発的に提供した。彼らみんなが、黒人（Negro）を見たことがあり、それゆえ、身体的な特徴を知っていた。それで彼らが伝えることができたのである。生活様式、その人々があった危険、彼らがその危険を防ぐ方法について話された。我々がこれらの人々についての知識をどのように獲得したのかを子どもたちに知らせるために、我々はスタンレーと彼の探検を取り上げた。個人的な要素を紹介することで、彼らの興味は増した。子どもたちは、私がスタンレーであり、彼らが随行者である

ふりをするのを好んだ。彼らは、スタンレーがどのようにしてこれらの人々に話しかけることができたのかなと思った。そして、彼がそんなに多くの言葉を学び、多くの部族を訪問し話しかけたことが非常に素晴らしいと思った。これはアフリカ語の特徴についての話し合い、私たちの言葉と同じくらい多くの言葉があるのかどうかについての話し合いへと導いた。彼らは、土着の黒人が言葉を必要としない非常に多くの物や行為があることについて考えた後で、彼らの習慣が単純であり、彼らの言葉は学ぶのに難しくないと結論づけた。

Miss Andreqs(ママ)

理科：アフリカに生息する動物と植物が勉強された。ライオンや虎よりも、我々が話したゴリラと他の類人猿に彼らは興味をもったようである。いく人かが、この関連で進化論についての自分の考えを表現した。彼らは、人類との類似点を探すためにこれらの動物のイラストをとても注意深く見続けた。少年たちの中には、自分たちがアフリカ人であったらいいのにと思うものもいた。そして、それは、私たちの生活と土着の黒人の生活についての相対的な便利さと不便さについての活発な話し合いへと導いた。子どもたちは、中央アフリカのような熱帯の国で見付けられる動物の種類という主題で、非常に高い知性を示した。

手工のために、彼らは黒人の家を図解した。そして、原住民が身を守らざるを得ない動物の絵を描いた。

Miss Andrews

植物学：子どもたちが学校に種をもってきたので、それらを勉強し、それらがどのように散布されるのかを発見した。

料理：シリアルの勉強で、まるごとの小麦、澱粉、小麦粉（wheatena）、小麦の薄片を取り上げた。子どもたちはこれらを考察した。そして、次の観察が行われた。
  (1) 小麦粉と澱粉の色の違い。
  (2) 小麦の外側と内側の色の違い
  (3) 澱粉は小麦の内側と同じ色であった。
  (4) 小麦粉は小麦の両側の部分の色であった。
取り上げられるべき次の点は、まるごとの小麦からできた物、澱粉、小麦粉、小麦の薄片の違いであった。
この点で、子どもたちは次の観察をした。
  (1) 澱粉と小麦粉は非常に細かくされていたもの。
  (2) 小麦の薄片は打ち砕いたりで挽いたりしたもの。
第3の点は、挽いた小麦粉と小麦の薄片の料理に関してであった。この点で、子どもたちは次の観察をした。
  (1) 挽いた小麦粉：塊ができないように冷たい水で分離させる。水を吸収するのにより長い時間がかかる。実際の料理が遅れる。
  (2) 薄片にした小麦：熱湯にすばやくまき散らす。すぐに水を吸収し、短い時間で料理される。
（注：子どもたちは、以前の授業で小麦粉と澱粉を料理し、生じる物質的な諸変化をよく知っていた。この授業で、小麦の薄片が昼食会のために料理された。）

裁縫と織物：子どもたちは籠を作るために織物を続けた。

芸術の活動：10月の芸術の活動の目標は、子どもたちがより巧みに技術を使いこなすことであった。先週、私は、準備していたそれらのグループに挿絵の作業を与えた。グル

> ーブⅠの子どもたちは、漠然とした印象をもつ年齢である。
>   彼らは観察し、直接的な表現力を必要としている。そういうわけで、私は子どもたちの前に対象を置いた。今週、彼らはネコナキドリを描いた。この主題は、子どもたちにとって非常に興味深かったようである。彼らは、私にその鳥の動きを止めるよう頼んだ。彼らは、それが順番に回ってくる間、とても静かだった。それぞれの子どもが触れることによって、その鳥の形の風変わりな点に気付いた。
>   次の日、彼らは、その鳥が住んでいる木の絵を描いた。これは想像的な作業であった。彼らは、その木を窓から見て、自分たちの絵を訂正するよう求められた。
>
> **音楽**：歌を歌うことによるリズム。
> **手工**：彼らはより簡単な道具を使いながら、画用紙でいくつかの小さな品物をつくった。

以下に示すように1899年10月21日からである。ちなみに、下位小学校部門（幼稚園部門）の報告書は1899年10月14日からであった。

　下位小学校部門は1898年秋に8人の子どもたちで始まった。1899年の1月に、子どもの数は20人になった。子どもたちは、4歳児のグループⅠと5歳児のグループⅡの二つのグループに分けられた。やがて、4歳から6歳までの子どもが24人まで増加し、三つのグループに分けられ、1人の教師が8人を担当した。

　この下位小学校部門が1898年の何月から始まったのか明らかではないが、1898年12月23日の『大学記録』には下位小学校部門の記述が見られる。秋学期の一般的な話題は「家庭」であり、その学習は鳥や昆虫、動物の家を見つけることから始まった。子どもたちは、四つの部屋のある玩具の家をつくり、厚紙、木材、ブリキでそれぞれの部屋に置く物を作った。家の外側をペンキで塗り、内側を飾り、それぞれの部屋に必要な家具を決めて作った[67]。

　「実験学校の実践報告」を見ると、1898年10月から1899年6月まで下位小学校、グループⅠ、グループⅡという記述が見られる[68]。従って、下記の表4－3に示した1898年のグループ編成と同じであった[69]。

　しかし、「実験学校の実践報告」は、次に示すように1899年10月から下位小学校部門（グループⅠ、Ⅱ）、グループⅢという記述へと変化する。

　また、この実践報告には、まず下記のように日々の運営について書かれて

第4章　オキュペーションによるカリキュラムの統合と授業実践　225

表4-3　1898年当時の子どもたちのグループ編成

Sub-Primary（4歳半から6歳）
Group I （6歳から7歳）
Group II とIII（7歳から8歳）
GroupIV（8歳から9歳）最年少で始めた子どもたちにとっては3年目。
Group V （8歳半から9歳）
GroupVI（9歳から9歳半）
GroupVII（平均10歳）
GroupVIII（平均11歳）
GroupIX（11歳から14歳）この学校の最年長。

(*University Record*, 1898より筆者作成)

(2)　1899年秋の実践報告

1899年10月14日の報告[70]

下位小学校（グループIとII）

　子どもたちはみな新入生であった。最初の週は知り合いになり、お互いの名前を覚え、使用する素材に慣れることに費やされた。私たちは、家でする異なる仕事、異なる家族の構成員、それぞれの務めについて話した。子どもたちは、お母さんの務めが何であるのかを話すことが少し難しかった。なぜなら、誰が料理に精を出し、誰が子どもたちのめんどうを見たり、誰が家事をしたりするのかというような質問に関して、常に料理人、看護婦、2番目の女の子という答えであった。子どもたちは、お母さんの特徴を示す務めを話すことができないように思われた。そこで、私たちは、お父さんの職業を取り上げた。一人の男の子がお父さんが毎日、何をしているのか尋ねられた。彼は、パントマイムで機械の動きをまねるように説明しようとした。誰も彼のお父さんの職業を推測することができなかったので、彼はお父さんがお金を作っているといった。彼らの想像では、疑いもなく彼のお父さんが機械から通貨を作り出しているのであった。

　私たちは、薄片にした米を料理した。子どもたちみんなが、塩と水が加えられなければならないと知っていた。それぞれの子どもが4分の1カップの米を料理し、それに水を4分の1カップとスプーン1杯の塩を加えた。各々が、薄片にした米を入れた誰の湯沸かしが最初に水を吸い上げるのかに注目した。

グループIIIaとb

歴史と理科：子どもたちは、秋の農場の仕事、農作物を収穫したり、穀物を脱穀したり、穀物を貯蔵したり、製粉業者にそれを運んだりする仕事について話し続けてきた。彼らは、庭で育てた穀物、小麦とオート麦について勉強してきた。彼らは、二つの棒で非常に粗雑な殻竿を作った。この前、彼らは麦藁から種を得る手段について話し、棒がそうできると判断した。しかし、棒の端だけが小麦を打つと気付いたので、殻竿という着想が出された。子どもたちが作ったこの殻竿で小麦とオート麦を脱穀した。

小麦と関連づけて、子どもたちは小麦が何のために使われるのかについて話した。みんなが最もよく知っているのは小麦粉としてであった。子どもたちのいく人かは、製粉業者になることを選び、何人かは農夫になることを選んだ。小麦を育てる商業的な側面を明らかにするためである。

彼らは、冬に向けての動植物の準備について話し、そこで見つけた形、動植物の諸活動を勉強するために敷地内に出ていった。

いくつかの簡単な数の学習がブロックを使って行われた。10以上数えることのできる子どもはほとんどいなかった。1人、2人だけが2ずつで数えることができた。彼らは、しばらくはそういうやり方であった。2インチのブロックが使われた。その後、より大きなブロックが、2インチのブロックの割合を見つけるために使われた。

Miss Andrews

芸術：粘土を扱うために、粘土で野菜や果物の形を作り続けた。彼らは、レモン、緑や赤のりんごというように、初歩的な色を勉強し始めた。

Miss Cushman

料理：ファリナとは薄片にした米やとうもろこしであったができなかった。
　　用具の利用
　　　　1対4という割合
　　　　4分の1カップのファリナの測量
　1カップの水の測量
塩匙で塩の測量
備考：子どもたちは、幼すぎて教授における指示を覚え、従うことができなかった。それゆえ、それぞれの子どもに支援が必要であった。教師は授業前に全ての操作を実行する方が良い。小さな量で1対6にする方が良い。

Mrs Baxter

いる。デューイ実験学校の1日の様子を知ることのできる貴重な資料と言えよう。

　1．授業を終わる時間は、すなわち第1あるいは第2のベルの直前であろうと、教師に任され、使用する素材の性質によって変化する。しかし、体育の授業の場合は第1のベルで終わるべきである。そのクラスが去って行く部屋の教師は、次の教室に到着するまで、そのクラスの責任を負う。そして、グループⅢ（aとb）に関しては次の教室まで同行すべきである。

　2．12時と11時の間に、体育館、台所、工作室からLもしくはKに行くすべてのクラスは食堂を通過するのを避けるため、後方の階段を上り前方の階段を下りるべきである。同じ道筋が逆方向で通過するクラスによって使用されるべきだ。そして、後方の階段を上ろうとしているクラスは、降りてくるクラスを待つべきである。

　3．各クラスには一列になる明確な順番があり、その順番に従って各週の指導

者が選出される。そして、その順番はグループⅠからⅩのすべて、姓の最初の文字に従ったアルファベット順である。

4．指導者の責任は、(a) プログラムを知ること、次の教室とその教室までの道筋に注意すること、(b) 列を守り続けること、妨害などを認めないこと、(c) 椅子の数、座る順序に責任を負うことである。できるだけ多くの特権、たとえば作業の選択などが指導者に与えられ、一般に指導者の地位ができるだけ魅力のあるようにされるべきである。(d) その部屋にいるクラスが出て行くまで、決して部屋には入らないことである。だが、Kから南の台所を通ってLに行く体育の授業は例外である。これらの部屋を通り過ぎる時、沈黙を保たれなければならない。

5．個人の責任は、(1) 包装紙、ゴム、昼食箱、体育館の靴である。
(2) 紙と鉛筆と本である。

6．グループの教師たちは次の表4-4ように割り当てられた。

7．極めて無秩序（disroder sic）になった場合を除き、生徒たちを部屋から

表4-4　各グループの部屋と担当教師

グループⅠとⅡ	部屋　K	Missスケイティーズ（Scates）
グループⅢ（aとb）	部屋　L	Missアンドルーズ（Andrews）
グループⅣ（aとb）	部屋　B	Missキャンプ（Camp）
グループⅤ（aとb）	部屋　A	Missヒル（Hill）
グループⅥ	部屋　F	Missラニアン（Runyon）
グループⅦ（b）ママ	部屋　G	Missハーマー（Harmer）
グループⅦ（b）	センターホール	Missベーコン（Bacon）
グループⅧ（a）	部屋　D	Missスチーブスビー（Schibsby）
グループⅧ（b）	部屋　C	Missキャンプ（Camp）
グループⅨ	ダイニングルーム	Missベーコン（Bacon）
グループⅩ	ダイニングルーム	Missベーコン（Bacon）

（表4-4は筆者作成）

出すべきではない。もし部屋から出す場合、彼らは明確な場所と明確な時間に出されるべきである（グループⅠからⅧ（b）まで、生徒たちのグループに割り当てられた部屋がある。この規則はどんな理由であれ退出を許可された生徒たちに適用できる)。そのようなすべての場合、すぐにグループの担任の教師（上記6番を参照）に報告されるべきである。一般に、教師たちはどんな困難な場合においても、直ちにグループの教師と相談すべきである。

8．グループの教師の責任は次のようなものである。
　1．子どもたちの出席状況を把握する。
　2．場所の割り当てと監督（各子どもの素材の箱、棚、トイレも含む）。
　3．保護者と相談するための面接用時間を設定する（週に一度）。
　4．健康診断の結果、そして通常の時間外のどんな遠足も保護者に報告する。
　5．作業を統一し、必要な時に個々の子どもたちについて話し合うために少なくとも2週間に1度、グループの教師の会議を招集する。
9．欠席せざるを得ない時、なるべく混乱を少なくしてプログラムを修正するために、Missキャンプにできるだけ早く（午前8時までに）電話や電報で知らせる。

　　　　　　　　　　　住所：5482 Woodlawn Ave. Telephone Oakland 526.[71]

　以上、各グループや個々の子どもの学校生活、学習に配慮しながら、担当教師の役割と責任が明確に述べられている。デューイ実験学校の教育活動において子どもたちと教師の自由が尊重されていたが、決して放任ではなかったことが明らかであろう。また、グループの教師会議の招集が教師の責任として明記されている。これらに関しては、第5章で考察する。

　上述で明らかなように、1898年秋の実践と1899年秋の実践では、タイトル

1899年10月21日の報告[72]
下位小学校（グループⅠとⅡ）
家族という一般的な主題：私たちは、家族のそれぞれを取り上げ、お父さんの仕事、お母さんの日々の仕事、姉、兄が家でしていることについて話した。ほとんどの子どもたちには家に赤ちゃんがいて、赤ちゃんのことを話したがった。ほとんどの子どもたちの父親は、法律家もしくは大学の教授であった。だから、説明されるべき特別な職業は何もなかった。子どもたちがお父さんの机を作ることを提案した。そして、二つの側面、表と裏がある木材がいくつか与えられ、それらを組み合わせて机に見える方法を発見するよう言われた。それらを固定して、完成した時に、彼らが選んだ色を塗った。 　お母さんの仕事に関しては、家の仕事の多くを使用人がしているので、明らかな仕事を見つけるのが難しかった。結局、お母さんが家で使用人に何をすべきかを伝えなかったら上手くいかないことに気づき、監督するお母さんという考えが出された。お母さんによる赤ちゃんの世話は、看護婦さんと同じくらい高く評価された。子どもたちは、葉巻タバコの箱を使って赤ちゃんのためにベッドを作った。そして、子どもたちは毛布と

枕を作るよう提案し、これらが作られた。

兄や姉の主な仕事は学校に行くことであると思われた。子どもたちは年長の子どもたちのために学校のカバンを作るよう提案した。これは自分たちの学校の活動とは別のものだと考えているようだった。それから、子どもたちは家族のそれぞれの役を務める遊びを提案した。これは、幼稚園には女の子が2人しかいなかったので難しかった。男の子の誰もお母さんになろうとはしなかった。数日が経ってから初めて、男の子が姉になろうとした。

私たちは、皿回し、お手玉の競争、10ピン（Ten Pins）のような子どもたちの名前を覚えるのを励ますゲームをした。競技者が後に引き継ぐ子どもの名前を呼ぶのである。

私たちはピアノを用いてリズム・ゲームを始めた。子どもたちは、ピアノが指示すること、走ったり、歩いたりすることなどを試みるのである。

私たちは同じ料理の授業を繰り返した。

物語はウサギとカメの物語であり、子どもたちが挿し絵を描いた。　　　　　　Miss Scates

グループⅢaとb

社会的オキュペーション：私たちは引き続き一般的な農場の学習を行った。いく人かの子どもたちが訪問したことのある農場の産物について話した。ある日、子どもたちは昨晩、夕食で食べた物について話し、その異なる食べ物をどこで手に入れたのかについて話し合った。特別な勉強のために取り上げられた産物は小麦であった。子どもたちのいく人かは粉屋を選び、いく人かは農夫を選んだ。農夫は小麦を挽いてもらうために粉屋に行き、粉屋はそれを臼で挽く。これは子どもたちが茶色のパンにする小麦粉だと見分けがついたものであった。そして、それを全粒小麦のパンと比較した。その時、白い小麦粉をどのようして手に入れるのかという疑問が生じた。農夫たちは、自分たちの小麦を白い小麦粉にしたかった。粉屋はそれができなかった。

小麦を砕いた時に、子どもたちは、外側が臼で粉に挽くことのできない堅い茶色のさやあるいは殻であるが、内側が白い粉になることに気付いた。そして、種の外皮の堅さがこうしたのだとわかった。

ついに、農夫の一人が細かいふるい（seive *sic*）があれば細かい小麦粉になるだろうと提案した。だから、子どもたちは細かいふるいをもって来てふったが、それでさえ、茶色い部分が残ることに気付いた。チーズクロスを通してそれをふるい分けると、種の皮がすべて布の中に残った。これが、ふすまの見本と比較され、同じであるとわかった。

それから、大きな粉ひき器について、そしてどのように茶色の外側と白の内側を分けることができるのかについて話し合った。旧式の小麦農場から製粉場へ行く、そして小麦とふすまが農場へ戻ってくる輸送手段が話題となった。子どもたちは、穀物を直接に製粉業者に売り、店で小麦粉を買うという、今、農場主が利用している方法について話された。子どもたちは店が食べ物を調達できる唯一の場所だと考えていたが、店がその必需品を購入できる場所については考えていなかった。

数の学習では、子どもたちはブロックを使って遊び、2、3、4、5、8．．．．を見分けることを学んだ。彼らは、2ずつ12まで数えることができた。ブロックでは、長いブロックを短いブロックで等しい数のインチに交換した。　　　　　　Miss Andrews

料理：最初の授業で、鞘のついたとうもろこしという穀物、鞘を取り除いた穀物、それが料理のためにどのように剝がされるかを調べた。台所の配置、作業をするための机の

順序が子どもたちに示された。薄片にしたとうもろこしを料理する全ての過程が、子どもたちのために行われた。そして、各段階を観察するよう求められた。それから、子どもそれぞれが、薄片にしたとうもろこしの4分の1カップに同量の水を使った。最初の朝、子どもたちは皿を洗わなかったが、規則正しく皿を集める方法が示された。第2週、薄片にした小麦と薄片にしたとうもろこしを比較した。どれくらいの水を使うべきかを発見するために、等しい量の薄片にしたとうもろこしを計量器ではかった。そして、小麦は2倍の重さであり、料理するのに2倍の量の水を使ったことに気付いた。先週、同様の方法で薄片にしたとうもろこしが料理された。

Miss Harmer

裁縫：子どもたちは以前に裁縫をしたことがなかった。均一の幅の細長い一片に切るための絹を与えられた。これらの細長い絹を用いて、年長の子どもたちがカーテンを編むのであった。この作業から、子どもたちは手を統制すること、目を正確に使うことを学んだ。それによって、彼らが着手すべき裁縫の作業をより良く行うことができるであろう。

Mr. Tough

工作：子どもたちは、農場の柵のためにいくつかの柱と横木を作り続けていた。使う道具は、のこぎり、かんな、穴をあけるための錐、切るための子ども用の鑿、とても小さなものに利用できる小刀であった。鑿と小刀は、この子どもたちにとって新しい道具である。柵を一緒に作り始めた。柱の間の長さ、一つの横に対して何本の柱がいるのか、どこでまげるのかを計画した。それぞれがまた、農場のための荷馬車を作り始めた。これまで、子どもたちは荷馬車の底だけしか作っていなかった。

Mr. Ball

1899年10月28日の報告[73]

下位小学校（グループⅠとⅡ）

一般的な主題：家庭で日々、必要な諸活動。お母さんによる手際の良い仕事の処理を子どもたちに例証するために、そして家庭で行われる仕事を監督するお母さんを家族が必要としていることを強調するために、これらが取り上げられた。子どもたちは次のような諸活動を提案した。つまり、洗濯、アイロンがけ、修繕、パン焼き、掃除である。より幼い子どもたちは、浴槽、服の棚、アイロン台、アイロンの入れ物、巻き尺、そして、鉛箔から小さなペンを作った。

子どもたちは、お母さんのごみ掃除用の帽子、叩き、ちり取りと箒を作った。年長の子どもたちは、洗濯板を作り、アイロン用の入れ物のためにフェルトを編み、針刺しのある裁縫箱を作った。子どもたちは、木材でストーブを組み立て、それを黒く塗った。

この作業に関連して、異なるオキュペーションを説明する新しい歌があった。家庭で汚れた衣服がどのようにきれいにされるかを伝える時、それぞれの子どもが板の上で擦るという動作をした。年長の子どもたちは初めて工作室に行った。そして、構成的な作業で利用するすべての板を鋸で切った。また、最も簡単な部分を測定し、このことがとても興味があると気付いた。

先週、男の子たちが初めて、家庭でお母さん、お姉さんを演じる遊びを喜んでした。薄片にしたお米を料理した。子どもたちのそれぞれが自分のために料理を少しした。薄片にしたお米の重さを量り、その重さと小麦の重さの違いに気付いた。それは小麦の重さの2倍であり、2倍の水が使われることに気付いた。

Miss Skates

グループⅢ（aとb）

第 4 章　オキュペーションによるカリキュラムの統合と授業実践　　231

> 社会的オキュペーション：引き続き、一般的な農場に関する秋の学習の話し合いを行った。子どもたちは庭に行って、春に使うためにアサガオと野生のウリの蔓から種を集め、それを保管した。そして、それらの種を入れておくために紙の封筒を作った。子どもたちが種を発見するにつれ、種の異なる適合（daptation *sic*）、散布を促進するための果皮についての話をされた。
> 　周囲への遠足は、先週から植物にどんな変化があるのかを見るために行われた。暖かい天候のため、多くのつぼみは花が開いていた。そして、寒さから身を守るために座葉になっていたタンポポの葉は、春になって高く上がっていた。
> 　子どもたちは、植木箱の土を準備し、それを鍬で掘り、素晴らしい状態にした。各自、球根（ヒヤシンス、スイセン、フリージア、それらは学校の環境という変化する条件のもとで簡単に生長するからである）を鉢に植え、すべての世話をすることになった。子どもたちは、砂箱の中に農場を配置し必要な建物を作って遊んだ。
> 　数の学習のため、子どもたちは、5インチの長さの棒を使ったゲームをして、5まで数える練習をしてきた。
> 　子どもたちは、多くの異なる種類の種を水の上に落として、浮くもの、浮かないものに気付いた。子どもたちは、2、3の質問が尋ねられた後で、浮いた種は水によって遠くまで運ばれる（carred *sic*）という結論を下した。
> 　　　　　　　　　　　　　　　　　　　　　　　　　　　　Miss Andrews
>
> 料理：子どもの1人が薄片にした小麦と薄片にしたとうもろこしの重さを比べた。そして、薄片にした小麦を料理するのに必要な水の量を算出した。これは3分の1と4分の1を足すということを必要とした。今週、皿を洗う時の作業の順序に特別な注意が払われた。
> 　　　　　　　　　　　　　　　　　　　　　　　　　　　　Miss Harmer
>
> 芸術の活動：農場の生活を例証しながら、簡単な色での作業を続けて来た。子どもたちは農場の絵を描き、地平線に特に注意した。この後、とうもろこしが山積みにされたとうもろこし畑を描いた。技術的な要点は、近くの物と遠くの物との違いであった。今週、子どもたちは主要部と位置という見解を得るために、ブロックの家とは違って農家の絵を描いた。
> 　　　　　　　　　　　　　　　　　　　　　　　　　　　　Miss Cushman

だけでなく学習内容もかなり異なっている。

　1898年10月から1899年6月までのグループⅠ（6歳〜7歳）の実践の概要は、世界の子ども、オランダ人、黒人、エスキモー、日本人、中国人、ジャワ人であった。その実践報告を見る限り、小学校の低学年においてカリキュラムの統合が十分に達成されているとは言い難い。歴史と理科を中心に構成され、各教科領域の関連も不十分である。但し、歴史と理科の内容には、世界の各地域や各時代の人々の生活様式、気候や土壌、動植物、発明、探検などが扱われている。明らかに、オキュペーションを意識した構成である。

　ところが、1899年10月14日のグループⅢ（平均6歳）の実践は、表題が

「歴史と理科」と記述されているが、その内容は農場とそれに関連した仕事であり、その後の社会的オキュペーションの活動と同様の学習である。1899年10月14日の実践報告で、「歴史と理科」という表題が付けられていたのは、グループⅣ以降、社会的オキュペーションは分化し、カリキュラムの中心が「歴史と理科」に移っていくためだと推測できる。

いずれにしろ、1898年10月から1899年6月までの実践を経て、デューイ実験学校のカリキュラムにおいて、下位小学校部門（グループⅠとⅡ）における「家庭や家族」を中心とした学習内容とグループⅢにおける社会的オキュペーションの学習内容が確立したのである。それは、先述したように下位小学校部門の設置というデューイ実験学校における組織編成の確立と連動していたのであった。

(3) 1900年秋の実践報告

1900年10月6日の報告[74]
下位小学校（グループⅠとⅡ）
今週の目的は、お互いに知り合うことと周囲の環境に慣れることであった。子どもたちは、夏の経験について話すことにとても興味があるようだ。これらの異なる経験のいくつかを表現できる異なる素材が子どもたちに与えられた。たとえば粘土が与えられた。1人の小さな男の子が、今年の夏に訪問した農場で見た古い形の井戸をつくった。別の小さな男の子が卵の入った籠を作った。彼はそれが今年の夏から卵を集めている籠と同じだと言った。子どもたちは今週、公園に散歩、遠足に行った。　　　　Miss Dolling
グループⅢ（aとb）
社会的オキュペーション（aとb）：過ぎ去った夏の経験について話してきた。子どもたちのいく人かは、地方にいて、彼らが森の中で見付けた多くのことに関する話を聞いた。それから、この時に、森、野原、公園で生じる変化について話した。毎日、外へ出て行って、変化する木の葉に気付いた。冬学期に昆虫や多くの種類の種を見付けた。今日（金曜日）、種をまき散らす異なる媒体について話をした。子どもたちは、風、その後、媒体として人や様々な種類の動物について考えた。　　Miss LaVictoire
芸術（aとb）：私たちは今週、正確な視覚的心象を獲得することに費やした。 　　　　　　　　　　　　　　　　　　　　　　　　　　　　Miss Cushman
工作（aとb）：子どもたちは、工作室で砂盤に建てる農家のための作業を準備している。今週、子どもたちは外へ出て行って、家用の未加工の素材や家の基礎のための石を集めた。子どもたちは自分たちで何が必要なのか話し合った。　　　　Miss Jones
1900年10月12日の報告[75]

第4章 オキュペーションによるカリキュラムの統合と授業実践 233

下位小学校（グループⅠとⅡ）

今週、家族の冬の貯蔵食糧を補給するため、お母さんが行う準備を取り上げた。これは、果物や砂糖を補給するもととなる食料品店を含んでいた。子どもたちは店に行って、クランベリーを買った。次の日、クランベリー・ゼリーを作った。冬の間の昼食のためにこれを利用するつもりである。ブロックに関して、子どもたちは、食器棚と果物が保管される場所を作った。

小さな子どもたちは食料品店ごっこをして、保存するための果物を売った。いく人かは販売員となり、いく人かは配達する少年であり、他の者はお母さんであった。また食料品店の荷馬車も作った。

お母さんの冬の準備と関連して、リスと花蜂の活動について話してきた。これによって、物語と歌ができた。

私は、幼い子どもたちが日々、自分たちでゲームをしている間に、より多くのことをゲームにとりいれ、より自由に自分自身を表現しているように思えることに気付いた。

Miss Dolling

グループⅢ（aとb）

社会的オキュペーション（aとb）

今週、続けて種についての話をした。私たちは2度、遠足をした。1度は公園で、もう1度は、80番通りにある森である。森に行った時、子どもたちは、食べられるいくつかの種類の種を見付けた。それから、子どもたちは食べられる他の種について考え、食べられる種の一覧表、種の殻が食べられる果物の一覧表と食べられない果物の一覧表を作った。そして、子どもたちは、トマト、豆、キュウリのような種と種の殻が食べられる果物の一覧表を作った。これらの種を栽培する人は農家の人と呼ばれる。このことによって、話題は地方へと移り、子どもたちは、訪問したことのある様々な農場についての話をした。それから、大きな砂箱に農場を作ろうと決めた。農場に必要な異なる建物、つまり、農家、馬や牛のための小屋、穀物の倉庫、鶏小屋を計画した。子どもたちは、これらの異なるものに利用できる家の素材について考えた。

Miss LaVictoire

料理（aとb）：グループの新しい子どもたちのために以前の週の授業について見直した。

Miss Harmer

芸術（aとb）

粘土で最も初歩的な形を勉強してきた。農場の果物や野菜を題材として利用することでは上達していた。球体とはわずかに違うりんごで始めた。その型を利用するつもりはないが、私たちはりんごと球体の対比について話した。この方法は、1年目から利用されたであろう。

私は、これまで幼稚園にいた子どもたちが素材を扱う上でより多くの能力をもち、他の者たちよりも形について多くの知識を示していることに気付いた。　Miss Cushman

工作（aとb）

工作室で、子どもたちは農家にふさわしい異なる形の素材について話し合った。そして、外で集めることができた小枝は丸太のように見え、子どもたちは丸太小屋を作ることに決めた。小枝を集め、それらを必要な長さに測って、適当につなぎ、かさねるために、いくぶんその端をのこぎりで切った。

Miss LaVictoire

1900年10月19日の報告[76]

下位小学校（グループⅠとⅡ）

　家族のそれぞれの日々の関心について話した。今週、お父さんとお母さんと赤ちゃんに特に注目した。お父さんの仕事との関連で、子どもたちは、ブロックでお父さんが使うような机を作った。この季節、お母さんの最も際だった仕事は、冬用の衣類を買うことである。

　子どもたちは、洋服屋さんの劇遊びをした。それぞれの子どもが、自分の人形の洋服のために欲しい布を買った。次の授業で、子どもたちは洋服を作った。

　糸巻きの箱を切って、子どもたちは赤ちゃん用のベッドを作った。シーツのための布が与えられ、それを望む大きさに切った。子どもたちはしばらくベッドで遊んだ。

　子どもたちは粘土で、球や輪など、赤ちゃんの遊ぶ物の模型を作った。

　気持ちの良い日に秋の庭造りを行った。表♯2（ママ）の子どもたちが、ベランダに大きな箱を用意し、クロッカスの球根を植えた。表♯1（ママ）の子どもたちは、植木鉢の土を取りに行って、それぞれの子どもがスイセンの球根を植えた。しばらく球根を暗いところに置いた後、子どもたちは、それを観察し世話をするために家にもって帰った。また、少しの球根は、子どもたちが幼稚園で観察するために残された。

Miss Dolling

グループⅢ（aとb）

社会的オキュペーション（aとb）：子どもたちは農場に関する活動を継続してきた。冬小麦のために屋外の庭にある田畑をきれいにした。きれいにした後で、子どもたちは、5フィート×10フィートの空間に区画し、1フィートの間隔毎に棒を立てた。子どもたちは、耕すことについて話し合い、耕作のために鋭い棒を使うことを提案した。耕した後で、小麦の種をまいた。冬の間、子どもたちは、建物の庭に球根を植えた。いくつかの球根が土に、他のものが水に植えられた。

　子どもたちは大きなブロックで農家と倉庫を建て、6インチまでのブロックの容積がわかった。自分たちの建物の容積を見付けるために、子どもたちは一辺のブロックの長さを合計して、その長さが12インチもしくは1フィートであることがわかった。

　子どもたちは、マニラ紙で鶏小屋を作り始め、2、3インチの長さでそれに印を付けた。工作室で、子どもたちは農場の柵のための横木を準備している。　Miss LaVictoire

料理（aとb）：小麦の異なる調理品、つまり、裂いたもの、挽いたもの、薄片にしたものを取り上げた。薄片にした小麦は、他の調理品よりも少ない水を必要とするので、最初に料理された。子どもたちはカップで、1/3、1/4のような割り算を学習した。その結果、それぞれが個人的な作業として、1/2カップの薄片にした小麦と1カップの水を計量した。その作業は、机の上で教師によって行われた。子どもたちが見て、その後にそれを真似た。子どもたちは、適切な方法で皿を集めたが、それらを洗わなかった。子どもたちは、次週の作業の準備に相応しい、机の台所器具の配置を学んだ。　Miss Harmer

裁縫：農場の遊びでMiss LaVictoireが使う穀物用の袋のため、素材を測定する準備として、子どもたちにもわかるように数が黒板に書かれた。それから、子どもたちは定規を与えられ、首尾良くインチを読んだ。そして袋用の紙の型紙を測定した。その型紙は8×3インチであり、半分に折ると4×3インチになる。2時間目の30分で、子どもたちはその型紙を使ってバック用の布を切った。

Miss Harmer

芸術：目的は、大きさへの距離の効果、主要部の外観、駅のある場所から見える立方体の面の数、目に見える諸事実の一般的な観察力を養うことであった。主題は、家族の生活、建物、倉庫、家、とうもろこし畑についてであった。

私は、今の子どもたちと幼稚園にいた子どもたちの視覚的な経験の著しい違いに気付いた。
Miss Cushman

1900年10月26日の報告[77]

下位小学校（グループⅠとⅡ）

グループⅠ：今までのところ、グループⅠは料理をしていない。子どもたちにとってすべてのことが全く新しいので、もう一ヶ月待つつもりである。

子どもたちは、紅葉を集めるために散歩に行った。戻ってくると、子どもたちは色つきのクレヨンでいく枚かの葉を描くことができないかと尋ねた。絵を見ると、子どもたちは地面の葉の数を理解している。これは注目に値した。子どもたちは初めて絵の具を使った。そして、次の日も再びそれを使うことを求めた。

気持ちのよい毎日だったので、子どもたちはいくらか外で過ごした。

グループⅡ：赤ちゃんのベッドに関する学習を継続し、羽布団と枕を作った。それは、他の子どもたちよりも長い時間がかかった。なぜなら、子どもたちは自分たちだけで多くのことを行い、より詳細に活動をしたからだ。子どもたちは、描画、絵画、切断したもの用の紙ばさみを作った。木曜日、子どもたちは、窓の下枠に置く植木箱用の土をもってきた。また先週と同じように薄片にした米を料理した。子どもたちの多くは、その指示を覚えていた。
Miss Dolling

グループⅢ

社会的オキュペーション（aとb）：子どもたちは、今週、農場に関する砂箱での活動を行った。とうもろこしや小麦を育て、羊を飼い、酪農業をすることを決めた。農場を畑と牧場に区分し、柵を巡らした。横木を平行に渡した柵を作る時、丸太の代わりにする小枝を集め、それらを6インチの長さに切って柵を作り、それを三つ分の横木の高さにした。それから、石の塀の方が強いと思ったので、牧場の周りに石の塀をつくろうと決めた。子どもたちは、農家に関するとても多くの作業を行った。適当な長さに板を切り、ドアや窓のための空間を切り取った。今週、子どもたちは、ゲームの形で読書に約30分を費やした。また、これまで行ってきた作業の記録を少しとった。
Miss LaVictoire

社会的オキュペーション（aとb）：私は今週、多かれ少なかれ、この子どもたちと一緒に手工を行い、鶏小屋を作り終えた。私は、子どもたちみんながとても良く手工の指示を理解し、定規が利用できるなど利発であることに気付いた。子どもたちはインチと1/2インチを知っているが、1/4インチに関しては躊躇している。家の後ろの部分を切ろうとしていて、扉と窓の空間を測定した時、子どもたちは扉の幅が高さよりも広いことにふと気づいた。ある子どもが別の机のところに行き、農家の玄関用に区画していたドアを測り、測って気付いた正しい大きさにして戻ってきた。私は、子どもたちが短時間で定規の使い方を学んだので、このことをとても喜んだ。
Miss Lackersteen

音楽（aとb）：言葉を用いた音階。音節を用いた音階の最初の五つの音符。　Miss Kern

料理（aとb）：とうもろこしの異なる調理品に関して話され確認された。子どもが手で

バランスをとりながら、等しい量の細かく薄片にしたとうもろこしを含む瓶の重さを比較した。みんながより重いものを発見した。それから、どれがよりしっかりと詰められているかを見付けるために、とうもろこしの瓶を調べ、薄片にしたとうもろこしの料理品に大きな空間があることに気付いた。6人のうち2人の子どもが、細かいとうもろこしの調理品の中により多くの素材があるという事実を発見した。その基準が考察され説明された。また、重さを量る前に正確な釣り合わせが必要であることも説明された。鍋1杯の細かいとうもろこしと鍋3杯の薄片にしたとうもろこしが釣り合った。子どもたちみんなが、もし3倍の重さがあるならば、3倍の多さの素材があり、3倍の量の水が必要であることを明らかに理解した。それぞれの子どもがカップ1/3を料理し、みんなが、3/3もしくは1カップの水が必要だということがわかった。	Miss Harmer
裁縫（aとb）：以前の授業で測定し切断した小麦の袋を縫った。子どもたちは、針で縫い、糸で結び目を作る適切な方法を示された。袋が柔らかい漂白していない綿モスリンから作られ、赤いバーバー綿と刺しゅう用の2番針で縫われた。袋はまず、布の端の1/4インチから、1/2インチの長さの縫い目で仮縫いされ、袋の口が開いた方で始め、口の閉まった方に向かって布の端の真っ直ぐな仮縫いの線に沿うよう注意深く縫われた。仮縫いは返し縫いでしっかりと留められた。1/8インチの長さの仕付け縫いの横に、直線縫いも施された。	Miss Harmer
芸術（aとb）：主題は農場の生活から選ばれた。子どもたちは、羊や馬の模型を作り、水彩画で鶏小屋や鶏の絵を描いた。この活動の目標は、ただ、手と素材を扱う能力を獲得し、農場の非常に一般的な事実のいくつかを観察することである。子どもたちは、唯一、形の比率や繊細さに関係なく、主要部の各部分を描くことができる。農場構内の挿絵を作成する時に、双子の子どもたちは、もう一人の近くに座っていないが、ほとんど同じ方法でその主題を描いていた。	Miss Cushman
体育：10月、子どもたちに行進でのリズム感を獲得させるために努力が払われてきた。正しい立位と簡単な体操の練習が行われた。子どもたちは、できる限り多くのグループ・ゲームを行った。すなわち、グループ全体で参加することのできる、走ったりするゲームや球技などである。	Mr. Peterson

第5節　オキュペーションと社会的オキュペーション

　周知のように、1899年4月、デューイは実験学校の保護者や関心のある人々の前で三つの講演を行った。これらの講演は、その年に出版された『学校と社会』（*School and Society*）の中心となり、第1章、第2章、第3章となった。その第1章の中で、デューイは、「活動的オキュペーション」、「典型的オキュペーション」、「オキュペーション」という言葉を使用している。

　1899年4月にデューイが講演する時点においては、本章の第3節で考察し

たように、すでに社会的オキュペーションの実践が試みられ、その学習内容もある程度、明らかになっていたと考えられる。しかし、デューイは、保護者たちにオキュペーションと社会的オキュペーションの違いを説明するのは難しく、また説明したとしても理解されないと考えたのではないか。実験学校の教師たちがオキュペーションを理解するのにもかなりの時間がかかったのであるから、それは当然のことであろう。

ところで、この『学校と社会』はその後、版を重ね1915年にデューイによって改訂される。その時、デューイ自身が書いた追加5章が含まれたが、それは、1900年に公刊された『初等学校記録』(The Elementary School Record)に掲載されたものであった。これらの章において、デューイは下記に示すように社会的オキュペーションという言葉を使用している。それゆえ、本節では1900年時点の資料である『初等学校記録』から引用する。なぜなら、これまでの考察を踏まえ、「オキュペーション」と「社会的オキュペーション」の相違を意識しながら、『初等学校記録』におけるデューイの記述を読み解いていくと、この二つの概念のカリキュラム理論的な相違が明らかとなるからである。以下、これらについて考察する。

『初等学校記録』では、「初等カリキュラムの心理学」(No.9)であったが、1915年の『学校と社会』の第4章では、なぜか「初等教育の心理学」と修正された。ここで、デューイは子どもの成長段階における第1段階（4歳から8歳の子どもに見られる）に言及する中で、「この時期の題材は子ども自身の社会的な環境に入り込んでくるような生活の局面から選択される。……そのような素材は、最初、子ども自身に最も近い素材、家庭生活や近隣の環境にあるものである。<u>それから少し離れたもの、つまり、社会的なオキュペーション（特に、都市の生活と地方の生活の相互依存に関係するもの）</u>へと進んでいって、さらに典型的なオキュペーションとそれらに結びついた社会的な形態の歴史的な進化へと広がっていくのである。（下線は引用者）」[78]と述べている。

そして、『初等学校記録』の「フレーベルの教育原理」(No.5)において、

デューイは、要するに「題材と方法の両方がグループⅢ、6歳児の題材や方法（小学校第1学年の主要な課業に一致する）と直接に結びついていると指摘することができる。家庭生活を遊びによって再現することは家庭が依存しているより大きな社会的オキュペーションについてのより広い本格的な学習へと自然に進展していくのである。（下線は引用者）」[79)]と述べている。

『初等学校記録』の「反省的注意」（No.4）に、学校の報告グループⅢの「教育的に考察された課業の一般的諸原則」を加え若干修正され、1915年『学校と社会』の第7章「注意力の発達」が構成されている。このグループⅢ（6歳）の報告の中で、デューイは「この学年の学習の基礎として選択された素材、現存している社会的オキュペーションは、このような態度に適し、これを養うために設計される。以前の学年で、子どもたちは、家庭のオキュペーション、家庭相互の接触、外部の生活に接触することに関心をもってきている。今、子どもたちは一般の社会の典型的なオキュペーションを取り上げることができるだろう。（下線は引用者）」[80)]と述べている。

以上で明らかなように、社会的オキュペーションとは、家庭生活が依存している衣、食、住に関わる仕事であるが、家庭や近隣から少し離れた社会的な仕事、都市生活や地方の生活の相互依存に関係する仕事であった。このような学習内容であったと同時に、デューイ実験学校では、幼児教育と小学校教育を接続し発展させるための初等学校低学年における既存の教科に替わるカリキュラムの構成要素として設計され実践されたのであった。

ではオキュペーションとは何か。「オキュペーションの心理学」において、デューイは「オキュペーションというのは……子どもの側では一つの活動形態であって、社会生活で営まれているいくつかの作業の形式を再現したり、それと類似した形態で行われたりすることである。」[81)]と定義し、「オキュペーションの心理学の根本的な要点は経験の知的局面と実践的局面の均衡を維持することである。」[82)]と述べている。そして、デューイ実験学校では、これらのオキュペーションは、木材と道具を用いた工作室での作業、料理、裁

縫、さらには織物の作業によって代表されていた。

　A.G. ワースは、デューイ実験学校のカリキュラムの基本構造がオキュペーションとそれに関連する三つの知的な構成要素、「歴史」、「理科」、「コミュニケーションと表現」から成っていたと述べている[83]。そして、カリキュラムにおけるオキュペーションの役割として（1）子どもの学校での学習活動と学校外での経験を関係づける機会を提供する、（2）子どもの四つの自然な衝動、つまり、「構成的衝動」、「調査的、実験的衝動」、「社会的衝動」、「表現的衝動」を利用する手段を提供する、（3）学校は社会生活の諸活動が継続される場所であると子どもが実感できる、（4）より深い自由な教育経験を確保する手段である、ことを明らかにしている[84]。

　ワースのこのような結論は概ね妥当だと考えられるが、次の3点を指摘したい。第1に、オキュペーションは、第3章で論じたように「社会的諸要因と心理的諸要因を同等に調和」させること[85]、カリキュラムの二つの次元、「教師の側」と「子どもの側」を統一させるという要求から導かれたことである。なぜなら繰り返しになるが、これはデューイ実験学校の実験の主要な目的であり、一貫した基本的な主題であったからだ。従ってワースが明らかにしたオキュペーションの役割もすべてこの基本的な主題から導かれたのである。

　第2に、オキュペーションが子どもの発達に適合した学習経験を与え、それらを水平的、垂直的に統合しながら発展するカリキュラムの中核であったことを忘れてはならない。デューイは「この学校におけるオキュペーションは……自然の素材や過程への科学的な洞察の活発な中心であり、そこから子どもたちが人間の歴史的な発展の実感へと導かれる出発点である。」[86]と述べている。また、それは、本章の第2節で述べたように、デューイ実験学校において子どもの発達段階の定式化が試みられたことからも明らかである。

　第3に、オキュペーションの着想は、デューイ、実験学校の教師、学生および大学院生の助手、シカゴ大学の教員によるカリキュラムの開発と改善の

ための協同的な努力を通して洗練され発展していったのである。子どもの実際的な指導だけでなく、実験学校の運営、題材の選択、学科課程の案出、さらにそこに含まれている教育上の原理や方法も固定したものではなく、そのような協同によって徐々に変化し発展し続けた[87]。そして、実験学校の理論と実践とともに、デューイの教育学理論も変化し、発展し続けたのである。

以下、当時のカリキュラム理論の歴史的な文脈という観点からオキュペーションと社会的オキュペーションについて論じる。

第2節で若干、言及したが、デューイ実験学校の初期のカリキュラムは、その表面的な枠組みにおいて、文化史段階説と類似していた。例えば、年少者のグループは、原始人の家を建てるという活動に従事し、年長者のグループは、古代ギリシアの文明を学習していた。しかし、その組織や内容はオキュペーションを軸に組み替えようと試みられていたのである。そして、実験的な実践の結果、小学校低学年における社会的オキュペーションが、この成長段階における基礎として適切であると考えられた。

なぜなら、原始人の生活において衣、食、住を学習することは、子どもの心理にとっての隔たりがあったからである。現在の子どもたちを取り巻く周囲環境、子どもたちにとって身近であり、それに触れ、体験できる自然的・社会的事象にこそ、子どもたちが興味や関心を示す。また、発展的に学習を展開することができると実証されたからだ。

第2章で述べたことの繰り返しになるが、一般にヘルバルト主義者が意図した「相関」とは学校の諸教科の「相関」であった。一つの題目は、様々な学校の諸教科を相互に関連づける中心的な主題として利用することができた。もし花が主題であるなら、その日の地理、算術、理科、文学などの学習はすべて花を中心に決定され、統一的な学習効果を達成するというのである。デューイは実験学校の実践において、この伝統的なヘルバルト主義の「相関」論を検証しながら、その理論を超えて、子どもの全生活経験に関してカリキュラムの統合および「相関」を追究していたのである。

先述の実践報告で明らかなように、子どもたちは、日常生活の中で経験する秋から冬への森、野原、公園での変化について話し合い、冬には校外で昆虫や種を見付け、食べられる種と食べられない種に分類したり、小麦やとうもろこしを育てたりした。訪問したことのある農場の話から、砂箱に農家、馬小屋、穀物の倉庫、鶏舎の模型を作った。さらに、そこから羊を飼ったり、酪農業をしたりすることになった。そこから、農場と農夫、粉屋と製粉場の学習へと発展した。

　これは、家庭や日常生活における教育の機会と学校における教育の機会との結合という意味で「相関」という概念を用いていたからである。それゆえ、デューイは実験学校の教職員とともに、「一つの社会的な共同体としての学校」を構想し、その着想を実験学校の基礎原理として応用し実践したのであった。

　この着想はまた、「心理的諸要因と社会的諸要因の同等の調和」を達成する方法でもあった。デューイは、当時のカリキュラム理論における人文主義者の「組織された知識の総体を第一義とする論理学的な立場」と発達主義者の「子どもの精神的諸操作を第一義とする心理学的な立場」のいまだに続いている論争のどちらか一方を支持するのではなく、彼らが本質的に誤った問題を論争していることを指摘し、それらを再構築しようとしていたのである。それゆえ、実験学校において「心理的諸要因と社会的諸要因の同等の調和」という問題に取り組んでいたのであった。

　デューイは1897年の「私の教育信条」（My Pedagogic Creed）において、「私は、心理学的側面と社会的側面は有機的に関連し、教育がこの二つの妥協として見なされたり、あるいは一方を他の上位に置くことと見なされたりできないと信じる。」[88)]と述べている。デューイによれば、当時、一方では教育の心理学的定義に対する批判、つまりその定義は無益で形式的であり、精神的諸能力が使用されるどんな観念も示すことなく全ての精神的諸能力の発達という観念だけを与えるという批判があり、他方では、文明に適応させ

るという教育の社会的定義に対する批判、すなわち、教育を強制された外的な諸過程にし、結果として、前もって考えた社会的、政治的地位に個人の自由を従属させるという批判があった[89]。これは、前者が人文主義者による発達主義者への批判であり、後者が発達主義者による人文主義者への批判である。

　一方を他から切り離して、つまり個人を社会から切り離して、あるいは社会を個人から切り離して主張する時、この二つの異議のそれぞれは真実だと思われる。しかし、デューイは「能力が実際に何であるかを知るためには、我々はその目的、使用、機能が何であるかを知らなければならない。我々は社会的諸関係において個人を活動的であると考えなければ、我々はこれを理解することができない。だが他方で、我々が現存する諸条件のもとで子どもに与えることのできる唯一可能な調整は、子どもの全ての能力の完全な所有を通して生じる調整である。」[90]と主張する。

　要するに、デューイにとって、教育されるべき個人は社会的個人であり、社会は個人の有機的な結合体であった。もし子どもから社会的諸要因を排除するならば、一つの抽象だけが残り、社会から個人的諸要因を排除するならば、不活発な生気のない集合体だけが残るのである[91]。それゆえ、教育は子どもの潜在的な能力、興味や関心、習慣に対する心理学的洞察から始めなければならない。そしてそれらは、その社会的同等物の言葉、すなわち、それらが社会的な奉仕に合うようになりえる言葉に言い換えられる必要があった[92]。

　デューイは、「心理的諸要因と社会的諸要因の同等の調和」という着想を彼のカリキュラム理論においてさらに発展させた。そして、1902年の『子どもとカリキュラム』（*The Child and The Curriculum*）で次のように述べている。

　　　題材は子どもの経験の外部にあり、それ自体が何か固定した既成のものであるという題材観を捨て、また子どもの経験を何か硬直し不変なものと考えるのをやめ、それを流動的で胎芽的で生き生きとしたものと考えよう。そうすれば、我々

は子どもとカリキュラムが単一の過程を定義する二つの極に過ぎないことを実感するだろう。まさに2点が直線を定義するように、現在の子どもの観点と学科の事実と真実が教授を定義するのである。教授は、子どもの現在の経験から生じ、我々が学科と呼ぶ真実の組織された総体によって象徴される経験へと進展する絶えざる再構成である。[93]

 デューイは、このように子どもの現在のありのままの経験から諸学問の体系的な知識の総体を含む経験にまで成長するために、いかにして子どもの経験を明らかにし、再構築していくかを考究することとして教授の基本的な問題を定義している。しかし、これはカリキュラムの基本的な問題でもあり、デューイ実験学校の「組織計画」、『大学記録』における実践記録、「実験学校の実践報告」においてもこの基本的な主題は貫徹していた。

 これまで本章で明らかにしてきたように、デューイ実験学校においては、歴史や文学などの教科ではなく、子どもの活動がカリキュラムの統合や相関の基礎となり、衣、食、住に関連した典型的な活動に子どもが従事することによって、またそれをカリキュラムの中心に位置づけることによって、家庭と学校と社会の連続を実現できると考えられた。

 そして、カリキュラムの開発と改善の中で、典型的な活動に社会的な関連と歴史的な発展の意味を強化して加え、子どもの発達段階に適した学習経験を与え、水平的、垂直的に統合する発展的なカリキュラムの中核となるオキュペーションの着想を洗練し発展させた。さらに、幼児教育と小学校教育を接続し発展させるため、初等学校低学年での既存の教科に替わるカリキュラムの構成要素として社会的オキュペーションを確立したのであった。

註
 1) Katherine C. Mayhew and Anna C. Edwards, *The Dewey School*(New York : D. Appleton-Century, 1936), pp.6-7.
 2) 本研究ではデューイ実験学校のカリキュラムと教育実践に焦点化しているが、この学校の成立の教育思想における歴史的な経緯と意義については、下記の文献を参照

されたい。
　　大浦猛『實驗主義教育思想の成立過程』刀江書院、1965年。
　　森田尚人『デューイ教育思想の形成』新曜社、昭和61年。
３）たとえば、我が国で本研究の序章で取り上げたもの以外にも下記の研究がある。
　　牧野宇一郎『デューイ教育観の研究』風間書房、1977年。
　　倉沢剛『米国カリキュラム研究史』風間書房、昭和60年。
　　佐藤学『米国カリキュラム改造史研究―単元学習の創造』東京大学出版会、1990年。
　　松村將『シカゴの新学校―デューイ・スクールとパーカー・スクール』法律文化社、1994年。
４）Arthur G. Wirth, *John Dewey as Educator : His Design for Work in Education (1894-1904)* (New York, London, and Sydney : John Willy and Sons, Inc., 1966), p.127.
５）L.タナー（Tanner）の以下の研究である。
　　Laurel N. Tanner, *Dewey's Laboratory School : Lessons for Today* (New York : Teachers College Press, 1997).
６）序章でも言及したが、主要な研究としては下記のものがある。
　　小柳正司「シカゴ大学実験学校の実践記録：1896-1899年」『鹿児島大学教育学部研究紀要（教育科学編）』51、2000年。
　　森久佳『デューイ・スクール（Dewey School）のカリキュラム形態に関する研究―「仕事（occupation）」の成立過程とその位置づけを分析視角として―』大阪市立大学、博士論文、平成17年３月学位授与。
　　千賀愛『デューイ教育学と特別な教育的配慮のパラダイム―実験学校と子どもの多様な困難・ニーズへの教育実践―』風間書房、2009年。
　　高浦勝義『デューイの実験学校カリキュラムの研究』黎明書房、2009年
　　伊藤敦美『デューイ実験学校におけるカリキュラムと学校運営』考古堂、2010年。
７）小柳正司は「『オキュペーション』は家庭での日常生活の衣・食・住にかかわる仕事を意味するが、『社会的オキュペーション』はこれらの仕事をより広い社会的文脈の中で捉えるようにするためのカリキュラム上の方法概念である（強調は原文）。」と述べている（上掲論文、149頁）。
　　森久佳はカリキュラムにおけるオキュペーションの成立過程とその位置づけについて考察し、小型の共同体としての学校を実現するためにオキュペーションが導入されたこと、それをカリキュラムの基本的な活動として位置づけることによって題材の再構成を求めたこと、当時のカリキュラムの過重や授業形態の機械化・形式化の問題を

克服しようとしていたとを明らかにし、「社会的オキュペーション」は幼小分離の現状を打破する役割を担っただけでなく、「歴史」部門と「理科」部門の諸活動が「分化」すなわち教科領域として専門化するための基盤であったと主張している（上掲論文、191〜192頁）。

8) John Dewey, "Plan of Organization of the University Primary School," (1895), in J.A. Boydston (Ed.), *The Early Works of John Dewey : 1882-1898*, Vol.5 : 1895-1898 (Carbondale : Southern Illinois University Press, 1972).

9) John Dewey and Laura L. Runyon (Eds.), *The Elementary School Record* [a series of nine monographs] (Chicago : University of Chicago Press, 1900).

10) John Dewey, "Plan of Organization of the University Primary School," *op. cit.*, pp. 232-241.

11) *Ibid.*, p.230.

12) "John Dewey to Clara I. Mitchell," (1895.11.29) in Correspondence of John Dewey, Vol.1, (00272).

　この手紙で、デューイは、近々、開校する実験学校のカリキュラムの構想や理論を説明している。ミッチェルは、その学校の教師となる予定であった。

13) Ibid.

14) John Dewey, "Plan of Organization of the University Primary School," *op. cit.*, pp. 230-231.

15) Mayhew and Edwards, *op. cit.*, pp.7-8.

16) John Dewey, "A Pedagogical Experiment," (1896), in Jo Ann Boydston (Ed.) *The Early Works : 1882-1898*, Vol.5 : 1895-1898 (Carbondale : Southern Illinois University Press, 1972), p.245.

17) John Dewey, "The Theory of the Chicago Experiment," in K.C. Mayhew and A.C. Edwards, *The Dewey School : The Laboratory School of the University of Chicago, 1896-1903* (New York : D.Appleton-Century, 1936), p.472.

18) John Dewey, "Interpretation of Savage Mind," (1902), in J.A. Boydston (Ed.), *The Middle Works of John Dewey : 1899-1924*, Vol.2 : 1902-1903 (Carbondale : Southern Illinois University Press, 1976).

19) Herbert M. Kliebard, *The Struggle for the American Curriculum 1893-1958* (New York and London : Routledge & Kegan Paul, 1987), p.70.

20) John Dewey, "Interpretation of savage Mind," *op. cit.*, p.40.

21) *Ibid.*, p.39.

22）*Ibid*., p.41.
23）*Ibid*., p.41.
24）*Ibid*., pp.41-42.
25）" The University School," *University Record*, Vol.I, No.32, November 6, 1896, p.418.
26）" The University Elementary School. History and Character," *University Record* Vol.II, No.8（May 21, 1897）, p.74.

　表4-1はこの資料の中にある「組織案の概略」（Outline of Scheme of Organization）を基に筆者が作成した。ここでは初等教育を三つに区分するためか、the first grade, the second grade, the third gradeという言葉が使用されている。そして、これは1898年12月30日付の『大学記録』（第三巻第40号）で若干修正され、再定式化された。この初等教育の三つの区分は、1900年に刊行された『初等学校記録』（*The Elementary School Record*）の「初等カリキュラムの心理学」（No.9：The Psychology of the Elementary Curriculum）において、さらに詳細に述べられている。これらについては以下の資料を参照されたい。

　" The University Elementary School. General Outline of Scheme of Work," *University Record*, Vol.III, No.40, December 30, 1898, p.254.

　John Dewey and Laura L. Runyon（Eds.）, *The Elementary School Record*〔a series of nine monographs〕（Chicago：University of Chicago Press, 1900）, pp.226-232.

　また、子どもの発達特性を考慮したデューイ実験学校のカリキュラムに関しては、以下の先行研究において検討されている。

　小柳正司「シカゴ大学実験学校の実践記録：1896-1899年」『鹿児島大学教育学部研究紀要（教育科学編）』51、2000年、157～159頁。

　高浦勝義『デューイの実験学校カリキュラムの研究』黎明書房、2009年、211～215頁。

27）" The University Elementary School. History and Character," *op. cit*., p.74.
28）*Ibid*., p.74.
29）*Ibid*., p.72.
30）*Ibid*., p.72.
31）Katherine C. Mayhew and Anna C. Edwards, *op. cit*., p.101.
32）*Ibid*., p.126.
33）" School Record, Notes, and Plan," *University Record* Vol.I, No.45（February

5, 1897), p.556.
34) " Studies and Methods," *University Record* Vol.II, No.8（May 21, 1897), p.73.
35) Katherine. B. Camp, " Science in Elementary Education," in John Dewey and Laura L. Runyon（Eds.), *op. cit*., 1900, p.155.
36) John Dewey, " The Aim of History in Elementary Education," in *Ibid*., p.199.
37) *Ibid*., p.200.
38) *Ibid*., p.201.
39) *Ibid*., p.201.
40) *Ibid*., p.202.
41) *Ibid*., p.203.
42) *Ibid*., p.203.
43) John Dewey, " The Primary-Educational Fetich," （1898), in Jo Ann Boydston（Ed.) *The Early Works : 1882 - 1898* Vol.5 : 1895-1898（Carbondale : Southern Illinois University Press, 1972), p.256.
44) *Ibid*., pp.256-257.
45) *Ibid*., p.257.
46) *Ibid*., p.262.
47) *Ibid*., p.263.
48) *Ibid*., p.263.
49) *Ibid*., p.265.
50) *Ibid*., p.266.
51) " School Record, Notes, and Plan. The University of Chicago School," *University Record* Vol.II, No.4（April 23, 1897), p.38.
52) " School Record, Notes, and Plan. The University of Chicago School," *University Record*, Vol.II, No.5, April 30, 1897, p.43.
53) " The University Elementary School. History and Character," *University Record* Vol.II, No.8（May 21, 1897), p.73.
54) " Report of the University Elementary School III," *University Record* Vol.II, No.37（December 10, 1897), pp.300-301.
55) *Ibid*., p.301.
56) *Ibid*., p.301.
57) " The University Elementary School," *University Record* Vol.II, No. 38（December 10, 1897), p.303.

58) *Ibid.*, p.304.
59) *Ibid.*, p.304.
60) John Dewey, *op. cit.*, 1895, p.231.
61) "The University Elementary School," *University Record* Vol.II, No. 38 (December 10, 1897), p.304.
62) *Ibid.*, p.304.
63) "The University Elementary School," *University Record* Vol.II, No.30 (October 21, 1898), p.185.
64) Laboratory Schools Work Reports, 1898-1899, October 3-14, 1898, p.2 (University of Chicago Archives, Regenstein Library).
65) Ibid., October 21, 1898, pp.17-18.
66) Ibid., October 28, 1898, pp.34-37.
67) "The University Elementary School," *University Record* Vol.III, No. 39 (December 23, 1898), p.247.
68) Laboratory Schools Work Reports, 1898-1899 (University of Chicago Archives, Regenstein Library).
69) "The University Elementary School," *University Record* Vo.l.III, No.29-No. 36, No.38 (1898), pp.176-239.
70) Laboratory Schools Work Reports, 1899-1900, October 14 1899, pp.2-4 (University of Chicago Archives, Regenstein Library).
71) Laboratory Schools Work Reports, 1899-1900, Daily Administration 1899, pp. 1-2 (University of Chicago Archives, Regenstein Library).
72) Ibid., October 21 1899, pp.26-30.
73) Ibid., October 28 1899, pp.60-63.
74) Laboratory Schools Work Reports, 1900-1901, October 6 1899, pp.1-2 (University of Chicago Archives, Regenstein Library).
75) Ibid., October 12 1900, pp. 22-24.
76) Ibid., October 19 1900, pp. 45-47.
77) Ibid., October 26 1900, pp. 68-71
78) John Dewey and Laura L. Runyon (Eds.), *The Elementary School Record. op. cit.*, p.227.
79) *Ibid.*, p.151.
80) *Ibid.*, p.12.

81） *Ibid*., p.82.
82） *Ibid*., p.82.
83） Arthur G. Wirth, *John Dewey as Educator : His Design for Work in Education（1894-1904）, op. cit*., p.134.
84） *Ibid*., pp.131-134.
85） この点に関しては下記の先行研究などで考察されている。

　　高浦勝義「デューイ実験学校のカリキュラムの研究」、『日本デューイ学会紀要』第14号、1973年、46頁〜55頁。

　　杉浦美朗『デューイにおける活動的な諸仕事の研究』風間書房、1981年。
86） Philip W. Jackson,（Ed. and Introduction）, John Dewey, *The School and Society* and *The Child and Curriculum*（Chicago : University of Chicago Press, 1990）, p.19.
87） *Ibid*., p.166.
88） Johh Dewey, " My Pedagogic Creed,"（1897）, in J. A. Boydston（Ed.）, *The Early Works of John Dewey : 1882-1898*, Vol.5 : 1895-1898（Carbondale : Southern Illinois University Press, 1972）, p.85.
89） *Ibid*., p.85.
90） *Ibid*., p.86.
91） *Ibid*., p.86.
92） *Ibid*., p.86.
93） Philip W. Jackson,（Ed. and Introduction）, John Dewey, *op. cit*., p.189.

第5章　デューイ実験学校の
カリキュラム開発における協同と連携

　1899年2月、デューイは実験学校の保護者会で「この学校の管理だけでなく、その教育的行為、すなわち子どもたちを実際に教えるだけでなく、題材の選択、学科課程の案出ももっぱら教師たちに委ねられてきた。また、そこに含まれている教育的な原理や方法も徐々に発展してきたのであって固定したものではなかった。決まった原則に基づいて始めたのではなく、むしろ疑問を抱きながら始められたのであった。それゆえ、もし何らかの答えが得られたとすれば、提供してくれたのはまさしく、この学校の教師たちに他ならなかった。」[1]と述べている。この事実から、デューイ実験学校において教師たちによるカリキュラム開発が実践されていたことは明らかであろう。

　デューイ実験学校のカリキュラムの特質に関しては、これまで多くの先行研究において考察されてきた[2]。しかし、その統合的なカリキュラムがどのように開発されてきたのか、つまり、どのような学校の組織、監督と管理、保護者や大学との連携のもとで行われたのかに関しては詳細に検討されていない[3]。学校の組織、監督と管理、保護者や他の諸機関との連携はカリキュラム開発の重要な部分である。なぜなら、どのような素晴らしい理論と実践も、それに適した環境や諸条件がなければ成功しえないからである。それゆえ、デューイと教師たちも、実験学校においてこの問題に取り組んだ。従って、デューイ実験学校のカリキュラム研究において、それらに関する考察は不可欠である。

　デューイは実験学校の組織と運営について次のように説明している。

　　　協同的な社会的組織は、児童たちだけでなく学校の教師集団にも適用された。

事実、もしそれが最初に後者に効果がなかったならば、前者に適用できなかった。我々にとって、教師間の連携と交流は、いわゆる監督、教えることの批評、技術的な訓練と置き換えられた。外的諸条件のためであれ、もしくは内的な諸条件のためであれ、また、あらゆる欠陥や間違いにもかかわらず、経験と反省によって、私はこの原理が学校の組織と運営において基礎的であると確信した。教師たちの協同的な社会的組織に基づいて彼らの仕事を指導することの代用品は存在しない。教育長、校長、あるいは主任の権威を拡大する傾向は、我が国の諸学校における失敗の原因と結果の両方である。[4]

厳密な監督と管理の代替として、教師の協同という着想は、当時、まさに革新的であった。この変革に関して、実験学校の総監督、ヤングの役割と貢献、その影響は大きかった。アメリカでヤングに関する先行研究はいくつか存在するが、管見ながら日本での先行研究はほとんどない[5]。デューイは、ヤングについて「私は常に彼女から着想を得ていた。主として管理的な問題で私が不慣れなために、当初の管理計画で一定の弱点が明らかになった後、実験学校を再組織する上で、Mrs. デューイと彼女の影響は、支配的な要因であった。実験学校が最後の３年もしくは４年間、目的と有効性の一定の弛みがなくなり、より組織的に明確に運営されるようになったのはこの２人のおかげである。」[6]と述べている。

本章においては、ヤングの役割と貢献、その影響を視野に入れながら、カリキュラム開発における教師の協同とコミュニケーションという観点で、デューイ実験学校の教員組織、監督と管理の特質と方法について考察し、その後、デューイ実験学校とシカゴ大学の連携、デューイ実験学校における保護会の目的と役割について検討する。

第1節　デューイ実験学校の教員と教員組織の変化

1　「万能型」の教師から「専門型」の教師へ

　1896年1月の開校当時、デューイ実験学校には6歳から9歳までの16人の生徒がいて、元クック郡師範学校卒業の C.I. ミッチェルが担任であった。その後間もなく、教育学部の学生、F.W. スメッドリーが手工訓練の作業を指導した。当初、実験学校のために選ばれた教師は、デューイの言葉によれば、「オールラウンド型の教師」[7]であり、多様な年齢の子どもたちからなる少人数のグループを担当した。デューイは、最初、教師が知的に価値のある諸活動を計画できれば、組織された知識が後に成長するであろう基礎を与えることができると考えたのだと思われる。それゆえ、教師は、必ずしも様々な学問分野を構成する諸概念や諸方法についての専門的な知識と能力をもつ必要はなかった。しかし、この仮説が誤っていることが明らかとなった。その後、この着想は放棄され、感性が豊かで専門的な訓練を受けたスペシャリスト、つまり異なる部門のエキスパートである教師を確保することが良いと考えられるようになった。

　新しい組織のもとで実験学校が再開される約1ヶ月前、1896年9月、デューイは「低学年に科学的な諸方法や諸素材を導入する上での諸困難の一つは、『事実』が事実ではなく教えられること、もしくは事実が関連のない、相対的に一貫しない方法で採り入れられる、つまり、時代遅れの方法が使用されることである。」[8]と述べ、続けて「子どもは、特定の事柄や方法に関してできるだけ学び直さず訂正されない、また到達できる最大限の正確さで、その重要性や将来の豊かさのために、ある割合で理念や原則を選択しながら最も進んだ水準で始められるべきだ。」[9]と主張した。

　このように「万能型の教師」が適切ではないことが明らかとなった時、デ

ューイ実験学校では「専門型の教師」へと移行した。その時、正規の教師が2人となった。一人はミシガン大学を卒業し、プラット学院（Pratt Institute）で理科を担当していたK.キャンプであった。彼女は「理科の課業」の担当となった。もう一人は、元から勤務しているミッチェルであり、彼女は本来の専門である「文学と歴史」を担当した。ミッチェルはおそらく有能な教師であり、子どもの興味や関心に基づき作業を展開することができたと思われるが、理科の専門ではなかったため、観察を適切に指導し、科学的な事実を教えることが難しかったのであろう。スメッドリーは引き続き手工訓練を教え、その他に音楽担当の講師、教育学部からのいく人かの助手がいた。さらに、子どもたちは、大学の体育館を利用しただけではなく、大学の教師による体育の授業を受けた。

1896年12月のクリスマス休暇中、保護者や友人の気前の良い寄付によって、実験学校は、ロザリー・コート（Rosalie Court）の中心、57番通りにある旧サウスパーク（South Park）のクラブハウスに移転し、1897年1月に授業を再開した。その場所には十分な収容面積があり、照明も空調も以前よりずっと良く、また体育館のための大広間もあった。春学期にミッチェルが辞職し、コロンビア大学卒業のE.C.ムーア（Moore）とスミス大学卒業のチャーチル（Churchill）がその代わりとなった。同時に、スミス大学の卒業生、アンドルーズ（Andrews）も理科の助手として採用された[10]。教師の数が多くなったので、新しい生徒たちを受け入れ、その結果、40名の子どもたちが在籍していた。

1897年5月のシカゴ大学の『大学紀要』（*University Record*）において、デューイ実験学校が万能型の教師から専門型の教師へ移行した理由が次のように述べられている。

  この学校の特徴の一つは、目的と方法を統一しながら、手工訓練、理科、歴史におけるスペシャリストの貢献を結合させようと努力していることである。それはある極端から他の極端に進む傾向がある。スペシャリストが採用される時、し

第5章　デューイ実験学校のカリキュラム開発における協同と連携　255

ばしば、それぞれが他の者とは独立して自分の仕事を行い、そして子どもの生活の統一が多くのスペシャリストの好みと身に付けた習慣の犠牲になるという結果が生じる。しかし、各教師に全範囲の教科を担当させ、これを避けようとする努力は別の面で深刻な弊害をもたらす。それはスペシャリストの問題ではなく、エキスパートの問題である。手工訓練、芸術、理科が教えられる時、1人がすべての面で有能であることは不可能だ。たとえ、望まれることであっても、それは身体的、精神的に不可能である。いくつかの面で、表面的な作業となるにちがいなく、子どもは従うべきエキスパートの技量の模範をもたないで、作業の不注意で不完全な方法を獲得するのである。……スペシャリストによって教えられることに伴う過度の分離はその方法に内在しているのではなく、統一された計画による監督、協同、統制の欠如の結果である。[11]

エキスパートとスペシャリストの言葉の区別が曖昧ではあるが、デューイ実験学校では、特定分野の専門的な知識と能力のない教師が、その領域にとって重要な知識、概念、法則を教え、その領域に対する肯定的な態度を子どもに身につけさせ得るという幻想をもっていなかったようである。だが、ここで問題となる専門性とは、閉鎖的で応用力のない狭い意味での専門性ではなく柔軟な専門性であろう。なぜなら、閉鎖的で応用力のない専門性は教師間に軋轢と分裂を生じさせる要因となり、その結果としてカリキュラムの分断化を招くからである。それゆえ、デューイ実験学校の教育活動は子どもたちだけでなく教師においても協同的な社会組織を基盤としたのである。だが、それだけでは統合的なカリキュラムを達成することはできない。どのような教員組織の監督と管理のもとで、またどのような方法でそれが成し遂げられたのか。その詳細については本章の第3節、第4節で論じる。

ところで、当時のシカゴにおける初等学校教員の資格、教育水準について若干、言及しておきたい。第1章で述べた J.M. ライスは、1893年の『合衆国の公立学校システム』（*Public-School System of the United States*）[12]の中で、シカゴの公立初等学校に関して教師の能力が劣っていることを指摘している。

1892年6月にライスが訪問する前まで、シカゴの教員試験は1年間高校に

通った程度の内容であった。その試験に合格した後、教職の志願者たちは、研修生（学級担任の助手）として学校に配属された。その期間、彼らは専門的な教育を何も受けていない大多数の教師たちの授業を観察するのである。また研修期間中、志願者たちは、教育学を学ぶ機会はなかった。2、3ヶ月、助手として勤務した後、彼らは正規の教師となった[13]。従って、他の大都市と比較すると、シカゴの教員の資格や能力は、全般的に適切なものではなかった。それゆえ、当時の教育長、A.G. レイン（Lane）は、この状況を憂慮し、約10年前に閉鎖された師範学校の再設立を強く要求していたのであった。

シカゴの公立初等学校の授業実践が低い水準にある主な原因は、明らかに教師の専門的諸能力の著しい欠如であった。ライスは、師範学校を設立し、専門的な教育を受けた者以外、採用しないことによって、この状況を改善するよう主張していたが、それだけではなく、シカゴの約3,000人の現職教員に対して、ニューヨークやフィラデルフィアの公立学校において実施されている、教員への指導と監督を徹底することも提案した[14]。

このような状態に比べ、デューイ実験学校では、表5-1[15]に示すように多くの教師が大学を卒業している。それは、一つには生物学、物理学、化学の実験室と同じ役割を果たすような大学附属学校で、教育学的な実験を行うために優秀な人材を集めたからだと考えられる。そして、もう一つには、1936年の『デューイ・スクール』（*The Dewy School*）で、デューイが「我々の『高等』教育は、今、より年長の生徒たちの教師たちにある程度認められているのと同じような権利と権威、つまり、適切な題材を選択し、自分自身の諸方法を発明し使用する権利と権威を初等学校の教師たちがもつまでは、真に高等とならないであろう。我々の学校の実践や成果がもし別なやり方であったらと思い、多くのことを回想すると、知的自由と協同の結合が、大学の教師たちに重んじられている精神を発達させるだろうということ、そしてそれは時々、彼らの専有物であると誤って考えられていることを我々の経験が補正し立証している。」[16]と述べている。このことから推察すると、後述の内容

とも関連するが、初等学校教員の社会的地位及び教職の専門性の向上にとってのデューイ実験学校の意義についても留意しておきたい。

2　教員組織の部門制

デューイ実験学校はその後も規模が大きくなり続け、1898年10月、エリス街5412番地の新しい建物に移転した。90名まで収容できる施設で、教師は16名で、82名の子どもがその学校に通っていた。これまでも教師たちの間におおまかな専門領域の区分があったが、この時、表5-1のように正式に部門制の組織をとるようになった[17]。また、第4章でも示したが、子どもたちのグループは表5-2[18]のように編成された。

表5-1　各部門の主任及び担当教師

「家庭科」: Miss Althea Harmer（Pratt and Drexel学院卒）が昨年と同じく主任。Miss Mary Tough（Pratt学院卒）が助手。大きな部屋があった。二つのグループが一緒に作業できる大きさの台所。昼食を持って来る子どもたちの食堂、その日の昼食を作ったグループの子どもたちのための「正式」の食堂。この部屋には食卓が二つ、食器棚が一つと食器があった。その結果、食事の用意は、料理について考え管理するだけでなく、技能も発達させた。
「理科」: Miss Katherine Camp（ミシガン大学卒）が主任。Miss Katherine Andrews（ミシガン大学卒）とMiss Mary Hill（文学士）が助手。物理と化学と植物学のための三つの実験室があった。それぞれが昨年よりもかなりよい設備であった。
「芸術」: Miss Lillian Cushman（シカゴ芸術学院卒）。
「音楽」: Mrs. P.O. Kern.
「歴史」: Miss Gerogia A. Bacon（ミシガン大学卒）校長、歴史の主任。Miss Laura Runyon（シカゴ大学卒）が助手。三つの部屋があった。Miss Baconは、また英語と数の課業を教える担当であった。
「手工」: Mr. Ball.
「体操」: Miss Ida Furness.
「幼稚園」: Miss La Victoire（経験豊かな幼稚園教師）。本館前方の二つの部屋は、4歳半から6歳の子どもたちが使用するため離れていた。
※上記以外にフランス語はMademoiselle Lorley Ashle'man、ラテン語はMiss Marion Shipsbyが教えていた。部門の主任と正規の助手の他に、大学の3人の学生がパートタイムの助手であり、全員で16名であった。

(*University Record* Vol. III. No.29. October 14. 1898より筆者作成)

表5-2　子どもたちのグループ編成

Sub-Primary（4歳半から6歳）
Group I （6歳から7歳）
Group II とIII（7歳から8歳）
GroupIV（8歳から9歳）最年少で始めた子どもたちにとっては3年目。
Group V （8歳半から9歳）
GroupVI（9歳から9歳半）
GroupVII（平均10歳）
GroupVIII（平均11歳）
GroupIX（11歳から14歳）この学校の最年長。

(*University Record*, 1898より筆者作成)

　1899年2月の保護者会で、デューイは「課業を行う際に、その主要な専門分野を明らかにする必要が出てきたので、教師集団の組織がしだいに部門別になってきた。だから、我々は今、理科、歴史、家庭科（Domestic or Household Arts）、狭い意味での手工（木工と金属）、音楽、芸術（すなわち、図画、水彩画、粘土細工など）、そして体育という区分を認めている。課業が中等の時期へと進むにつれて、言語と数学も必然的により分化し、明確な位置づけとなるであろう。基本的にこの立場に立つ限り、相関的にもしくは完全に調和した課業は確保されないと時々言われるが、私は、我々の経験が本質的な困難はないと確実に示していると言えることが幸せである。」[19]と述べている。そして、メイヒューとエドワーズは「各部門が、教室で諸活動を進める上での諸問題を知的に処理する時に、その専門分野のデータを活用するために、社会的・技術的な訓練だけでなく生活経験でも適格な主任によって率いられた。」[20]と述べている。

　一般に、初等学校における部門制の採用からはカリキュラムの分裂、そして我が道をゆく教師がイメージされる。しかし「部門制」を採用する学校のカリキュラムが区画化される必要はないという事実をデューイ実験学校が実証しようとしていた。「この学校では、様々な課業をエキスパートの担当と

し、しかも継続的な相談と協同によって、同じ一般的な諸原則を参照することによって、異なる諸学科とオキュペーションを統御することを通して、統一を維持しようと努力している。」[21]のであった。

すでに述べたように、協同的・社会的組織はデューイ実験学校のカリキュラムが計画され実践される方法において本来的であった。では、そのことがどのように教師たちの共通の意識や理解とされ、また、どのような特質の監督と管理のもとで、教師の協同と相互作用が促進され、革新的なカリキュラムが開発されたのか。その特質を明らかにすることが、本章の主旨であるが、その前に、当時のシカゴの公立初等学校における授業レベルの実態、公立学校の管理システムとその弊害、それらの改善に関するヤングの見解について述べる。それによって、デューイ実験学校のカリキュラム、教員組織の監督と管理、授業実践がいかに革新的であったかが明らかになるであろう。

第2節　シカゴの公立初等学校の授業実践と教員への厳密な管理システム

第1章では、1890年頃の合衆国における授業実践の実態に関して、J.M.ライスの一連の論文[22]から、若干ではあるがニューヨークとインディアナポリスを取り上げた。

以下、このライスの研究を資料としてシカゴの公立初等学校における授業実践について述べた後、教員への厳密な管理システムに関して考察する。

1　シカゴの公立初等学校の授業実践

地理の授業

シカゴで最も有名な学校の一つで行われていた授業である。第5学年の教室において、生徒たちはヨーロッパ地理の口頭試験を受けていた。進級するために二つの試験に合格するよう義務づけられていたのである。ヨーロッパ

地理に関するいくつかの一般的な問題に答える他に、壁に掛けた地図の前で、生徒は、ある決まり文句を言った後、ヨーロッパの国の一つについて講義らしきものをしなければならなかった。生徒はどの国を選んでも良かった。この授業は、暗記による学習を象徴していた。

一般的な問題で、教師は、生徒たちに、様々な国の川、首都、山脈、産物などを答えるよう求めた。生徒がこれらの質問に答えた後で、講義の決まり文句の印刷されたカードが与えられた。この講義の間、教師が少しでも支援することは規則違反だったようで、そのカードにある題目は生徒を導くよう意図されていた。その話題とは、第1に、その国にたどり着く方法、第2に国境、第3に山脈、第4に川、第5に産物、第6に居住者、最後に事実であった。事実とは、上述に含まれていないことで、生徒がその国について知っていることであった。

ライスが見たある事例では、生徒が答えるのに詰まった時、教師は突然、「考えるのを止めてはいけません。私にあなたが知っていることを言いなさい。」と言った。その教師は決して微笑んだり、励ましたりすることもせず、刑事事件の裁判官のように冷静に椅子に座っていた[23]。地理の授業の間、生徒たちが話したことは、その授業でどれだけ熱心に学習したかを示すのではなく、試験前の2、3日間、教科書か百科事典で詰め込み式の勉強をしたことだけを示していた。それは、2、3日の猛勉強で獲得でき、試験後の2、3日で忘れ去られるたぐいの知識であった。話している間、ほとんどの生徒が全身、震えていた。記憶力がよくあまり緊張しない生徒たちは首尾良くできるが、神経質な生徒たちは、おそらく話し始めるやいなや覚えている半分以上を忘れてしまうだろう。ライスにとって、このような試験は、その苦痛はさておき、科学的な教育学のすべての法則を侵害しているように思われた。この学校の他の教室でも同じような試験が行われていた[24]。

第1学年、第2学年の読み方の授業

ライスがシカゴのいくつかの学校で参観した読み方の授業は、これまで見た中でも最も異様に思える授業風景であった。それは、生徒に表現しながら読むことを教える方法、デルサルト法に基づく授業であった。ライスは、後にこの種の読み方の授業がシカゴの多くの学校で導入されていることを知った。以下、その授業の詳細である。

第1学年の生徒たちの教室で、校長は、その学年の教師に「口の動きの学習を始めましょう。すぐに開始しなさい。」と言った。校長の要請に応じて、教師はクラスの生徒たちを注目させ、「さあ、あなたたちが口の動きをどんなに上手にできるかを見せましょう。」と言った。

約50人の生徒たちが一斉に「a,e,oo」という音を発声し始め、「a,e,oo,a,e,oo」「e,a,oo,e,a,oo」「oo,a,e,oo,a,e」「oo,e,a,oo,e,a」というように、その順序を変えていった。発声する時、生徒たちはできるかぎり口の動きを誇張した。「a」という音を発する時はできるだけ口を大きく広げ、「e」では口のすみができるだけ耳に近づくようし、「oo」では唇が突き出された。生徒たち50人が一斉にこのような口の動きをした。その表情は極めて奇異であった。

その後で、教師は「あなたたちの舌はだらしなくはありませんね。」と言った。50人の生徒たちは舌を出して四方八方に動かした。校長は舌の動かし方を絶賛した。生徒たちは顔を歪め、舌を動かす方法を系統的に教えられていたのであった。

しかし、口の訓練は、この奇妙な授業方法の一部に過ぎなかった。教師は「口の運動は素晴らしかったですね。では、あなたたちが頭の運動も上手にできるかどうかを見せましょう。」と言った[25]。

ライスは、正確に思い出すことはできないが、と断りながら、次のように描写している。

> 教師：「頭を後ろに。」
> 生徒たち：頭をできるだけ後ろに傾け（自慢の態度）、「私は自分が何であるかを知っているので誇りに思う。」とゆっくり目立つよう言う。
> 教師：「頭を左の肩の方に。」
> 生徒たち：頭を左肩の方に傾けて横と上をちらっと見て（称賛の態度）、「それは何と美しいんだろう。」と言う。
> 教師：「頭を右の肩の方に。」
> 生徒たち：頭を右肩の方に傾けながら横をちらっと見て（抜け目ない態度）、「あなたは私を欺くことができると思いますか。」と言う。
> 教師：「頭を下に。」
> 生徒たち：頭を胸の方にもっていって（悲しみの態度）、「私のお金が全部なくなった。」と悲しみに沈んだように言う。
> 教師：「頭を真っ直ぐに。」
> 生徒たち：頭をまっすぐにし（頑固さの態度）、強い調子で、各言葉を発音する時にわずかに頷きながら、「私はそれをしない。」と言う。[26]

　頭の運動が終わった時、教師は、今から生徒たちは読む準備をしますと告げた。この準備は、感情を自由自在に表現することを目的としていた。その結果、生徒たちは、読み方の授業で文から文へ、段落から段落へと要求された時に、豊かに感情表現する準備ができると言うのである。この「準備」は次のように実行された。

> 教師：生徒たちに注意を向けながら、「オレンジを食べませんか。」と尋ねる。
> 生徒たち：みんな穏やかに微笑む。
> 教師：「バナナを食べませんか。」
> 生徒たち：微笑みの表情が広がる。
> 教師：「キャンディーを食べませんか。」
> 生徒たち：微笑みが控えめな笑顔に変わる。
> 教師：「アイスクリームを食べませんか。」
> 生徒たち：できるだけ口を広く開け、満面、笑顔になる。（この時、生徒は

第5章　デューイ実験学校のカリキュラム開発における協同と連携　263

> 喜びの頂点から絶望のどん底に落とされようとしていた。)
> 生徒たちがアイスクリームで頭がいっぱいになっていた時、教師は突然、「熊を食べませんか。」と言った。27)

　この頭の運動の後、少しの呼吸運動があり、読み方の準備運動は終了する。読み方の授業では、すべての教室で同様の練習が行われていた。以下、生徒たちが読んでいる時の授業の様子である。
　第2学年で、教師は、生徒たちに"Appleton's Second Reader."の46頁にある"Be a Good Girl."という物語を読むよう求めた。それぞれの生徒が、2、3の文や段落を読んでいる間、先述の準備運動で行った様々な姿勢をとるのである。ライスは、次のように、その時の生徒の表情や行為は異様としか思えなかったと書いている。
　ある生徒が指名され、左手に本を持ちながら立ち上がった。彼女は読み始める前に、本をちらっと見た。それから目をあげ、瞬きひとつせずライスを見つめ、その目が冷淡になった。彼女はゆっくりと慎重に"Be a good girl, Dolly"と言った。彼女の視線はライスからそれることなく、右手の人差し指をライスに向けて振りながら、"Don't do anything naughty when I am gone."と語った。彼女は人差し指をふり続け、"And Katy shook her finger at Dolly as she opened the door to leave the room."と読んだ。そして、彼女はライスから目を離すことなしに、右手を降ろし、背中の方にもっていって、それぞれの単語にうなずき、ゆっくりと強調しながら、"And what do you think was in Katy's mind when she said this?"と言った。
　このように悲惨としか思えない方法で、そのクラスの生徒たちが物語の様々な場面を読んでいくのである。アニーという生徒が"Katy stood wondering."と読み、その行為を十分にすることなく、次の文章に進もうとした。教師はすぐに彼女を制して、"You didn't stand wondering. Stand wondering, Annie."と言った。彼女は両手を身体の横腹につけ、わずかに

頭をたれながら物思いに沈んだ態度になった。そして、数秒の間、彫像のように動かないままであった。

　第 2 学年の教師は生徒をとても自然に読ませられるので、この方法が好きだと語った[28]。

その他の授業

　別の教室では、生徒たちは読んでいる間、身の毛がよだつほど辺りを見回し、凝視していた。ライスがそのように告げると、校長は、その部屋は生徒が目を使う方法を練習する部屋で、"eye-room" と呼ばれていると答えた。この部屋の印象は言葉で語ることができないほどであった。

　しかし、この異常な表現方法は読み方の授業だけではなく、他の教科でも導入されていた。第 2 学年の算数の授業で、多くの問題が黒板に書かれていた。ライスが算数の暗唱を聞きたいと言うと、教師は生徒の一人に「ウィリー、第 1 番の例をしなさい。」と言った。

　ウィリーという生徒は、教室の後ろの方に歩いて行った。そこには算数の実演をするステージがあった。少しの間、気持ちを落ち着かせた後、少年は悲惨に思えるような調子で、"John walked eighteen miles, and Joe walked four miles further. How many miles did Joe walk?" と読んだ。それから答えとなった。"If John walked eighteen miles, and Joe walked four miles further, then Joe walked eighteen miles and four miles, or twenty-two miles."

　この実演の間、ピアニシモ、フォルティッシモ、クレッシェンド、ディミヌエンドは完璧であった。終わった時、彼は悲劇俳優の雰囲気を漂わせながら、席に戻って行った[29]。

　ライスは、このような授業方法はせいぜい自己意識と自己感情の強調を身に付けるだけで、もし日常的にそのように振る舞うならば、嘲りと嘲笑にさらされるであろうと述べ、その正当な根拠を全く見いだすことができないと

批判している[30]。

　他の学校の第1学年では、学校ごっこの部屋かと見間違える授業風景であった。例えば、石版に読本からの言葉を書き写していた生徒たちの中には、その書き取りがチョークで書いたハエの足跡と誤解されるほどであった。にもかかわらず、教師は「この学校はこの都市で一番良い学校の一つだと評判です。」[31]と語っていた。

　別の学校における第1学年の書き方では、教師は最も旧式の方法を使っていた。その授業で生徒たちが、石版に"a hen"と何度も何度も書いていた。教師は、それぞれの生徒たちのところに行って、"hen"の手本を書いたり、生徒たちの手をとって3度か4度、"hens"と書いたりした。生徒たちは、他に"Mama makes our caps."という一文を石版に書いていたが、授業の展開は同様であった[32]。

　ライスは、シカゴのこのような授業実践に対して非科学的で著しく低水準であり、ニューヨーク、フィラデルフィアよりも遅れていると評して以下のように述べている。

> 事実に基づく課業の量は極めてわずかである。低学年ではなおさらであり、理科はカリキュラムに含まれていない。最下級学年の学習は特に無味乾燥であり機械的であった。すこし歌を歌う以外、生徒たちは、最初の6ヶ月間、一日中、読み、書き、計算する以外何もしない。その単調さを中断する休み時間さえない。急速に成長する学区において、収容施設の不足のため、多くの小学生は半日学校に通学させられている。いく人かの生徒は午前中に学校に行き、他の生徒は午後に通学するのである。[33]

　彼はまた、先述したようにシカゴの公立学校システムに関して教員の資格が適切ではなく、能力が劣っていることを指摘していた。

2　教員への厳密な管理システム

　デューイ実験学校の時代、合衆国の公立学校システムは、急速に変化して

いた。子どもたちの就学率が高くなり、また就学年数も長くなっていった。その結果、教室の運営とは異なる学校の管理システムが必要とされるようになった。大学において校長や教育指導者を養成し訓練することが求められ、多くの大学が教育学部や教育学科を増設していった。そして、公立学校は、様々な階層的諸関係において大学に結びつけられるようになった。大学の教授は、公立学校で使用する教科書や試験を開発し、また、教育委員会の外部顧問としての勤めを果たすようになった。

しかし、これらの諸変化は、教師たちに否定的な影響をもたらしていった。強まる官僚主義化と専門主義化によって、シカゴのような大都市の教師たちは、明らかにその自治権を奪われ、その地位が不安定になっていったのである。彼らは、ますます仕事上の厳しい規則と管理のもとに置かれるようになり、行政官に従属させられていった。すでに述べたように、当時、初等学校の教師たちの学歴が低いために、ハイスクールの教師たちに比べ、その社会的地位は不安定で低くなっていったのである。

このような管理システムが、具体的にどのような弊害をもたらしたか。たとえば、ニューヨーク市の指導監督者、W.H. マックスウェル（Maxwell）が次のように述べている。

> 校長と各部門の主任はクラスを教えていない。彼らは監督にすべての時間を費やすことになっている。11クラス毎に教えない監督が1人いる。私の見解では、教えていない監督者の数は不必要に多い。監督の過度の発展は結果として、我々の学校でいくつかの明確な弊害となっている。
> 　第1に、それは、多くの良い教師たちをクラスを教えるという仕事から撤退させ、全体としての教える力の効率を減少させた。
> 　第2に、事務と試験問題の作成が教えるという積極的な仕事よりも名誉であると感じられるようになった。もし教師たちが十分にモラル的な影響を与えようとするならば、彼らの任務に最も高い名誉が与えられるべきである。
> 　第3に、ほとんどの場合、少ない仕事でより良い給料を得る主任の地位をめぐる競争が教師の目の前で繰り広げられ、教師に甚だふさわしくないような陰で糸

を引いたり、悪巧みをしたりするということが行われ、それは公立学校の管理において非難されるべき弊害の一つとなった。

　第4に、部門の余分な主任の増加は、結果として学校の運営において、つまらない妬みを生じさせたり、教師の仕事への過剰な干渉となったりした。

　第5に、部門の主任の不必要な増加は、生徒たちの詰め込み的な学習による精神的疲労、過度の試験へと導いてきた。それは、今、以前よりは少なくなっているが、なお学校での学習に悪い影響を与えている。

　第6に、各部門の主任の給与だけでなく、高価な家具を備えた執務室を用意するというこのような監督の費用は悲しむべきことに必要な仕事と用具として要求され、毎年、巨額の資金が支出されているのである。[34]

　また、シンシナティ（Cincinnati）の指導監督者 E. E. ホワイト（White）は、「教師の均一性を確保するために、課程は詳細かに計画され、時間は各段階が取られるべき順番で、各部分に割り当てられ、授業方法でさえ、権威的に明確に規定されている。結果として、教師は、自分の『意識と能力』に従って自由に教えることができない。むしろ、教師の崇高な地位が、所定の事柄や所定の量、所定の詳細さで苦しめられる、つまり、回転する機械のクランクを回すことへと降格される。」[35]と述べている。

　ヤングは、広範囲の監督という職務が発展した要因として、①教師と授業方法の均一性を保持しようとしたこと、②社会生活の変化により、教師たちに馴染みのない諸教科がカリキュラムの必須となったこと、③単調な授業をするよりも他の教師を指導する管理職への要望が強くなったことを指摘している[36]。学校の制度的な側面ではなく、カリキュラムの内容、授業方法、および、教職の本質に関する鋭い洞察だと言える。このような厳しい管理システムの影響を受け、若い男性も女性も「子どもを教えるという積極的な仕事から遠ざかる強い傾向」[37]があった。若い男性は教えるのではなく、教師の仕事を詳細に調べる管理者や監督者になることを望み、若い女性は子どもを教えるのではなく、教師を教えるスペシャル教師になることを望んでいる。それは、子どもを教えることが苦役と密接に関連しているからである。その

結果、有能な若者たちは、子どもを教えるという教師本来の仕事の入り口で尻込みしているのであった[38]。

当時、産業と科学技術が急速に発展し、それにともなって社会生活が変化した。しかし、学校は時代遅れの授業方法に固執していたため、現実世界と学校のカリキュラムとの間に明らかな亀裂が存在し、その亀裂は着実に拡大していた。その結果、時代遅れの授業方法に適した管理的な方法が存続し強化され、有望な若者たちを教師という職業から遠のかせていたのである。ヤングは「学校の理論と生活の理論の孤立が非常に大きいので、商業世界や家庭では容認されないような題材や課業の形式を学校で保持することを支持する一般的合意が存在する。」[39]ことに留意していた。そして、ヤングは良い教育活動にとって肝要なことは、教師たちが十分に尊敬され、お互いに率直に意見交換ができる環境を設定し、また教師自らが考え、実験する機会を提供することだと主張したのである。

教員組織の「部門制」を採用した結果、デューイ実験学校は以前より円滑に運営されるようになったが、1901年に総監督としてヤング、校長としてアリス（Alice Chipman Dewey）が任命されたことによって、その運営はさらに順調に進んだ。そして、ヤングのデューイ実験学校における役割に関しては、デューイが「私が主に Mrs. ヤングから得たことは、まさに哲学的概念を経験に基づいた同等物に言い換えてくれることであった。私は上手く言うには時間がかかり、彼女が私に戻してくれて初めて、私自身のお気に入りの概念の意味や効力を理解できた。私は彼女が学生であった時もさることながら、一人の同僚としてなおさら彼女との関係に委ねている。」[40]と述べていることが端的に示しているであろう。ヤングはデューイとデューイ実験学校の実践的側面を補い、デューイと教師たちを論理的な理論の実践的側面の正しい認識へと導くことに貢献したのである。以下、デューイ実験学校で、どのような特質の監督と管理が行われ、実践されたのかを検討する。

第5章 デューイ実験学校のカリキュラム開発における協同と連携　269

第3節　デューイ実験学校の教員組織における監督と管理の特質
——教師の知的自由、知的責任、そして協同——

　シカゴの公立学校には何千人もの教師たちがいたが、デューイ実験学校の教員数は少なかった。先述したようにヤングが総監督になった時、わずか16人であった。しかし、シカゴの公立学校の指導監督者であった時、彼女は同じような協同の原則を積極的に推進していた。その理由は、それが通用し効果的であったからだ。ヤングは、当時、アメリカの教員たちが実質的に政策決定への発言権を全くもっていないことを憂慮していた。それゆえ、彼女は、思考の自由を保障するために「学校の様々な役割の中で法律制定という問題を考察するための組織が必要である。」[41]と主張し、さらに続けて次のように述べている。

　　そのような組織はいくつかの大学や小数の学校システムで達成されてきた。しかし、後者は思考の自由を保障するいくつかの本質的な特徴を欠いていた。にもかかわらず、それで十分だと考えられているのである。また、教師集団は教育に関する諸問題について考え出すことをほとんど何も知らない。疑いもなく、議論や勧告のための協議会が組織され、とても上出来の生活がもたらされるように思える。しかし、その潜在力ははるかに不十分である。権威ある立場にいる者の声が支配的であったり、協議会において聞き届けられたりしてはいけないのである。[42]

　そして、彼女は、すべてのシステムを通して、全教師と全校長をその会員として含む学校協議会が組織されるべきだと述べている[43]。彼女は教員の権利と労働条件を改善するだけでなく、思考の自由、カリキュラムに関する発言権をもつことを奨励したのであった。それゆえ、教員の地位と影響力を高めるための集会を開き、そこからシカゴ教員連盟（Chicago Teachers Federation）が1897年に誕生した[44]。その組織は女性の初等学校教師たちによって、

彼女たちのために組織され、1930年代まで影響力をもち続けた。最盛期の1900年代初頭には、シカゴの半数以上の初等学校教師がその会員であった。そして、この組織の最も重要な指導者であるマーガレット・ヘイリー（Margaret Haley, 1861-1936）は、ヤングの民主主義的な指導方法に大きな影響を受けた一人であった。

　ヤングは以下、本章で明らかにするように、教師に明確な任務と期待を与えることが、彼らを束縛することではないということを端的に示した。さらに良い教育、良い授業にとって決定的なことは、教師たちが十分に尊敬され、お互いに素直な意見交換のできる環境を設定し、また自ら考え実験し、振り返り改善する機会を教師に提供することであると実証したのであった。ちなみに、『デューイ・スクール』には「実験学校」（Laboratory School）の名がヤングによって提案されたという言説が含まれている[45]。

　このような事実から判断すると、デューイ実験学校の教師たちは、技能職ではなく専門職と見なされていた。それゆえ、前もって決められた諸計画に基づき、与えられた題材をただ教えていれば良いのではなかった。学校の全教育活動への能動的な参加者となるよう期待され要望されていた。その結果、教師には自ら題材を選択し、単元を構想し、創造力豊かにカリキュラム開発にたずさわり、授業において新しい着想を試す知的自由が認められていたのである。

　1900年から1902年まで、デューイ実験学校の教師であったG.ファルマー（Fulmer）は、「それぞれの子どもが、ある者の経験がより豊かになるような支援を通して、最終的な目的のために、自分の力を自由に発達させるというのがMr.デューイの考えであった。その学校において、また教師とデューイ自身の関係もそのようなものであった。私は、私自身の課業において彼が承認していないことがあったのを知っている。それでも、私は常に私自身のやり方で自由に働けると感じていた。」[46]と述べている。

　デューイ実験学校における教師の自由とは、教えたいことを教えるという

第5章　デューイ実験学校のカリキュラム開発における協同と連携　271

ような自由ではなかった。それはまさに知的自由であった。授業実践に従事する時に創造的に知性を使うこと、ある着想を試すという行為であった[47]。

　たとえば、『初等学校記録』には次のように、グループⅤの実践報告が掲載されている。グループⅤには平均年齢7歳半から8歳の子どもたちが17人いたが、個々の子どもを適切に指導・支援するために2グループに分けられ、担任はメアリー・ヒル（Mary Hill）であった。

　このグループの子どもたちの多くは、昨年、原始生活の発展を勉強したので、アメリカ・インディアンの学習に着手する準備ができていた。それゆえ、定住した人々の歴史、探検と貿易による世界各地域の諸関係についての学習を始める前に、秋学期の間、アメリカ・インディアンの学習に週2時間費やした。

　この学習では、鉄の使用以前に、ある民族が成し遂げたものを見ることを通して、住宅、食物、武器、道具等の必要性とそれらの供給手段について、前年度に形成された概念を豊かにすることが意図された。

　子どもたちの想像力や表現力は、昨年度より豊かになり、授業に関連する物語や劇で多くのことを詳細に提案することができた。また、構成的なワークにおいても多くのことに着手し上手にできるようになった。

　子どもたちはとても粘り強く、イロコイ族の共同住宅を建設し、丸木舟を作り、テントに置くトーテム像や、読んだり書いたりした紙を綴じる本のカバーをデザインした。1人の子どもが、自分の家で養鶏場から羽毛を集め、それを、頭を巻くような円を作る細長い布の一片と、後ろに垂れ下がる細長い一片に縫い上げ、インディアンの頭飾りを作った。様々なインディアンのモカシン（鹿皮製の靴）を勉強する時、いくつかは学校に持って来ることができた。他のものはフィールド博物館の遠足で調べた。何人かが自分のモカシンを作りたいと言ったので1つの靴を分解し、家で作るための型紙を切った。

　インディアンの家が完成し家具が備え付けられた。子どもたちはインディ

アンが道具や食物、他の財産をどこに保管したかを判断して、その家の生活の様子を絵に描いて遊んだ。

『ニューイングランドのアルゴンキン族の伝説』(*Algonquin Legends of Newe England*) から単純化した「マスター・ラビットの不思議な冒険」(The Amazing Adventure of Master Rabbit) の数行を読んだ後、子どもたちは自分たちの物語を数行、創作した。そして、これらをクラス全体で読んで複写した（下線は引用者）。これらを書いたり複写したりすることは書法 (penmanship) の授業であった。次の文章は、子どもたちが創作した文章の中の最も良いものの一つであるが、そのほとんどはオリジナルであった。

> かつて、海岸に一つのウィグアム（北米インディアンのテント小屋）があった。男の子の赤ん坊が生まれたちょうどその時、鷲が飛び降りてきて、その小屋の周りをまわり、羽毛を1つ落とした。母親が外に出て羽毛を拾い上げ、その子どもをイーグルフェザーと呼ぼうと思った。6歳になった時、彼は弓と矢を持って狩りに出かける父親を見るのがとても楽しかった。ある日、彼は自分の小さな弓を作り、それで射った。それから練習を重ね、とても弓が上手になった。30歳の時、彼はついに部族の中で一番の弓の名手になった。そして狩りに出かけた時、ほとんど何でも射殺することができた。

伝説を読んだり書いたりすることは、子どもたちの読み書きの学習意欲を刺激した。学期の終わりには、一人以外全員が、教師が簡単な伝説を黒板に書くのと同じくらい速く読むことができた。

インディアンの授業は、ポンティアック族、レッド・ジャケット族、パウハタン族等のインディアンの歴史的な生活に関する物語を読んだり、フィールド博物館のインディアン展覧会へ訪問したりすることによって、また、カトリン (George Catlin) の著作からの写真を使いながら形式張らないお話の中で行われた（下線は引用者）。[48]

『初等学校記録』には、このような授業を行う時に役立つ本として、モー

ガン（Morgan）の『アメリカ・アボリジニーの住宅と家庭生活』(*Houses and Home Life of the American Aborigines*) や『イロコイ族の部類』(*The League of the Iroquois*)、『合衆国民俗学局の年次報告』(*Annual Reports of the United States Burearu Ethnology*)、マートル（Minnie Myrtle）の『イロコイ族』(*The Iroquois*)、ジャクソン（Helen Hunt Jackson）の『不名誉な世紀』(*Century of Dishonor*)、カトリン（George Catlin）の『北アメリカ・インディアン』(*North American Indians*)、レランド（Charles G. Leland）の『ニューイングランドのアルゴンキン族の伝説』等（下線は引用者）が紹介されている[49]。

　子どもたちは、このようにしてインディアンの身体的な特徴、衣服、住宅と家庭生活、オキュペーション、戦争と平和の風習、狩りの方法等の形式と配置を知り、インディアンが居住した地域の素材に関連したそれぞれの発展を理解した。インディアンが到達した文明を例証するために、アルゴンキン族とイロコイ族は最も重要なタイプとして扱われ、次に少しの時間、アステカ族の学習が行われた。インディアンの生活の扇情的で好戦的な側面にはあまり注意が払われなかった。

　地理は、その部族がどこに住んでいたのかに気付くために地形図を利用する時に導入された。使用した地図上で、それらが目立っているため、ロッキー山脈、アパラチア山系、セント・ローレンス川やミシシッピ川、大西洋と太平洋、そしてメキシコ湾の名前が示され、その位置が確認された。学習したインディアンが居住した地域を探すために、スター（Star）教授の『アメリカ・インディアン』(*American Inidians*) の中の地図が使用された（下線は引用者）。

　以下、劇の実例である。その最も重要な価値は、子どもたちが上手く協同できること、主導性を発揮できること、彼らの行為の自発性を奨励することであった。

　子どもそれぞれが、勇敢な行為、発明の才能や技能を発揮して得た名前であると装いながら、自分のための名前を選んだ。一人の酋長が選出され、そ

の役割は部族の要求について考えること、遊びの中で実行できる何かを提案することであった。彼は、その地域には猟のための獲物が不足していて、部族全体が移動する必要があると提案した。

　教師の助言により、酋長は相談したり提案したりするために部族の中から2人を選んだ。新しい地域の魅力は特に何か、活発な話し合いが部屋の押し入れの中で行われた。それから部族の前で、酋長は豊富な獲物、水の近さ、粘土の河床について演説した。敵対するインディアンの存在について部族の一人に尋ねられた時、このことを今まで考えていなかったとわかった。酋長は、実際にその場所に行くかどうかを協議しようと考えていたので、その場所が適切であるかどうかはわからないと言わざるを得ないと感じた。従って、子どもたちは、部族の中から最も足の速い人を調査に送ることを提案した。そのため、酋長と2人の相談役が頭の中で考えていた場所を記述し、そこへの道順を示すことが必要となった。教師の支援なしで、森にたどり着くまで太陽が昇る方向に何日も向かって走り、それから森の境界線に沿って、谷間を流れる川にたどり着くまで進むという道順が提案された。

　イロコイ族の学習の中で、部族の組織が主に強調された。8つの部族と5つの国との関係、5つの国のそれぞれに8つの部族が部分的に関係しながら発展してきたという長所、そして異なる部族間でのみ結婚する形式や習慣が議論された。この学習では定住生活が注目された。定住のためには、より快適な家、果樹園の植え付け、より良い建物等が必要であるという結論に達した。前年度、子どもたちは、防御や狩猟のためには団結が必要であることを理解した。そして、今年度、この団結がいかに容易に永続的になるかを見て、その団結から生じる文化的風習を理解した。

　前年度と同じように、理科が区別されるよりもむしろ関連づけられた。理科は独立したものではなく、歴史と料理の理解に関連づけて取り上げられた。水牛は平野に住むインディアンへの食料や住宅の重要な資源であるので、この動物に関する特別な学習が行われた。<u>前年度に言及された洞穴時代の動物</u>

と水牛の関係は、より初期の動物のいくつかのタイプが展示されている、大学のウォーカー（Walker）博物館を訪問する間中、話し合われた（下線は引用者）。水牛の角の一片が燃やされ、その臭いを髪の毛と羊毛を燃やした時の臭いと比較した。また、オオジカの角も燃やして、子どもたちはオオジカの角は骨であるが、水牛の角と同じような物質ではないという結論に至った。ビーバーの学習も行われた[50]。

　また、グループⅦ（平均年齢10歳）の歴史学習で、ラニアンはアフリカを取り上げ、フレデリック・スター（Frederick Starr）教授が翻訳したカアトルファージュ（Quatrefages）著『ピグミー』（*The Pygmies*）や文化人類学の雑誌からの論文を利用し、それから彼らの生活に関する情報を得た。彼女は1899年2月3日の「実験学校の実践報告」で以下のように報告している。

> ……ピグミーと人食い人種（cannibal）を取り上げる理由は、アフリカについて言及される時に、子どもたちがおそらく耳にしているであろうアフリカの黒人の二つの部類について何かを知ることができることである。彫像では平均4フィートであること、粘土や泥と藁でできたミツバチの巣のような家に住む方法、遊牧民のようであるが常に別の部族の領地に居住する許可を求めること、彼らの武器、食物、衣服など、ピグミーについて学んだ。ピグミーたちの盗みに対していだく気持ちが、彼らは農園から一房のバナナを取るけれども、いつもその支払いとして認められる肉を1パック置くという習慣によって説明された。子どもたちは、これを正当と考えるかどうか尋ねられた。最初、みんなは、この習慣を全く正しいと考えた。彼らは、もしバナナの所有者が多くの肉を持っていたら、バナナを欲しかったかどうかと尋ねられた。また他の実例によって、どんな物でも付加価値は同意がなければならないと理解するよう導かれた。子どもたちが書いた文書は、ほとんどの場合、事実の記憶に関する限り満足のいくものであったが、いく人かの文書は文の構造や綴りが不十分であった。それで、これらの子どもたちを個人的に支援するために、私は最も間違いの少ない3人は免除し、彼らに雑誌の論文を音読させた。子どもたちは、難しい単語をいくつか見つけたが、自分たち自身で事実を読むという試みを楽しんだ。[51]

　その後、グループⅦはオーストラリアの学習へと進み、そこで特有な動物

群と北半球とは季節が逆であることに注意を払う以外、同じような方法で学んだ。そして、ある日の午後にはフィールド博物館に行って、アフリカとオーストラリアの展示物を見学した[52]。

このように、教師たちは第一次資料から題材を発見し、それを授業で活用したのであった。そして、先述したとおり、デューイ実験学校は部門制を採用するようになり、各部門の主任がいたのであるが、以下のように、主任たちはその部門の教師たちを指導し、お互いに協力しながら、また他の部門の教師たちとも協同した。

> 学校の生活と精神が、それ自体発展する傾向によって、異なる諸個人の活動を統制でき、そして全体的に妥当な統一の度合いを達成する範囲を言葉にすることは非常に難しい。もちろん、その統一は100％の割合にははるかに達しなかった。しかし、経験は、前もって厳密に計画したり、常に密接な監視に依存したりするよりも、効果的な分散的で遠心的な努力への点検があることを示した。そのような点検は、教師たちの週会議で行われた。……ほとんど無意識的に生まれつき才能のある教師たちは、以前の経験がそれほど無い時でも、独立心と独自の力に自信を得て、同時に一般的な計画への参加者として共同的な方法で活動することを学んだ。[53]

さらにデューイ実験学校では、教師たちは日々連絡を取り合い、子どもたちの様子や自分たちの仕事について話しあった。つまり、その学校は有機的な形式の協同的組織をもっていたのである。デューイによれば、この種の組織は「しばしば利用されるような手段によって教師を採点し判断することを必要としない。ある個人が必要とされる柔軟性と成長する能力をもっているかどうかは真の協同という諸条件のもとですぐに明らかになる。そうしなかった者たちは、ふさわしくないことを明らかに示しているので姿を消していった。」[54]のである。そして、教師の知的自由と協同を促進するために、教師の実践報告に基づく教師会議が重要な役割を果たした。この教師会議については次節において考察する。

このように、デューイ実験学校において、教師の知的自由と組み合わされた協同が求められ、実践されていたのである。協同とは実践的な性質をもつが、教師による絶えざるカリキュラム改善の実現を望むのであれば、知的であるべきであった。

しかし、知的自由の中心には知的責任が必要である。もし教師が教職に関して思慮深くなろうとするならば、その専門性への準備は、知的責任の習慣を育てることを含まなければならない。1904年の「教育における理論と実践の関係」（The Relation of Theory to Practice in Education）において、デューイは教師教育では「知的責任というより細心の注意を要する広範囲に及ぶ問題はあまりにもしばしば軽視されてきた」[55]が、見習い教師が教育について思慮深い機敏な研究者となるためには、実践的仕事をその専門性への対応に関連して第1に追究しなければならないと述べている[56]。デューイにとって、そのような研究者とは題材に関する知識が豊かであり、教育の心理学的、倫理的原理が染みこんだ者であった。デューイは、それらが精神的習慣として組み込まれるようになり、観察、洞察、反省という実用的な性質の一部になった時にのみ、これらの諸原理は、自動的、無意識的に働くようになり、それゆえ、即座に効果的になるだろうと主張した[57]。

1904年というこの論文の出版年から推察すると、教師教育に関するこれらの洞察は、デューイ実験学校における彼自身の経験から生じたのであろう。そして、この点に関してもヤングの影響が大きかったようだ。デューイは「私が自由と自由の尊重が諸個人の探究的、反省的過程への配慮を意味するということ、通常、自由として通用すること、つまり、外的な拘束からの自由、表現における自発性などは、思考の諸操作とそれらが結びつく時にのみ意義があると知ったのは彼女からであった。」[58]と述べている。

もし教師が教育的な諸原理を理解しないならば、その原理に基づいたカリキュラムを開発し、題材や授業方法を工夫し、展開しようとしないならば、さらに観察し、思考し、試み、反省する習慣を形成しないならば、学校とカ

リキュラムの改善は不可能である。そして、教師にはデューイが「知的諸方法の統制」[59]と呼んだ能力が必要であり、それは教師による実践的な技能の個性的で自立的な習得を要求する。それゆえ、教師教育は、単に直接的に実践的なこと、手引き書通りの熟練に焦点化するよりも、教師の知的自由と知的責任に注意が払われるべきである。それが実際にデューイ実験学校で試みられていた。

教師の協同に関して、先述したようにデューイ実験学校において協同が真に何であるかはヤングの任命で前進した。ヤングにとって、協同は自発的に他の誰かに従うこと以上を意味した。それは、異なる個人の知性を発揮し、社会的な能力を発達させる好機であった。ヤングは「協同とはもう1人の導きに自発的に従うこと以上を意味する。自己によって開始され創造的な知性で終結する一つの反応を通して、潜在的な諸能力を発達させることは、常にその操作を伴っている。」[60]と述べている。

H. グリーレイ（Greeley）という卒業生が「遊びや作業における自然な協同、とても親切な寛容さ、活気を与える誇りが存在していた。どの子どもも、自分の家にいるようにのびのびし、満足し、くつろぎ、幸せに感じていた。おそらく家以上であっただろう。これは、すばらしい教育的前提であった。」[61]と述べている。デューイ実験学校の監督者と教師、教師間においても、このような協同が目指され、実践されていたのであろう。

第4節　教師の実践報告に基づく教師会議

デューイは、実質的には彼が主催するゼミ形式の研究会であったが、開校当初から、学級の様々な活動を協議し、それらが学校全体の教育原理や教育方法に適しているかどうかを検討するための教師会議を毎週、行っていた。なぜなら、デューイ実験学校の計画は一種の作業仮説であり、日々の授業実践に応用され、修正と変更が加えられる必要があったからだ。だが、この教

師会議は、当初、実践的な問題を重視しすぎたため知的な内容に関して不十分であり、教師の協同は十分に機能しなかった。この失敗を経て1898年10月から正式に教員組織の「部門制」を採用することになったのである。これに関してはすでに考察した通りである。この時、また、教師による実践報告の指針が示された。この指針も教師会議にとって有効であったと思われるので、以下、それについて検討する。その指針は、下記のように三つの部分に分かれている。

1 教師による実践報告の指針

（1）「その週の実際的な題材。これは一般的な題名だけでなく、具体的で明確な言葉で書かれるべきである。たとえば、岩石や種子を勉強したと言うのではなく、どんな岩石、どんな種子かを述べること。10月14日の週におけるグループⅣの家庭科の報告、10月21日の週でのグループⅣ、Ⅵの家庭科の報告、10月14日の週のグループⅡ、Ⅳの歴史の報告、10月28日の週におけるグループⅡの作業の説明において何が必要とされるのかを示すように述べても良い。実践報告はすべての場合、実際の題材を示すだけでなく、それを取り上げた理由、その先行事情、与えられつつある援助の要点を示すべきである。（もちろん、もしどれか一つで十分に報告したならば、毎週この報告を書く必要はないだろう。しかし、すべての場合、これまで行ってきた作業から生じるさらなる作業が示されるべきである。）」[62]

この指針では題材の選択と学習の展開について述べられている。教師たちは、これまでの授業を振り返りながら次の週の授業をどのように展開するのかについて、題材だけでなくその題材を選んだ理由、子どもたちの活動の様子、指導や支援の方法に関して具体的に報告しなければならなかった。そして、教師の実践報告とそれに基づく教師会議によって、教師たちの題材開発力や単元構想力が養われ、理論的にも実践的にもカリキュラムの連続性と一貫性が達成されたのであろう。

（2）「大工仕事、裁縫であろうと、芸術的な活動であろうと、すべての手仕事において、その活動の目標を設定する理由や動機、そして他の活動との関連、あるいは関連の不足、もしあればその利用が明確に述べられるべきである。」[63]

この指針では手仕事について述べられている。実験学校では、男の子だけでなく女の子も手工技能を発達させ、最年少の子どもでさえ、様々な道具を用いて構成的な作業を行った。手工技能を発達させることは、たとえば子どもが大工になるように教える試みではなく、手と目を通した精神的訓練であり、創造的な自己表現のための訓練であった。さらに、このような構成的な作業を通して、子どもたちは他者とコミュニケーションし協同すること、すなわち自分の責任と役割を受け入れ、問題を解決し、新しい状況に適応することを学んだのである。

聴覚に障がいのあった卒業生、クレインはおよそ30年後に、実験学校について次のように述べている。「大工仕事、料理、編み物、縫い物、美術など、すべての活動が私たちの手と指を役立つように訓練した。そのような技能は経済的、実用的な目的のためにのみ価値があるのではない。それらは心に安らぎを与える。私はしばしば『手を使うことをどこで学んだのか。手を用いて新しいことをするのをどのようにして、そんなに簡単に学ぶのか。』と尋ねられた。その時、私は心と手と目を一緒に使うように訓練されたからだと答えている。私は観察するよう訓練され、観察したことを行為において使う機会も与えられた。」[64]

また、他の活動との関連が強調されているのは、実験学校において子どもの発達段階に適した連続性のある一貫したカリキュラムの達成を試みていたからである。従って、下記の（3）の指針にも示されているように、手仕事だけでなく他の教科の学習においても関連が意識されていた。悲しむべきことに、当時およびその後のいくつかの進歩主義的学校において活動それ自体が目的となってしまったが、実験学校では決してそうではなかった。

（3）「できる限り、その論題に到達する形態が示されるべきである。これは、歴史においては、会話、議論、劇、クラスでの読書、文学との関連と利用についての叙述、また、写真の勉強、博物館や歴史的な場所への訪問なども含む。理科の場合、それは、遂行される実験的な活動、利用される素材や実験装置（また、これらが既製の物であるのか、子どもたちによって作られたのかに関しても）を含むべきである。発見されるべき問題や要点が、子どもたちがただそのような物について勉強しているという代わりに、その計画で述べられるべきである。観察的な活動や野外調査も、それが教室の中なのか外なのか、また読み物についても具体的に報告されるべきである。手仕事において、個人的、社会的な関連と目標（もしあれば）の両方が記述され、技術的な側面での記述も含むべきである。理科、歴史、地理において、その題材から生じるすべての構成的活動と表現的活動は、同じ授業で行われたものであろうと、他の教師によって行われたものであろうと述べられるべきである。各教科の書く量は、それが黒板であろうと紙であろうと、授業の中であろうと勉強時間であろうと、行われた活動の記録、議論の要約、さらに独創的な作品（original composition）であろうと記述されるべきである。」[65]

この指針では、多様な教授方法や学習形態について述べられ、他の活動との関連が強調されている。さらに、教師たちがより詳細に具体的に報告するよう求められている。実験学校では、カリキュラムの連続性と一貫性を達成するだけでなく、具体的かつ実践的な方法を実践しようとしていた。すなわち、それは、当時の学校で一般的であった機械的な暗記、注入的な方法に取って代わる新しい創造的な方法であった。従って、後述する教師による実践報告の実例で明らかなように、話し合いや社会見学も行われていたのである。このような教授方法は今日では目新しくもないが、当時においては斬新であった。

2 教師の実践報告の実例

　1898年の秋学期、グループⅠ（6歳から7歳）には8人の少年がいた。その中のいく人かは昨年からこの学校に在学し、社会的オキュペーションと産業の勉強をしていた。新しい子どもたちにとってこの学習が役立つように、そして前からいる子どもたちがこの学習を継続できるように、一つのグループに組織された。

　では、グループⅠにおいて、どのような授業が行われていたのか。その概略は、以下のようにシカゴ大学の『大学記録』（*University Record*）に示されている。

　他の国々に関する子どもたちの興味が喚起され、外国の男の子の名前を言い合った。スペインとアイルランドからはじまり、多くの国の子どもの名前があげられた。そして、オランダの男の子の生活について勉強した。

　家庭科では、野菜や葦の繊維でバスケットを編んだ。料理では、シリアルへの熱と水の働きについて観察した。簡単な計量と材料の扱い方が教えられた。理科では、種子の種類とその撒き方についての勉強がはじまった。この活動との関連で、子どもたちは土壌について学習し、種子を植える鉢を準備した。庭に種子を植え、秋に植える球根の一覧表を作った。体操の時間の一部は身体を鍛えるためだけでなく知覚を発達させるためのゲームに充てられている。芸術では果物の水彩画について勉強している。音楽では、このグループは簡単なメロディーを教えられた。それぞれが詩を作り、教師がハーモニーをつけ、クラスで歌った。また、年長のグループと一緒に合唱を行った。工作では、道具の名前と使い方を学んだ。そして、このグループは、表5-3のような時間割であった[66]。

　教師の実践報告では実際に行われた授業の様子がさらに詳細に記述されている。次に、同じようにグループⅠの実践例に関して1898年11月の実践報告について述べる。

表5-3　1898年10月当時のグループⅠの時間割

	月	火	水	木	金
9:00〜	合唱	体育	理科	—	理科
9:30〜10:00	工作室での手工	家庭科	理科に関連した手仕事	描画	描画
10:00〜	社会的オキュペーションと歴史				
10:30〜11:00	理科	理科	裁縫織物	理科	裁縫織物
11:00〜11:30	ゲームと手仕事	ゲームと手仕事	グループだけの音楽	大きな居間で昼食の準備	ゲームと手仕事
11:30〜12:00	体育でのゲーム	理科	ゲーム	昼食	昼食

(*University Record*, 1898年10月21日より筆者作成)

1898年11月4日までの実践報告

歴史：前の週に引き続き、アフリカの人々の勉強をした。子どもたちは、アフリカの人々が何を食べ、それをどのように獲得するのかに興味をもった。子どもたちは、これらの人々が生活している諸条件を想像することができるように思えた。そして、中央アフリカの植生や動物の種類について質問されると、ほとんど間違うことはなかった。

　アフリカの民間伝承の展示と、アフリカで生息している動物の剥製を勉強するために、子どもたちは、午前中のほとんどをフィールド博物館で過ごした。子どもたちは武器にも興味をもったが、その民族が利用するものよりも、はるかに多くの動物に関心をもった。しかし服や家の道具、小屋の模型にはあまり興味を示さなかった。それは、次の日に、子どもたちが話したことを書き取ることによってわかった。子どもたちは、動物のことについてほぼ一時間、話した。他のものについて質問をする必要があった。子どもたちは、熱心に盾と槍を厚紙から切り取ったが、他のものよりも槍を作ることを好んだ。

以下、博物館訪問後の子どもたちの話である。

　アフリカの鳥はとても美しい。なぜなら、多くのかわいい羽を持っているからだ。私たちは、ダチョウと楽園の黒い鳥と金の鳥を見た。その鳥は、かわいい色の尾をもっていた。なぜなら、暖かい気候だからだ。私たちは、大きな長い蛇を見た。水中の大きなワニをみた。ライオンとトラがアフリカに住んでいる。それらはネコ科であり、茶色がかった黄色である。トラには黒の縦縞、ヒョウには黒い斑点がある。それらもネコ科である。パンサーは黄色である。

　私たちは、アフリカの人々が悪い霊を追い払うためにするおまじないを見た。彼らは、ネックレスをつけ、家の前にそれを置いた。私たちはゾウを見た。アフリカ人はゾウを殺し、その肉を食べる。私たちは盾を見た。まるい盾には、人を遠ざけるために先のとがった部分が一つがあった。アフリカ産のオウムとかわいい蝶を見た。オウムはライト・グリーンで、蝶は金と青と紫であった。

　アフリカ人が使うために作ったナイフの取っ手は木製であった。いくつかは、象牙でできていた。槍は異なった幅であり、いくつかは広い先があったが、他のものはなかった。彼らはそれで食べ物を殺した。アフリカのシマウマは馬のようだ。それは縞模様のある白色だ。

料理：引き続き小麦の料理を勉強した。　　　　　　　　　Miss Andrews
裁縫：引き続き籠のための布を織った。　　　　　　　　　Miss Tough
音楽：歌を歌い、独自の楽節を歌った。　　　　　　　　　Miss Kern
芸術：クラスの1週間の目標は、対象をより正確に観察すること、自己表現を保証することであった。最初の授業で、赤い頭のキツツキの絵を色チョークで描いた。このクラスは、1週間前に描いた鳥よりも非常に上手くなっていた。1人の子どもは、頭と身体の違いを表現することができなかった。他の子どもたちは、主要部分の形を明らかに示し、鳥の雰囲気を出すことができた。その週の他の授業は、イラストを描く活動にあてられた。子どもたち

は、アフリカの原住民が槍で象の狩りをしている絵を描き、この活動にとても興味をもった。ある子どもが素晴らしい象の絵を描いた。他の子どもたちはあまり上手く描けなかった。1人の子どもがコブラを紹介した。1人の男の子が殺された後の象を描くためにもう1枚、紙が欲しいと言った。ある女の子は、アフリカという主題ではなく、夏に過ごしたバークシャイアーの丘の絵を描きたいと言った。彼女の絵は素晴らしかった。別の子どもが面白いことをした。薄緑のチョークで地面を、それから紺で空を、そしてこの鮮やかな空を背景にネズミ色の木を何本か描いた。彼は、木のもう一方の側に光が全部あるんだ、それで、木は光を背景にしているから暗いんだと説明した。

彼はこのような自然の影響を観察したのだろうか、それとも彼の心の中にそれが思い浮かんだのであろうか、私にはわかることができなかった。彼は、このグループで最も積極的な活動をしている。このイラストを描く活動と関連して、子どもたちは、地上と空と水平線という2平面を観察するようになった。

Miss Cushman[67]

3　教師会議の意義と役割

すでに述べたように、デューイは当初から、実験学校における学級の様々な活動を討議し、それらが学校全体の教育原理や教育方法に適しているかどうかを検討するために、教師たちと毎週、会議を行っていた。これは、実質的には彼が主催するゼミ形式の授業研究会であったが、実験学校の教師たちだけでなく、シカゴ大学の同僚、学生及び大学院生の助手も参加していた。

デューイは、「この学校の計画の諸原則は、学校においてなされるべきことの明確な規則を作ることを意図していない。それらは進むべき大まかな方向を示すものであった。……教員や設備や建物というような諸条件が変化するのと同じように、その『諸原則』は固定されたプログラムや予定表というよりはむしろ一種の作業仮説の形をとった。それらの応用は教師たちの手の中にあった。実際にその展開に応じて教師たちによって修正された。」[68]と

述べている。

　それゆえに教師会議は、実験的な目的に関して教師たちの協同を促進するよう意図されていた。しかし、既に述べたように、当初は上手く機能しなかった。当面の実践的な諸問題を重視しすぎたので、知的な内容に関して不十分であったからだ。デューイは、「当初の我々の失敗は、それがあまりにも『実践的』、すなわち身近な問題を重視しすぎたので、内容的に知的なものにおいては十分ではなかったという事実があった。学校が大きくなるにつれて、より明確な部門組織、より明確なプログラムの議論があった。」[69]と述べている。デューイ実験学校の運営は困難に陥り、この原因は教師に対する責任と明確な期待不足から生じたと考えられた。

　この失敗を経て、先述したように、1898年10月から教員組織の「部門制」を採用することになり、教師の実践報告の指針も示されたのである。この編成は以前には困難であった問題のいくつかを緩和するのに役立ち、特定の領域で特殊な知識と経験をもつ各部門の主任が、教師会議で一週間の報告をし、「自分の教室で実際の実践において一定の教育的な諸理論を試した結果」[70]を示すようになった。教師たちの週会議では、その指針に基づき、「前の週の活動が一般的な計画に照らしながら話題に取り上げられた。そして、教師たちはそれを実行する上での困難さを報告した。引き続き修正と適合が行われた。これらの会議での討議が、目的と題材に関する一般性を明確な形に変える上での素晴らしい手段であった。」[71]のである。

　先述の1898年11月4日の実践報告で、アンドルーズは、歴史の授業でフィールド博物館を訪問した時、子どもたちが何に興味や関心をもったのかを次の日に話し合わせ、その内容を口述筆記している。それによって彼女は、子どもたちが多くの動物に関心をもち、服や家の道具、小屋の小さな模型には興味を示さなかったことがわかった。また、芸術の授業で、カッシュマンは、2人の子どもが鳥の絵を描く時に頭と身体の違いを表現することができないことに気付いている。そして、ある女の子がアフリカという主題ではなく他

の絵を描きたいと言ったのを認めている。また、木と地面と空を描いた男の子の絵を賞賛している。そして彼女は、その男の子がなぜこのような絵を描くことができたのかわからないと正直に書いている。

　この実践報告から、目の前にいる子どもの姿から学ぼうとする教師の態度が鮮やかに伝わってくる。そして、デューイ実験学校の教師たちが、個々の子どもたちの様子を良く観察しながら、彼らの興味や関心、生活や意識の流れを大切にした授業の展開を心がけていたことがわかる。そして、教師がこの実践報告を書きながら、自分自身の授業実践を振り返り、それを次の授業展開に活かしたことは言うまでもない。

　まさに、この教師会議はデューイとヤングが、探し求めていた教育に関する理論と実践の問題について一種の協同をつくり出した。デューイは後に「我々は教師間の連合と意見交換を監督、批判的な教授、技術的な訓練と呼ばれているものの代わりに用いている。」[72]と述べている。知的な自由と組み合わされた協同が、厳密な監督と管理、授業への綿密な評価と批判、技術的な訓練よりも効果的な授業を達成するより良い方法を与えていたことは明らかである。そして、教師の実践報告に基づく教師会議がこの学校のスムーズな運営を保障したのであった。

　デューイ実験学校の監督と管理は、当時の他の公立学校における教職員の中央集権的な監督の強化とは対照的であった。教師たちに知的責任を伴う知的自由が保障されていたのである。教師の実践報告に基づく教師会議は、教師たちが実験学校の教育的な原理や方法を確認する場、一週間の授業を振り返り、次の具体的な指導計画を立てる場、教師間の意思疎通を図る場、共通理解を得る場となった。教師の実践報告が週会議のための素材を提供し、カリキュラムの改善、題材の開発、教師の力量形成に役立ったことは確かである。

4 統合的なカリキュラム達成の鍵となる要点

しかし、このような実践報告の指針が作成され、また、実践報告に基づく教師会議が実際に行われたとしても、統合的なカリキュラムが開発されるわけではない。それを可能にしたのは、デューイ実験学校のカリキュラムがオキュペーションを基軸にした発展的なカリキュラムであり、また、L. タナーが指摘しているようにグループ毎にカリキュラムの構成要素を結合させる主題があったからである[73]。この主題は、教師の協同とカリキュラムの統合にとって重要であった。

たとえば、『デューイ・スクール』（*The Dewey School*）において、グループⅠ、Ⅱでは「家庭のオキュペーション」、グループⅢでは「家庭に役立つ社会的オキュペーション」、グループⅣでは「発明と発見による進歩」、グループⅤでは「探検と発見による進歩」、グループⅥでは「地域の歴史」、グループⅦでは「植民地の歴史と革命」、グループⅧでは「植民地開拓者のヨーロッパ的背景」、グループⅨ、Ⅹ、Ⅺでは「専門的な活動の実験」と記述されている[74]。

では、教師たちは、このような主題とのもとでどのようにカリキュラムを関連させ統合させたのか。「実験学校の実践報告」におけるグループⅣaの報告（1899年10月21日）で、理科部門の主任であるキャンプは「歴史」の見出しで以下のように記述している。このグループはこれまでのデューイ実験学校での子どもたちの経験の有無によって二つのグループ（aとb）に別れていた。

> 私たちは先週の計画と同じく物を用いた学習を行っている。子どもたちは異なる種類の石、様々な種類の食べ物を用いて実験してきた。それゆえ、すぐに異なる種類の穀物や木の実の名前を挙げ、同じ種類のものをひとまとめにした。しかし、パンになる小麦のような澱粉食品、そして食べ物のバターの中にある脂質のような油となる木の実の主要な特徴を明らかにするのにいくらかの時間を費やす

必要があった。

　岩石がどのようにして水によって作られるのかを子どもたちに話した時、彼らは次のような二つの一般的な種類だけを伝えられた。（１）砂岩や粘板岩は古い岩に泥が沈殿することによって作られる。（２）石灰岩は生き物の殻によって作られる。これらの殻は、殻が「全く消えた」のではなく白い堆積物になっているのを見るために硫酸を用いて実験された。

　どんな種類の実験でも追究方法は、子どもたちがクリの実を料理した方法で説明されるだろう。すなわち最初にクラス全員で行い、それから２人の子どもが同じ方法で繰り返すのである。クリの実は釜の代わりにガラスのビーカーの中でゆでられた。子どもたちは炎によってクリの実が熱くされ、煮立っている様子を見ることができた。ある子どもがビーカーを外で完全に乾かし、正しい水の量でそれを満たすのに15分かかった。同時に、もう１人の子どもがクリの実の代わりにブンゼン・バーナーを動かして熱を調整できることを発見するのに10分かかった。これらの簡単なことができない理由は、子どもたちがこれまでどんなことも１人で行ったことがなかったからだと思われる。[75]

　アンドルーズは「理科」の見出しのもとで「食べ物の構成要素について話してきた。子どもたちはほとんどの食べ物に水が含まれていることに気付き、多くの食べ物の中の酸、糖質、澱粉を発見した。」[76]と書いている。

　このように教師たちは「発明と発見」という主題のもとでカリキュラムの構成要素を有機的に関連させようとしていた。また、「発明や発見」という主題のもと、子どもたちは料理、裁縫・織物、大工仕事、および、園芸などの諸活動に取り組んでいた。さらに、デューイ実験学校では、どのグループでも子どもたちが探究することをいかにして学ぶかを重視していた。言い換えれば、子どもたちが、発明し発見し創造する知的な喜びや感動をいかにして経験するのかを大切にしていた。そして、この発明や発見の活動を再現するためには、様々な専門性をもつ教師たちの協同が必要になったのである。

　グループIXの「数の学習」実践報告（1899年４月14日）で、ベーコンは、「Missハーマーの活動に関連して、子どもたちは、紡績において大きな歯車と小さな歯車の回転数の比率を知る必要があった。彼らは大きな歯車の直径

を計り、円周が直径のおよそ 3 と 7 分の 1 倍であるという法則を使いながら、その円周を算出し、小さな歯車の円周でそれを割った。子どもたちは、昨年の秋、球の体積を発見する時にその法則を利用していたのであった。その数の学習は分数の割り算を伴った。彼らはこれを上手くできなくなっていたので、練習に一時間を費やした。」[77]と書いている。

　ここではベーコンの「数の学習」が家庭科の主任であるハーマーの活動と関連していることだけでなく、数の練習がその活動と切り離されて行われていることに注目すべきである。一般的に、デューイ実験学校においては活動中心での基礎的な諸技能の練習が全く行われていなかったという誤解が多くある。しかし、実践報告を考察すると、子どもたちが必要だと実感した時には文字や文章の練習、数の練習が行われていた。だが、それは教師が一方的に与えた機械的な学習ではなく、子どもたちが、その時、取り組んでいる活動における諸問題を解決するために必要だと実感し、またそれがなぜ必要か、なぜ利用する価値があるのかという理解を伴っていたのである。デューイ実験学校において、諸技能と題材を、日常生活におけるオキュペーションや活動に結びつけることが、カリキュラムの構成要素を統合する最善の方法であった。

　グループⅧの「フランス語」の実践報告（1899年 4 月14日）で、ローレライ・アッシュルマン（Lorelei Ashleman）は「人体の各部に関していくつかの新しい単語を含む語彙を復習した後で、子どもたちに料理室に関する題材を与えた。それは料理の授業とフランス語を関連させるためであった。そして私は、それがフランス語でできることを学んだ。」と述べ、続けて「生き生きとした印象を与えると思われる、多くの異なる実用的な方法で、子どもたちに語彙を提示した。彼らは、さまざまな備品や調理用具を見るために料理室を訪問し、単語の発音を聞き、黒板に書いてあるその言葉を声に出して読んだ。火をつけたり、水を置いたり、オーブンを開けたりすることなど、料理に関する通常の諸課題がフランス語で説明され表現された。」[78]と書いて

いる。アッシュルマンはフランス語と料理の活動を関連させたのである。

グループⅦ（a）のフランス語の1899年4月28日の実践報告で、Miss ハーディング（Harding）は以下のように書いている。

> 今週の主題は時間であった。これは全く自然に季節を学ぶことにつながっていった。子どもたちは説明図で腕時計や掛け時計の様々な部分を教えられた。そして、黒板に書かれたこれらの言葉を読んで、学習するために書き写した。子どもたちにできるだけ多く聞かせ発音させることに努力を払った。これは子どもたちが一緒に反復練習し斉唱すること、残りの子どもが書いている間に個々別々に聞かせたり発音させたりすることによって確保した。
> 　時間を伝えるための表現が文脈、図解、発音、筆記によって教えられた。時間を尋ねる短い対話が示され、時間という主題が通常のように学習された。今週の学習は、綴り方の競争、言葉のゲーム、子どもたちの知っている全ての語彙の復習で終わった。[79]

デューイ実験学校において教師たちは、上述のように創意工夫してカリキュラムの構成要素を関連させていた。この実例でも、子どもたちの学習活動と日常生活との関連が重要な要点であることが明らかであろう。さらに、歴史という教科において、子どもたちに当時の人々の生活を演じさせることによって、また、当時の人々が実際に直面した諸問題を解決させることによって、カリキュラムの統合を達成しようとしていた。

グループⅥの歴史の実践報告（1899年2月3日）において、ジョージア・ベーコンは「歴史は発展であるという考えを子どもたちに示したかった。そして彼らの興味を物事の社会的・経済的な側面に向けたかった。」[80]と述べている。それゆえ、グループⅥでは子どもたちにイギリスとアメリカの兵士の相違、そしてアメリカ人がどのようにして物事をなす自分たちの力と可能性を感じるようになったかに気付かせるため、ブラドック（Braddock）の探検と敗北を取り上げたのであった。

また、メアリー・ヒルは、『初等学校記録』のグループⅧの実践報告（1899年秋）において、「歴史を追究する方法は、可能な限り、考察すべき時代の

偉大な人物を選択すること、そして彼らの生活を通して、彼らの国の産業的・社会的・政治的な状態、そして彼らが直面した諸問題に関する見解を得ることであった。これらの諸条件を思い描いて、子どもたちはその諸問題の解決方法を発見しようとした。」[81]と書いている。

では、デューイ実験学校では実際にどのような歴史学習が行われたのか。1899年10月14日のグループⅦbの「歴史」の実践報告で、ベーコンは以下のように記述している。

> 子どもたちは今年、新世界との関連で近代ヨーロッパ史の学習を始める。私たちは大きな世界地図を用いて、13世紀にどの大陸と大陸のどの部分が実際にヨーロッパ人に知られるようになったかを発見することから始めた。私たちはフィスケ（Fiske）の「アメリカの発見」（Discovery of America）、トーマス・ライト（Thos.［sic］Wright）の「マルコ・ポーロの旅行」（Marco Polo's Travels）に示されているマルコポーロと彼の父の物語を取り上げた。私たちはペルシアまでニコロ・ポーロ（Nicolo Polo）と彼の弟の道筋をたどった。子どもたちは地図上で彼らがどんな海を通過し、どんな山脈を越えてペルシアに到着したか、その経路をたどった。子どもたちは、ポーロ兄弟がどのように中国（Cathay）の先住民と偶然、出会い、彼らを連れて自分の国に戻って来たか、中国での彼らの探検、彼らの帰国について、そしてマルコ・ポーロを連れた彼らの第2の旅行について話された。
>
> それから、私たちはマルコ・ポーロの旅行の跡をたどって行った。私たちはこれによって中央アジアの地理をたくさん学んだ。子どもたちは中国が大洋に接しているというマルコ・ポーロの発見がどんな影響をもたらしたのかについて話し合った。それから、私たちはマルコ・ポーロの帰国をたどった。彼はジェノバとヴェニスの海戦に参加し捕虜となった。そこで、彼は中国への素晴らしい航海物語を筆記者に口述したのであった。マルコ・ポーロがインドから中国への道を開通させた後、私たちは、ヴェニスとジェノバから中国への最短で最善の道筋について話し合った。その2都市は海に面する商業都市を先導していたからだ。子どもたちは南ヨーロッパとアジアの東の国々の間に開拓された偉大な貿易について、それから地中海におけるトルコの支配、通商がいかにしてトルコの海賊によって完全に崩壊されたかについて話された。その後、私たちは、ヨーロッパ人がどのようにして東方の産物に依存するようになり、それらなしでは生活することがで

きなくなったか、そしてこれによって航海者たちがインドへの他の道筋を探し求めることへと駆り立てられるようになったかについて話し合った。[82]

　先述で明らかなように、ある主題のもとにカリキュラムの構成要素、すなわち諸教科の題材を有機的に関連させることが可能となる。そして、その題材は日常生活に関連した実在の諸問題であり、それらの諸問題がどのように解決されたか、あるいは、人々が解決しようと努力してきたのかということが、デューイ実験学校のカリキュラムにとってより重要であった。第4章ですでに述べたように、デューイ実験学校における理科の目的は、子どもの好奇心と研究の精神を呼び起こすこと、自分たちが住む世界についての意識を目覚めさせ、観察力を訓練し、探究の諸方法についての実践的な感覚を染みこませ、自然のあらゆる変化にかかわる典型的な原動力や諸過程についてのイメージを徐々に精神に形成することであった[83]。そして、デューイにとって歴史とは人間がどのように知力を使い環境を統御したか、つまり生活を改善するために、人間がどのように効果的に考えることを、生活の諸条件を変容することを学んだのかの記録であった[84]。

　従って、デューイ実験学校の統合的なカリキュラムは、子どもの学習活動が社会的オキュペーションから歴史と理科を中心とした内容領域へと漸進的に分化していくカリキュラムであったが、その歴史や理科の教科観も従来とは全く異なり、オキュペーションを基軸としていた。各教科等における題材の統合と先述した教師の知的自由と知的責任に基づいた協同、そして、教師による実践報告に基づいた教師会議によって、水平的にも垂直的にも真に統合的なカリキュラムが達成されたのであった。L. タナーは、組織の部門別の形式へと移っていったが、デューイ実験学校には「分裂に対する防止装置があった。教師の協働（collaboration）と題材の統合がカリキュラムに組み込まれていた。」[85]と主張している。

第5節　デューイ実験学校とシカゴ大学との連携

　先述のような実験学校内における教師たちの知的自由と協同だけでなく、デューイ実験学校とシカゴ大学の教師たちとの連携を指摘することが重要であろう。なぜなら、彼らは、実験学校の教師たちがカリキュラムを開発する上で最も重要な情報源、人的資源であったからだ。だが、大学の学長や教師たちが常にその附属学校の教育と研究に協力的であるとは限らない。しかし、この点でもデューイ実験学校は有利な環境にあった。以下、そのことについて述べる。

　デューイがシカゴ大学に赴任する以前でさえ、ハーパー学長は、初等・中等学校と大学とのより良い接続を達成するために、諸学校と協力し連携することに精力的であった。そして、その経営戦略の一つがシカゴ大学と提携しているハイスクールとアカデミーを区分することであった。この目的のため、これら公立、私立の中等学校にシカゴ大学の調査官を派遣したり、その学校の教職員のために定期的に大学構内での会議を計画したりすることにより、シカゴ大学のレベルを上げようとしていたのである。

　これは、シカゴ大学附属実験学校を設立しようとしていたデューイにとって好都合であった。ハーパー学長とデューイは、大学の学者たち、中等学校の教師たちが一緒に参加する講演や会議などを計画することで協力した。例えば、「教えるという術（art）に関するパーカー大佐の講演」、「イリノイ児童研究会の大学構内会議」、「算数を教えることに関する数学クラブと哲学クラブの合同会議」、「ラテン語教師、化学の教師、手工指導者のための分科会」、「初等教育における自然学習の協議会」、さらに「ハイスクールとアカデミーの教師たちが大学と協同するための協議会」などがあった。これらの中には500人、600人、700人という多数の参加者が集う会議もあった[86]。

　ハーパー、デューイ、シカゴ大学の他の教師たちが、これらのプログラム

の手配、スピーチの準備を通して直接、教育的な問題に関与するようになった。そして、中等学校の教師たちと大学の教師たちの討論において活発な意見交換がなされた。シカゴ大学の哲学科に併設された教育学科 (Department of Pedagogy) は1895年10月に授業を開始し、その3ヶ月後、1896年1月にデューイ実験学校が開校したのであった[87]。教育学科にはまた教育学クラブ (pedagogical club) があり、その会議でシカゴ大学の教師と大学院生自身による論文の発表や討論、本の論評、教育に関する当時の出来事の報告などが行われた。デューイは定期的にこのクラブの会議に出席し、また「大学附属学校」(The University School)、「教育と統制力」(Education and Power of Control)、「心理学と教育」(Psychology and Education) のような話題についての論文を紹介した[88]。

ハーパーは公教育の問題に以前から関心があったようである。彼は、シカゴ大学を総合大学として組織するだけでなく、本格的な大学院大学にするという野望を推し進めていた最中、その多忙さにもかかわらず、公教育を改善する市民グループの一員であり、市民連盟の教育委員会 (the Educational Committee of the Civic Federation) の委員を務めていた。後に、シカゴ公立学校の管理を調査する委員会の委員長にもなった。そして、1896年にはシカゴ教育委員会 (the Chicago Board of Education) の委員になるよう招聘された。また、教育学科に優れた教授陣をそろえ、教育学を学内において卓越した地位を占める学問分野に発展させることを切望していた。ロバート・L・マッコール (Robert L. McCaul) によれば、『スクール・レビュー』(The School Review) を資金援助することは大学の威厳を下げることであるとほのめかした大学の一人の理事に対して、ハーパーの率直な返答は、「大学として、我々は他のすべての事柄以上に教育学に関心をもっている。」[89]であった。彼は、その学科が大学教員を志望している学生たちだけでなく、初等学校と中等学校で教えることに準備している学生たちにとっても価値があると確信していた。そして、デューイが実験学校を開始した1896年春に、彼は「他の

どんな機関でも着手されなかったことを教育学科が行うことは我々の願望である。」[90)]と語ったという。

『大学記録』（*University Record*）における1898年から1899年の「学長の年次報告」（The President's Report）において、ハーパーはデューイへの敬意を示し、デューイ実験学校の研究が「最も真実であり、最も高度な意味において大学の研究であり」そして「子どもの精神の成長と発達についての研究、そのような成長への教育諸理論の応用ほど研究者の注意を熱心に引きつける研究はない。」[91)]と述べた。ハーパーとデューイは時折、予算の問題に関して意見の相違はあったが、ハーパーは実験学校が財政的な危機に陥った時に個人的に援助しようと努力したほどであった。多くの場合、彼ら2人は教育問題で研究を進める方法に関して同意していたのである。デューイのシカゴ時代の後の時期においてのみ、2人の関係に亀裂が生じ、結局、そのことがデューイの辞任にいたったのであった。

デューイが哲学、心理学、教育学を組み合わせた新しい哲学科の主任教授を引き受けた時、有能な教師の招集に関してはハーパーの指示に従った。デューイが着任した時に教師の1人であったジェイムズ・タフツは、結局、器具主義（instrumentalism）の倫理学理論を念入りに仕上げる上でデューイと協力した。彼はまた、初等学校の保護者たちのための課程の設置においても協力的であった。ジェイムズ・エンジェルは、機能心理学を発展させる上でG.H. ミードやデューイと協同者であった。実験室での研究によって、彼は心理学に科学的基礎を与える上で重要な貢献をした。デューイは、エンジェルの研究を支援するのに必要な財政的援助を得るために何度も弁護した。その実例の一つとして、1899年12月21日付のハーパー学長への手紙で次のように書いている。

> エンジェル教授は、あなたに心理学の実験室の必要性に関する特別報告を行い、最も効果的な研究条件を整えるために計1,000ドルを要求したいと提案した。私はこの機会に繰り返し、そのような特別予算の割り当てを支持する。そして、こ

れとは別に経常費用を満たし、粗末であっても研究生に必要な装置を供給するために計400ドルが緊急に必要である。昨年も今年も、実験室での研究は不適切な予算の割り当てによって深刻な障害を被っている。[92]

その他、教育学科の支援者たちは、ジュリア・E・バルクリー（Julia E. Bulkley）、チャールズ・H・サーバー（Charles H. Thurber）、E.F. ヤング、F. W. スメッドレー、W. ジャックマン、そして客員教授としてのヘルバルト主義の指導者、C. ド・ガーモ、マクマリー兄弟であった。

教育学科内で、ミードは疑いもなくデューイの思想に最も影響を与えていた。彼は1891年以来ミシガン大学でデューイの同僚であったが、デューイ夫妻とミード夫妻はしだいに親交を深め、後にデューイは彼らとの友情関係が人生の中で最も価値あるものの一つだと語ったほどであった[93]。デューイはミードの才能を高く評価しシカゴ大学に連れてきた。そして、何年間もミード一家とデューイ一家はシカゴの同じ建物に住んでいた。

デューイはミードのことを「この国において心理学を内省から生物学的、社会的な諸事実と概念との調整へと転換した主要勢力は彼に起因する。」[94]と述べている。文学と諸科学に関するミードの卓越した学識と能力を称賛する一方で、デューイは、個人的な精神及び意識と世界及び社会との関係という問題が彼の心理学的、哲学的思考の中心的な問題であり続けたと書いている[95]。そしてミードの着想の含意を十分に理解するには時間を要したが、それはデューイの思考に大変革をもたらしたという。ミードにとって、個人の精神、意識的な自己は「まず自然界が社会的な諸関係の中に取り上げられ、それから自然界と社会的な諸制度を再形成することへと出発する一つの新しい自己を形成するために溶解される。」[96]ということであった。精神と自己の社会的な起源と本質に関するミードの見解は、デューイの哲学的、教育学的文書における精神と思考の概念を深めることに寄与した。さらに、生物学的起源と子どもの遊びと役割演技での教育的な構成要素の分析における行為心理学についてのミードの研究は、デューイ実験学校の初期の子ども時代の

教育に対するアプローチに影響を与えた[97]。

　教育学の学生たちは、ミード、エンジェル、アディソン・A・ムーア（Addison A. Moore）による心理学、論理学、倫理学の入門課程を受講しなければならなかった。デューイ自身は、「教育心理学」、「教育哲学」、「教育方法論」、「教育理論の展開」、「初等教育」、「教育と関連した論理的方法」、「15世紀から17世紀のカリキュラムの発展」など、教育に関する幅広い課程を教えた。

　このようにデューイは教育に関する研究でシカゴ大学の多くの教員たちによって支援された。1896年から1897年において、デューイと教育学科の教員を除いて、芸術、文学、科学の学科の37人の全教授陣のうち、16人が大学レベルに達しない学校で教師や管理者としての経験があった。この16人のうち2人が師範学校で教えたことがあり、1人は州立大学で教育学の講師をしていた[98]。結局、彼らの多くは、教育学的な諸問題に関心があり、学校のカリキュラムや方法にとっての自分たちの学問分野の意味を理解することができた。そして、多くは快く、先述したような大学構内での協議会に取り組み、また、より遠方まで行き、北イリノイ教員協会（the Northern Illinois Teachers Association）、デイトン教員クラブ（the Dayton Teachers Club）、全米教育協会（NEA）などの他の教員組織において講演した。このようなシカゴ大学の活気に溢れた環境のもと、デューイは大学構内で多くの同僚と積極的に交流しながら一つの研究の型を身に付けた。後に彼は、この時期の個人的な交際が本を読むこと以上に自分自身の思索に影響を与え、実験学校を通じた交流はその中でも最も重要であったと語った[99]。

　メイヒューとエドワーズによれば、他の学科の教師のみならず学科長も時間や設備に寛容であり、素材に関してだけでなく知的な援助も惜しみなく与え、実験学校の教師の申し出に気軽に応えてくれたという[100]。このような環境は、実験学校と大学との関係において計り知れない価値をもっていた。教育学科の実験室として、この学校は、シカゴ大学の他学科の研究室や実験

室と親密な関係をもち、利益を共有することができた。教師たちは、様々な分野の著名な科学者たちに、いつでも容易に接し援助をも求めることができたのである。その中には当時、世界的に有名な科学者や社会学者もいた。

たとえば、地質学科の主任教授であるトーマス・C・チェンバレン（Thomas C. Chamberlin）は、太陽系の起源となる彼の微惑星理論を苦心して作り上げていた。彼は、研究の着想を教師や子どもたちに提供し、地質学の実物大模型の机を組み立てる指導をした。生物学科の主任教授であるジョン・M・コウルター（John M. Coulter）は、実験学校で植物の諸関係についての実験を計画し、指導した。1897年2月から3月の『大学記録』に以下のような木や植物に関する活動の計画が掲載されている。それはトチノキの小枝とつぼみの学習であった。

1．小枝は生きているか。我々はそれが動かない時、どのようにして生きていることを知るのか。何が呼吸しているか。我々は何によって呼吸するのか。小枝は呼吸しているか。どのように呼吸しているか。呼吸している口を探しなさい。
2．葉痕の発見。古い葉、新しい葉。新しい葉は隠れていて後で現れる。それらは保護されている。それらは養分をどのように得るのか。
3．オークの未加工の部分の観察よって、道管があるのを実証する。小枝の下方を切って、赤のアニリンで染色した水に浸し、その後、小枝の茎がどのように染まるかを見る実験を行う。同じ実験をオランダカイウの茎で行い、茎を水につけ、息を吹き込んで泡が出るのを見る。
4．茎のすべての部分が水を運ぶか。染色した部分と染色しない部分に注目する。二つの色を見るために木材の各部分を観察する。辺材と心材の違い。二つの部分の有用性としての理由。
5．呼吸。我々は何を吸い込んでいるか。空気と水分の実験。植物は葉で呼吸する。緑の葉を水中に入れて日光をあてる実験。葉を瓶やタンブラーに入れておく。
6．植物は呼吸する時に出す水分をどこから得ているのか。道管についての以前の活動と関連づける。塩と砂糖への水の影響。地中の塩は水に溶け、植物によって葉まで運ばれ、その呼吸によって塩は外に出される。溶解と蒸発の実

験である。塩は葉で見つけることができるか。乾燥した葉を焼いて、その灰で確かめる。[101]

　デューイ実験学校では、この計画に基づいて実際に理科の授業が行われた。上記の『大学記録』に次のような実践報告が述べられている。

　つぼみと小枝の学習は、植物が単純な形で機能する、その仕組みを学ぶためであった。それゆえ呼吸、循環のような活発な機能に注意が払われた。それから各機能を果たす部分を確認する。まず、つぼみから始めた。なぜなら、この時期、有機体の組織が機能することを最も容易に実証できる部分であったからだ。子どもたちみんなが、皮目、もしくは呼吸する穴の位置を確認し、木の小枝、オランダカイウの茎を取ってきて、色づけした水の中に差し込んだ時、その茎がしだいに染色されるのを追究しながら、循環を実証した。そして子どもたちは、染色したりしなかったりした部分に注目し、心材と辺材の位置を見つけた。また、水の中に茎を入れて息を吹き込み、気泡が出るのを見たことで、茎が伝導する力をもっていると推測した。年長の子どもたちは、木材の木目と樹液を運ぶために使用される管を関連づけた。子どもたちは、つぼみ、皮目、葉痕の位置を確認するために小枝の絵を描き、染色された横断面の絵を描いた。ここまで、幼い子どもたちは、年長の子どもたちに比べると、実験的な活動よりも観察的な活動に適応するように思われる。彼らの絵は全体的に見ると、年長の子どもたちよりも知覚と模写の両方でより自由であり、あまり形式的ではなかった。言葉の認識と使用は孤立させるよりも、その言葉を実際に使用することによって最も良く教えられるという一般的な理論と関連して、グループⅡがこの学習の後で、「buds, twigs, branches」という言葉を書き、子どもの中の一人が「大きな」言葉、つまりlenticelを求めたことは注目に値する。それから、子どもたちすべてがそれを書くことを切望し、家にもって帰るために書く紙をほしがった[102]。

　次に植物の成長と光との関連についての活動が行われた。下記はその概略

である。明記されていないが、これもコウルター教授によって作成されたものであろう。

1. 窓辺に置かれたカタバミと暗がりに置かれたカタバミの葉の位置を比較している。窓辺のカタバミは葉と茎が光の方に向いているが、暗がりのカタバミは、葉がたれて折り重なっている。それから、暗がりのカタバミを明るい光の中に置くと、葉がしだいに開いて広がることに注目する。
2. 葉が水の中に浸され光の中に置かれると、泡が出てくる（呼吸している）ことに注目した。そして皿をかざし光を少なくすると、泡の数も少なくなることに注目した。このことから、泡によって葉で行っている仕事量を測定できることが推測される。この事実は人間の活動と比較できる。
3. 光の中にない葉はどんな色か。暗い地下室で生長している植物を想起する。じゃが芋の芽など。光を遮断して厚板を芝生の上におくとどのようになるのか。
4. 葉の緑と光の関係。葉の組織を剥がして試験管の中に入れ、いくらかのアルコールをその中に注ぎ、そのまま立てておく。アルコールが緑に染まっていき、葉が青白くなるのに注目する。アルコールの代わりに水で同じ実験をし、緑にならないことに注目する。その事実と関連して、溶け出した緑の物質が光の助けを借りて葉の中で機能していること、空気と水と土壌を得る唯一のものであり、それらから養分を作ること、生き物がこの緑色の部分の仕事に依存していることを発見する。
5. 葉は夜も昼も働いているのか。それらが光のもとでのみ働くことができるので、それらは夜には休んでいることを示す。植物はこの休息を必要とするのか。強い電気の光を利用した温室の植物で関連した実験を行う。植物はしばらくは働き続けるが、その後、全く働かなくなり、枯れてしまった。人間に睡眠が必要であることと比較する。
6. 植物と養分との関係。植物は自分で使う以上の養分をつくるのか。余剰分はどうなるのか。動物と人間は何で生きているのか。植物は何で生きているのか。もし植物が土壌、空気から養分を得ることができないなら、その結果はどうなるのか。植物の異なる部分が食べ物として利用される。これらの事実と料理の作業とを関連させる。[103]

先ほどの実践と同じように、デューイ実験学校ではこの概略に従って次の

ような授業が行われた。

　グループⅠの子どもたちは教えられなくても、葉の様子から十分に開いている時に目覚めていて、そうではない時に眠っていると推測した。子どもたちは、水の中に入れた植物から出る泡を発見することに特に興味を示した。植物が組織を作り上げるのに地中からどのように塩を得ているのかを理解するため、子どもたちは、塩と砂糖の溶解と蒸発を学習した。子どもたちはまた、汗によって皮膚から塩を外に出すことを発見して、これと人間の生理機能を結びつけた。子どもたちが書いた次の文章や記録は、その結果に到達するいくつかの着想を示していると思われる。グループⅠとⅡの最初の文章は、教師が子どもの言ったことを口述し書いたものである。他の文章では、綴りの間違い以外、子どもの書いた文章の修正をしていない。グループⅠとⅡ「Trees drink ; breathe ; grow. Bark keeps the tree warm ; the heart-wood does not drink ; the sap-wood, roots and leaves, do the working for the tree. The buds come out above the leaves ; trees have to get air of course ; bubbles come out.」グループⅢ「Trees have lenticels to breathe through. Plants breathe through lenticels. They are little holes in bark of the tree. Lily stems have holes in them to suck up the water. Plants breathe air and drink water.」[104]

　コウルター教授は、また様々な教育レベルで理科を教えることについての一連の重要な論文を書いた[105]。この時期、エンジェルのもとで博士課程の研究を行っていたウェレット・W・チャーターズ（Werrett W. Charters）は、人類学者であるF. スターと活気に満ちた会話をしているデューイを見たことを回想している。彼女の回想によれば、スターは社会生活の進化の意義をデューイが理解するのを促し、また、デューイ実験学校における原始時代の発展段階の単元とギリシア文明の学習への接近の仕方は、部分的にスターの研究の影響を受けたという[106]。他に協力してくれたのは、動物学のチャールズ・A・ホワイトマン（Charles A.Whiteman）、生理学のジャック・ローブ

(Jacques Loeb)、物理学のアルバート・A・ミッチェルソン（Albert A. Michelson）、社会学のウィリアム・I・トーマス（William I. Thomas）、ジョージ・ヴィンセント（George Vincent）、地理学のローリン・D・サリスベリー（Rollin D. Salisbury）、化学のアレクサンダー・スミス（Alexander Smith）、生態学のヘンリー・C・カウエル（Henry C. Cowles）などであった。特に、教育学科の構成員であったG.H. ミード、J.H. タフツ、J.R. エンジェルは継続的に協力していた[107]。

さらに、シカゴ大学における学際的な協同の証拠は、この時期の大学の『記録簿』（*Register*）における他の学科にまたがる諸課程によっても明らかであろう。1896年から1897年の紀要（the bulletins）からいくつかの実例をあげると、社会学の中に、W.I. トーマスの人類学があり、「民族心理学における子ども」、「民族心理学における性」、「原始人の芸術」が、A.W. スモールの「構成的な社会哲学の概略」、「社会の哲学」と共に記載されている。「ギリシアの歴史」についてのグッドスピード（Goodspeed）教授の課程は、ギリシア語やギリシア文学に関する他の課程と一緒に記載されている。また、動物学、生理学、神経学の様々な課程もまた、「遺伝（Heredity）と進化の理論と事実」に関するものを含んでいた。1902年の『記録簿』（*Register*）には、教育学部の助言者としてカウルター、チェンバレン、ヴィンセント、サリスベリー、ラテン語学科の学科長、ウィリアム・G・ヘール（William Garner Hale）、英語の教授、ウィリアム・D・マクリントック（William D. MacClintock）が記載されていた[108]。

それでは、デューイ実験学校の教育活動や授業において具体的にどのように大学と連携していたのかをもう少し見てみよう。グループX（13歳児）の1899年秋学期における理科の授業実践である。それは、カメラの使用、その部品の学習、焦点化の意味や遠近法にも関連していた。そして、顕微鏡、望遠鏡、幻灯のような他の器具、鏡を用いた信号の伝達というような原始的な方法もこの課程に含まれていた。この課程は、A.A. マイケルソン（Michelson）教授の学生であるアーサー・ジョーンズ（Arthur Jones）が教えていた。彼は、毎日、大学の実験室で行った新鮮な研究をもってデューイ実験学校にやって来た。彼は、子どもたちが同じような諸原理を論証する単純化された実験を行うことができるように、大学における実験の課程を思い起こさせるような実験をとてもうまく行った[109]。『初等学校記録』にこの活動の内容が以下のように詳細に記述されている。

　この活動は一連の光に関する実験であり、凸レンズ内の像の構成に伴う原理を明らかにした。子どもたちは影の大きさを左右する法則を解明することから始めた。そして二つの実験を行った。一つ目は影を受け取ったスクリーンを光から異なる距離に置き、対象は動かさない。二つ目はスクリーンを動かさず、対象を動かした。この活動の結果から、子どもたちは逆二乗の法則を明確に説明した。次に二つの実験によって、光が水から空中へと通過する時、光線の屈折があることを証明した。これらの実験のそれぞれにおいて、半田の小片をガラス・コップの底に沈め、紙のベルトで視界から隠した。最初の場合、このベルトをコップの低い部分に配置し、ガラス・コップに水を注いだ時、半田は紙の線の上で視界に入ってきた。2番目の場合、ベルトをガラス・コップの上の方に置いた時、半田は紙の上と下の両方で見えた。
　プリズムの最小偏差角の問題が次に取り上げられた。プリズムが机の上に置かれ、最小偏差角の位置が実験によって見出された。つまり、この垂線の最下部からプリズムまでの距離と同様に、観測者の目から机までの垂線が発見された。これら二つの距離が、三角法の表及びこのように測定された必要な角度によって解くことのできる直角三角形の二つの辺となった。
　次の段階は凸レンズと凹レンズの実験と共役焦点に関するいくつかの活動であった。凸レンズの片側に蠟燭が置かれ、もう一方の側にスクリーンに投影された像を置いた。蠟燭とスクリーンのレンズからの距離が計測され、それらの相対位置を反転させた時、像が再び形成されることが発見された。この活動の間、子どもたちは次の結論に達した。蠟燭とスクリーンが共役焦点にある時、像の大きさはスクリーンからレンズまでの距離で変化する。共役焦点の距離は一定ではない。そして、蠟燭をレンズにあまりにも近づけすぎるとスクリーンに像を投影できない。
　凸レンズの焦点距離を測定する方法が採用された。（1）遠い対象物の像、た

第5章　デューイ実験学校のカリキュラム開発における協同と連携　305

とえば、窓から見える最も遠い家ができるだけ明確になるまで目の前でレンズを前後に動かす。レンズから目までの距離が計測される。（2）レンズは日光の中で紙の上に置かれる。紙の上の光点ができるだけ小さい時、レンズと紙の距離が計測される。（3）蠟燭とスクリーンを用いて、レンズから等しい距離における共役焦点が発見され、蠟燭、もしくはスクリーンからレンズまでの距離の半分が焦点距離となる。

　子どもたちは、今、凸レンズに像を構成する準備ができていた。これは教師によって示された特徴に関して4回、実施された。反射の学習にも着手され、入射角の補数と反射の関係が図表よって解明された。

　子どもたちは写真を開始する準備ができていた。そして、工作室でピンホールカメラと暗室を作るための枠を作った。銀板写真の簡単な説明を聞き、硝酸銀と塩化銀で処理された表面への日光の影響を発見する実験を行い、実際に写真の授業を受けた。110)

　これらの活動について、メイヒューとエドワーズは、「彼らが近似値を求めたり、概算したりできることを論証するために、また、干渉計、分光器のような最適な器具を見るために大学の実験室に何度も見学にいった。大学および同じ問題で研究し働いている大人たちとのこの関係は、活動の重要性とその真価を子どもたちがより確かに認めることへと導いた。」111)と述べている。

　この他にもシカゴ大学とデューイ実験学校の連携の事実が見られるので、以下、それらについても述べる。

　一つは、グループⅩの1900年冬と春、下記のクラブハウスの建設に関してである。デューイ実験学校では、子どもたちの興味に応じて多くのクラブが出来ていた。中でも熱心なのは、弁論クラブのデューイ・クラブであった。しかし、カメラクラブや他のクラブと同様、自由に集会のできる場所がなくずっと我慢してきたので、クラブハウスを自分たちで作ろうという着想が出た。二つのクラブが協力して話し合い、大人たちにも相談した。その結果、クラブハウスの建設が可能であると判断した。

建築、衛生、内装などの委員会が作られ、それぞれの仕事に経験のある委員長が選ばれた。建物の場所は、各部門の教師たちの指導で選び、計画を立てて費用を見積もった。内装の設計や家具のデザインも考え出された。場所を選ぶ前に、土質、排水、日当たり、風通しなど、家を建てるのに考慮しなければならない諸条件を調べた。都市と地方の要件の違いにも注目した。それぞれの構成員がこれらのことを念頭において計画を練った。

家の基礎を造る場所の選択は、一般的に家を造る場所の土質と素材の関係についての学習へと発展した。これは、シカゴ市の立地の特徴を考えることにつながった。都市における建築にとって、地層についての知識がその排水への影響の上でも重要であった。そこで、この地域の自然地理の学習が始まった。シカゴの地形、五大湖地方の貿易、排水の問題、運河の建設について調べた。シカゴ大学の R.D. サリスベリー教授のもとで訓練を受けた教師の指導によって、実施研究を行い、記録をとってクラスで話し合った。氷河が後退し、五大湖とセントローレンス渓谷が形成される過程を地図に描いた。後に、この中の１人は、それまでで１番面白い勉強だったと語った[112]。

また、シカゴ大学のコーチの１人が、野球やバスケットボールにおける子どもたちの技術を発達させるのを支援していた。さらに、大学の一機関として、実験学校は、大学の保健規定のもとにあった。それに従って、また必要でもあったので、それぞれの子どもは綿密な身体検査を受け、その時流行していた検査と尺度が使用された。この検査の結果、必要ならば、シカゴ大学の体育館で個人的に矯正する活動が課された[113]。

1896年から1897年まで教育学部の２人の学生、F.W. スメッドリーとダニエル・P・マクミラン（Daniel P. MacMillan）は、デューイのゼミの学生であった。そのゼミで実験学校の仮説にとって根本的な基礎概念が案出された。２人は早くも、社会的な意味をもつ、これらの心理学的諸原則がどの程度、教育を変えるのかを理解した[114]。

そして、心理学部の学生である A. A. ウッド（Wood）と協同しながら、

第5章 デューイ実験学校のカリキュラム開発における協同と連携 307

スメッドリーは、実験学校の子どもたちの感覚能力や運動能力の一連の測定を遂行した。これらの検査は、実験学校の日々のプログラムにおける様々な活動時間の正しい配分や均衡を決定する一つの基礎として利用できる測定の教育学的価値を判断するために、シカゴ大学の心理学研究室で計画された。後に、これらの検査報告が出版された。その序論で、スメッドリーは次のように書いている。

　この学校は教育学的な一つの実験室である。そこで、教育学の学生が学科の相関、異なる諸部門の心理学的意味、および、異なる諸科学の素材を初等学校の生徒の要求に適応させることなどの問題を研究している。……これらの検査は、子どもの心理の中に一つの組織され同化された知識を発達させ、子どもたちの訓練された観察者となるべき教師にとって、一つの適切な出発点になると私は信じている。近い将来の諸学校には、子どもの本質についてより良く理解し、子どもの諸要求についてより良く知っており、子どもを養うことができる教師たちを備えるべきである。また、そのような諸学校では、生徒たちは、規定された質問の答えとなる言葉を覚えていたという理由だけでは進級させないことが望まれるべきだ。その代わりに、健康状態、長所、機敏さ、知的活動の正確さ、感覚の鋭敏さと感覚の教育が、少なくとも部分的には、より高度な、より困難な活動への子どもの適性を決定すべきであろう。115)

　心理学的な検査は多くの労力を要するが、実験学校のプログラムにおける典型的な諸活動に費やされる時間の正しい均衡を決定する上で役に立つと考えられた。実験学校の組織が柔軟であり、また検査を受ける子どもの数は少なかったので、日々のプログラムに支障はなかった。しかし、この検査を行う部屋を探すのには苦労したようで、結局、屋根裏部屋がその目的に適ったという。検査員のところにやって来た子どもたちが示す自由さは、大人に対する親しみのある態度が実験学校で育っていたことの証拠であった。

　このようにデューイ実験学校は、授業や教育活動において多様な形でシカゴ大学と連携していたのである。そして、実験学校の教師たちが、授業においてシカゴ大学の教師、学生、院生、および、その研究成果を自由に活用す

ることができた理由は、初等も高等もなくただ教育があるというデューイの信念があったからだと思われる。1899年に、デューイは実験学校と大学との連携ついて次のように述べている。

> 私は、大学と我々の特別な学校の関係について一言付け加えたい。問題は、全体としての教育を日常生活に有機的に結びつけることを通して、その様々な要因をすべて結び合わせるように、教育を統一し組織することである。シカゴ大学に附属する教育学的な学校の背後に存在するのは、4歳の子どもで始まる課業から大学院の研究まで統一する一つのモデルとして役立つようなものを苦心して作り上げるという必要性である。すでに我々は、大学の各学科長によって、計画された科学的な研究、時には詳細にわたるものであるが、大学から多大な援助を得ている。大学院生が研究や方法をたずさえて我々の学校にやって来て、着想や問題を示唆してくれている。図書館や博物館は近くにある。我々は、教育的なものすべてを結び合わせたい。幼い子どもの教育と成熟しつつある若者の教授を分離している障壁を打ち壊したい。初等や高等もなく、ただ教育があるということを見るためにも明らかにするために、初等の教育と高等の教育を統一したい。[116]

デューイは、大学の教育学科において理論と実践を結びつけるような試みがほとんど行われていなかった当時、シカゴ大学において理論と実践を密接に結合させるような実験学校との連携を望んでいた。つまり、大学が所有する資料や資源のすべてをデューイ実験学校で自由に活用できるようにし、価値ある題材や正しい教育方法の発展に貢献する、一方実験学校において教育学科の学生は、理論や着想が明示され、検証され、批判され、実行され、そして新しい真理の発展を見ることができるような連携であった[117]。デューイ実験学校が、シカゴ大学との関係において統一的な教育の一つの実用的モデルとなるように望まれていたのである。だが、この実用的モデルとは模倣されるようなものではなく、その原理の実行可能性、それを実行可能にする方法を実証することが求められた。実験学校において、デューイと教師たちは、学校システムそれ自体の統一、組織の問題を解明しようとしていた。そして、すべての教育のそのような組織の可能性と必要性を実証するために、

密接に生活と関連づけることを望んでいたのである[118]。

　1915年改訂版の『学校と社会』（*The School and Society*）第5章「教育における浪費」の中で、デューイ実験学校およびシカゴ大学と実験学校との連携の目的が以上のように述べられている。しかし、デューイ実験学校とシカゴ大学との連携に関して、今日的な意義を含めて、以下の点を加えたい。

　子どもたちが同じような問題について研究している大人と出会い、コミュニケーションすることは、自分たちの学習が現実世界とどのように関係しているかを理解するのに役立つ。デューイ実験学校は非常に恵まれた環境にあったと言えるが、今日においても、初等学校や中等学校と大学との連携は可能であると思われる。子どもたちが、大学の研究室や実験室を訪問することもできるし、また、大学の教師が子どもたちに話をしたり、教えたりしに来ることもできる。諸学問が示す知識は、その分野の専門家たちが研究に対する熱意や発見したときの喜びや興奮を子どもたちに伝える時、子どもたちにとって生きたものとなる豊かな可能性をもっている。

　もう一つ、教えるということは初等学校でも大学でも同じである。実験学校の教師たちにとって、同じ知識分野で研究している科学者や研究者と出会い、コミュニケーションすることは、教えることをより興味深くする。それは子どもたちに還元される。それは、大学の教師たちにも言えることであろう。ここでデューイが述べているように初等教育も高等教育もなく、ただ教育があるのである。

第6節　デューイ実験学校における保護者会の目的と役割

　デューイは、実験学校の1年目に保護者たちを学校に招待した。学校で生じた問題に関する情報を提供してそれらについて議論し、その学校の批判者たちに答えることができるよう協力を求めたのである[119]。デューイ実験学校における斬新な教育活動を擁護しなければならなかったのは教師たちだけ

ではなかった。保護者もまた子どもをその学校に通わせている理由を必要としていたからだ。では、デューイ実験学校の教育実践は、一般にどのように思われていたのであろうか。下記の記述から推測することができる。

> 調査したり、調査についてお互いに話したりするために、また、互いに助け合うだけでなく支援したりするために、生徒たちに部屋を動き回る自由が許されているのか。それは、ほとんど考えられないことであった。競争はないのか。教師が生徒たちに伝えたことを教師に伝え返すのを全く尊重しないのか。覚えることは全くないのか。暗記学習は何もないのか。問題によって課せられる以外の規律はないのか。クック師範学校でのパーカー大佐の試みという先例があったとはいえ、デューイ・スクールに向けられた批判、誤解、冷笑に耐えることは勇気のいることであった。[120]

さらに、すべての生徒たちが歴史や文学への興味によって、読み方、書き方、綴り方を学ぶのだろうか、料理、裁縫・織物、木工で測量を学ぶのと同じように算数も学ぶのだろうか、それを説明することはデューイの着想を信頼し献身することを要求した。そのため、保護者たちは結束する必要性を感じた。そして、2年目の初め、保護者会（the Parents' Association）が設立されたのである[121]。この保護者会は、その組織だけでなく設立の動機も他の保護者会とは異なっていた。

1904年に保護者の一人は「大多数の保護者会は、通常、保護者によって形成されるが、実際には保護者たちが学校と、そしてお互いのより親しい関係を築くように教師が努力した結果であり、大部分は教師たちによって運営されている。このことは、最初から保護者会の仕事の価値を下げることだと思う。保護者は、言うなれば保護者会の会議に招待された客であり、観察者や共働者というよりもむしろ聞く者となる。」、しかし、デューイ実験学校の保護者会は財政上の支援の必要以外に、その主要な目的は「最初の名前、『初等学校教育クラブ』が示すように教育的な目的であった。」[122]と述べている。

保護者によって組織され、保護者によって支援・維持されていたので、デ

ューイ実験学校の保護者会は真の意味での保護者会といえるというのである。教師はそのメンバーではなかったが、教師を保護者会から除外するという内規はなかったので、おそらく肩書きだけの会員であり、年会費を支払うことも求められなかった。しかし、各会議には葉書で招待され、議論に参加するよう要請されていた。

　ところで、アメリカ合衆国では1930年代に入るまで、多くの学校システムは、まるで教育委員会（school board）の委員、学校行政家の私的領域であるかのように管理されていた。そして、彼らは、親、教師、任意団体からのどんな提案も自分たちの特権への侵害、仕事への干渉であるかのように振る舞った。そのような考え方は、教師が十分な準備教育を受けず、教育について多くのことを知るよう期待されていなかった時代から受け継がれてきたのであった。ところが1930年代末にそのような状況は変化し始め、親、教師、地域社会の団体が学校の業務、教育活動やカリキュラムに関して相談を求められるべきだという見解が理論的にも実践的にも進展した。その結果、親と教師の会（Parent-Teachers Association）は飛躍的に発展したのであった[123]。

　そして、現在、上述のような見解はより一般的になり、アメリカ合衆国の大都市において、地方の学校協議会（school council）は保護者、近隣住民、教師、校長から成っている。たとえば、1988年のシカゴ学校改革法（Chicago School Reform Act）は、権力を中央教育委員会から市の595の各学校の保護者たちに移譲し、校長を選び、評価し、解雇する権限、予算を決定し、カリキュラムや本について勧告する権限を与えた。そして、各地方の学校協議会は、6人の保護者、2人の近隣住民、2人の教師、学校長から成っている[124]。

　しかし、L. タナーによれば、今日のアメリカ合衆国における地方の学校協議会とデューイ実験学校の保護者会には著しい相違があるという。学校協議会の設置と運営の根拠は、地域の諸機関、保護者の権限である。つまり、誰によって何がどのように教えられるかに関して発言力をもつべきだという

ことだ。それとは対照的に、デューイ実験学校の保護者会の根拠は保護者への教育であったというのである[125]。今日、子どもの教育のために学校と家庭と地域が連携し協力しなければならない、その必要性が指摘されるが、しばしば見落とされる解決法は保護者や地域の人々への教育である。保護者や地域の人々への教育が、学校とのより良い関係を築くこと、教育活動について理解し協力すること、建設的に関与することに結びつくことは容易に理解されるであろう。

　デューイ実験学校の保護者たちは、多くの着想や方法が馴染みのあるものとは全く異なっていたので、子どもたちの学習に関して絶えず連絡を取り合うだけでなく、この学校に関して外部で形成される誤解を訂正するためにその着想について正確に知る必要があり、また各変化がなぜ、何のためなのかを知る必要性を感じていた。それゆえ、保護者会の内規に「この会の目的は一般に諸理論とそれらの一般的応用を議論することによって、初等教育への興味を促進することであり、特にシカゴ大学附属実験学校の研究を前進させる上で協議し、協同するすることである。」[126]と記されていた。

　この内規によれば保護者会は二つの目的をもっていた。第1は、諸理論とその実践的応用を議論することによる初等教育への興味を一般的に促進することであった。これは、今日では奇異に思われるかもしれない。保護者は、自分の子どもに対して、身体が健全に発達し、読み書き算の能力が向上し、地理、歴史、理科に関する知識が増え、マナーが良くなり、勤勉で機敏で秩序正しい習慣が形成されることを望んでいる。もちろん、それは正当なことである。しかし、デューイはそのような視野の狭い学校観を拡大する必要性を訴える。「社会が自らのために達成してきたすべてのことは、学校という機関を通して、その未来の成員に委ねられている。社会が新しい諸可能性を通して実現することを期待している、それ自体についてのすべてのより良い思想は、その社会の未来の自己に開かれているのである。」[127]と主張したのであった。それは、「最も優れた賢明な保護者」が自分の子どもに望むこと

であった。つまり、自分の子どもだけでなくすべての子どもたちのために教育を改善することは保護者の責任であった。

　第2の目的は、実験学校の授業を進歩させることであった。保護者たちは実験学校において重要な存在であった。なぜなら、偏見のある了見の狭い保護者からの批判は進歩への妨害となるが、「寛大で公平な保護者からの批判や示唆は、むしろ心理的な方向に沿った教育システムの発展においてとても有益である」[128)]からだ。教師は毎日のある時間は子どもと一緒にいる。しかし、教師と一緒にいる時間は当然、子どもが自由を十分に感じながら全く1人で家庭で過ごす時間より抑制的となる。それゆえ、「その効果によって、保護者は、しばしば教師自らが気づいていない時に、いくつかの方法の影響を見ることができる。」[129)]のである。これは保護者及び保護者会の重要な役割と言える。デューイは「2組の倫理的な原則もしくは二つの形式の倫理的な理論、つまり一つは学校における生活のための、もう一つは学校外の生活のためのものがありえないのは全く明らかだ。行為は一つであるので、行為の諸原則も一つである。」[130)]と主張している。すなわち、子どもが学校にいても、家庭にいても、地域社会のどこかにいても、道徳的、倫理的な行為は同じであるというのである。それゆえ、「自由な討議方法とその成果のための保護者と教師の協議会はある教育システムを最も良く実現するためには不可欠であり、そのような協議が実験学校の保護者会の会議で行われた。」[131)]

　では、保護者会はどのように運営されたのか。会議のプログラムは、異なる委員会の役員と委員長から成る実行委員会によって準備された。その主題は教師、保護者、外部の専門家たちによって提起された。たとえば、「読み方の問題」、「なぜ、子どもたちは幼い年齢で読むことを学ぶべきか、学ぶべきではないのか」、「現代教育のいくつかの諸問題」、「校外の遠足の目的」、「子どもの生活を簡素化する方法」、「文学の学習の価値」等である。

　特に読み、書き、計算の 3R's を二の次にすることは多くの紛争の原因となった[132)]。なかでも、読み方の問題が一番難しかった。5歳の時に読むこ

とを学んだ保護者にとって、自分の子どもが8歳、9歳になってもその技能を習得していないのは許されないことであった。そのような保護者は抗議する気満々で協議会にやって来たのである。だが、この保護者会で、デューイ実験学校の教育活動を尊重している他の保護者たちの証言を聞いた。ある保護者は自分の年長の息子が幼い時に読むことを学び、読む価値のない本を読むのに苦労し、多くの時間を費やしたことを後悔していると言った。また、もう一人の保護者が、読むことを後で学んだ子どもがもっと幼い時に読むことを学んだ子どもたちよりも、読解力において優れていると主張した。最後に、教師はあるグループでは、最も少なく読んだ子どもたちが間違いなく彼らの学習において最も良く考える子どもであったと証言した。ここには心配する保護者への励ましがあった。そして書き方や算数の問題も同じように話し合われた。さらに、歴史学習、手工の進歩的な方法の教育的価値も議論された。

　また、校外学習も問題になったようだ。保護者のいく人かは校外学習で子どもがあまりにも疲れて時間を消費しすぎる、実際の経験や観察からよりよく学べることをなぜ本から学ばないのかと批判した[133]。それは、1870年代、マサチューセッツ州クインシーの学校で F.W. パーカーによって最初に採りいれられた。子どもたちは、地理の教科に載っている関連のない諸事実や統計値で地理を学ぶのではなく、校外学習を行って、地形をスケッチしたり、泥で地形の模型を作ったりしていた[134]。しかし、校外学習は当時なお一般的ではなかった。おそらく保護者も経験したことがなかったのであろう。だが、この校外学習はデューイ実験学校のカリキュラムの重要な部分であり、次のような校外学習がしばしば行われた。

　　1896年から97年の間に、月曜日の朝の1時間半、フィールド・コロンブス博物館（the Field Colombian Museum）への校外学習を行った。この建物は、1893年のコロンブス展覧会のために建設され、今、科学産業博物館（the Museum of Science and Industry）が建っている場所に位置していて、非常に多様な展示品が

あった。幼い子どもたちはジャクソン公園（Jackson Park）にあるウッデッド・アイランド（the Wooded Island）に少しの土地をもっていた。そして、しばしば自然の季節的な変化を観察しに行った。年長の子どもは、干渉計や分光器等の器具を見るために大学の実験室に行った。また、氷河期の印が観察されるストーニー・アイランド（Stony Island）の採石場、綿の紡績を見るためにオーロラ（Aurora）にある綿花工場等のより遠方への校外学習、その他には粘土の絶壁を見るためにラヴィニア（Ravinia）へ、砂丘や砂漠を見るためにミラー・ステーション（the Miller Station）へ、典型的な大草原地域を見るために63番街や市境へ校外学習に行った。[135]

デューイ実験学校では、校外学習が子どもたちの知的、社会的な発達のために有益であると信じられていたので、カリキュラムの主要な部分として残ったのだと思われる。保護者とのこのような見解の相違はどのようにして克服されたのであろうか。

保護者会における様々な協議から、「保護者たちは、いくつかの点で学校の真の目的により精通するようにならなければならないと実感した。Mr.デューイ、Mrs.ヤング、Mr.タフツがとても親切であり、この3年間の間に保護者会のすべての会員に対して授業が開かれるようになった。その授業では、この学校の諸原理が教えられた。また授業の終わりには、質問をしたり、それに答えられたりする議論の機会が与えられた。」[136]のである。

そして、デューイ実験学校の保護者会の主要な価値は「この学校の原則で保護者を教育することであり、そのようにして、保護者が必ず、学校と親密に連絡を取り合うようになり、何にもまして、保護者と教師がさらに共感することによって、子どもの学校生活を家庭にもたらし、家庭生活を学校にもたらし、2つが小型の統一された全体になることであった。」[137]

以上、本章ではデューイ実験学校のカリキュラム開発における協同と連携について考察してきたのであるが、これまでの考察からな明らかなように、まず、教師間の協同の鍵は、知的自由と知的責任を保障する学校の組織、監督と管理、さらに、カリキュラムを改善するための教師会議であった。繰り

返しになるが、教師の実践報告に基づく教師会議は、教師たちがデューイ実験学校の教育的な諸原理や諸方法を確認する場、一週間の授業を振り返り、次の具体的な指導計画を立てる場、教師間の意思疎通を図る場、共通理解を得る場となったのである。教師の実践報告が週会議のための素材を提供し、カリキュラムの改善、教師の力量形成に役立ったことは明らかであろう。

なぜなら、デューイ実験学校では、学校と学級の運営、カリキュラムの改善は、教師たちの授業実践から得られた知識しだいであるという考えに基づいていたからである。そこでの監督者の役割は、基本となる理論と結びついたカリキュラムを実現するために、教師たちを支援する諸条件を整備して提供することであった。教師たちが日々の教育実践から獲得したの知識の価値はこの見解の中に明確に位置づけられている。

学校の組織、カリキュラムの改善に対する教師たちの意欲は、厳密な管理体制の中で徐々に損なわれていく。厳しく管理し統制するシステムは、個性的に思考し行動する人間には適していない。これはデューイとヤングが取り組んだ問題であったが、この問題でヤングがデューイに与えた影響は顕著であった。その実例の一つは、彼女の学位論文である「学校における孤立」が提出された３年後、1903年にデューイが公表した「教育における民主主義」（Democracy in Education）という論文に見られる。ヤングと同じように率直で批判的な方法で教育政策について論評し、また、ヤング特有の言葉も使いながら、デューイは、教師についての厳密な監督への反対を明言し、学校の全教師集団による知的主導権、討議と決定の採用を主張した[138]。さらに、教師と生徒にとっての自由の欠如は、民主主義における生活へと人々を準備する学校システムを展開する上での最も大きな障壁となっているとも述べている[139]。そして、デューイは、自由は才能のある人々を教職へと導くのに必要であり、他のすべての改革は教職に従事する者たちの資質（quality）と品性（character）の改革で左右されるとさえ主張した[140]。

監督と管理に関するデューイとヤングの見解の中心は、一人ひとりの教師

の知的自由と知的活動への尊敬にある。教師が授業を個人的に、もしくは他の教師たちとともに協同的に反省し、それに応じて計画を修正することが当然だと認められていた。これは、デューイ実験学校の根本条件であった。なぜなら、それは、教師の教えるという活動を促進したからである。もし教師たちが、自律的に責任ある態度と行動に導くような経験を子どもたちに与えようとするならば、まず、教師たちが、民主的で参加的な方法でお互いに、また監督者たちと協同すべきであるのは当然であろう。さらに、絶えず、学校のカリキュラムと日々の授業が社会的な要請と子どもたちのニーズに適合しているかを熟考し、監督者と主任の指導と支援のもと、継続的なカリキュラム開発に従事すべきである。デューイ実験学校において、このような探究的・協同的な学びの文化が創造されていた。そして、それは大学の教員たちや保護者との連携により後援され保障されていた。言い換えれば、そのような探究的・協同的な学びの文化が、教師や子どもたちだけでなく、シカゴ大学の教員と保護者を巻き込みながら、拡大されていったといえる。

註
１）Philip W. Jackson (Ed. and Introduction), John Dewey, *The School and Society* and *The Child and Curriculum* (Chicago : University of Chicago Press, A Centennial Publication, 1990), p.166.
２）たとえば、これまで参照してきた先行研究以外にも下記のような先行研究がある。
　牧野宇一郎『デューイ教育観の研究』風間書房、1977年。
　倉沢剛『米国カリキュラム研究史』風間書房、昭和60年。
　森田尚人『デューイ教育思想の形成』新曜社、昭和61年。
　佐藤学『米国カリキュラム改造史研究―単元学習の創造』東京大学出版会、1990年。
　松村將『シカゴの新学校―デューイ・スクールとパーカー・スクール』法律文化社、1994年。
３）学校の組織に関しては、本研究の序章において参照した小柳の諸論文、千賀、伊藤の著書で言及されている。
　伊藤は、また学生アシスタント及びペアレント・アソシエイションの役割について

検討し、デューイ実験学校とシカゴ大学教育学科との連携について言及している。
4）Katherine C. Mayhew and Anna C. Edwards, *The Dewey School*（New York, London : D. Appleton-Century, 1936）, p.371.
5）筆者は下記の論文においてデューイとヤングの教育論について考察した。
　中野真志「ジョン・デューイとエラ・フラッグ・ヤング」、『教授研究』第21巻第1号、2000年、13〜22頁。
　アメリカにおいては、たとえば、以下の研究がある。
　　John T. McManis, *Ella Flag Young and a Half-Century of the Chicago Public Schools*（Chicago : A.C. McClurg, 1916）.
　　Rosemary V. Donatelli, "The Contribution of Ella Flagg Young to the Educational Enterprise."（Unpublished Doctoral Dissertation, University of Chicago, 1971）.
　　Joan K. Smith, *Ella Flagg Young : Portrait of a Leader*（Iowa : Educational Studies Press and the Iowa State University Research Foundation, 1976）.
6）John T. McManis, *op. cit.*, p.120.
7）Katherine C. Mayhew and Anna C. Edwards, *op. cit.*, p.35.
8）John Dewey, "Pedagogy as a University Discipline,"（1896）, in Jo Ann Boydston（Ed.）*The Early Works : 1882-1898*, Vol.5 : 1895-1898, pp.281-289（Carbondale : Southern Illinois University Press, 1972）, p.284.
9）*Ibid.*, p.284.
10）"The University Elementary School History and Character," *University Record*, Vol.II, No.8,（May 21, 1897）, p.72.
　ちなみに、Moor は男性、Churchill と Andrew は女性である。後述の資料からも明らかなように、デューイ実験学校の教師は女性が多かった。
11）*Ibid.*, p.75.
12）Joseph M. Rice, *The Public School System of the United States*（New York : Century, 1893）.
13）*Ibid.*, p.167.
　1893年5月10日の教育委員会の会議で、第1にすべての研修生が任命の適任者であるとみなされる前に5ヶ月間勤務し、第2に、午前中は教室の仕事に専念し、午後から　は監督者の指導のもとで教育理論の学習に充てることを要求する法律が通過した。
14）Joseph M. Rice, *op. cit.*, p.183.
15）"The University Elementary School," *University Record*, Vol.III, No.

29（October 14, 1898), p.176.

教師の学歴に関しては下記の資料のNo.1を参考にした。

John Dewey and Laura. L. Runyon, (Eds.), *The Elementary School Record* [a series of nine monographs]（Chicago : University of Chicago Press, 1900).

16）Katherine C. Mayhew and Anna C. Edwards, *op. cit*., p.372.

17）*University Record*, Vol. III, No.29（October 14, 1898), p.176.

18）"The University Elementary School," *University Record*, Vol.III, No.29-No. 36, No.38（1898), pp.176-239.

この「万能型」の教師から「専門型」の教師への移行と子どものグループ編成の変更に関して、高浦と小柳は、教師の側が教科担任制をとるのに対応して、子どもの方は一定の発達段階ごとに区別される必要があったことを指摘している。

小柳正司「シカゴ大学実験学校の記録：1896-1899年」『鹿児島大学教育学部研究紀要教育科学編』第51巻、2000年、127頁。

高浦勝義『デューイの実験学校カリキュラムの研究』黎明書房、2009年、73頁。

19）Philip W. Jackson, (Ed. and Introduction), John Dewey, *op. ci*t., pp.175-176 .

20）Katherine C. Mayhew and Anna C. Edwards, *op. cit*., p.374.

21）"The University Elementary School History and Character," *op. cit*., May 21, 1897, p.75.

22）Joseph M. Rice, *op. cit*.

23）*Ibid*., p.175.

24）*Ibid*., pp.175-176.

25）*Ibid*., pp.176-177.

26）*Ibid*., pp.177-178.

27）*Ibid*., p.179.

28）*Ibid*., pp.179-181.

29）*Ibid*., p.182.

30）*Ibid*., p.182.

31）*Ibid*., p.171.

32）*Ibid*., p.173.

33）*Ibid*., p.170.

ライスは、師範学校を設立し、専門的な教育を受けた者以外、採用しないことによって改善することを主張しているが、それだけではなく、シカゴの約3,000人の現職教員に対して、ニューヨークやフィラデルフィアの公立学校において実施されている

教員への徹底した指導と監督の採用も提案している。また、これらの問題以外に当時の教育委員会のあり方についても指摘した。彼は教育委員会がどのように構成され、どんな仕事をしていたのかを調査したのであった。

34) Ella Flagg Young, *Isolation in the School* (Chicago : University Of Chicago Press, 1900), p.14.
35) *Ibid.*, p.13.
36) *Ibid.*, p.13.
37) *Ibid.*, p.15.
38) *Ibid.*, p.21.
39) *Ibid.*, p.21.
40) John T. McManis, *op. cit.*, pp.120-121.
41) Ella Flagg Young, *op. cit.*, p.55.
42) *Ibid.*, p.55.
43) *Ibid.*, p.55.
44) 笠原克博『初期デューイ教育思想の課題―1890年代の社会改革運動との関連で―』法律文化社、1989年、149頁。

　笠原は、この教員連盟の運動について「組合結成後10年をとってみても、待遇改善問題以上にでることはほとんどなかったのではないかと考えられる。……1905年の市長選挙で、ダンを推して当選のための一助を果たしているが、つぎの選挙でダンは落選、教員組合としても打撃を受けたという。しかしその後ヤングが教育長になり（1907～1915在任）、この間が、組合にとってももっとも幸運な時期であったといわれている。」と述べている。

45) Katherine C. Mayhew and Anna C. Edwards, *op. cit.*, p.372.
46) *Ibid.*, pp.394-395.
47) タナーは下記の文献でデューイ実験学校における知的自由と知的責任について述べているが、本研究では知的自由に基づく協同の重要性と必要性についても考察した。

　　Laurel N. Tanner, *Dewey's Laboratory School : Lessons for Today* (New York : Teachers College Press, 1997), pp.67-72.
48) John Dewey and Laura. L. Runyon, (Eds.), *op. cit.*, pp.53-54.
49) *Ibid.*, p.54.
50) *Ibid.*, pp.54-57.
51) Laboratory Schools Work Reports, 1898-1899, p.86, Feb. 3 1899 (University of Chicago Archives, Regenstein Library).

52) "The University Elementary School," *University Record*, Vol. IV, No. 3 (April 21, 1899), p.30.
53) Katherine C. Mayhew and Anna C. Edwards, *op. cit*., p.367.
54) *Ibid*., 371.
55) John Dewey, "The Relation of Theory to Practice in Education," (1904), in Charles A. McMurry (Ed.) *The Relation of Theory to Practice in the Education of Teachers*. The Third Yearbook of the National Society for the Scientific Study of Education Part I (pp.9-30) (Chicago : University of Chicago Press, 1904), p.13.
56) *Ibid*., 15.
57) *Ibid*., 15.
58) John T. McManis, *op. cit*., p.121.
59) John Dewey, "The Relation of Theory to Practice in Education," *op. cit*., p.11.
60) Ella Flagg Young, *op. cit*., p.22.
61) Katherine C. Mayhew and Anna C. Edwards, *op. cit*., p.406.
62) Laboratory Schools Work Reports, Addenda, October, 1898 (University of Chicago Archives, Regenstein Library).
63) *Ibid*.
64) Katherine C. Mayhew and Anna C. Edwards, *op. cit*., p.405.
65) Laboratory Schools Work Reports, Addenda, October, 1898, op. cit.
66) "The University Elementary School," *University Record*, Vol.III, No. 30 (October 21, 1898), p.185.
67) Laboratory Schools Work Reports (November 4, 1898), pp.52-54, op. cit.
68) Katherine C. Mayhew and Anna C. Edwards, *op. cit*., pp.365-366.
69) *Ibid*., p.371.
70) *Ibid*., p.374.
71) *Ibid*., p.307.
72) *Ibid*., p.371.
73) Laurel N. Tanner, *Dewey's Laboratory School : Lessons for Today* (New York : Teachers College Press, 1997), pp.75-80.

　タナーは、カリキュラムの構成要素を結合させるために具体的にどのような活動が展開されたのかを『実験学校の実践報告』(Laboratory Schools Work Reports) を用いて示している。本研究ではその研究成果をふまえ、『実験学校の実践報告』の他

の箇所でもカリキュラムの構成要素が有機的に関連していたことを実証し、統合的なカリキュラムについて考察した。
74) Katherine C. Mayhew and Anna C. Edwards, *op. cit.*
　これらの主題はこの本のⅤ章からⅩⅢ章の題名となっている。そして、このグループ編成から推測すると、ここで紹介されている実践は1899年以降の実践であろう。
75) Laboratory Schools Work Reports, October 21, 1899, pp.31-32, op. cit.
76) Ibid., p.32.
77) Laboratory Schools Work Reports, April 14, 1899, p.39, op. cit.
78) Ibid., pp.36-37.
　この実践報告には教師の名前が記述されていないが、この時期の他の実践報告で、グループⅧのフランス語の担当はアッシュルマンであった。
79) Ibid., p.52.
80) Laboratory Schools Work Reports, February 3, 1899, p.84, op. cit.
81) John Dewey and Laura. L. Runyon, (Eds.), *The Elementary School Record* [a series of nine monographs] (Chicago : University of Chicago Press, 1900), p.91.
82) Laboratory Schools Work Reports, October 14, 1899, pp.15-16, op. cit.
83) "Studies and Methods," *University Record*, Vol.II, No.8 (May 21, 1897), p.73.
84) John Dewey, " The Aim of History in Elementary Education," in John Dewey and Laura L. Runyon (Eds.), *The Elementary School Record* [a series of nine monographs] (Chicago : University of Chicago Press, 1900), p.200.
85) Laurel N. Tanner, *op. cit.*, 1997, p.78.
　タナーは専門領域の異なる教師たちによる協同という意味で協働（collaboration）という言葉を使用したと思われる。
86) Arthur G. Wirth, *John Dewey as Educator : His Design for Work in Education (1894-1904)* (New York, London, and Sydney : John Willy and Sons, Inc., 1966), p.47.
87) 教育学科の開設と実験学校設立に関するデューイとハーパー学長との会見については、下記の文献で詳細に述べられている。
　小柳正司『デューイ実験学校と教師教育の展開—シカゴ大学時代の書簡の分析—』学術出版会、2010年、35～40頁。
88) George Dykhuizen, *The Life and Mind of John Dewey* (Carbondale and Edwardsville : Southern Illinois University Press, 1973), p.88.
89) Robert L. McCaul, " Dewey's Chicago," *The School Review*, Vol. 67. No.

2 (Summer, 1959) pp.258-280.
90) *Ibid*., p.266.
91) *Ibid*., p.266.
92) " John Dewey to William Rainy Harper," (1899.12.21) in Correspondence of John Dewey, Vol., (00596).

　同様の内容は、1897年5月13日付、1900年2月3日付のハーパー学長宛ての手紙にも見られる。

93) John Dewey, " George Herbert Mead as I Knew Him," (1931), in J.A. Boydston (Ed.), *The Later Works of John Dewey : 1925-1953*, Vol.6 : 1931-1932, pp.22-28 (Carbondale : Southern Illinois University Press, 1985).
94) *Ibid*., p.25.
95) *Ibid*., pp.25-26.
96) *Ibid*., p.27.
97) Arthur G. Wirth, *op. cit*., p.49.
98) Robert L. McCaul, *op. cit*., p.264.
99) Jane M. Dewey (Ed.), " Biography of John Dewey," in Paul A. Schilpp (Ed.), *The Philosophy of John Dewey* (Evanston : Northwestern University, 1939), p.28.
100) Katherine C. Mayhew and Anna C. Edwards, *op. cit*., p.10.
101) " School Record, Notes, and Plan. The University of Chicago School," *University Record*, Vol.I, No.48 (February 26, 1897), p.581.
102) " School Record, Notes, and Plan. The University of Chicago School," *University Record*, Vol.I, No.47 (February 19, 1897), pp.575-576.
103) " School Record, Notes, and Plan. The University of Chicago School," *University Record*, Vol.I, No.49 (March 5, 1897), pp.593-594.
104) " School Record, Notes, and Plan. The University of Chicago School," *University Record*, Vol.I, No.50 (March 12, 1897), pp.603-604.
105) これらは、「教育におけるいくつかの諸問題」(Some Problems in Education) と題した以下のような一連の論文である。

　John Coulter, " The Act of Teaching," (May 21, 1897), *University Record*, pp. 65-67.

　John Coulter, " Science in Secondary School," (May 28, 1897), *University Record*, pp.77-80.

John Coulter, "Over Production of Teachers," (June 4, 1897), *University Record*, pp.90-91.
　John Coulter, "The School and University," (June 11, 1897), *University Record*, pp.97-99.
106) Arthur G. Wirth, *op. cit*., p.51.
107) Katherine C. Mayhew and Anna C. Edwards, *op. cit*., p.10.
108) Arthur G. Wirth, *op. cit*., pp.51-52.
109) Katherine C. Mayhew and Anna C. Edwards, *op. cit*., p.225.
110) John Dewey and Laura L. Runyon, (Eds.), *op. cit*., pp.120-121.
111) Katherine C. Mayhew and Anna C. Edwards, *op. cit*., pp.225-226.
112) *Ibid*., pp.228-229.
113) *Ibid*., p389.
114) *Ibid*., pp.389-390.
　L. タナーは前掲書で、社会的オキュペーションのテーマが、カリキュラムを継続的に改善するためのシカゴ大学教員、大学院生、デューイ、教師たちの協働的な努力から現れたと結論づけている。そして、メイヒューとエドワーズのこの記述から、一つのオキュペーションのテーマという着想はスメッドリーとマクミランの提案であったと推測している。その根拠は、タナーによれば、1897年5月21日付の『大学記録』(*the University Record*)（Vol.II, No.8）において、デューイが「今年度の後、現在の社会的オキュペーションの学習が始まるであろう。」(p.73) と述べていることであるという。
　Laurel N. Tanner, *op. cit*., p.60.
115) Katherine C. Mayhew and Anna C. Edwards, *op. cit*., p.390.
116) Philip W. Jackson (Ed. and Introduction), John Dewey, *op. cit*., p.92.
117) *Ibid*., p.93.
118) *Ibid*., p.94.
119) Ida B. DePencier, *The History of the Laboratory Schools : The University of Chicago 1896-1915* (Chicago : Quadrangle Books, 1967), p.23.
120) *Ibid*., pp.22-23.
121) L. タナーは、前掲書で保護者への教育という観点から、デューイ実験学校の保護者会について論じている。本節ではタナーの研究を参考にしながら、カリキュラム開発における協同と連携、および、探究的・協同的な学校文化の拡大の一環という観点から保護者会の目的と役割について論じた。

Laurel N. Tanner, *op. cit*., pp. 113-119.
122) Nellie J. O'Connor, " The Educational Side of the Parents' Association of the Laboratory School : From A Parent's Point of View," *Elementary School Teacher*, 4 (1904), p.532.
123) R. Freeman Butts and Laurence A. Cremin, *A History of Education in American Culture* (New York : Henry Holt and Company, 1953), p.574.
124) Laurel N. Tanner, *op. cit*., p.115.
125) *Ibid*., p.115.
126) Nellie J. O'Connor, *op. cit*., p.533.
127) Philip W. Jackson (Ed. and Introduction), John Dewey, *op. cit*., p.7.
128) Nellie J. O'Connor, *op. cit*., p.533.
129) *Ibid*., p.533.
130) John Dewey, " Ethical Principle Underlying Education," (1897), in Jo Ann Boydston (Ed.) *The Early Works : 1882 - 1898*, Vol.5 : 1895-1898, pp.54-83 (Carbondale : Southern Illinois University Press, 1972), p.54.
131) Nellie J. O'Connor, *op. cit*., p.533.
132) *Ibid*., p.534.
133) Ida B. DePencier, *op. cit*., p.34.
134) Daniel Tanner and Laurel Tanner, *History of the School Curriculum* (New York : Macmillan Publishing Company, 1995), p.92.
135) Ida B. DePencier, *op. cit*., pp.33-34.
136) Nellie J. O'Connor, *op. cit*., p.535.
137) *Ibid*., p.535.
138) John Dewey, " Democracy in Education," 1903, *The Middle Works of John Dewey*, 1899-1924, Vol.3 : 1927-1928 (Carbondale : Southern Illinois University Press, 1977), p.232.
139) *Ibid*., p.229.
140) *Ibid*., p.234.

終章　本研究の総括と今後の課題

第1節　本研究の総括

　本研究の課題は、デューイ実験学校が存在した時期、19世紀末から20世紀当初のアメリカにおけるカリキュラム諸理論の歴史的な文脈に関する検討を踏まえた上で、デューイ実験学校の統合的なカリキュラムの開発過程とそこで行われた授業実践の実態を解明することであった。具体的には、デューイ実験学校における教育活動の基礎となったデューイのカリキュラム理論の本質と特徴をアメリカ・ヘルバルト主義との関連から考察すること、デューイ実験学校における統合的なカリキュラムの実態を明らかにするために、「典型的な活動」、「オキュペーション」、「社会的オキュペーション」の関連について検討し、オキュペーションの本質と意味を考察すること、教師たちの協同とコミュニケーションという観点からデューイ実験学校におけるカリキュラム開発と授業実践について検討し、デューイ実験学校とシカゴ大学との連携、デューイ実験学校の保護者会の目的と役割について考察することであった。

　以下、このような研究課題を検討し、本研究で明らかにしたことを章ごとに述べながら、本研究の総括を行う。

　第1章では、デューイ実験学校が開校した19世紀から20世紀への転換期における社会・経済的な背景を踏まえた上で、当時のカリキュラム諸改革運動について検討した。19世紀の半ば以降、アメリカにおける諸産業の著しい発展、都市化の進展、鉄道網の拡充、新聞や雑誌の普及は、社会諸制度や社会的諸機関の変革を余儀なくさせた。その中には当然、学校の役割を再検討し、

そのカリキュラムを改革することも含まれていた。

　そして、20世紀が到来した時、すでにアメリカにおけるカリキュラムのその後の展開を左右するような四つの主要諸勢力が出現していた。その一つは、伝統的なカリキュラムの支持者、つまり西洋の文化遺産の諸要素に結びついた主知主義的、形式的精神鍛錬重視の人文主義者であった。その後も、彼らは、多くの場合、教育界の部外者となるが、彼らの学問的世界での地位を利用し、また、一般的知識人としてカリキュラムに影響を及ぼし続けた。しかし、当時、先述のような急激な社会変化によって、彼らの崇拝して来た伝統や価値が再解釈を迫られ、人文主義者たちは、それらを最善の状態で維持する方法を模索したのであった。

　このグループと対峙する形で、三つの異なる改革諸勢力が存在したのである。それらは、児童研究の指導者である発達主義者、社会効率主義者、社会改良主義者であった。その第1が発達主義者である。彼らは、カリキュラムが子どもの発達の自然な順序にしたがって改革されるべきだと考えた。しばしば、ロマン主義的傾向を帯びていたが、彼らは、熱心に子どもと青年の発達段階、学習の本質に関してより正確な科学的データを収集しようとした。そのような知識から子どもの真の興味と要求、適切な学習様式が導き出され、その結果、カリキュラムは子どもを発達させる手段となりえるというのであった。

　第2の改革者グループ、社会効率主義者は効率を重視し、社会を円滑に管理し運営することを最優先した。ライスの暴露本は結局、「効率への紛れもない熱狂」の前兆となった。事実、効率は、その後、カリキュラムの優劣を判断する主要な基準となった。すなわち、学校教育に産業界の標準化された技術を応用することによって、浪費を排除することができるというのである。後に、カリキュラムの決定要因は大人の社会生活と社会的な要求に求められた。彼らによれば、科学的に構築されたカリキュラムは、社会的な大惨事の機先を制し、また避けることさえできた。産業社会の急速な進展にともなう

科学技術の発展と情報や知識の増加に対する認識が社会効率主義を支えていた。それゆえ、新しい社会が人々のより専門的な諸技能を要求すると、カリキュラムのさらなる分化が必要とされる、社会効率主義はそういう意味をも含んでいた。

　第3は社会改良主義者であった。ウォードは、学校を社会変化と社会的公正の主要な力と見なす勢力の先駆者であった。学校は、都市における腐敗と悪徳、人種および性の不平等、権威と権力の乱用という諸問題に直接に焦点を合わせたカリキュラムに注意を払い、それらに効果的に対処するよう新しい世代を育てることができた。ウォードが主張したように、変化は我々の統制を越えた諸力の必然的な結果ではなかった。より良い状態へと物事を変える力は、我々の手中にあり、我々が創り出す社会制度の中にある。しかし、社会改良主義者にとって現存の社会秩序における矛盾や複雑な問題を、簡単にしかもうまく取り除く解決策は存在しなかった。唯一、それは、子どもや青年を教育することによる、新しい社会的ビジョンを創り出す学校の力によるのであった。

　第2章では、もともと哲学を研究していたデューイがどのように心理学、教育学に興味をもつようになったのか、彼の初期の経歴をたどった後、デューイのカリキュラム理論に最も影響を与えたと思われるアメリカ・ヘルバルト主義のカリキュラム理論、デューイによるその批判的受容、その再解釈、および、再構築について考察した。

　ヴァーモント大学卒業後、デューイは高校の教師となり、その後、ジョンズ・ホプキンス大学大学院に入学した。そこで、G.S. ホールから実験心理学の多くの知識を得た。博士課程修了後、ミシガン大学の哲学と心理学の講師となるが、ミシガン大学で教育的な調査研究にかかわった。それゆえ、シカゴ大学に赴任するまでにデューイの経歴には確かに心理学、教育学、そして教育哲学への関心が高まっていく機会があった。

　アメリカ・ヘルバルト主義者たちは、比較的に短期間ではあるが集中的に、

人文主義者のカリキュラムと彼らによって代表される旧教育体制に挑戦した。そして、デューイがミシガン大学に在職中であった1892年にヘルバルト・クラブが結成された。このクラブは、1895年に「全米ヘルバルト協会」となり、1900年に「教育科学研究のための全米協会」（NSSSE）と名称が変更された。その後、この協会のヘルバルト主義教授理論との関係は急速に薄れていき、ヘルバルト主義の着想は発達主義の改革者集団に吸収されていった。子どもの成長と発達、および、子どもの興味に対するヘルバルト主義の強調は、児童研究運動の趣旨にうまく融合されたからであった。

　デューイは、アメリカ・ヘルバルト主義者たちとの交流や論争によって、教育学研究と教育改革に専心するようになった。そして、彼は有望な教育指導者、教育改革者としての名声を得ただけでなく、後における彼の主要な教育理論を構築する基盤も得た。デューイは、「文化史段階説」、「発生反復説」、「中心統合法」、および、「相関」などのヘルバルト主義における鍵概念の定義と解釈についての論争に関与したのである。その結果、彼は、ヘルバルト主義のカリキュラム理論を批判的に受容し、デューイ実験学校における学習活動の基礎となるカリキュラム原理を考察し始める。この事実は、アメリカ・ヘルバルト主義者とデューイの初期の関わりが、後の彼のカリキュラム理論にどのように深く影響を与えたのか、その最も良い例証となる。それゆえ、第2章で考察した。

　ヘルバルト主義者が意図した「相関」とは、一般的に学校の諸教科の「相関」であったが、デューイは、この伝統的なヘルバルト主義の「相関」論を超えて、子どもの生活と生活経験に関してカリキュラムの統合、「相関」を追究した。さらに、文化史段階説の理論的根拠となった発生反復説を再解釈し洗練しようとした。つまり、家庭と学校との結合が学校における教育内容の社会的な起源を理解し経験する機会を子どもに与え、基本的な社会的活動から抽象的な題材の認識の発達へと導く、言い換えれば、子どものありのままの自然な経験から諸学問が示す体系的な知識（教科や教材の論理）へと導く

ようなカリキュラム理論を構築した。これは、デューイ実験学校のカリキュラムと授業実践の核となった。

要するに、デューイは、オキュペーションを学校のカリキュラムに導入することによって、さらに読み、書き、計算、歴史、地理、理科、そして言語などの伝統的な教科の社会的側面と社会的な価値を強調することによって、カリキュラムを統合し、学校での学習と日常生活を相互に関係させようとしたのである。この意味で、デューイはヘルバルト主義の「相関」論と「発生反復説」を独自の方法で、彼の教育理論とカリキュラム理論に組み入れたといえる。このようにして、デューイ実験学校を一躍有名にした「一つの社会的な共同体としての学校」という着想の基盤となるカリキュラム理論が形成され、また、それが実験学校での授業実践を通して改善されたのであった。

第3章では、まず、デューイ実験学校を取り巻くシカゴ大学の状況について述べた後、デューイ実験学校のカリキュラム構想について、デューイが私的に印刷し配布した1895年の「大学附属初等学校の組織計画」を基本資料として検討した。次に1896年の授業実践と1897年の授業実践の実態について、『大学記録』（*University Records*）の「シカゴ大学附属学校、学校の記録、要旨、計画」（School Record, Note, and Plan. The University of Chicago School）を基に検討した。最後に、当時、合衆国で最も有名な教育哲学者であった W. T. ハリスのカリキュラム理論と対比しながら、デューイ実験学校の実践の背後にあるカリキュラムの基本的な問題、一貫した主題は何であったのかを明らかにした。

デューイがシカゴ大学に赴任した当時、この大学はジョンズ・ホプキンス大学に倣い、大学院を主とする大学として再出発したばかりであった。しかし、学長である W. ハーパーは J. ロックフェラーの援助により、すでに様々な分野において蒼々たる研究者を結集させていた。たとえば、物理学の A. ミッチェルソン、心理学の H. ドナルドソン、動物学の C. ウィトニー、化学の J. ネフ、植物学の J. コウルター、歴史学の F. シェヴィル、ギリシア

語の P. ショーリー、社会学の A. スモールなどである。当時のシカゴ大学は、大都市シカゴと同様、活気に満ちあふれていたのであった。

　ハーパーはまた、教育学に特別な関心をもち、シカゴ教育委員会の委員を務めたり、シカゴ大学と市や州の初等・中等学校との密接で有益な関係を築くよう試みたり、さらに教師や教育者たちの組織がシカゴ大学の構内で専門的な会議を開くのを奨励したりした。それは、当時の州立大学では一般的であったが、私立大学では珍しいことであった。そして、ハーパーは、シカゴ大学の教育学科にも優れた教授陣を揃え、教育学を学内において卓越した地位を占める学問分野に発展させようとしていた。このことは、シカゴ大学附属実験学校を設立しようとしていたデューイにとって好都合であった。

　「大学附属初等学校の組織計画」において、構成的活動は、子どもの本来的な衝動を発達させ、歴史、文学、および、科学という体系化された知識の総体へと導き、カリキュラムを統合させる機能をもっていた。デューイは、このようなカリキュラム構想を実験学校で検証しようとしていた。1896年と1897年の実践報告においては、一貫して子どもの活動と他の作業との関連、作業の社会的側面が重視されていた。それは、デューイ実験学校において、社会的諸要因と心理的諸要因を同等に調和させるカリキュラムを開発しようとしていたからであった。

　では、なぜ、そのようなカリキュラムの開発が求められたのか。当時、アメリカで最も有名な教育哲学者であった W.T. ハリスのカリキュラム理論とデューイ実験学校のカリキュラム理論の相違について考察し、この問題を明らかにした。結局、デューイは、当時の人文主義者たちによる「組織された知識の総体を第一義とする論理学的な立場」と発達主義者たちによる「子どもの精神的諸操作を第一義とする心理学的な立場」の継続的な論争において、どちらか一方を支持するのではなく、彼らが本質的に誤った問題を論争していることを指摘し、それらを再構築しようとしていたのである。それゆえ、実験学校において「心理的諸要因と社会的諸要因の同等の調和」という問題

に取り組んだのであった。

　第4章では、「大学附属初等学校の組織計画」、シカゴ大学の『大学記録』、「実験学校の実践報告」、そして、『初等学校記録』を活用しながら、「典型的な活動」、「オキュペーション」、および、「社会的オキュペーション」の区別と関連について検討し、デューイ実験学校におけるオキュペーションを基軸としたカリキュラム、統合的なカリキュラムを実現しようとした授業実践の実態について明らかにした。その後、それらを当時のアメリカにおけるカリキュラム諸理論の歴史的文脈という観点で考察した。

　デューイは「大学附属初等学校の組織計画」においてオキュペーションという概念を使用せず、典型的な活動もしくは構成的活動という言葉を使用していた。しかし、1895年11月29日付、C.I. ミッチェル宛ての手紙の中では、オキュペーション、社会的オキュペーションという言葉がすでに使用されていた。この手紙から推測すると、デューイは、オキュペーションや社会的オキュペーションに社会的な関連と歴史的な発展の意味を加え、実験学校のカリキュラムにそれらを位置づけようとしていたと思われる。しかし、それらは、まだカリキュラム理論として洗練されてはいなかった。後に、デューイ実験学校におけるカリキュラムの開発過程の中で改善されていったのであった。

　では、なぜ、「大学附属初等学校の組織計画」においてオキュペーションという言葉を使用しなかったのか。典型的な活動にも社会的な関連や歴史的な発展という意味が含まれてはいたが、オキュペーションという言葉の方がより適していたと思われる。しかし、当時、この言葉は誤解を招きやすく、職業教育や仕事への過度の強調と見なされる危険性があった。さらに、デューイは、実験学校の教師たちがカリキュラムにおけるオキュペーションの本質や意味を短期間で理解するのが難しいと判断したのであろう。それゆえ、「大学附属初等学校の組織計画」と実験学校の初期のカリキュラム構想や実践報告において、典型的な活動、構成的活動、および、実験的活動などの言葉が使用されたと推測できる。

また、当時の伝統的なカリキュラムを批判する者たちと同様、デューイもアメリカ・ヘルバルト主義の「文化史段階説」に魅力を感じ、その着想を実験学校に取り入れたのであった。しかし、デューイは現存するどの諸教科も理想とするカリキュラムの統合を与えないと考えていた。デューイ実験学校のカリキュラムも歴史的な発生反復であったが、その反復は歴史的な諸段階ではなく、人間にとっての基本的な社会的諸活動の進化をたどっていた。
　それゆえ、実験学校のカリキュラムには、「文化史段階説」との表面的な類似性を超えて、真の統合や相関を目指す基本的な変容が存在したのである。
　デューイは、オキュペーションを「子どもの側では一つの活動形態であって、社会生活で営まれているいくつかの作業の形式を再現したり、それと類似した形態で行われたりする活動である。」と定義し、「オキュペーションの心理学の根本的な要点は経験の知的局面と実践的局面のバランスを維持することである。」と述べた。デューイにとって、オキュペーションを基軸に構築されたカリキュラムは、個人的な諸目的と社会的な諸目的を調和させる架け橋を与えるものであった。そのようなカリキュラムを開発することが、デューイにとって、どのような教育理論においても解決されるべき中心的な問題であった。そして、デューイ実験学校では、このオキュペーションは、木材と道具を用いた工作室での作業、料理、裁縫、さらには織物の作業によって代表されていた。
　デューイ実験学校においては、歴史や文学などの教科ではなく、子どもの活動がカリキュラムの統合や相関の基礎となった。衣、食、住に関連した典型的な活動に子どもが従事することによって、またそれをカリキュラムの中心に位置づけることによって、家庭と学校と社会の連続性を保持できると考えたのである。そして、カリキュラムの開発と改善の中で、典型的な活動に社会的な関連と歴史的な発展の意味を強化して加え、子どもの発達段階に適した学習経験を与え、水平的、垂直的に統合する発展的なカリキュラムの中核となるオキュペーションの着想を洗練し発展させた。さらに、幼児教育と

小学校教育を接続し発展させるため、初等学校低学年での既存の教科に替わるカリキュラムの構成要素として社会的オキュペーションを確立したのであった。

　第5章では、まず、デューイ実験学校における教員と教員組織の変化について考察した。次に、当時のシカゴの公立初等学校における授業レベルの実態、公立学校の管理システムとその弊害、および、それらの改善に関するヤングの見解について述べ、厳密な管理システムとは対照的であったデューイ実験学校の教員組織における監督と管理の特質を明らかにした。さらに、デューイ実験学校とシカゴ大学との連携、デューイ実験学校における保護者会の目的と役割について検討した。

　当初、デューイ実験学校では「万能型の教師」が多様な年齢の子どもたちから成る少人数のグループを担当した。しかし、「万能型の教師」が適切でないことが明らかとなり、「専門型の教師」へと移行した。そして、教員組織の「部門制」を採用することになった。一般に、初等学校における「部門制」の採用からはカリキュラムの分裂、そして我が道をゆく教師がイメージされる。しかし、デューイ実験学校には分裂に対する防止機能、すなわち教師の協同とオキュペーションによる題材の統合がカリキュラムに組み込まれていたのであった。「部門制」を採用する学校のカリキュラムが区画化される必要はないという事実をデューイ実験学校が実証しようとしていたのである。

　デューイ実験学校の時代、シカゴの公立初等学校に見られたように、多くの都市では無味乾燥な言葉の反復練習、意味のない事柄の棒暗記の授業が行われ、そこで教えられる教科内容は意図的な体系化が欠如していた。その要因は教員資格の不適切さや教員の能力不足にあったが、それは教育制度の質、すなわち、教員を養成し採用し指導し研修させる制度の問題であった。当時、アメリカの公立学校システムは急速に変化していた。子どもたちの就学率が高くなり、また就学年数も長くなっていった。その結果、教室の運営とは異

なる学校の管理システムが必要とされ、官僚主義化と専門主義化が強まっていった。そして、シカゴのような大都市の教師たちは、明らかにその自治権を奪われ、その地位が不安定になっていったのである。彼らは、ますます仕事上の厳しい規則と管理のもとに置かれるようになり、行政官に従属させられていった。

　上述の厳密な教師への管理システムとは対照的に、デューイ実験学校では教師たちに知的責任を伴う知的自由が保障されていた。そして、知的自由と組み合わされた協同が、教師への厳密な監督と管理、授業への綿密な評価と批判、および、技術的な訓練よりも効果的な授業を達成するより良い方法を与えていた。教師レポートに基づく教師会議は、この学校のスムーズな運営を保障したのであった。さらに、デューイ実験学校のカリキュラムはオキュペーションを基軸にした発展的なカリキュラムであり、グループ毎にカリキュラムの構成要素を結合させる主題があった。たとえば、「発明や発見」という主題のもと、子どもたちは料理、裁縫・織物、大工仕事、および、園芸などの諸活動に取り組み、教師たちはその主題のもとにカリキュラムの構成要素を有機的に関連させていたのである。さらに、子どもたちが発明し発見し創造する知的な喜びや感動をいかにして経験するのかを重視していた。そして、この発明や発見の活動を再現するためには、様々な専門性をもつ教師たちの協同が必要になったのである。

　このようなデューイ実験学校内における教師たちの知的自由と協同だけでなく、デューイ実験学校とシカゴ大学の教師たちとの連携を指摘することが重要である。なぜなら、彼らは、実験学校の教師たちがカリキュラムを開発する上で最も重要な情報源、人的資源であったからだ。教育学科の教員のみならず他の学科の教員も時間や設備に寛容であり、素材に関してだけでなく知的な援助も惜しみなく与え、教師の申し出に気軽に応えてくれた。それゆえ、実験学校は、シカゴ大学の他学科の研究室や実験室と親密な関係をもち利益を共有することができた。教師たちは、様々な分野の著名な科学者たち

終章　本研究の総括と今後の課題　　337

にいつでも容易に接し援助をも求めることができ、授業や教育活動において多様な形でシカゴ大学の教師、学生、院生、および、その研究成果を活用することができたのである。

　多くの保護者会は、保護者との良い関係を築くために教師によって設置され、教師が中心となって運営している。しかし、デューイ実験学校の保護者会は、保護者によって組織され、保護者によって支援・維持されていた。その主要な特徴は保護者への教育であった。なぜなら、実験学校の授業は、当時の馴染みのある授業とは全く異なり、保護者たちは子どもの学習について教師と連絡をとり、その実践の背後にある理論や原則を正確に知る必要を感じていたからだ。そして、保護者会の目的の第1は理論と実践について議論することにより、初等教育への興味を一般的に促進すること、つまり自分の子どもだけでなくすべての子どもたちのために教育を改善することであった。第2は、実験学校の授業を進歩させることであった。つまり、保護者と教師との自由な討議はある教育システムを実現するためには不可欠であり、そのような協議が保護者会の会議で行われたのであった。

　もし教師たちが、自律的に責任ある態度と行動に導くような経験を子どもたちに与えようとするならば、まず、教師たちが、民主的で参加的な方法でお互いに、また監督者たちと協同すべきである。さらに、絶えず学校のカリキュラムと日々の授業が社会的な要請と子どもたちのニーズに適合しているかを熟考し、監督者と主任の指導と支援のもと、継続的なカリキュラムの開発とその改善に従事すべきである。デューイ実験学校において、このような探究的・協同的な学びの文化が創造されていた。そして、それはシカゴ大学の教師や保護者との連携により後援され保障されていたのである。言い換えれば、デューイ実験学校においては、そのような探究的・協同的な学びの文化が子どもやその学校の教師たちだけでなく、保護者とシカゴ大学の教師たちを巻き込みながら、拡大されていったといえる。

第2節　今後の課題と展望

　本研究では、日本において入手できないデューイ実験学校に関する諸資料、「実験学校の実践報告」（Laboratory Schools Work Reports）、シカゴ大学の『大学記録』（University Record）、『初等学校記録』（The Elementary School Record）を活用し、当時のアメリカにおけるカリキュラム諸理論の歴史的な文脈を踏まえた上で、デューイ実験学校における統合的なカリキュラムの開発過程とそこで行われた授業実践の実態を解明することができた。それは本研究の成果であるが、今後、検討すべき課題も明らかになった。

　その第1は、デューイ実験学校のカリキュラムに関して、子どもの学習経験（学びの履歴）という観点で分析し考察することである。1896年、実験学校の開校時に6歳であった子どもたちは、1904年にデューイがシカゴ大学を去る時には13歳になっている。残念ながら、「実験学校の実践報告」は、現在、1898年から1901年までしかその存在が明らかではないが、シカゴ大学の『大学記録』における実践報告を活用することにより、1896年から1901年までその活動記録をたどりながら、子どもたちの学びの履歴を分析し考察することが可能である。また、本研究では利用できなかった「メーヒュー・ペイパーズ」（Mayhew Papers）を収集すれば、その資料も参考にすることが可能である。

　第2に、歴史、地理、理科のカリキュラムを考察することも必要である。本研究ではオキュペーションの本質と意味、社会的オキュペーションとオキュペーションの関連、および、デューイ実験学校における歴史、理科、手工を検討したが、歴史、地理、理科のカリキュラムと授業実践については詳細に考察していない。デューイ実験学校のカリキュラムが社会的オキュペーションから歴史、地理、理科へと分化するカリキュラムであったことは、これまでの先行研究においても明らかにされている。しかし、社会的なオキュペ

ーションからどのように歴史、地理、理科へと分化するのか、上述した子どもの学びの履歴という観点からのカリキュラムと授業実践の実態は明らかにされていない。この考察は現在、日本の小学校における生活科から社会科、理科、および、総合的な学習の時間への接続と発展に関する研究にとっても意義があると思われる。

　第3に、本研究において、デューイ実験学校における教師の実践報告に基づく教師会議が、教師の実践的な力量形成にとっても価値があったことを明らかにしたが、実践報告を書くことが、教師の実践的力量形成にどのように資するのかを検討する必要がある。「実験学校の実践報告」においてある教師の記述をたどりながら、個々の子どもの理解がどのように深まっているのか、また子どもの活動を再指導（redirection）するという観点でどのように教師としての力量が高まったのかを明らかにすることが可能ではないかと考えている。但し、この分析と考察においては、デューイに対して実践的に多くの示唆を与えたヤングの論文や著書の検討を踏まえることが重要であろう。

　第4に、本研究でデューイ実験学校のカリキュラムと授業実践において心理的諸要因と社会的諸要因の同等の調和が首尾一貫した主題であったことを明らかにしたが、この意味で、学校教育にける家庭と社会の連続性の保障、小さな共同体としての学校、および、歴史、地理、理科、手工などの教科や活動の社会的な価値と意味の強調に関して、デューイの教育哲学、教育理論への L.F. ウォード、A. スモール、そして、G.H. ミードの影響なども検討する必要があると思われる。

参考・引用文献

【欧文】

Arthur G. Wirth, *John Dewey as Educator : His Design for Work in Education (1894-1904)* (New York, London, and Sydney : John Willy and Sons, Inc., 1966).

Albion W. Small, " Demands of Sociology upon Pedagogy," *Journal of Proceedings and Addresses of the Thirty-Fifth Annual Meeting of the National Education Association* (1896), pp.174-84.

Charles A. McMurry, " The Culture-Epochs," *Public School Journal* XV, (February 1896), pp.297-299.

Charles C. Van Liew, C.C., " Culture Epoch Theory," *Public School Journal* XV, (June 1896), p.546.

Charles C. Van Liew, " The Educational Theory of the Culture Epochs," (1895), in Lawrence A. Cremin (Ed.), *American Education : Its Men, Idea and Institution* (New York : Arno Press & The New York Times, 1969), pp.70-121.

Charles W. Eliot, " Wherein Popular Education Has Failed," *The Forum* 14 (1892), pp.409-428.

Charles W. Eliot, " Shortening and Enriching the Grammar School Course," *Journal of Proceeding and Addresses of the National Education Association, Session of the Year* (1892), pp.620-621.

Charles W. Eliot, " The Fundamental Assumption in the Report of the Committee of Ten (1893)," *Educational Review* 30 (1905), pp.325-343.

Daniel Tanner and Laurel Tanner, *History of the School Curriculum* (New York : Macmillan Publishing Company, 1995), p.93.

Daum, N.F., " Culture Epoch Theory," *Public School Journal* XV (May 1896), pp.509-510.

Discussion of report of Dr. Harris, *The Journal of Education* 41 (1895), pp.165-167.

Ella Flagg Young, *Isolation in the School* (Chicago : University Of Chicago Press, 1900).

George Dykhuizen, *The Life and Mind of John Dewey* (Carbondale and Edward-

sville : Southern Illinois University Press, 1973).
G. Stanley Hall, "The Story of a Sand-Pile," *Scribner's Magazine* (June 1888), pp.690-696.
G. Stanley Hall, "Editorial," *The Pedagogical Seminary* 2 (1892), pp.3-8.
G. Stanley Hall, "Ideal School as Based on Child Study." *Journal of Proceedings and Addresses of the Fortieth Annual Meeting of the National Education Association* (1901), p.474-488.
G. Stanley Hall, "The Natural Activities of Children as Determining the Industries in Early Education, II," *Journal of Proceedings and Addresses of the Forty-Third Annual Meeting of the National Education Association* (1904), pp.443-447.
G. Stanley Hall, *Adolescence : Its Psychology and its Relations to Physiology, Anthropology, Sociology, Sex, Crime, Religion and Education*, Vol, 2 (New York : D. Appleton, 1904).
George Dykhuizen, *The Life and Mind of John Dewey* (Carbondale and Edwardsville : Southern Illinois University Press, 1973), p.88.
Helen. M. Todd, "Why the Children Work : the Children's Answer," *McClure's Magazine* (April 1913), pp.68-79.
Henry S. Commager (eds.)., *Lester Ward and Welfare State* (Indianapolis : Bobbs-Merrill, 1967).
Henry S. Commager, *The Search for a Usable Past* (New York : Alfred A. Knopf, 1967).
Herbert M. Kliebard, *The Struggle for the American Curriculum 1893-1958* (New York : Routledge & Kegan Paul, 1987).
Herbert M. Kliebard, *Forging the American Curriculum : Essays in Curriculum History and Theory* (New York : Rougtledge, 1992).
Ida B. DePencier, *The History of the Laboratory Schools : The University of Chicago 1896-1915* (Chicago : Quadrangle Books, 1967).
Jane M. Dewey (Ed.), "Biography of John Dewey, in Paul A. Schilpp (Ed.)," *The Philosophy of John Dewey* (Evanston : Northwestern University, 1939), pp.1-45.
Jerald Alan Katch, "Discord at Dewey's School : on the Actual Experiment Compared to the Ideal." (Unpublished Ph.D. dissertation, University of

Chicago, 1990).

J.J. Chambliss, *John Dewey's Laboratory School as a Social Experiment* (Buy Books on the web. com., 2000).

John Coulter, "The Act of Teaching," (May 21, 1897), *University Record*, pp.65-67.

John Coulter, "Science in Secondary School," (May 28, 1897), *University Record*, pp.77-80.

John Coulter, "Over Production of Teachers," (June 4, 1897), *University Record*, pp.90-91.

John Coulter, "The School and University," (June 11, 1897), *University Record*, pp.97-99.

John Dewey, "Plan of Organization of the University Primary School," (1895), in J.A. Boydston (Ed.), *The Early Works of John Dewey : 1882-1898*, Vol.5 : 1895-1898 (Carbondale : Southern Illinois University Press, 1972), pp.224-243.

John Dewey, "Interpretation of the Culture-Epoch Theory," (1895), in Lawrence A, Cremin (Ed.), *American Education : Its Men, Idea and Institution* (New York : Arno Press & The New York Times, 1969), pp.247-253.

John Dewey, "A Pedagogical Experiment," (1896), in Jo Ann Boydston (Ed.) *The Early Works : 1882-1898*, Vol.5 : 1895-1898 (Carbondale : Southern Illinois University Press, 1972), pp.244-246.

John Dewey, "Pedagogy as a University Discipline," (1896), in Jo Ann Boydston (Ed.) *The Early Works : 1882-1898*, Vol.5 : 1895-1898, pp.281-289 (Carbondale : Southern Illinois University Press, 1972), pp.281-289.

John Dewey, "Ethical Principle Underlying Education," (1897), in Jo Ann Boydston (Ed.) *The Early Works : 1882-1898*, Vol.5 : 1895-1898 (Carbondale : Southern Illinois University Press, 1972), pp.54-83.

John Dewey, "The Psychological Aspect of the School Curriculum," (1897), in J A. Boydston (Ed.), *The Early Works of John Dewey : 1882-1898*, Vol.5 : 1895-1898 (Carbondale : Southern Illinois University Press, 1972) pp.164-176.

John Dewey, "My Pedagogic Creed," (1897), in J. A. Boydston (Ed.), *The Early Works of John Dewey : 1882-1898*, Vol.5 : 1895-1898 (Carbondale : Southern Illinois University Press, 1972), pp.84-95.

John Dewey, "The Primary-Educational Fetich," (1898), in Jo Ann Boydston

(Ed.) *The Early Works : 1882-1898*, Vol.5 : 1895-1898 (Carbondale : Southern Illinois University Press, 1972), pp.254-269.

John Dewey and Laura L. Runyon (Eds.), *The Elementary School Record* [a series of nine monographs] (Chicago : University of Chicago Press, 1900).

John Dewey, " The Aim of History in Elementary Education," in John Dewey and Laura L. Runyon (Eds.), *The Elementary School Record* [a series of nine monographs] (Chicago : University of Chicago Press, 1900), pp.199-203.

John Dewey, " Educational Lectures before : Brigham Young Academy," (1901-1902), in Jo Ann Boydston (Ed.), *The Later Works 1925-1953* Vol.17 : 1885-1953 (Carbondale : Southern Illinois University Press, 1990), pp.213-347.

John Dewey, " The Place of Manual Training in the Elementary Course of Study," (1901), in Jo Ann Boydston (Ed.) *The Middle Works : 1899-1924*, Vol.1 : 1899-1901 (Carbondale : Southern Illinois University Press, 1976), pp.230-237.

John Dewey, " Interpretation of Savage Mind," (1902), in J.A, Boydston (Ed.), *The Middle Works of John Dewey : 1899-1924*, Vol.2 : 1902-19o3 (Carbondale : Southern Illinois University Press, 1976), pp.39-52.

John Dewey, " The Theory of the Chicago experiment," in K.C. Mayhew and A. C. Edwards, *The Dewey School : The Laboratory School of the University of Chicago, 1896-1903* (New York : D. Appleton-Century, 1936), p.472.

John Dewey, " Democracy in Education," (1903), *The Middle Works of John Dewey*, 1899-1924, Vol.3 : 1927-1928 (Carbondale : Southern Illinois University Press, 1977), p.232.

John Dewey, " The Relation of Theory to Practice in Education," (1904), in Charles A. McMurry (Ed.) *The Relation of Theory to Practice in the Education of Teachers*, The Third Yearbook of the National Society for the Scientific Study of Education Part I (Chicago : University of Chicago Press, 1904), pp.9-30.

John Dewey, *The Quest for Certainty : A Study of the Relation of Knowledge and Action* (New York : Minton, Balch & Company, 1929).

John Dewey, " From Absolutism to Experimentalism," (1930), in J.A. Boydston (Ed.), *The Later Works of John Dewey : 1925-1953*, Vol.5 : 1929-1930 (Carbondale : Southern Illinois University Press, 1984), pp.147-160.

John Dewey, " George Herbert Mead as I Knew Him," (1931), in J.A. Boydston

(Ed.), *The Later Works of John Dewey : 1925-1953*, Vol.6 : 1931-1932 (Carbondale : Southern Illinois University Press, 1985), pp.22-28.

John T. McManis, *Ella Flag Young and a Half-Century of the Chicago Public Schools* (Chicago : A.C. McClurg, 1916).

Joseph M. Rice, *The Public School System of the United States* (New York : Century, 1893).

Joseph M. Rice, *Scientific Management in Education* (New York : Hinds, Noble & Elredge, 1912).

Joan K. Smith, *Ella Flagg Young : Portrait of a Leader* (Iowa : Educational Studies Press and the Iowa State University Research Foundation, 1976).

Joseph M. Rice, *The Public School System of the United States* (New York : Century, 1893).

Katherine C. Mayhew and Anna C. Edwards, *The Dewey School : The Laboratory school of the University of Chicago, 1896-1903* (New York : D. Appleton-Century, 1936).

Katherine. B. Camp, " Science in Elementary Education," in John Dewey and Laura L. Runyon (Eds.), *The Elementary School Record* [a series of nine monographs] (Chicago : University of Chicago Press, 1900), pp.155-166.

Laboratory Schools Work Reports, 1898-1899 (University of Chicago Archives, Regenstein Library).

Laboratory Schools Work Reports, 1899-1900 (University of Chicago Archives, Regenstein Library).

Laboratory Schools Work Reports 1900-1901 (University of Chicago Archives, Regenstein Library).

Laurel N. Tanner, " The Meaning of Curriculum in Dewey's Laboratory School (1896-1904)," *Journal of Curriculum Studies*, Vol.23, No.2 (March-April 1001), pp.101-117.

Laurel N. Tanner, *Dewey's Laboratory School : Lessons for Today* (New York : Teachers College Press, 1997).

Lewis L. Coser, " American Trends," in Tom Bottomore & Robert Nisbet (eds.) *A History of Sociological Analysis* (New York : Basic Book, Inc., 1978), pp. 287-320.

Lester F. Ward, *Dynamic Sociology*, Vol.1 (New York and London : Johnson

Reprint Corporation, 1968) (Originally printed, New York: D. Appleton, 1883).

National Education Association, *Report of the Committee of Ten on Secondary School Studies with the Reports of the Conferences Arranged by the Committee* (New York: American Book Company, 1894).

National Education Association, *Report of the Committee of Fifteen on Elementary Education* (New York: Arno Press & The New York Times, 1969), pp.56-57. (Originally printed, 1895.)

Nellie L. Griffiths, " A History of the Organization of the Laboratory School of the University of Chicago." (Unpublished M.A. dissertation, University of Chicago, 1927).

Nellie J. O'Connor, " The Educational Side of the Parents' Association of the Laboratory School: From A Parent's Point of View," *Elementary School Teacher* 4 (1904), pp.532-535.

Philip W. Jackson (Ed. and Introduction), John Dewey, *The School and Society and The Child and Curriculum* (Chicago: University of Chicago Press, (A Centennial Publication), 1990).

Ralph W. Tyler, *Basic Principles of Curriculum and Instruction* (Chicago: The University of Chicago Press, 1949).

" Report of the University Elementary School," *University Record*, Vol.II, No.36 (December 3, 1897), pp.290-292.

" Report of the University Elementary School," *University Record*, Vol.II, No.37 (December 10 , 1897), pp.300-301.

R. Freeman Butts and Lawrence A. Cremin, *A History of Education in American Culture* (New York: Henry Holt and Company, 1959).

Robert H. Wiebe, *The Search for Order*, 1877-1920 (New York: Hill & Wang, 1967).

Robert L. McCaul, " Dewey's Chicago," *The School Review*, Vol, 67, No.2 (Summer, 1959) pp.258-280.

Robert S. Zais, *Curriculum : Principles and Foundations* (New York: Harper & Row, Publish, Inc., 1976).

Rosemary V. Donatelli, *The Contribution of Ella Flagg Young to the Educational Enterprise* (Unpublished Doctoral Dissertation, University of Chicago, 1971).

"School Record, Notes, and Plan. The University of Chicago School," *University Records*, Vol.I, No.32 (November 6, 1896), pp.419-422.

"School Record, Notes, and Plan. The University of Chicago School," *University Records*, Vol.I, No.33 (November 13, 1896), p.431.

"School Record, Notes, and Plan. The University of Chicago School," *University Records*, Vol.I, No.34 (November 20, 1896), pp.441-442.

"School Record, Notes, and Plan. The University of Chicago School," *University Records*, Vol.I, No.34 (sic) (November 27, 1896), p.451.

"School Record, Notes, and Plan. The University of Chicago School," *University Records*, Vol.I, No.36 (December 4, 1896), p.460.

"School Record, Notes, and Plan. The University of Chicago School," *University Records*, Vol.I, No.37 (December 11, 1896), pp.467-468.

"School Record, Notes, and Plan. The University of Chicago School," *University Records*, Vol.I, No.38 (December 18, 1896), pp.485-486.

"School Record, Notes, and Plan. The University of Chicago School," *University Records*, Vol.I, No.41 (January 8, 1897), p.519.

"School Record, Notes, and Plan. The University of Chicago School," *University Records*, Vol.I, No.43 (January 22, 1897), p.540.

"School Record, Notes, and Plan. The University of Chicago School," *University Records*, Vol.I, No.44 (January 29, 1897), pp.549-550.

"School Record, Notes, and Plan. The University of Chicago School," *University Records*, Vol.I, No.45 (February 5, 1897), pp.556-557.

"School Record, Notes, and Plan. The University of Chicago School," *University Records*, Vol.I, No.46 (February 12, 1897), pp.565-566.

"School Record, Notes, and Plan. The University of Chicago School," *University Records*, Vol.I, No.47 (February 19, 1897), pp.574-576.

"School Record, Notes, and Plan. The University of Chicago School," *University Record*, Vol.I, No.48 (February 26, 1897), pp.581-582.

"School Record, Notes, and Plan. The University of Chicago School," *University Record*, Vol.I, No.49 (March 5, 1897), pp.593-594.

"School Record, Notes, and Plan. The University of Chicago School," *University Records*, Vol.I, No.50 (March 12, 1897), pp.603-604.

"School Record, Notes, and Plan. The University of Chicago School," *University*

Records, Vol.I, No.51 (March 19, 1897), p.610.
" School Record, Notes, and Plan. The University of Chicago School," *University Records*, Vol.II, No.3 (April 16, 1897), pp24-25.
" School Record, Notes, and Plan. The University of Chicago School," *University Record*, Vol.II, No.4 (April 23, 1897), pp.37-38.
" School Record, Notes, and Plan. The University of Chicago School," *University Record*, Vol.II, No.5 (April 30, 1897), p.43.
" School Record, Notes, and Plan. The University of Chicago School," *University Record*, Vol.II, No.6 (May 7, 1897), p.53.
" School Record, Notes, and Plan. The University of Chicago School," *University Record*, Vol.II, No.7 (May 14, 1897), pp.57-58.
" School Record, Notes, and Plan. The University of Chicago School," *University Record*, Vol.II, No.8 (May 21, 1897), pp.68-69.
The Correspondence of John Dewey 1871-1952, CD-ROM. The Center for Dewey Studies, (Southern Illinois University at Carbondale, Illinois, 2005).
" The University School," *University Record*, Vol.I, No.32 (November 6, 1896), pp.417-419.
" The University Elementary School, History and Character," *University Record*, Vol.II, No.8 (May 21, 1897), pp.72-75.
" The University Elementary School," *University Record*, Vol.II, No.38 (December 17, 1897), pp.303-305.
" The University Elementary School," *University Record*, Vol.III, No.29-No.36, No.38 (1898), pp.176-239.
" The University Elementary School," *University Record*, Vol.III, No.29 (October 14, 1898), p.176.
" The University Elementary School," *University Record*, Vol.II, No.30 (October 21, 1898), p.185.
" The University Elementary School," *University Records*, Vol.III, No.38 (December 16, 1898), pp.239-240.
" The University Elementary School," *University Record*, Vol.III, No.39 (December 23, 1898), pp.247-248.
" The University Elementary School, General Outline of Scheme of Work," *University Record*, Vol.III, No.40 (December 30, 1898), pp.253-254.

"The University Elementary School," *University Record*, Vol.IV, No.3（April 21, 1899), pp.30-32.

"The University Elementary School," *University Record*, Vol.IV, No.10（June 9, 1899), pp.62-63.

William T. Harris, "What Shall the Public Schools Teach?" *The Forum* 4 (1888), pp.573-581.

William T. Harris, *Psychologic Foundation of Education*（New York : Arno Press & the New York Times, 1969）（Originally published, 1898).

Walter H. Drost, "That Immortal Day in Cleveland-The Report of the Committee of Fifteen," *Educational Theory* 17（April, 1967), pp.178-191.

【邦文】

安彦忠彦編『新版カリキュラム研究入門』勁草書房、1999年。

安彦忠彦『教育課程編成論―学校で何を学ぶか―』放送大学教育振興会、2002年。

安藤輝次『同心円的拡大論の成立と批判的展開―アメリカ小学校社会科カリキュラム構成原理の研究―』風間書房、平成5年。

市村尚久『アメリカ六・三制の成立過程―教育思想の側面からの考察―』早稲田大学出版部、1987年。

伊藤敦美『デューイ実験学校におけるカリキュラムと学校運営』考古堂、2010年。

今野喜清『教育課程論』第一法規出版、昭和56年。

宇佐美寛、「J.M. ライスの公立学校調査―その意義と限界―」、梅根悟監修、世界教育史研究会編『世界教育史大系17　アメリカ教育史Ⅰ』講談社、昭和50年、319～340頁。

大浦猛『實驗主義教育思想の成立過程』、刀江書院、1965年。

笠原克博『初期デューイ教育思想の課題―1890年代の社会改革運動との関連で―』法律文化社、1989年。

金丸晃二「『総合的な学習』とデューイ　現代学校教育に持つシカゴ大学附属小学校における実験の意義―」『日本デューイ学会紀要』第42号、185～190頁。

歓喜隆司『現代教科論の位相』第一法規出版、1979年。

歓喜隆司、木下百合子編『生活科の構築』東信堂、1988年。

歓喜隆司『アメリカ社会科教育の成立・展開過程の研究』風間書房、昭和63年。

木下百合子『現代公民科教授の理論―新しい公民資質の形成―』教育出版センター、1991年

木下百合子・手取義宏編著『総合学習時代の授業論：社会・メディア・コミュニケーション』ミネルヴァ書房、2002年。
小林恵「デューイ・スクールの Occupation について」『日本教育方法学会紀要』第4巻、1978年、25～33頁。
小柳正司「デューイ・スクールの真実―シカゴ大学実験学校はどのような学校だったのか―」『鹿児島大学教育学部研究紀要（教育科学編）』第50巻、1999年、185～209頁。
小柳正司「シカゴ大学実験学校の創設の背景にあったデューイの教育学構想―師範学校から教育科学へ―」『鹿児島大学教育学部研究紀要（教育科学編）』第50巻、1999年、211～231頁。
小柳正司「シカゴ大学実験学校の実践記録：1896-1899年」『鹿児島大学教育学部研究紀（教育科学編）』第51巻、2000年、115～215頁。
小柳正司『デューイ実験学校と教師教育の展開―シカゴ大学時代の書簡の分析―』学術出版会、2010年。
倉沢剛『米国カリキュラム研究史』風間書房、昭和60年。
佐藤隆之「デューイ・スクールの批判的検討―『実験室』としての学校の妥当性―」『理想』第669号、理想社、2002年、102～112頁。
佐藤隆之『キルパトリック教育思想の研究―アメリカにおけるプロジェクト・メソッド論の形成と展開―』風間書房、2004年。
佐藤学『米国カリキュラム改造史研究―単元学習の創造』東京大学出版会、1990年。
佐藤学『カリキュラムの批評：公共性の再構築』世織書房、1996年。
庄司他人男『ヘルバルト主義教授理論の展開―現代教授理論の基礎形成過程―』風間書房、昭和60年。
菅野文彦「G.S. ホールの教育論における多義性―彼の思想課題からする整合的解釈の試み―」『教育学研究』第56巻第2号、1989年、156～165頁。
杉浦宏「デューイ・スクールの理念と史的意義」日本教育社会学会編『教育社会学研究』第9号、105～126頁。
杉浦美朗『デューイにおける活動的な諸仕事の研究』風間書房、1981年。
杉浦美朗『デューイにおける総合学習の研究』風間書房、昭和60年。
杉浦美朗『自己教育力が育つ授業―デューイ教育学の展開―』日本教育センター、平成元年。
杉浦美朗『初等教育の在り方を求めて―デューイ教育学の展開―』日本教育センター、平成4年。

千賀愛「G.S. ホールの児童研究における発達の個人差と教育問題への視座：1880―1890年代を中心に」『北海道教育大学紀要（教育科学編）』第58巻第1号、平成19年、209～220頁。

千賀愛『デューイ教育学と特別な教育的配慮のパラダイム―実験学校と子どもの多様な困難・ニーズへの教育実践―』風間書房、2009年。

高浦勝義「デューイ実験学校のカリキュラムの研究」『日本デューイ学会紀要』第14号、1973年、46～55頁。

高浦勝義『総合学習の理論・実践・評価』黎明書房、1998年。

高浦勝義『デューイの実験学校カリキュラムの研究』黎明書房、2009年

中野真志「ラルフ・タイラーのカリキュラム論の再考察」『アメリカ教育学会紀要』第1号、1990年、1～4頁

中野真志「20世紀初期のカリキュラム諸改革運動とジョン・デューイ」学習活動研究会『教授研究』第15巻第1号、1994年、31～36頁。

中野真志「カリキュラムにおける学習活動と学習経験に関する研究」『教育方法学研究』第19巻、1994年、77～84頁

中野真志「デューイ・スクールの試み―オキュペーションによるカリキュラムの統合―」学習活動研究会『教授研究』第18巻第2号、1997年、17～28頁。

中野真志「デューイのシカゴ大学附属実験学校におけるカリキュラム開発」大阪市立大学文学部教育学教室『教育学論集』第21号、1997年、14～32頁。

中野真志「1890年代、アメリカ・カリキュラム論争の幕開け（Ⅰ）」学習活動研究会『教授研究』第20巻第1号、1999年、37～46頁。

中野真志「1890年代、アメリカ・カリキュラム論争の幕開け（Ⅱ）」学習活動研究会『教授研究』第20巻第2号、1999年、23～32頁。

中野真志「カリキュラム開発の技術と意識」愛知教育大学哲学会『哲学と教育』第47号、2000年、1～10頁。

中野真志「生活科における自律的な学習者としての子どもの発達―デューイの実験学校を手がかりとして―」『愛知教育大学教育実践総合センター紀要』第3号、2000年、105～112頁

中野真志「ジョン・デューイとエラ・フラッグ・ヤング」学習活動研究会『教授研究』第21巻第1号、2000年、13～22頁。

中野真志「デューイ実験学校（1896-1904年）におけるワークと遊び」『愛知教育大学研究報告（教育科学編）』第50輯、2001年、9～14頁。

中野真志「デューイ実験学校（1896-1904年）におけるモラル教育」『愛知教育大学研

究報告（教育科学編）』第51輯、2002年、9〜16頁.
中野真志「総合学習時代のカリキュラム論」木下百合子・手取義宏編著『総合学習時代の授業論：社会・メディア・コミュニケーション』第5章、2002年、56〜71頁.
中野真志・松本美登志・池田比呂子編著『教え合い学び合う―安城今池小学校の実践―』学文社、2002年.
中野真志「ジョン・デューイとアメリカヘルバルト主義（Ⅰ）―C.C.ヴァンリューの文化史段階説論とデューイの文化史段階説批判―」『愛知教育大学教育実践総合センター紀要』第6号、2003年、1〜9頁.
中野真志「デューイ実験学校における教師レポート―教師レポートに基づく教師会議―」日本生活科・総合的学習教育学会『せいかつ＆そうごう』第12号、2005年、60〜67頁.
中野真志「デューイ実験学校におけるカリキュラム構想―デューイにおける大学初等学校の組織プラン―」愛知教育大学生活科教育講座『生活科・総合的学習研究』第3号、2005年、9〜16頁.
中野真志「ジョン・デューイとアメリカ・ヘルバルト主義（Ⅱ）―アメリカ・ヘルバルト主義の「相関」概念について―」『愛知教育大学研究報告（教育科学編）』第55輯、2006年、11〜18頁.
中野真志「『コミュニティ中心』のデューイ実験学校―子どもの社会的な興味とオキュペーション―」奈良女子大学附属小学校学習研究『学習研究』419号、2006年、56〜61頁.
中野真志「ジョン・デューイとアメリカ・ヘルバルト主義―ブリガム・ヤング・アカデミーの第二講義と第八講義を中心に―」『日本デューイ学会紀要』第48号、2007年、131〜140頁.
中野真志「デューイ実験学校における初期の実践記録―「シカゴ大学附属学校、学校の記録、ノート、プラン」を中心に―」『愛知教育大学研究報告（教育科学編）』第56輯、2007年、9〜16頁.
中野真志「デューイ実験学校における管理と監督」『愛知教育大学研究報告（教育科学編）』第57輯、2008年、9〜16頁.
中野真志「シカゴの公立諸学校とデューイ実験学校における授業」愛知教育大学生活科教育講座『生活科・総合的学習研究』第7号、2009年、15〜22頁.
中野真志「デューイ実験学校のカリキュラムにおけるオキュペーション―典型的な活動、社会的オキュペーションの考察を踏まえて―」『愛知教育大学研究報告（教育科学編）』第59輯、2010年、11〜19頁.

中野真志「デューイ実験学校とシカゴ大学との連携」『愛知教育大学研究報告（教育科学編）』第61輯、2012年、9～17頁。

中野和光『米国初等中等教育課程の成立過程の研究』風間書房、平成元年。

牧野宇一郎『デューイ教育観の研究』風間書房、1977年。

松村將『シカゴの新学校―デューイ・スクールとパーカー・スクール』法律文化社、1994年。

森章博『日本におけるジョン・デューイ思想研究の整理』秋桜社、1992年。

森久佳「デューイ・スクールにおける『オキュペーション』（occupation）の実践的考察―低学年の活動例を中心として―」『関西教育学会研究紀要』第2号、2002年、17～33頁。

森久佳「デューイ・スクール（Dewey School）におけるカリキュラム開発の形態に関する一考察―初期（1896～98年）の活動例を中心として」『教育方法学研究』第28巻、2003年、23～33頁。

森久佳「デューイ・スクール（Dewey School）のカリキュラムにおける『歴史（History）』のカリキュラム開発に関する実証的考察―1898～99年の教科の『分化』（differentiation）の形態を確立する過程に着目して―」『カリキュラム研究』第13号、2004年、29～44頁。

森久佳「デューイ・スクール（Dewey School）における幼児教育のカリキュラムの特色とその位置づけに関する一考察―「社会的オキュペーション」活動との関わりの視点から―」大阪市立大学大学院文学研究科教育学教室『教育学論集』第30号、2004年、18～31頁。

森久佳「デューイ・スクール（Dewey School）のカリキュラム形態に関する研究―「仕事（occupation）」の成立過程とその位置づけを分析視角として―」大阪市立大学大学院文学研究科、博士論文、平成17年3月学位授与（文学）。

森久佳「開校前（1894～95年）におけるデューイ・スクールのカリキュラム構想」大阪市立大学大学院文学研究科教育学教室『教育学論集』第32号、2006年、11～22頁。

森久佳「『共同体中心』学校を目指したデューイ実験学校の学習活動の体制とその特色に関する研究」『教育方法学研究』第36巻、2010年、97～107頁。

森田尚人『デューイ教育思想の形成』、新曜社、昭和61年。

文部科学省『小学校学習指導要領解説　総合的な学習の時間編』東洋館出版社、平成20年8月。

あ と が き

　本書は、大阪市立大学大学院文学研究科に提出した学位請求論文である「デューイ実験学校における統合的なカリキュラム開発に関する研究」(2012年12月受理：文学) に若干の加筆・修正を行ったものである。博士 (文学) の学位取得後、この研究に関連して、進展させた研究成果もあるが、それらは改めて著述したいと考えている。

　筆者が、デューイ実験学校のカリキュラムに興味をもちはじめたのは、大阪市立大学大学院後期博士課程に在学中の1996年頃であった。その契機は、偶然、ローレル・タナー (1991) の「デューイ実験学校におけるカリキュラムの意味」(The Meaning of Curriculum in Dewey's Laboratory School (1896-1904)) という論文に目をとめたことであった。デューイはアメリカの偉大な教育学者であり、彼の教育思想や教育学にはすでに多くの先行研究がある。それゆえ、容易にそれらを研究対象にはできないと感じていたのであるが、この論文を読み、デューイ実験学校のカリキュラムと授業実践に関する資料が再発見され、その領域は未着手な部分も多く、研究する価値や意義があると実感することができた。また、短い期間ではあるが、デューイが直接にカリキュラム開発や授業実践に関与していたということも、デューイ実験学校のカリキュラムに関する研究の魅力であった。さらに、それまで、筆者はアメリカの社会科教育、カリキュラム論、教育方法学を中心に研究していたのであるが、当時、生活科教育へとその研究の幅を広げ初めていたので、生活科の一つの源流として、デューイ実験学校の統合的なカリキュラム及び授業実践の研究が有益であると思われた。その時から博士 (文学) の学位を取得するまでに17年という年月を経たことになる。研究を始めた当初、日本ではデューイ実験学校に関するシカゴ大学の特別所蔵資料等を収集することがで

きず、研究を思うように進めることができなかった。

　その後、1999年4月に愛知教育大学に着任した後には、本研究の資料収集のために何度も渡米する機会を得ることができた。しかし、本研究の第一次資料である「実験学校の実践報告」(Laboratory School Work Reports)にはコピー制限があり、その制限を超えると手書き、またはパーソナル・コンピュータを利用して文章を入力し資料収集するしか方法がなかった。それゆえ、何度もシカゴ大学のレイゲンシュタイン図書館を訪問し、資料収集したのである。そして、今日の日本における生活科と総合的な学習の理論研究と実践研究に関連させながら、デューイ実験学校のカリキュラムに関する研究をさらに進展させることができた。今では、その貴重な資料はPDF化されウェブサイトで公開されているので容易に閲覧し印刷できるが、当時は、苦労しながら収集した資料であるがゆえに、その資料を活用して研究を進展させたいという思いと意欲が高まった。シカゴ大学の図書館に行くために、身体にたたきつけられるような雪が降り続く中、凍てつく道を寒さに震えながら歩いたことも、今では懐かしく思い出される。そして、本書が出版されるまで、多くの先生方からのご指導とご支援を受ける機会に恵まれた。

　大阪教育大学大学院の修士課程在学中には、歓喜隆司先生、木下百合子先生にご指導していただき、アメリカ社会科教育、カリキュラム研究に取り組んだ。大学院の授業と修士論文指導だけでなく月に一度の私的ゼミにおいても研究の方法、特に外国研究の重要性、研究者としての姿勢や心構えなどを一から教えていただいた。先生方の月に一度のゼミに、大阪市立大学大学院後期博士課程進学後も継続して参加した。その期間は、愛知教育大学に赴任するまで十数年間にわたる。このことが、筆者の研究者としてのベースとなったことは明らかである。その後も、博士論文の研究では歓喜先生から幾度も励ましのお葉書やお手紙を頂いたことで、前進あるのみと何度も自分自身を戒めることができた。

　大阪教育大学大学院の修了後、アメリカのインディアナ州立大学ブルーミ

あとがき 357

ントン校に一年間、留学した。歓喜先生からご紹介して頂いた安藤輝次先生には、大学院の修士論文に関する研究のアドバイスだけではなく、このアメリカ留学に際しても大変、お世話になった。グローバル教育で有名なインディアナ大学社会科開発研究所（SSDC）のジェイムス・ベッカー（James M. Becker）先生、社会科における意思決定で有名なアンナ・オチョア（Anna S. Ochoa）先生をご紹介して頂き、また、現地での留学手続きでも助けていただいた。一年間という短い期間ではあったが、アメリカの大学で寮生活をおくりながら修士課程の授業、博士課程の授業を聴講した。オチョア先生の修士課程の社会科教育の授業でマイクロティーチングを体験したり、インディアナポリスにある刑務所に参観に行ったりしたことは今でも鮮明に思い出すことができる。そして、生涯学習で有名なノーマン・オヴァリー（Norman V. Overly）先生の博士課程の授業で読んだ、ハーバート・クリバード（Herbert M. Kliebard）(1987) の『アメリカ・カリキュラム論争史　1893-1958』(*The Struggle for the American Curriculum 1893-1958*) は、本研究の重要な参考資料となった。このように、アメリカの大学で授業を受け、直接、アメリカの社会、生活および文化に触れたことは、筆者にとって貴重な経験であった。

　大阪市立大学大学院後期博士課程では、豊田ひさき先生に教育方法学、授業論についてご指導していただいた。小学校や中学校の授業の参観、月に一度、小学校の先生方との「授業をつくる会」、夏の合宿等で、直接、授業実践に触れる多くの機会があった。それらの経験が、今、生活科と総合的な学習の授業論、授業研究に有益であったと感じている。

　以上の先生方だけでなく、愛知教育大学着任後は、同じ生活科教育講座の布谷光俊先生、野田敦敬先生、久野弘幸先生だけでなく、理科教育の川上昭吾先生、社会科教育の舩尾日出志先生にも大変、お世話になった。その他、その数があまりにも多いため、ここでは一人ひとりのお名前を挙げることは差し控えるが、同僚の先生方、先輩の先生方に心から御礼を申し上げたい。

そして、この学位論文の提出にあたって、大阪市立大学大学院文学研究科の堀内達夫先生、湯浅恭正先生、進藤雄三先生にはご多忙の中、ご指導・ご助言を賜り深謝申し上げたい。先生方の適切なご指導とご支援に導かれ、本研究を着実に進めることができた。

　最後に、結婚後に後期博士課程に進学した私を経済的にも精神的にも支えてくれ、また、度重なる渡米での資料収集にも協力してくれた妻、真佐代に感謝の意を表したい。

　本書は、独立行政法人日本学術振興会平成27年度科学研究費助成事業（科学研究費補助金）（研究成果公開促進費　課題番号15HP5188）の交付を受けて刊行するものである。この出版を快く引き受けてくださり、格別のご配慮を頂いた風間書房社長の風間敬子氏、編集担当の斎藤宗親氏に感謝申し上げたい。

　　　　　　　　　　　　　　　　　2015年11月　井ヶ谷の研究室にて

　　　　　　　　　　　　　　　　　　　　　　　中野　真志

索　引

あ行

アダムズ，ジェーン（Addams, Jane）　134

アダムズ，チャールズ（Adams, Charles F.）　44-45

アメリカ・ヘルバルト主義　6, 19, 24, 59, 88-92, 104, 199, 327, 329-330

アリス（Dewey, Alice Chipman）　268

衣、食、住　142-143, 199, 238, 240, 243, 334

イリノイ児童研究協会　48, 131

ヴァンリュー，チャールズ（Van Liew, Charles C.）　88, 91-98, 103

ウォード，レスター（Ward, Lester F.）　68-72, 74, 140, 329, 339

エドワーズ，アンナ（Edwards, Anna C.）　3, 5-6, 11, 141, 152, 258, 298, 305

エリオット，チャールズ（Eliot, Charles W.）　40-42, 46, 54, 59, 67, 70

園芸　112, 146, 289, 336

オキュペーション　13-14, 19-20, 23, 25, 49, 100, 110, 112, 114-119, 121-124, 142, 189, 197-201, 203-205, 207, 212-213, 215, 230-231, 236-239, 259, 273, 288, 290, 293, 327, 331, 333-335, 338

織物　7, 110, 114, 116, 122-123, 148, 152, 184, 221, 223, 239, 283, 289, 310, 334, 336

か行

下位小学　123, 152, 224-225, 228, 230, 232-235

カウンツ，ジョージ（Counts, George S.）　72

書き方　108, 122-123, 168, 201, 216, 265, 314

数（number）（の学習）　46, 105, 122-123, 165-167, 169, 172-173, 183, 205-206, 208, 217, 219, 226, 229, 231, 234-235, 289-290

カリキュラムの開発　4, 6, 11, 18-23, 25, 100, 153, 177, 186, 197, 201, 204-205, 239, 243, 251-252, 259, 270, 277, 288, 294, 315, 317, 327, 332-334, 336

監督　25, 66, 132, 228, 230, 251-252, 255-256, 259, 266-269, 287, 316-317, 335-336

管理　3, 10-11, 20, 25, 73, 132, 142, 153, 251-252, 255, 259, 266-268, 287, 295, 311, 315-316, 335-336

教育委員会　45, 65, 136, 266, 295, 311, 332

教育長　45, 56, 65, 103, 133, 252, 256

協同　19-20, 23, 25, 107, 138, 149, 185, 211, 240, 252, 255-256, 259, 269, 273, 276-280, 286-289, 293-294, 303, 306, 312, 315, 317, 335-337

クインシー 44-45, 47, 314
クリバード，ハーバート（Kliebard, Herbert H.） 18, 22, 24, 32, 49, 84, 87, 203, 357
構成的活動 112, 142-143, 145, 147-148, 154, 156, 158, 169, 199-201, 207, 210, 219, 281, 332-333
高等教育 41-43, 57-58, 87, 172, 309
コウルター，ジョン（Coulter, John） 135, 177, 301-302, 331

さ行

裁縫 107, 112, 122-123, 143-144, 147, 155, 157, 164, 166, 168-170, 172, 177-178, 180-182, 184, 199-201, 207-208, 218-219, 221-223, 230, 234, 236, 280, 283-284, 289, 310, 334, 336
作業 21, 110-111, 114, 122, 142, 144-146, 148, 154, 156-164, 166-169, 173-180, 184-186, 200-201, 206-209, 216-219, 223-224, 227-232, 234-235, 238-239, 253-255, 257, 278-280, 285, 301, 332, 334
サムナー，ウィリアム（Sumner, William G.） 69
算数 15, 46, 57, 106-109, 142-144, 146, 148-149, 155, 183, 198, 208, 264, 294, 310, 314
ジェイムズ，ウィリアム（James, William） 39, 46
シカゴ学院 8
シカゴ市民連盟 133
シカゴ大学 4-7, 8, 9, 15, 19-20, 24-25, 80, 131-137, 150, 153, 177, 198, 210, 218, 221, 239, 252, 254, 257, 282, 285, 294-295, 297-298, 303, 305-309, 312, 327, 331-333, 335-338
仕事（オキュペーション） 13-14, 123
実践記録 4, 7, 12, 17, 153, 155, 159, 169, 172, 174, 176-177, 185, 206, 243
実践報告 6, 11-12, 14-16, 18, 25, 123, 198, 200, 202, 215-216, 218, 220-221, 224, 226, 231, 241, 243, 271, 275-276, 279, 282, 286-293, 300, 315-316, 332-333, 338-339
児童研究 15, 24, 47-48, 58, 328
児童研究運動 44, 46, 48, 50, 73, 89, 91
指導主事 108
師範学校 37, 44, 50, 87-88, 150, 253, 256, 298, 310
社会改良主義 32, 71-72, 74
社会改良主義者 24, 31, 74, 329
社会効率主義 32, 67, 73-74, 329
社会効率主義者 24, 31, 67, 73, 328
社会的オキュペーション 12, 19-20, 25, 113, 124, 197-201, 215-217, 220-221, 229, 231-235, 237-238, 240, 243, 282-283, 293, 327, 333, 335, 338
社会的諸要因 140-141, 145, 155, 186, 189, 239, 241-242, 332, 339
10人委員会 40-43, 52-56, 59, 87, 137
15人委員会 56, 60-62, 88, 186-187
手工 111, 116, 122-123, 150, 178, 184, 206-209, 216-218, 221-224, 235, 257-258, 283, 314, 338-339
手工訓練 7, 48, 58, 113, 115, 121, 201,

索　引　361

253-255
『初等学校記録』(The Elementary School Record)　5, 7, 11, 14-16, 18, 25, 123, 198, 210-211, 237-238, 271-272, 291, 304, 333, 338
初等学校　5, 7, 9, 25, 39, 41-42, 44, 53, 56, 60-61, 63, 85-86, 113, 115, 117, 121, 201, 205, 211, 213, 238, 243, 255-259, 266, 269-270, 295-296, 307, 309, 335
『初等学校教師』(The Elementary School Teacher)　15
初等教育　8, 16, 41, 56, 60, 62, 73, 172, 210-211, 237, 294, 298, 309, 312, 337
ジョンズ・ホプキンス大学　47, 82-83, 134, 331
進化論　50, 68-69, 104
人文主義カリキュラム　52, 56, 59, 91, 187
人文主義者　25, 31, 36, 41-42, 67, 72, 189, 241-242, 328, 330, 332
進歩主義教育　8, 91
心理的諸要因　140-141, 145, 155, 186, 189, 239, 241-242, 332, 339
数学　35, 37, 40, 57, 61, 122-123, 138, 153-154, 156, 158, 169, 186, 258, 294
スネッデン、デイビッド (Snedden, David)　73
スペンサー、ハーバード (Spencer, Herbert)　68-69, 71, 84, 203
スメッドリー、フレデリック (Smedley, Frederick W.)　150-151, 219, 253-254, 297, 306-307

スモール、アルビオン (Small, Albion W.)　135-140, 303, 332, 339
3R's　16, 213-214, 313
精神的鍛錬主義　36, 38-39, 43, 56, 90, 140, 187
全米教育協会 (National Education Association)　40-41, 48, 52, 56, 59-60, 68, 87-88, 136-137, 298
全米ヘルバルト協会 (National Herbart Society)　59-60, 87-88, 91-92, 97, 131, 330
相関　14, 16, 61, 90-92, 105-107, 113, 199, 202, 240-241, 243, 258, 330, 334
相関論　24-25, 104-105, 113, 199, 330-331
ソーンダイク、エドワード (Thorndike, Edward L.)　39

た行

『大学記録』(University Record)　6, 12, 14, 24-25, 153, 165, 175, 198, 205-207, 215-216, 218, 224, 243, 282, 296, 299-300, 331, 333, 338
「大学附属初等学校の組織計画」　24-25, 142, 155, 189, 198-200, 219, 243, 331-333
ダイキューザン、ジョージ (Dykhuizen, George)　85, 150
大工仕事　111, 142-143, 147, 168-169, 199-200, 207-208, 219, 280, 289, 336
タナー、ローレル (Tanner, Laurel N.)　4, 10-11, 19, 23, 153, 155, 198, 293, 311

タフツ, ジェイムズ (Tafts, James H.) 80, 296, 303, 315
探究 9, 70, 114, 139, 210, 289, 293, 317
知的自由 142, 197, 256, 270-271, 276-278, 293-294, 315-316, 336
知的責任 277, 287, 293, 315, 336
中心統合法 60-61, 89-91, 96, 105, 199, 330
中等学校 39-41, 43, 52-53, 85-86, 115, 117, 136, 294-295, 309, 332
中等教育 16-17, 40-41, 52, 56
地理 40, 45, 57, 61, 89, 94, 107, 112, 114, 116-123, 142, 144-148, 154, 156, 158, 166-167, 169-170, 183, 186-188, 198, 203, 206-207, 240, 259-260, 273, 281, 292, 312, 314, 331, 338-339
デューイ ―『学校と社会』 13, 17, 112-113, 117, 236-238, 309
　　　　　―『子どもとカリキュラム』 242
デューイ・スクール 3, 5, 9, 11, 13-14, 123, 256, 270, 288, 310
ド・ガーモ, チャールズ (DeGarmo, Charles) 50, 59-60, 62, 88, 90, 297
統合的なカリキュラム 3-4, 18-21, 23, 25, 100, 112, 198, 251, 288, 293, 327, 333, 338
トリー, ヘンリー (Torrey, Henry A. P.) 82-83

な行

能力心理学 35-36, 38, 138

は行

パーカー, フランシス (Parker, Francis W.) 8, 44-47, 50, 61, 89-90, 294, 310, 314
パーカースクール 5, 7
ハーパー, ウィリアム (Harper, William R.) 20, 80, 134-135, 294-296, 331-332
発生反復 99, 202, 204, 334
発生反復説 49, 89, 92, 104, 110, 113, 122, 330
発達主義 32, 67, 91, 330
発達主義者 24-25, 44, 46, 48, 65, 67, 73, 189, 242, 328, 332
ハリス, ウィリアム (Harris, William T.) 25, 40, 51, 56-62, 67, 81-82, 88, 91, 132, 186-188, 205, 331-332
ハル・ハウス 14, 81, 134
ヒル, メアリー (Hill, Mary) 227, 257, 271, 291
ブリガム・ヤング・アカデミー 5-6, 19, 92, 104-105
フレーベル (Fröbel, Friedrich Wilhelm August) 44, 237
文化史段階説 18, 24, 49-51, 89-92, 95-100, 102-105, 113, 202, 212, 240, 330, 334
ベーコン, ジョージア (Bacon, Georgia A.) 219, 227, 257, 289-290, 292
ペスタロッチ (Pestalozzi, Johann Heinrichi) 44, 92
ヘルバルト (Herbart, Johann Frie-

drich） 44, 49, 88, 92

ヘルバルト・クラブ 59, 87-88, 330

保護者会 19-20, 25, 172, 251, 258, 310-315, 327, 335, 337

ホール，スタンレー（Hall, G. Stanley） 44, 46-55, 67, 73, 83-84, 140, 204, 329

ま行

マクマリー，チャールズ，（Charles, McMurry） 50, 59, 90, 102-103

マクマリー，フランク（McMurry, Frank） 61

ミシガン大学 81, 83-87, 131, 254, 257, 297, 329-330

ミッチェル，クララ（Mitchell, Clara I.） 150-151, 199, 215, 253-254, 333

民主主義 85, 316

メイヒュー，キャサリン（Mayhew, Katherine C.） 3, 5-6, 11, 141, 152, 258, 298, 305

モリス，ジョージ（Morris, George S.） 83-85

や行

野外調査 156, 158, 219, 281

ヤング，フラッグ（Young, Ella Flagg） 133, 152, 252, 259, 267-270, 277-278, 287, 297, 315-316, 339

読み方 45, 65, 101, 108, 121-123, 156, 158, 176-179, 201, 261-264, 310, 313

ら行

ライス，ジョーゼフ（Rice, Joseph Mayer） 62, 64-67, 73, 89, 133, 255-256, 259-261, 263-265, 328

ライン，ヴィルヘルム（Rein, Wilhelm） 62, 88

ラッグ，ハロルド（Rugg, Harold O.） 72

ラニアン，ローラ（Runyon, Laura L.） 7, 227, 275

理科 6-7, 9, 16, 45, 55, 94, 105-107, 121-123, 142-143, 146, 151, 152, 167-168, 171, 174, 176-178, 180-183, 185, 203, 206, 209-210, 214, 217, 219, 221-223, 225, 231-232, 239-240, 254-255, 257-258, 265, 274, 281-283, 288-289, 293, 300, 302-303, 312, 331, 338-339

料理 107, 112, 114-116, 122-123, 142-144, 146-147, 154, 157, 159-161, 164-172, 174, 176-178, 185, 199-201, 206-209, 218-219, 221, 223, 225-226, 229-231, 233-236, 238, 257, 274, 280, 282, 284, 289-291, 301, 310, 334, 336

歴史 6-7, 9, 16-17, 19, 40, 49, 57, 60, 70, 80-90, 94, 96, 98-99, 101, 103, 105-106, 111, 114, 116-117, 119-123, 137-138, 142-148, 151-156, 158, 169, 171, 173, 176-179, 183-184, 186, 198-200, 203, 206-207, 211-213, 215-216, 219, 221-222, 225, 231-232, 239, 243, 254, 257-258, 271, 274, 279, 281,

283, 286, 288, 291–293, 303, 310, 312, 331–332, 334, 338–339

わ行

ワース，アーサー（Wirth, Artur G.）
　　5, 8–9, 239

【著者紹介】

中野　真志（なかの　しんじ）

1960年　大阪府河内長野市に生まれる
1988年　大阪教育大学大学院教育学研究科修士課程修了
1998年　大阪市立大学大学院文学研究科後期博士課程単位取得満期退学
2012年　大阪市立大学博士（文学）の学位取得
現　在　愛知教育大学教育学部教授

デューイ実験学校における統合的カリキュラム開発の研究

2016年2月20日　初版第1刷発行

　　　著　者　　中　野　真　志
　　　発行者　　風　間　敬　子

発行所　株式会社　風　間　書　房
　〒101-0051　東京都千代田区神田神保町1-34
　　　電話 03(3291)5729　FAX 03(3291)5757
　　　　　　　　　振替 00110-5-1853

印刷・製本　中央精版印刷

©2016　Shinji Nakano　　　　　　NDC分類：370
ISBN978-4-7599-2111-3　Printed in Japan

[JCOPY] 〈(社)出版者著作権管理機構　委託出版物〉

本書の無断複製は，著作権法上での例外を除き禁じられています。複製される場合はそのつど事前に(社)出版者著作権管理機構（電話03-3513-6969，FAX 03-3513-6979, e-mail: info@jcopy.or.jp）の許諾を得て下さい。